Der polizeiliche Platzverweis im Rechtsstaat

Europäische Hochschulschriften
Publications Universitaires Européennes
European University Studies

Reihe II
Rechtswissenschaft

Série II Series II
Droit
Law

Bd./Vol. 3411

PETER LANG
Frankfurt am Main · Berlin · Bern · Bruxelles · New York · Oxford · Wien

André Helmke

Der polizeiliche Platzverweis im Rechtsstaat

PETER LANG
Europäischer Verlag der Wissenschaften

Die Deutsche Bibliothek - CIP-Einheitsaufnahme

Helmke, André:

Der polizeiliche Platzverweis im Rechtsstaat / André Helmke. -
Frankfurt am Main ; Berlin ; Bern ; Bruxelles ; New York ; Oxford ;
Wien : Lang, 2002
(Europäische Hochschulschriften : Reihe 2,
Rechtswissenschaft ; Bd. 3411)
Zugl.: Bremen, Univ., Diss., 2001
ISBN 3-631-39361-X

D 46
ISSN 0531-7312
ISBN 3-631-39361-X

www.peterlang.de

Vorwort

Die vorliegende Arbeit wurde vom Promotionsausschuß Dr. jur. der Universität Bremen im Wintersemester 2001/2002 als Dissertation angenommen. Das Promotionskolloquium fand am 17.12.2001 statt. Bis August 2001 erschienene Literatur und Rechtsprechung wurden, soweit verfügbar, in der überarbeiteten Publikation berücksichtigt.

Mein besonderer Dank gilt meinem Doktorvater, Herrn Prof. Dr. Dian Schefold, der die Arbeit wissenschaftlich betreut und mir in zahlreichen Gesprächen wertvolle Hinweise gegeben hat.

Mein Dank gilt ferner Herrn Prof. Dr. Robert Francke für die Erstellung des Zweitgutachtens.

Die Arbeit über den polizeilichen Platzverweis im Rechtsstaat hätte sich nicht ohne Kenntnis der polizeilichen Praxis und Unterstützung diverser Verwaltungsgerichte verwirklichen lassen. Dank gilt daher auch den Gerichten, die bei der Recherche unveröffentlichter Entscheidungen geholfen haben.

Wehdel, im Februar 2002

André Helmke

Inhaltsverzeichnis[1]

Vorwort 5

1. Kapitel: Einleitung und Ziel dieser Untersuchung, Verfahrensablauf am Beispiel der "offenen Drogenszene"; Untersuchungsgegenstand; geschichtliche Entwicklung und Bestandsaufnahme 19

A. Einleitung und Ziel dieser Untersuchung, Verfahrensablauf am Beispiel der "offenen Drogenszene" 19

I. Einleitung und Ziel dieser Untersuchung 19

II. Verfahrensablauf am Beispiel der "offenen Drogenszene" 28

B. Bestimmung des Untersuchungsgegenstandes 29

I. Der zivilrechtliche Platzverweis 29

II. Der strafprozessuale Platzverweis 30

III. Sonstige spezialgesetzliche Bestimmungen 30
1. Art. 26 Abs. 1 Bay.LStVG 31
2. § 7 Abs. 2 FStrG 31
3. § 45 Abs. 1 S. 1 StVO 31
4. § 36 Abs. 1 S. 1 StVO 31
5. § 1 Satz 2 JöSchG 31
6. §§ 15, 13, 29 Abs. 1 Nr. 2 VersammlG 32
7. § 113 OWiG (Unerlaubte Ansammlung) 32
8. §§ 36 AuslG, 59 AsylVfG 33

IV. Polizeirechtliche Platzverweise 33
1. Der klassische Platzverweis 33
2. Der qualifizierte Platzverweis 34

---

[1] Abkürzungen gem. H. Kirchner, Abkürzungsverzeichnis der Rechtssprache, 3. Aufl., Berlin 1983

C. Geschichtliche Entwicklung des polizeirechtlichen Platzverweises ... 34

D. Bestandsaufnahme des polizeirechtlichen Platzverweises ... 35

I. § 12 ME PolG und die ihm nachgebildeten Gesetze ... 35

II. § 19 AE PolG ... 36

III. Die übrigen Regelungen ... 37
1. Niedersachsen, § 17 Abs. 2 NGefAG und die ihm nachgebildeten Gesetze ... 37
2. Baden-Württemberg, § 3 BW PolG ... 38

2. Kapitel: Die Anwendung im Einzelfall, rechtssystematische Stellung und die Durchsetzung ... 39

A. Die Anwendung des polizeirechtlichen Platzverweises im Einzelfall .. 39

I. Tatbestandliche Eingriffsvoraussetzungen ... 39
1. Ermächtigungsgrundlage ... 39
a) *Abgrenzung von präventivem und repressivem polizeilichen Handelns* ... 40
aa) *Allgemeines* ... 40
bb) *Notwendigkeit einer Dominanzentscheidung* ... 40
cc) *Abgrenzungskriterien* ... 41
(1) *Formelle Abgrenzung* ... 41
(2) *Subjektive Abgrenzung* ... 41
(3) *Materielle Abgrenzung* ... 42
b) *Anwendungsbereich des Versammlungsgesetzes* ... 43
aa) *Gesetzestext* ... 44
bb) *Versammlungsbegriff* ... 44
(1) *Der sog. weite Versammlungsbegriff* ... 44
(2) *Der sog. enge Versammlungsbegriff* ... 45
c) *Polizeirechtliche Ermächtigungsnormen* ... 48
2. Sachliche Zuständigkeit ... 49
a) *Originäre sachliche Zuständigkeit der Ordnungsbehörden* ... 49

aa) *Grundsatz* 49
bb) *"Delegation" der Aufgaben auf den Polizeivollzugsdienst durch "Blanko-Verfügungen" (Tübinger Modell)* . 50
(1) *Blankoverfügung als Allgemeinverfügung* 50
(2) *Zuständigkeit der Polizei kraft Mandats* 51
(3) *Zuständigkeit des Polizeivollzugsdienstes im Rahmen der Amts- oder Vollzugshilfe* 52
(4) *Zuständigkeit des Polizeivollzugsdienstes kraft Weisungsrechts der Ordnungsbehörde* 53
(5) *Zwischenergebnis* 53
b) *Subsidiäre sachliche Zuständigkeit der Polizei* 53
c) *Originäre sachliche Zuständigkeit der Polizei* 54
3. Die öffentliche Sicherheit 55
a) *Die subjektiven Rechte* 55
b) *Die Unverletzlichkeit der Rechtsordnung* 56
aa) *Verstoß gegen Strafvorschriften* 57
bb) *Verstoß gegen Ordnungswidrigkeiten* 58
(1) *§ 118 OWiG (Belästigung der Allgemeinheit)* 59
(a) *Tatbestandsvoraussetzungen* 59
(aa) *Eine grob ungehörige Handlung* 59
(bb) *Eignung, die Allgemeinheit zu belästigen oder zu gefährden* 60
(cc) *Eignung, die öffentliche Ordnung zu beeinträchtigen* 60
(b) *Stellungnahme und Zwischenergebnis* 61
(2) *Unzulässige Sondernutzung* 63
(a) *Tatbestandsvoraussetzungen* 63
(b) *Stellungnahme* 67
(3) *§ 1 Abs. 2 StVO* 67
cc) *Verstoß gegen gemeindliche Satzungen* 68
(1) *Bettelei als Sondernutzung?* 70
(2) *Sondernutzung durch Niederlassen zum Alkoholgenuß?* 71
dd) *Verstoß gegen Gefahrenabwehrverordnungen* 76
(1) *Abstrakte Gefahr durch Bettelei?* 78
(2) *Gefahr durch Niederlassen zum Zwecke störenden Alkoholkonsums* 79

ee) *Verstoß gegen Allgemeinverfügungen* 81
(1) *Versammlungsverbote* 81
(2) *Ansammlungsverbote (Dortmunder Modell)* 81
(3) *Aufenthaltsverbote (Stuttgarter Modell)* 83
(a) *Allgemein- vs. Einzelverfügung* 83
(b) *Bestimmtheitsanforderungen* 84
4. Die öffentliche Ordnung 85
5. Die konkrete Gefahr 86
a) *Begriffsbestimmung* 86
aa) *Nicht unerhebliche Beeinträchtigung* 87
bb) *Hinreichende Wahrscheinlichkeit eines Schadens* 87
b) *Weitere Gefahrenarten* 89
aa) *Die latente Gefahr* 89
bb) *Anscheinsgefahr vs. Scheingefahr* 89
cc) *Gefahrenverdacht* 90
(1) *Klassische Platzverweise* 90
(2) *Qualifizierte Platzverweise* 93
dd) *Die unmittelbare bzw. gegenwärtige Gefahr* 94
ee) *Die gemeine und dringende Gefahr* 94
6. Die Tragweite des Platzverweises 95
a) *Räumliche Dimension ("Platz")?* 95
aa) *Auslegung der spezialgesetzlichen Ermächtigungsnormen* 95
(1) *Klassische Platzverweise* 95
(2) *Qualifizierte Platzverweise* 97
bb) *Auslegung des § 3 BW PolG (polizeiliche Generalklausel)* 97
b) *Zeitliche Dimension?* 98
aa) *Auslegung der spezialgesetzlichen Ermächtigungsnormen* 98
(1) *Klassische Platzverweise* 98
(2) *Qualifizierte Platzverweise* 100
bb) *Auslegung des § 3 BW PolG (polizeiliche Generalklausel)* 100
c) *Inhalt des Platzverweises* 100
7. Verantwortlichkeit/Adressatenfrage 101
a) *Anwendung der allgemeinen Regelungen des Polizeirechts über die richtigen Adressaten?* 101

b) *Verantwortlichkeit nur bei Gefahrverursachung?* 104
c) *Störererforschungseingriff* 106
8. Ermessen (und Verhältnismäßigkeit) 106
a) *Begriffsbestimmung* 107
b) *Ermessensarten* 107
aa) *Entschließungsermessen* 107
bb) *Auswahlermessen* 109
(1) *Auswahlermessen hinsichtlich der Mittel* 109
(2) *Auswahlermessen hinsichtlich der Adressaten* ... 109
c) *Ermessensfehler* 109
aa) *Ermessensunterschreitung* 110
bb) *Ermessensüberschreitung* 110
cc) *Ermessensfehlgebrauch* 111
dd) *Weitere Ermessensfehler* 111
9. Sonstige allgemeinen Anforderungen 111
a) *Inhaltliche Bestimmtheit, § 37 Abs. 1 VwVfG* 111
b) *Erkennbarkeit der erlassenden Behörde, § 37 Abs. 3 VwVfG* 112

II. Eingriffsvoraussetzungen bei Behinderung des Einsatzes der Feuerwehr oder von Hilfs- oder Rettungsdiensten 113

B. Rechtssystematische Stellung des polizeirechtlichen Platzverweises . 114

I. Die Bedeutung der spezialgesetzlichen Bestimmungen 114
1. Spezialgesetzliche Ermächtigungen aufgrund besonderer Gesetze 114
2. Spezialermächtigungen für bestimmte polizeiliche Maßnahmen (Standardmaßnahmen) 116

II. Rückgriff auf die Generalermächtigung neben den polizeilichen Standardmaßnahmen? 116
1. Auslegung des § 3 BW PolG (polizeiliche Generalklausel) ... 116
2. Auslegung der qualifizierten Ermächtigungsgrundlagen 117
3. Auslegung der klassischen Ermächtigungsgrundlagen 117
4. Stellungnahme 118

C. Die Durchsetzung des polizeirechtlichen Platzverweises 121

I. Das Verwaltungsvollstreckungsverfahren 121
1. Zuständigkeit 122
2. Verfahrensarten 122
a) *Das gestreckte Verfahren* 122
b) *Das abgekürzte Verfahren* 123
3. Androhung 123
a) *Allgemeines* 123
b) *Verbindung mit dem Grundverwaltungsakt (sog. unselbständige Androhung)* 124
c) *Frist* 125
4. Festsetzung 126
5. Ausführung 126
6. Zwangsmittelarten 126
a) *Zwangsgeld* 127
aa) *Allgemeines* 127
bb) *Androhung des Zwangsgeldes* 129
(1) *Allgemeines* 129
(2) *Zwangsgeldandrohung "für jeden Fall der Zuwiderhandlung"* 130
cc) *Festsetzung* 131
dd) *Beitreibung* 132
ee) *Ersatzzwangshaft bzw. Erzwingungshaft* 132
(1) *Uneinbringlichkeit* 133
(2) *Vollstreckbarkeit der Zwangsgeldfestsetzung* 133
(3) *Verhältnismäßigkeit* 133
(4) *Höhe der Ersatzzwangshaft* 134
(5) *Haftbefehl und Rechtsmittel* 135
ff) *Festsetzung, Beitreibung und Ersatzzwangshaft nach "Erledigung" der Verfügung?* 135
b) *Unmittelbarer Zwang* 139

II. Die Ingewahrsamnahme 140
1. Gewahrsamsbegriff 140
2. Der Durchsetzungsgewahrsam 141
3. Der Unterbindungsgewahrsam 143

a) *Unmittelbare (erhebliche) Gefahr* 143
b) *Zur Verhinderung von Straftaten* 145
c) *Zur Verhinderung von Ordnungswidrigkeiten von erheblicher Gefahr bzw. Bedeutung* 145
4. Der Verbringungsgewahrsam 146
a) *"Verbringungsgewahrsam" als unmittelbarer Zwang* .. 147
b) *Argumentum a maiore ad minus* 148
5. Der Schickgewahrsam / Rückführungsgewahrsam 149
6. Gesetzliche Höchstdauer der Ingewahrsamnahme 150
7. Vereinbarkeit mit der Europäischen Menschenrechtskonvention 151

3. Kapitel: Verfassungsrechtliche Probleme des polizeirechtlichen Platzverweises 153

A. Vereinbarkeit mit den grundrechtlichen Gewährleistungen 153

I. Das Grundrecht der Freizügigkeit, Art. 11 GG 153
1. Schutzbereich 154
a) *Begriff der Freizügigkeit* 154
b) *Wohnsitznahme* 154
c) *Aufenthaltsnahme* 155
aa) *Abgrenzung nach "besonderem" Zweck des Aufenthalts* 155
bb) *Zeitliche Abgrenzung (Dauer)* 156
cc) *Abgrenzung nach "Fortbewegung zwecks Ortswechsels"* 157
dd) *Abgrenzung nach Wechsel des Lebenskreises* 159
ee) *Abgrenzung nach objektiver Bedeutung des Aufenthalts* 160
ff) *Stellungnahme* 160
2. Schrankenbereich 162
a) *"Strafbare Handlungen"* 162
b) *Präventionsvorbehalt nur "echter Kriminalvorbehalt"?* 163
c) *Art und Gewicht des Präventionsvorbehalts* 163
d) *Anforderungen an die Gefahrenlage* 165

e) *Präventionsvorbehalt und polizeiliche Generalklausel* . 167
f) *Vereinbarkeit der Ermächtigungsgrundlagen mit dem Präventionsvorbehalt des Art. 11 Abs. 2 GG?* 167

II. Das Grundrecht der Freiheit der Person, Art. 2 Abs. 2 Satz 2 GG ... 168
1. Schutzbereich 168
a) *Begriff der Freiheit der Person* 168
b) *Freiheitsentziehung* 169
c) *Freiheitsbeschränkung* 169
aa) *Allgemeines* 169
bb) *Landkreisgröße als Begrenzungskriterium?* 170
cc) *Beschränkung auf "unmittelbaren Zwang"?* 174
dd) *Zwischenergebnis* 176
2. Schrankenbereich 176
3. Richtervorbehalt, Art. 104 Abs. 2 bis 4 GG 177

III. Verhältnis von Art. 11 Abs. 1 GG und Art. 2 Abs. 2 Satz 2 GG 179
1. Lösung von Grundrechtskonkurrenzen 179
2. Verhältnis von Freizügigkeit und Freiheitsbeschränkungen ... 179
3. Verhältnis von Freizügigkeit und Freiheitsentziehungen 180

IV. Das Grundrecht der Versammlungsfreiheit, Art. 8 Abs. 1 181
1. Schutzbereich 181
2. Schrankenbereich 182
a) *Eingriffsvoraussetzungen gem. § 15 VersammlG* 182
b) *"Polizeifestigkeit" des Versammlungsgesetzes?* 184
aa) *Anwendungsbereich des Versammlungsgesetzes im Vorfeld von Demonstrationen?* 184
bb) *Platzverweise im Anwendungsbereich des Versammlungsgesetzes mit dem Argumentum a maiore ad minus?* 186
cc) *Repressive Platzverweise im Anwendungsbereich des Versammlungsgesetzes?* 188
c) *Verhältnismäßigkeit* 189
d) *Rechtsfolgen einer ausgeschlossenen Person bzw. einer aufgelösten Versammlung* 190

V. Platzverweise in/aus Wohnungen, Art. 13 GG 191
1. Schutzbereich 191
2. Schrankenbereich 192

VI. Vereinbarkeit mit der jeweiligen Landesverfassung, Art. 142 GG ... 193

B. Vereinbarkeit mit sonstigen Verfassungsgrundsätzen 194

I. Gesetzgebungszuständigkeit gemäß Art. 73 Nr. 3, 1. Alt. GG beim Bund? 194

II. Das Zitiergebot des Art. 19 Abs. 1 Satz 2 GG 195

III. Verstoß gegen die Wesentlichkeitstheorie? 197
1. Begriffsbestimmung 197
2. Anerkannte Fallgruppen 199
a) *Grundrechtsrelevanz und Intensität der Maßnahme* ... 199
b) *Bedeutung für die Allgemeinheit* 200
3. Stellungnahme und Zwischenergebnis 201

IV. Verstoß gegen den Bestimmtheitsgrundsatz? 202
1. Begriffsbestimmung 202
2. Anerkannte Fallgruppen 204
a) *Eigenart des zu regelnden Sachverhaltes* 204
b) *Grundrechtsrelevanz und Intensität der Maßnahme* ... 205
c) *Uneinheitliche Rechtsanwendung* 206
d) *Bedeutung für die Allgemeinheit* 207
3. Abschließende Stellungnahme und Zwischenergebnis 208

V. Verhältnismäßigkeit 209
1. Gesetzeszweck 210
2. Geeignetheit 211
3. Erforderlichkeit 213
a) *Begriffsbestimmung* 213
b) *Zur räumlichen Dimension* 214
c) *Zur zeitlichen Dimension* 217
4. Angemessenheit 219
a) *Die Interessen der betroffenen Bürger (Adressaten)* ... 219

b) *Die Interessen der übrigen Bürger* ... 220
c) *Auflösung dieser verfassungsrechtlichen Spannungslage* ... 220
aa) *Zu den qualifizierten Ermächtigungsgrundlagen* ... 220
bb) *Zu den qualifizierten Platzverweisen in Form von Allgemeinverfügungen* ... 222
cc) *Zu den Einzelfällen* ... 224

4. Kapitel: Rechtsschutz- und Verfahrensprobleme ... 229

A. Rechtsschutz gegen Platzverweise ... 229

I. §§ 23 ff. EGGVG ... 229
1. Rechtsweg, § 23 Abs. 1 EGGVG ... 229
2. Rechtsschutz, § 25 Abs. 1 EGGVG ... 229

II. Widerspruch, § 68 VwGO ... 230

III. Vorläufiger Rechtsschutz ... 230
1. § 80 Abs. 5 VwGO ... 230
2. § 123 Abs. 1 VwGO ... 231

IV. Anfechtungsklage, § 42 Abs. 1 VwGO ... 231

V. Verpflichtungsklage, § 42 Abs. 1 VwGO ... 231

VI. Untätigkeitsklage, § 75 VwGO ... 231

VII. Fortsetzungsfeststellungsklage, § 113 Abs. 1 Satz ... 232
1. Anwendungsbereich ... 232
2. Berechtigtes Interesse ... 233
a) *Wiederholungsgefahr* ... 233
b) *Vorbereitung eines Amtshaftungsprozesses* ... 234
c) *Rehabilitationsinteresse* ... 235
aa) *Herabsetzung des Ansehens in der Öffentlichkeit* ... 235
bb) *Tiefgreifende Grundrechtseingriffe* ... 237
3. Widerpruchsverfahrens ... 238

4. Klagefrist 238

B. Rechtsschutz gegen Ingewahrsamnahmen 239

C. Rechtsschutz gegen Sondernutzungssatzungen und Gefahrenabwehrverordnungen 240

I. Inzidentkontrolle 240

II. Normenkontrollverfahren, § 47 VwGO 241

D. Rechtsschutz gegen Bußgeldbescheide 241

5. Kapitel: Ergebnis dieser Untersuchung, eigene Lösungsvorschläge und abschließende Bemerkungen 243

A. Ergebnis dieser Untersuchung 243

B. Lösungsversuch mit gemeindlichen Satzungen 244

I. Vorbemerkungen 244

II. Sondernutzungssatzung 246
1. §§ 1 ff. 246
2. § 4 (Sondernutzungen) 246
3. § 4 (Ordnungswidrigkeiten) 247

C. Lösungsversuch mit Gefahrenabwehrverordnungen 247

I. Vorbemerkungen 247

II. Gefahrenabwehrverordnung 248
1. §§ 1 ff. 248
2. § 4 (Mißbräuchliche Formen der Bettelei) 248
3. § 5 (Mißbräuchliche Formen des Niederlassens) 248
4. § 6 (Ordnungswidrigkeiten) 248

D. Formulierungsvorschlag für die Standardmaßnahme "Platzverweis" 249

E. Abschließende Bemerkungen 251

6. Kapitel: Thesen 255

I. Zum 1. Kapitel 255

II. Zum 2. Kapitel 255

III. Zum 3. Kapitel 267

IV. Zum 4. Kapitel 276

V. Zum 5. Kapitel 279

Literaturverzeichnis 281

1. Kapitel: Einleitung und Ziel dieser Untersuchung, Verfahrensablauf am Beispiel der "offenen Drogenszene"; Untersuchungsgegenstand; geschichtliche Entwicklung und Bestandsaufnahme

A. Einleitung und Ziel dieser Untersuchung, Verfahrensablauf am Beispiel der "offenen Drogenszene"

I. Einleitung und Ziel dieser Untersuchung

Das Thema dieser Untersuchung ist der polizeiliche Platzverweis[2] im Rechtsstaat. Der Platzverweis ist das Gebot, einen bestimmten Ort für eine begrenzte Zeit zu verlassen oder das Verbot, einen solchen Ort zu betreten.

Anlaß dieser Untersuchung ist die Erkenntnis, daß in den vergangenen Jahren Störungen und Straftaten in der Öffentlichkeit zusätzlich zu strafrechtlichen Maßnahmen oder unabhängig von solchen mit polizeirechtlichen Verfügungen bekämpft worden sind. Beispiele dafür aus der jüngeren Vergangenheit waren u. a. Platzverweise gegenüber Drogenabhängigen und -dealern, anreisenden Demonstranten, Obdachlosen bzw. Stadtstreichern, Bettlern, Prostituierten im Sperrbezirk, Asylbewerbern außerhalb ihres Gestattungsbereichs, Skinheads in der Innenstadt, gewalttätigen Störern bei Volksfesten, Hooligans und Punkern:

Im Verlaufe der Chaos-Tage 1996 in Hannover ist es wiederholt und aus den verschiedensten Ursachen zu Rechtsverstößen gekommen[3]. Auch in Bremen sind im August 1996 anreisende Punker abgefangen und zurückgewiesen worden, indem sie gleich wieder in den nächsten Zug gesetzt worden sind. Mit der Praxis der pauschalen Platzverweise für die gesamte Stadt hat die Polizei gegen geltendes Bremer Polizeirecht verstoßen, stellte das Bremer Verwaltungsgericht in einer Eilent-

---

2 Der Platzverweis wird auch als Platzverweisung bezeichnet, wobei beide Begriffe synonym gebraucht werden.

3 Vgl. dazu die Allgemeinverfügung der Polizeidirektion Hannover für das Verbot der Chaos Tage 1996 auf der Grundlage des § 15 Abs. 1 VersammlG vom 27.06.1996, Az. V 3.1-12205/96, S. 8: Während der Chaos-Tage 1995 (04.08. bis 06.08.1995) einschließlich der Vorphase (24.07. bis 03.08.1995) mußte die Polizei wie folgt einschreiten: 654 Platzverweise, 1339 Aufenthaltsverbote, 331 Ingewahrsamnahmen unter 8 Std., 711 Ingewahrsamnahmen über 8 Std., 190 vorläufige Festnahmen und 542 Strafverfahren.

scheidung fest[4]. Bunte Haare allein reichen nicht als Verdachtsmoment[5]. Zu den Überraschungen der Chaos-Tage gehörte auch die Entdeckung, daß es Leute gibt, die mit steil zu Berge stehendem Haar nach Hannover kommen, um dort ihren Urlaub zu verbringen[6].

Der niedersächsische Gesetzgeber hat als erster das Gefahrenabwehrgesetz in mehreren Punkten geändert. Im Rahmen der Novellierung ist erstmals im Polizeirecht der Bundesrepublik Deutschland ein Aufenthaltsverbot eingeführt worden, um Punker oder ähnliche Störer[7] von vornherein von einer Stadt fernhalten zu können, wenn Gefahren drohen[8]. Weitere Länder sind dem gefolgt und haben weitgehend identische Vorschriften erlassen.

Immer mehr gehen des weiteren insbesondere Großstädte dazu über, ganze Bereiche der Städte für Drogenabhängige oder Dealer zu sperren[9]. Insbesondere die Inhaber von Geschäften in den Innenstädten wenden sich häufig an die Behörden und bitten um Bekämpfung der Drogenszene, weil sie Umsatzeinbußen befürchten. Eine Umfrage des Hauptverbandes des Deutschen Einzelhandels (HDE) hat ergeben, daß 22 % der innerstädtischen Unternehmen eigenen Angaben zufolge Kundenverluste sowie erhebliche Umsatzeinbußen hinnehmen mußten, die sich auf die genannten Störungen stützen[10]. Vermutlich ist daher jüngst der Vorschlag geäußert worden, ganze Einkaufsstraßen an Geschäftsleute zu verpachten und damit unter privates Hausrecht zu stellen[11].
Das OVG Bremen[12] hat beispielsweise kürzlich ein auf sechs Monate befristetes Aufenthaltsverbot für einen Drogendealer für bestimmte Bereiche der Stadtgemeinde Bremen für rechtmäßig erklärt.

---

4 Vgl. dazu K. Wolschner, TAZ-Bremen vom 21.08.1996, S. 5
5 TAZ-Bremen vom 17.08.1996, S. 30
6 FAZ vom 05.08.1996, S. 5
7 In dieser Untersuchung verwendet der Verfasser grundsätzlich das Wort Störer, um keine Begriffe zu verwenden, die positiv oder negativ besetzt sein könnten.
8 Vgl. dazu auch Alberts, NVwZ 1997, 45, 46
9 Alberts, NVwZ 1997, 45, 46; vgl. dazu auch FAZ vom 15.11.1996, S. 13 und TAZ-Bremen vom 02.10.1995, S. 21; im Rahmen des Hamburger Handlungskonzepts St. Georg/Sternschanze wurden im Mai 1995 bis Februar 1998 196.418 Platzverweise erteilt und 9.830 Ingewahrsamnahmen veranlaßt, siehe Kappeler, 2001, S. 68 m.w.N.
10 Kappeler, 2001, S. 21 m.w.N.
11 Hamburger Landespolitiker Schill, NZ vom 02.10.2001, S. 7; siehe dazu auch Kappeler, 2001, S. 56 f. m.w.N.
12 OVG Bremen, Urteil vom 24.03.1998, Az.: OVG 1 BA 27/97 = NVwZ 1999, 314

Des weiteren wurden anreisende Demonstranten der linken Szene auf den Bahnhöfen Gera und Rudolfstadt nach den Worten einer Polizeisprecherin "in Empfang genommen" und aufgefordert, weiter- oder zurückzureisen[13].

Vor Jahren ist zum Teil gefordert worden, daß die Innenstädte von Stadtstreichern geräumt werden müßten[14]. Bereits im Jahre 1996 ist öffentlich in Hamburg eine Debatte um das Vorgehen gegen "randständige Menschen" geführt worden[15]. Erst kürzlich hat der Hamburger Landespolitiker Schill gefordert: "Aggressive Bettler und Junkies müssen aus Hamburgs Einkaufsstraßen verschwinden."[16]

Mit Entsetzen und Entrüstung ist in Frankreich die Nachricht über die gewalttätigen Ausschreitungen deutscher Randalierer in der nordfranzösischen Stadt Lens aufgenommen worden[17]. "Hooligans" oder "Hools" nennen sich die Gewalttäter, die in Deutschland gut bekannt sind und von der Polizei als Fußballfans der Gruppe C eingeordnet werden: zu Gewalt neigen, in Gruppen agieren und mit Funktelefonen ausgestattet sind[18]. Weshalb kann bekannten Gewalttätern, die zu Demonstrationen reisen wollen, im Vorfeld des Ereignisses das Betreten eines bestimmten Ortes verboten werden, während Rabauken aus dem Umfeld des Fußballsports ungehindert ihre Gewaltauftritte rund um die Stadien planen und veranstalten können?[19] Es stellt sich hier die Frage, ob ganze Gruppen nur auf Verdacht hin festgenommen oder aber die Grenzen dicht gemacht werden können[20]. Mit verschärften Kontrollen an den Grenzen nach Frankreich, Belgien und den Niederlanden haben schließlich die deutschen Sicherheitsbehörden versucht, gewaltbereite Hooligans daran zu hindern, zur Fußball-Weltmeisterschaft zu fahren[21]. Zwei Hooligans aus Stuttgart, die nach den Vorfällen bei der Fußballweltmeisterschaft in Lens aus Frankreich abgeschoben und mit einem lebenslangen Einreiseverbot belegt wurden, sind in Polizeigewahrsam genommen worden[22]. Gegen zwanzig Hooligans seien Meldeauflagen erlassen worden[23]. Politiker fordern, gewaltbereiten Schlägern Reiseverbote zu den Austragungsorten von Fußballspielen zu erteilen und ihnen Meldepflichten für die

13 FAZ vom 13.10.1997, S. 8
14 Vgl. dazu Alberts, NVwZ 1997, 45, 46
15 Vgl. dazu FAZ vom 15.11.1996, S. 13; Silke Mertins, TAZ Nr. 4856 vom 22.02.1996, S. 2
16 NZ vom 02.10.2001, S. 7
17 FAZ vom 23.06.1998, S. 1
18 FAZ vom 23.06.1998, S. 2
19 Albert Malachewitz, NZ vom 23.06.1998, S. 2
20 Roland Zorn, FAZ vom 24.06.1998
21 FAZ vom 26.06.1998
22 FAZ vom 26.06.1998
23 FAZ vom 26.06.1998

Spieltage aufzuerlegen[24]. In Einzelfällen sei es nach ihnen auch geboten, Gewalttäter in Unterbindungsgewahrsam zu nehmen und ihre Kraftfahrzeuge stillzulegen oder einzuziehen[25]. Nach anderer Auffassung müsse es aber einen Hinweis geben, daß die betreffende Person eine Straftat begehen werde[26]. Das Polizeirecht könne nicht allein deshalb angewendet werden, weil ein Täter in der Gewaltdatei "Sport" des Bundeskriminalamts erfaßt sei[27].

Ein vergleichbares Problem besteht bei Veranstaltungen und Zusammenkünften der "rechten Szene", auf denen immer wieder "Nazi-Parolen" wie "Ruhm und Ehre der Waffen-SS" oder "Ausländer raus" zu hören sind. In ostdeutschen Städten trauen sich Ausländer nach Einbruch der Dunkelheit nicht mehr auf die Straße[28].

Schreitet die Polizei in derartigen Fällen ein, so ziehen die Polizeieinsätze regelmäßig Verwaltungs-, Zivil- oder Strafprozesse nach sich[29], in denen über die Rechtmäßigkeit polizeilicher Maßnahmen gegen diese Personen im Spannungsfeld zwischen allgemeinem Polizei- und Ordnungsrecht und der Bewegungsfreiheit zu entscheiden ist.

Hierbei handelt es sich um einen Sachkomplex, der in allen Schichten der Gesellschaft kontrovers diskutiert[30] wird und zu einer erheblichen Polarisierung geführt hat:

Zum Teil wird ein strengeres Durchgreifen der Polizei verlangt[31]. Nach der einmütigen Auffassung des Rechts- und Verfassungsausschusses des Deutschen Städtetages hätten Delikte wie aggressives Betteln, Schmierereien und Drogeneinnahmen vor allem in den großen Städten so drastisch zugenommen, daß dringender Handlungsbedarf entstehe[32]. Die badische Stadt Mannheim hat z. B. aus dem

---

24 FAZ vom 16.07.1998, S. 1
25 FAZ vom 16.07.1998, S. 1
26 FAZ vom 17.07.1998
27 FAZ vom 17.07.1998
28 Zum Rückzugsverhalten als Folge subjektiver Unsicherheit siehe Kappeler, 2001, S. 19 ff. m.w.N.
29 Vgl. z. B. Martin Stucke, TAZ Nr. 4994 vom 07.08.1996, S. 4
30 Zu einer Annäherung an das Thema aus einer soziologischen, kriminologischen und rechtspolitischen Perspektive, indem zum einen die sozialen Hintergründe und Auswirkungen der Verunsicherung über so genannte Ordnungsstörungen beleuchtet, zum anderen die unterschiedlichen sicherheitspolitischen Ansätze zur Lösung der sozialen Konfliktlagen aufgezeigt werden, siehe Kappeler, 2001, S. 7 ff.
31 Vgl. dazu FAZ vom 15.11.1996, S. 13 f.
32 NZ vom 01.11.1997 und 11.11.1997

Unsicherheitsgefühl[33] der Einwohner Konsequenzen gezogen; dort will man mit einer neuen Polizeiverordnung selbst gegen kleine Ordnungswidrigkeiten hart vorgehen[34]. Stuttgart hat im Jahre 1998 seine Polizeiverordnung überarbeitet und dabei geprüft, ob es diesem Beispiel folgen soll[35]. Rigoros will Stuttgart gegen alle vorgehen, die das Stadtbild verschandeln oder verschmutzen. Von New Yorks ehemaligem Polizeichef[36] Bratton[37] hat der Stuttgarter Oberbürgermeister Schuster die "Broken-Windows-Theorie" übernommen, derzufolge ein Haus bald vor dem Ruin steht, wenn die zerbrochenen Fensterscheiben nicht durch neue ersetzt werden[38]. Der ungehinderte Bettler ist in diesem Sinne das erste zerbrochene Fenster. Wenn Bürger nicht einmal einen lästigen Bettler davon abhalten können, die Passanten zu belästigen, wird der Dieb meinen, es sei sogar noch unwahrscheinlicher, daß sie die Polizei rufen werden, um einen potentiellen Straßenräuber zu identifizieren, oder daß sie bei einem Überfall selbst eingreifen werden[39]. Deshalb gelte es, den Anfängen zu wehren[40]. In der Vergangenheit ist als Ausfluß der "Broken-Windows-Theorie" gefordert worden, daß sich die Polizei wieder mehr für die öffentliche Ordnung einsetzen müsse, statt nur Straftaten zu verfolgen[41].
"Offene Szenen, Nichtseßhafte, alkoholisierte Pulks", dazu Trupps von randalierenden Jugendlichen, die "auch ohne Straften" Passanten Angst einjagten, müßten wieder ins Blickfeld der Sicherheitsbehörden rücken[42]. Es sei eine "spannende Frage", ob man so etwas dulden solle[43]. Mehr Sicherheit, Sauberkeit und Ordnung in der Öffentlichkeit fordern auch Politiker der Stadtgemeinde Bremerhaven[44]. Zusammen mit einigen anderen Gesetzesänderungen soll es eine "bessere Grundlage für das Einschreiten gegen Belästigungen aufgrund extensiven Alkoholkonsums auf öffentlichen Plätzen" geben[45]. Die Bürger in Bremerhaven und Bremen hätten einen Anspruch darauf, daß die Innenstädte "vor Verwahrlosung bewahrt wer-

---

33 Zum menschlichen Bedürfnis nach Sicherheit siehe Kappeler, 2001, S. 1 ff.
34 FAZ vom 27.01.1998
35 FAZ vom 27.01.1998
36 In der Zeit von 1994 bis 1996, vgl. Steinert, Neue Kriminalpolitik, Heft 4, 28, 29 f.
37 Kritisch zu Bratton's Leistungen: Cornel, Neue Kriminalpolitik, Heft 4, S. 34, 34 f.
38 FAZ vom 27.01.1998; siehe dazu auch Der Spiegel, Nr. 28/1997, S. 48 ff.; Volkmann, NVwZ 1999, 225 ff.; ders., NVwZ 2000, 361 ff.; Wilson/Kelling, KrimJournal 1996, 121, 124 mit Beschreibung des Experiments von Philip Zimbardo aus dem Jahre 1969
39 Wilson/Kelling, KrimJournal 1996, 121, 129
40 FAZ vom 27.01.1998
41 FAZ vom 19.09.1997; ähnlich auch Nr. 2 des Beschlusses der Innenministerkonferenz vom 02.02.1998 zu einer "Partnerschaft für mehr Sicherheit in unseren Städten und Gemeinden".
42 FAZ vom 19.09.1997
43 FAZ vom 19.09.1997
44 NZ vom 30.05.1998
45 NZ vom 06.01.1998

den"[46]. Dazu müsse das Ortsgesetz (Satzung) geändert werden[47]. Sie treten für einen flexibleren Polizeieinsatz ein - auch bei Belästigungen aufgrund von Alkohol- und Drogenmißbrauchs auf öffentlichen Straßen und Plätzen[48]. Maßnahmen gegen "Verwahrlosung" seien im Sinne der Bevölkerung, die einen Anspruch auf eine saubere Stadt habe[49]. Auch in Hannover sollen künftig schon geringfügige Verstöße gegen die öffentliche Ordnung geahndet werden können[50]. Politiker des Landes Niedersachsen haben sich darauf verständigt, Fachleute mit der Ausarbeitung eines entsprechenden Modellversuchs zu beauftragen[51]. Gedacht sei an "ein der Situation angemessenes, niedrigschwelliges Eingreifen der Ordnungsverwaltung und der Polizei zur Bekämpfung der Kleinkriminalität und von Belästigungen im städtischen Raum"[52].

Andere Stimmen raten hingegen zur Mäßigung[53]. Nach ihnen schüren diese Politiker "mit dumpfen Parolen von sauberen Innenstädten Aggressionen gegen Arme und Ausgegrenzte"[54]. An Stelle überkommener Vorstellungen der Bindung an Recht und Gesetz wird der Bewegungsfreiheit der Polizei der absolute Vorrang eingeräumt[55]. Die einen sehen den Bestand des Rechtsstaates bedroht, die anderen fragen nach der Bewegungsfreiheit der Betroffenen[56]. Es wird die Auffassung vertreten, daß die Kriminalisierung und rigide Verfolgung gerade auch nur geringfügiger Verstöße entsprechend dem New Yorker Modell nach der bundesdeutschen Rechtsordnung evident unzulässig sei[57]. Insbesondere die in den USA zahlreichen Verbote des Akoholkonsums und des Bettelns im öffentlichen Raum seien nach der überwiegenden bundesdeutschen Rechtsauffassung nicht haltbar[58].

Die Polizei fühlt sich zwischen diesen Auffassungen als "Prügelknabe der Nation", denn ihr Einschreiten (oder Nichteinschreiten) gegenüber diesen Personen ist in

---

46 NZ vom 06.01.1998
47 NZ vom 30.05.1998
48 NZ vom 30.05.1998
49 NZ vom 30.05.1998
50 FAZ vom 14.11.1997
51 FAZ vom 14.11.1997
52 FAZ vom 14.11.1997
53 Burfeind, S. 1
54 FAZ, 14.11.1997
55 So Hecker, KJ 1997, 395, 403
56 Vgl. dazu auch Süddeutsche Zeitung vom 05.08.1996, S. 2; TAZ-Bremen vom 07.08.1996, S. 4; TAZ-Bremen vom 13.08.1996, S. 22
57 So Hecker, KJ 1997, 395, 403 f.
58 So z. B. Hecker, KJ 1997, 395, 404

jedem Fall von Kritik begleitet[59]. Hinzu kommt ein nicht unbeachtliches Maß an Rechtsunsicherheit, wie die Vorgänge um das "Aufenthaltsverbot für Drogenhändler"[60] zeigen.

Die gesetzlichen Grundlagen für solche Aktionen scheinen unzureichend zu sein, die Rechtsprechung neigt zur Ignorierung der Problematik.

Ziel dieser Untersuchung soll es daher sein, die Voraussetzungen und Grenzen des polizeirechtlichen Platzverweises darzustellen und zu analysieren. Gerade im Hinblick auf die quantitativ[61] zunehmende Bedeutung von polizeirechtlichen Platzverweisen ist eine größtmögliche Rechtsklarheit erforderlich.

Im einzelnen wird im zweiten Abschnitt des ersten Kapitels zunächst der Untersuchungsgegenstand begrenzt. Dabei wird auf verschiedene spezialgesetzlich geregelte Platzverweise eingegangen. Im Anschluß daran wird die geschichtliche Entwicklung des polizeirechtlichen Platzverweises kurz dargestellt. Am Ende dieses Kapitels erfolgt eine Bestandsaufnahme des polizeirechtlichen Platzverweises im Bundesgesetz und in den Ländergesetzen.

In einem zweiten Kapitel werden zunächst die tatbestandlichen Eingriffsvoraussetzungen und Rechtsfolgen der spezialgesetzlichen Ermächtigungsgrundlagen näher beleuchtet. Die Darstellung umfaßt insbes.,

- wieweit die Zuständigkeit der Polizei gegenüber den Ordnungsbehörden und der Staatsanwaltschaft reicht und

- ob die Gesetzgebungsorgane befugt sind, den Begriff der öffentlichen Sicherheit durch neue Rechtsnormen (insbes. durch Gefahrenabwehrverordnungen und gemeindliche Satzungen) zu erweitern.

---

59 Vgl. dazu Robert Bücking, TAZ-Bremen vom 17.08.1996, S. 30; Joachim Fahrun, TAZ-Bremen vom 07.08.1996, S. 22

60 Das OVG Bremen hat beispielsweise mit seinem Urteil vom 24.03.1998, Az.: OVG 1 BA 27/97 = NVwZ 1999, 314, das Urteil des VG Bremen vom 29.05.1997, Az.: VG 2 A 149/96, aufgehoben, wonach das VG Bremen ein auf sechs Monate befristetes Aufenthaltsverbot für einen Drogenhändler für bestimmte Bereiche der Stadtgemeinde Bremen für rechtswidrig erklärt hat.

61 Die Polizei sprach allein in der Zeit des Versammlungsverbots für Punks in Hannover zwischen dem 26. Juli 1996 und dem 04. August 1996 2037 Platzverweise aus und nahm 160 Jugendliche fest, vgl. Süddeutsche Zeitung vom 06.08.1996, S. 6.

- Die meisten Polizeigesetze der Länder schützen ebenfalls die öffentliche Ordnung. Nach Erörterung dieses Begriffes stellt sich die Frage, wie sich das Fehlen dieses Schutzgutes in den übrigen Ländern auswirkt.

- Des weiteren wird der Begriff der konkreten Gefahr in Abgrenzung zu weiteren Gefahrenarten erörtert. Dies ist von Bedeutung, da die spezialgesetzlichen Ermächtigungsgrundlagen zum Teil unterschiedliche Gefahren fordern.

- Auf der Rechtsfolgenseite ist die Tragweite des Platzverweises darzustellen.

- Schließlich ist bei der Adressatenfrage auf den teilweise unterschiedlichen Wortlaut der Länderregelungen einzugehen.

- Bei der Verbindung von Tatbestand und Rechtsfolge sind die Grenzen des Ermessens und typische Ermessensfehler zu erörtern.

Da Aufenthaltsverbote teilweise für bis zu 12 Monate erteilt werden und der herkömmliche Platzverweis unbestrittenermaßen längerfristige Aufenthaltsverbote nicht abdeckt, ist zu prüfen, ob ein Rückgriff auf die polizeirechtliche Generalklausel möglich ist, oder ob eine neue spezialgesetzliche Ermächtigungsgrundlage erforderlich ist. Lediglich in den Ländern Niedersachsen, Berlin, Sachsen und Bremen könnte sich diese Frage nicht stellen, da diese Landesgesetzgeber Aufenthaltsverbote als neue Standardmaßnahmen in ihre Polizeigesetze aufgenommen haben.

In einem weiteren Abschnitt sind die Durchsetzungsmöglichkeiten des polizeirechtlichen Platzverweises darzustellen.

Im dritten Kapitel sind die verfassungsrechtlichen Probleme des polizeirechtlichen Platzverweises zu erörtern:
Hier ist zu analysieren, von welchen Grundrechten die Bewegungsfreiheit geschützt wird. Es stellt sich insbesondere die Frage nach der Abgrenzung zwischen der Freiheit der Person (Art. 2 Abs. 2 S. 2 GG) und der Freizügigkeit. Während das Grundrecht der Freizügigkeit (Art. 11 Abs. 1 GG) einen spezifischen, an besondere Zwecke gebundenen Gesetzesvorbehalt enthält, kann Art. 2 Abs. 2 S. 2 GG durch jedes förmliche Gesetz beschränkt werden, das dem Gebot des Grundsatzes der Verhältnismäßigkeit genügt.

Sollte der Verfasser bei der Bearbeitung zu dem Ergebnis kommen, daß die Gesetzgebungsorgane befugt sind, entsprechende Rechtssätze zu erlassen, ist fraglich, ob eine Gefahrenverdachtslage - wie sie z. B. in § 17 Abs. 2 NGefAG lediglich verlangt wird - im Rahmen des Schrankenvorbehalts des Art. 11 Abs. 2 GG ausreichend ist.
Der Präventionsvorbehalt des Art. 11 Abs. 2 GG erlaubt Einschränkungen der Freizügigkeit zwecks Vorbeugung von Straftaten. Möglicherweise muß der Kreis der insoweit einschlägigen Straftaten umgrenzt werden. Weiterhin ist problematisch, nach welchen Maßstäben beurteilt wird, ob eine Straftat zu erwarten ist, ihr daher also vorgebeugt werden darf.

Ebenso ist klärungsbedürftig, wie die Grenze zwischen Bewegungsfreiheit als Freiheit der Person unter Art. 2 Abs. 2 Satz 2 GG einerseits und der allgemeinen Handlungsfreiheit nach Art. 2 Abs. 1 GG andererseits verläuft. Dies ist insofern entscheidend, als davon die Erforderlichkeit eines förmlichen Gesetzes und die Anwendbarkeit des Zitiergebotes des Art. 19 Abs. 1 Satz 2 GG abhängt.
Manche Polizeigesetze zitieren den Art. 11 GG nicht. Gegebenenfalls verstoßen diese Gesetze gegen das Zitiergebot gem. Art. 19 Abs. 1 Satz 2 GG.

Des weiteren ist auf das Verhältnis des polizeirechtlichen Platzverweises zum Versammlungsrecht einzugehen.

Es wird außerdem die Auffassung vertreten, daß dem Bund gem. Art. 73 Nr. 3, 1. Alt. GG die alleinige Gesetzgebungskompetenz zur Regelung der Freizügigkeit zustehe. Daher könnten die Länder ohne Delegation nicht befugt sein, den Sicherheitsvorbehalt des Art. 11 Abs. 2 GG durch Landesrecht, insbesondere Polizeirecht, auszufüllen.

Am Ende dieses Kapitels ist zu prüfen, ob die gesetzlichen Grundlagen gegebenenfalls gegen den Bestimmtheitsgrundsatz und/oder gegen die Wesentlichkeitstheorie verstoßen. In Literatur und vereinzelt auch in der Rechtsprechung wird die Ansicht vertreten, längerfristige Aufenthaltsverbote bedürfen einer spezialgesetzlichen Ermächtigungsgrundlage, wie dies beispielsweise mit dem neuen Niedersächsischen Gefahrenabwehrgesetz geschehen ist. Das hat zur Folge, daß ein Einschreiten aufgrund der herkömmlichen Standardmaßnahme "Platzverweis" und der Generalklauseln der Landespolizeigesetze ausgesprochen fraglich ist.
Abschließend wird zu untersuchen sein, ob insbesondere längerfristige Platzverweise mit dem Grundsatz der Verhältnismäßigkeit vereinbar sind.

Im vierten Kapitel soll im Rahmen des Ergebnisses dieser Untersuchung ein eigener Lösungsvorschlag zur Bewältigung dieser Probleme vorgeschlagen werden.

Schließlich wird mit dem fünften Kapitel die Bearbeitung dieser Untersuchung mit den (Kern-) Thesen zu den einzelnen Kapiteln abgeschlossen.

II. Verfahrensablauf am Beispiel der "offenen Drogenszene"

Seit einigen Jahren kann vermehrt beobachtet werden, daß sich die Mitglieder der Drogenszene an zentral gelegenen Örtlichkeiten versammeln, die in der Regel im Bahnhofs- bzw. Innenstadtbereich liegen. Die Örtlichkeiten werden bewußt zentral gewählt, damit auch der Zulauf von ortsunkundigen Drogenabhängigen gewährleistet ist. Im betreffenden Bereich werden - mehr oder weniger für die gesamte Bevölkerung sichtbar - Drogen gedealt (verkauft bzw. Verkaufsgespräche aufgenommen) und anschließend teilweise konsumiert (sog. "offene Drogenszene")[62].

Wenn sich eine offene Drogenszene gebildet hat, wird in Absprache zwischen der Polizei[63] und der Ordnungsbehörde[64] ein Bezirk innerhalb der Stadt festgelegt, für den Platzverweise ausgesprochen werden. Die Ordnungsbehörde erstellt schriftliche Verfügungen nach verschiedenen Mustern, vervielfältigt diese und übergibt sie teilweise der Polizei. Diese händigt die Verfügungen an Personen der "Szene" aus, die illegale Drogen kaufen, verkaufen, vermitteln oder im Besitz solcher Drogen sind oder gegen ein bereits angeordnetes Betretungsverbot verstoßen. Die betroffene Person bekommt dann eine der vorgefertigten Verfügungen ausgehändigt, nachdem die Polizei lediglich den Namen der betroffenen Person ergänzt und in der Begründung angekreuzt hat, aus welchem Grund die Person als szenenangehörig gilt.

Die erste Stufe ist die Aufforderung, den "Antreffort" unverzüglich zu verlassen und den genau bezeichneten Bereich (die Größe des Bereichs erfaßt mittlerweile auch schon eine ganze Stadt) bis zu einem bestimmten Datum nicht mehr zu betreten. Die Frist beträgt zur Zeit bis zu 12 Monate. Die sofortige Vollziehung dieser

---

62 Vgl. insbes. den Erfahrungsbericht von Latzel/Lustina, Die Polizei 1995, 131, 131; Deger, VBlBW 1996, 90, 90 f.; Kappeler, 2001, S. 8 ff.

63 Im folgenden sind bei der Verwendung des Begriffes Polizei die im Vollzugsdienst tätigen Dienstkräfte der Polizei gemeint.

64 Mit Ordnungsbehörden sind die nicht zum polizeilichen Vollzugsdienst zählenden Gefahrenabwehrbehörden (Verwaltungs- oder Sicherheitsbehörden, allgemeine Polizeibehörden, usw.) gemeint.

Verfügung wird angeordnet. Für den Fall der Zuwiderhandlung wird unmittelbarer Zwang bzw. Zwangsgeld (bis zu 2.000,-- DM) mit Hinweis auf die Möglichkeit der Ersatzzwangshaft angedroht.

Auf der zweiten Stufe wird ein höheres Zwangsgeld angedroht, das bereits angedrohte Zwangsgeld festgesetzt und beizutreiben versucht. Bei Uneinbringlichkeit wird Ersatzzwangshaft beim Verwaltungsgericht oder unabhängig davon ein sog. Durchsetzungsgewahrsam beim Amtsgericht beantragt.

Parallel zu diesem Verfahren laufen Maßnahmen nach der Strafprozeßordnung, wobei aber Untersuchungshaft erfahrungsgemäß selten angeordnet wird.

B. Bestimmung des Untersuchungsgegenstandes

In diesem Abschnitt werden die unterschiedlichsten Formen von Platzverweisen kurz dargestellt und wird der Untersuchungsgegenstand schließlich auf den polizeirechtlichen Platzverweis begrenzt.

I. Der zivilrechtliche Platzverweis

Bei rein privatrechtlichen Veranstaltungen besitzt der Hausrechtsinhaber die Möglichkeit, bestimmte Personen, z. B. sog. Hooligans, von der Teilnahme der Veranstaltung auszuschließen. Dies geschieht nicht selten in Stadien von Fußballveranstaltungen. Dieser zivilrechtliche Platzverweis gem. § 1004 Abs. 1 BGB kommt dort jedoch ausschließlich im privaten Bereich zur Anwendung[65].

Wird die Polizei von den Privatveranstaltern um Unterstützung gebeten, ist nach den Polizeigesetzen der Schutz privater Rechte in solchen Fällen nur möglich, "wenn gerichtlicher Schutz nicht rechtzeitig zu erlangen ist und wenn ohne polizeiliche Hilfe die Verwirklichung des Rechts vereitelt oder wesentlich erschwert würde"[66].

Damit wird deutlich, daß der Schutz privater Rechte grundsätzlich keine polizeiliche Aufgabe, sondern eine der Zivilgerichte ist. Erst da, wo die (mögliche) Verlet-

---

65 Zu dem jüngeren Vorschlag und der rechtlichen Problematik, ganze Einkaufsstraßen an Geschäftsleute zu verpachten und damit unter privates Hausrecht zu stellen: Kappeler, 2001, S. 55 ff. m.w.N.

66 Vgl. nur § 1 Abs. 2 ME PolG

zung privater Rechte zugleich eine polizeirechtlich relevante Gefahr heraufbeschwört (unmittelbare Gefährdung der "Öffentlichen Sicherheit") oder dann, wenn zugleich öffentlichrechtliche Normen, etwa strafrechtliche Bestimmungen verletzt werden, ist die Polizei zur Gefahrenabwehr bzw. dem Legalitätsprinzip folgend zum Einschreiten verpflichtet[67].

Maßnahmen im Zusammenhang mit Hooligans im Stadion, den Chaos-Tagen oder der offenen Drogenszene werden aber regelmäßig auch die öffentliche Sicherheit konkret gefährden, so daß grundsätzlich die Polizei- und Ordnungsbehörden zuständig sein werden.

II. Der strafprozessuale Platzverweis

Gemäß § 164 StPO ist der (Polizei-) Beamte, der Amtshandlungen an Ort und Stelle leitet, befugt, Personen, die seine amtliche Tätigkeit vorsätzlich stören oder sich den von ihm innerhalb seiner Zuständigkeit getroffenen Anordnungen widersetzt, festnehmen und bis zur Beendigung seiner Amtsverrichtungen, jedoch nicht über den nächstfolgenden Tag hinaus, festhalten zu lassen. Diese Zwangsbefugnis ist aber als „ultima ratio“ zu verstehen und darf erst ausgeübt werden, wenn die Störung nicht auf andere Weise und mit weniger einschneidenden Mitteln, etwa in Form eines Platzverweises, beseitigt werden kann[68].

Der polizeirechtliche und der strafprozessuale Platzverweis können im Einzelfall gerade bei der Verfolgung von Straftaten und Ordnungswidrigkeiten[69] durch die Polizei nur schwerlich unterschieden werden. Im Rahmen dieser Bearbeitung wird es daher notwendig sein, auf eine Abgrenzung dieser beiden Maßnahmen an entsprechender Stelle näher einzugehen.

III. Sonstige spezialgesetzliche Bestimmungen

Des weiteren gibt es Vorschriften des Bundes- oder Landesrechts, in denen die Gefahrenabwehr besonders geregelt ist. Diese Vorschriften, die den Polizeigesetzen vorgehen, können hier nur beispielhaft und kurz vorgestellt werden:

---

67 Gösser, in: DPolBl 4/1997, 30, 31
68 Ähnlich auch Wache, in: KK-StPO, 3. Aufl. 1993, § 164, Rdnr. 7 m.w.N.
69 Über § 46 Abs. 1 OWiG

1. Art. 26 Abs. 1 Bay.LStVG

Art. 26 Abs. 1 Bay.LStVG ermächtigt die Sicherheitsbehörden, das Betreten von gefährlichen Grundstücken durch Verordnung zu verbieten. Diese Maßnahme stellt ihrer Rechtsfolge nach einen Platzverweis dar. Als Tatbestandsvoraussetzung ist die Verhütung erheblicher Gefahren für Leben und Gesundheit genannt. Sämtliche Betretungsverbote gem. Art. 26 Bay.LStVG knüpfen an Gefahren an, die dem Verfügungsadressaten selbst durch Aufenthalt in dem betreffenden Gebiet, z. B. durch Felsabstürze, Sturmschäden oder Ähnliches drohen[70].

2. § 7 Abs. 2 FStrG

§ 7 Abs. 2 FStrG läßt Beschränkungen des Gemeingebrauchs an Fernstraßen zu, wenn dessen Ausübung die Leichtigkeit und Sicherheit des Verkehrs gefährdet. Erfolgt diese Beschränkung durch eine Umleitung, kann die Maßnahme als Platzverweis qualifiziert werden.

3. § 45 Abs. 1 S. 1 StVO

§ 45 Abs. 1 Satz 1 StVO verfolgt eine dem § 7 Abs. 2 FStrG entsprechende Zielsetzung.

4. § 36 Abs. 1 S. 1 StVO

Auch § 36 Abs. 1 Satz 1 StVO ist mit § 7 Abs. 2 FStrG vergleichbar, wobei hier allerdings die Polizei zu verkehrsbezogenen Zeichen bzw. Weisungen ermächtigt wird. Damit läßt § 36 Abs. 1 Satz 1 StVO auch Platzverweise zu, die darauf abzielen, Ordnung und Sicherheit des Straßenverkehrs zu gewährleisten.

5. § 1 Satz 2 JöSchG

Halten sich Minderjährige an Orten auf, an denen ihnen eine unmittelbare Gefahr für ihr physisches oder psychisches Wohl droht (jugendgefährdete Orte), so kann ihnen gegenüber ein Platzverweis nach § 1 Satz 2 Nr. 1 Gesetz zum Schutze der Jugend in der Öffentlichkeit (JÖSchG) ausgesprochen werden, sofern diese Maßnahme geeignet und erforderlich ist. Andernfalls können sie nach § 1 Satz 2 Nr. 2

---

70 Kappeler, 2001, S. 161 m.w.N.

JÖSchG in Obhut genommen werden, um sie einem Erziehungsberechtigten zuzuführen, oder, falls dieser nicht erreichbar ist, können sie in die Obhut des Jugendamtes gebracht werden.

6. §§ 15, 13, 29 Abs. 1 Nr. 2 VersammlG

§§ 15, 13 VersammlG ermächtigt die Ordnungsbehörden und die Polizei, Versammlungen aufzulösen. Nach der Auflösung haben sich die Teilnehmer gem. § 13 Abs. 2 VersammlG sofort zu entfernen. Diese Verpflichtung hat den Charakter eines Platzverweises, ist aber kein Platzverweis (i. S. des § 12 ME PolG), sondern eine Aufforderung, eine gesetzliche Vorschrift zu beachten. Bei Nichtbeachtung kann sie gem. § 29 Abs. 1 Nr. 2 VersammlG mit Bußgeld geahndet werden. Für eine zwangsweise Durchsetzung dieses Entfernungsgebotes muß die zuständige Behörde zuvor einen Platzverweis auf der Grundlage des Polizeirechts ausgesprochen haben.

7. § 113 OWiG (Unerlaubte Ansammlung)

Gemäß § 113 Abs. 1 OWiG handelt ordnungswidrig, wer sich einer öffentlichen Ansammlung[71] anschließt oder sich nicht aus ihr entfernt, obwohl ein Träger von Hoheitsbefugnissen die Menge dreimal rechtmäßig aufgefordert hat, auseinanderzugehen.
Bereits aus § 113 Abs. 1 OWiG wird deutlich, daß die Aufforderung, sich zu entfernen, rechtmäßig gewesen sein muß. Dies bedeutet, daß zuvor dreimal ein Platzverweis nach den Polizeigesetzen ausgesprochen worden sein muß, um sich gemäß § 113 OWiG ordnungswidrig zu verhalten. § 113 OWiG sanktioniert also lediglich ein bestimmten Verhalten bzw. Unterlassen. Die Voraussetzungen für die Platzverweise müssen demnach zunächst nach den Polizeigesetzen vorliegen.

---

71 Der Begriff der Ansammlung in § 113 Abs. 1 OWiG ist identisch mit dem der Menschenmenge (vgl. dazu nur Rogall, in: KK-OWiG, 2. Aufl. 2000, § 113, Rdnr. 6). Als Menschenmenge wird eine räumlich vereinigte Personenmehrheit bezeichnet, die zahlenmäßig so stark ist, daß sie nicht sorfort überschaut werden kann und bei der das Hinzukommen oder Weggehen einzelner Personen für das äußere Erscheinungsbild unwesentlich ist (Rogall, in: KK-OWiG, 2. Aufl. 2000, § 113, Rdnr. 7 m.w.N.). Bei der Prüfung, ob eine Personenmehrheit als Menschenmenge bzw. als Ansammlung zu betrachten ist, weichen Rechtsprechung (8 bis 12 Personen) und Lehre (15 bis 20 Personen) nicht erheblich voneinander ab (vgl. Rogall, in: KK-OWiG, 2. Aufl. 2000, § 113, Rdnr. 7 m.w.N.; vgl. dazu auch Göhler/Buddendiek, 12. Aufl. 1998, § 113, Rdnr. 4 m.w.N.).

8. §§ 36 AuslG, 59 AsylVfG

Gemäß § 56 Abs. 1 AsylVfG kann die Aufenthaltsgestattung eines Asylbewerbers räumlich beschränkt werden. Dies hat für den Asylbewerber gemäß § 36 AuslG zur Folge, daß er die Teile des Bundesgebietes, in denen er sich ohne Erlaubnis der Ausländerbehörde einer räumlichen Beschränkung zuwider aufhält, unverzüglich zu verlassen hat. § 59 Abs. 1 AsylVfG bestimmt für Asylbewerber weiter, daß die Verlassenspflicht nach § 36 AuslG, soweit erforderlich, auch ohne Androhung durch Anwendung unmittelbaren Zwangs durchgesetzt werden kann. § 59 Abs. 2 AsylVfG regelt, daß der Ausländer zur Durchsetzung der Verlassenspflicht festzunehmen und auf richterliche Anordnung in Haft zu nehmen ist, wenn die freiwillige Erfüllung der Verlassenspflicht nicht gesichert ist. Zur Durchsetzung der räumlich beschränkten Aufenthaltsgestattung bei Asylbewerbern und damit zur Einhaltung der ausländerrechtlichen Auflage liegen danach in den Vorschriften der §§ 36 AuslG und 59 AsylVfG spezialgesetzliche Regelungen vor.

IV. Polizeirechtliche Platzverweise

In der Literatur und Rechtsprechung werden für den polizeirechtlichen Platzverweis oftmals verschiedene Begriffe verwendet wie "einfacher", "qualifizierter" bzw. "aussperrender" Platzverweis, Aufenthaltsverbot, Betretungs-, Gebiets- bzw. Durchquerungsverbot. Für die folgende Bearbeitung ist es notwendig, zwei Arten von Platzverweisen zu unterscheiden:

1. Der klassische Platzverweis

Der klassische[72] Platzverweis bezieht sich in dieser Untersuchung auf diejenigen Verfügungen, durch die jemand vorübergehend von einem eng umgrenzten Ort verwiesen wird und/oder zum anderen, daß jemandem vorübergehend das Betreten eines eng umgrenzten Ortes verboten wird.

---

[72] Entspricht dem einfachen Platzverweis.

2. Der qualifizierte Platzverweis

Der qualifizierte[73] Platzverweis wird erst seit etwa 1992 praktiziert. Mit diesem wenden die Ordnungsbehörden eine völlig neuartige Maßnahme insbesondere gegen Angehörige der offenen Drogenszene an: Den betroffenen Personen wird verboten, sich längerfristig (bis zu 12 Monaten) in einem größeren Bereich (bis zu einer ganzen Stadt), der meist in einem beigefügten Plan markiert ist, aufzuhalten. Qualifizierte Platzverweise können aber auch zur Verhinderung "gewalttätiger Veranstaltungen", vor allem bei größeren Sportveranstaltungen, zur Anwendung kommen. So könnte z. B. Rädelsführern einer Gruppe von "Hooligans", die maßgeblich dazu beigetragen haben, daß es zu schweren Ausschreitungen mit mehreren Verletzten im Fußballstadion gekommen ist, der Aufenthalt im und um das Fußballstadion der Stadt für die noch verbleibenden drei Monate der Saison verboten werden[74]. Besondere Aufmerksamkeit erregte die Verhängung von qualifizierten Platzverweisen gegenüber gewaltbereiten Teilnehmern der Hanoveraner Chaos-Tage.
Mit der klassischen Polizeirechtsdogmatik wird zunächst davon ausgegangen, daß auch qualifizierte Platzverweise grundsätzlich nur zur Abwehr einer konkreten Gefahr möglich sind. Inwieweit darüber hinausgehende Ermächtigungsgrundlagen[75] verfassungsgemäß sind, wird später[76] zu untersuchen sein.

C. Geschichtliche Entwicklung des polizeirechtlichen Platzverweises

Die Maßnahme des Platzverweises war im preußischen Polizeirecht nicht geregelt, sie wurde auf die Generalklausel des § 10 Theil 2 § 17 ALR, ab 1931 § 14 PrPVG

---

73 Entspricht den Aufenthalts-, Betretungs-, Gebiets- oder Durchquerungsverboten. Die Unterscheidung zwischen einfachen und aussperrenden Platzverweisen - so wie sie z. B. auch Braun (vgl. a.a.O, 2000, S. 25 ff.) vorgenommen hat - ist mißlich, da auch einfache Platzverweise "aussperrend" sein können, vgl. nur die Definition für den einfachen Platzverweis zuvor unter 1.

74 Vgl. dazu Rommelfanger/Rimmele, 2000, § 21, Rdnr. 16

75 Vgl. nur § 17 Abs. 2 NGefAG, wonach qualifizierte Platzverweise bereits im Vorfeld konkreter Gefahren möglich sein sollen (vorbeugende qualifizierte Platzverweise als neue Tendenz im Polizeirecht zur vorbeugenden Kriminalitätsbekämpfung).

76 Vgl. dazu insbesondere die Ausführungen zu Art. 11 Abs. 2 GG im 3. Kapitel unter A. I. 2. d) und zu dem Grundsatz der Verhältnismäßigkeit im 3. Kapitel unter B. V. 4. c) aa).

gestützt[77]. Daß es diese Maßnahme gegeben hat, ergibt sich aus § 116 Abs. 1 StGB a. F., der den polizeirechtlichen Platzverweis voraussetzte[78].

Aber auch das bayerische Polizeirecht, das seit 1861 die Befugnisse durch Spezialermächtigungen regelte, enthielt erst nach 1945 die Spezialbefugnis für den Platzverweis in Art. 16 Bay.PAG von 1954[79]. Es war bis zum Erlaß der neuen Polizeigesetze das einzige Polizeigesetz, das hier eine spezielle Befugnis enthielt[80]. Die Maßnahme wurde daher in der Literatur nicht beachtet; auch die Landtagsmaterialien zu den entsprechenden Landesgesetzen sind dürftig[81]. Die Diskussionen beschränkten sich auf die humorige Feststellung, daß der Platzverweis schon vom DFB (Deutscher Fußballbund) geregelt worden sei[82].

Die später in den meisten Polizeigesetzen aufgenommene Standardmaßnahme "Platzverweis" hatte ihren Hintergrund in einer veränderten Auffassung von der Qualität des Eingriffs. Daher sahen sich die Parlamente der meisten Länder veranlaßt, diesen Eingriff durch eine Spezialbefugnis zu präzisieren[83].

D. Bestandsaufnahme des polizeirechtlichen Platzverweises

Die Regelungen in den Polizeigesetzen für die klassischen Platzverweise folgen entweder § 12 ME PolG oder - bis vor kurzem noch - § 19 AE PolG. Lediglich in Baden-Württemberg fehlt eine spezielle Regelung; die Maßnahme wird dort daher auf die polizeiliche Generalklausel gestützt. Die Vorschriften für qualifizierte Platzverweise sind neu und sind in den zuvor genannten Entwürfen noch nicht diskutiert worden.

I. § 12 ME PolG und die ihm nachgebildeten Gesetze

Der "Musterentwurf eines einheitlichen Polizeigesetzes des Bundes und der Länder" ist auf der Sitzung der Innenministerkonferenz am 10./11.06.1976 verabschiedet worden. § 12 ME PolG (Platzverweisung) lautet:

---

77 Schloer, DÖV 1991, 955, 956; speziell zur historischen Wurzel des Aufenthaltsverbotes vgl. Braun, 2000, S. 17 ff. m.w.N.
78 Schloer, DÖV 1991, 955, 956 m.w.N.
79 Vom 16.10.1954, GVBl., S. 237; zitiert nach: Schloer, DÖV 1991, 955, 956
80 Schloer, DÖV 1991, 955, 956
81 Schloer, DÖV 1991, 955, 956
82 Schloer, DÖV 1991, 955, 956 m.w.N.
83 Schloer, DÖV 1991, 955, 956 f. m.w.N.

"Die Polizei kann zur Abwehr einer Gefahr eine Person vorübergehend von einem Ort verweisen oder ihr vorübergehend das Betreten eines Ortes verbieten. Die Platzverweisung kann ferner gegen Personen angeordnet werden, die den Einsatz der Feuerwehr oder von Hilfs- oder Rettungsdiensten behindern."

Die Regelung des Platzverweises in § 12 ME PolG ist Art. 16 BayPAG von 1954 nachgebildet worden. Die Länder Berlin[84], Brandenburg[85], Hamburg[86], Hessen[87], Mecklenburg-Vorpommern[88], Niedersachsen[89], Nordrhein-Westfalen[90], Rheinland-Pfalz[91], Saarland[92], Sachsen[93], Sachsen-Anhalt[94], Schleswig-Holstein[95], Thüringen[96] und das Bundesgrenzschutzgesetz[97] haben diese Formulierung überwiegend wortgleich übernommen.

II. § 19 AE PolG

Der Musterentwurf brachte nicht nur eine quantitative Ausweitung polizeilicher Befugnisse mit sich, sondern verlieh ihnen darüber hinaus eine völlig neue, gleichsam vor- und überpräventive Qualität[98].
Angesichts dieser Situation haben sich im Sommer 1977 mehrere Wissenschaftler, die auf den Gebieten des Staats- und Verwaltungsrechts, insbesondere des Polizeirechts und des Datenschutzes, sowie im Straf- bzw. Strafverfahrensrecht und in der Kriminologie tätig sind, zu einem "Arbeitskreis Polizeirecht" zusammengefunden, um dem Musterentwurf der Innenministerkonferenz einen "*Alternativentwurf einheitlicher Polizeigesetze des Bundes und der Länder*" (AE PolG) zur Seite zu stellen[99]. § 19 AE PolG (Platzverweisung) lautet:

---

84 § 29 Abs. 1 ASOG Bln.
85 § 16 BbgPolG
86 § 12 a HambSOG
87 § 31 S. 1 HSOG
88 § 52 S. 1 SOG MV
89 § 17 I 1 und 3 NGefAG
90 § 34 S. 1 PolG NW
91 § 13 S. 1 RhPf.POG
92 § 12 S. 1 SPolG
93 § 21 Abs. 1 Satz 1 SächsPolG
94 § 36 Abs. 1 SOG LSA
95 § 201 SH LVwG
96 § 18 TH PAG
97 § 38 BGSG
98 AE PolG, 1979, Einleitung, Seite VII
99 AE PolG, 1979, Einleitung, Seite VII f.

"Die Polizei darf Personen, die eine Gefahr verursachen, zur Abwehr dieser Gefahr vorübergehend von einem Ort verweisen oder ihnen während dieser Zeit das Betreten eines Ortes verbieten. Die Platzverweisung darf ferner gegen Personen angeordnet werden, die den Einsatz der Feuerwehr oder der Hilfs- und Rettungskräfte behindern."

Das Land Bremen[100] hatte bis vor kurzem noch[101] als einziges Bundesland diesen Formulierungsvorschlag übernommen. Wie sich der unterschiedliche Wortlaut gerade in bezug auf den Adressaten eines polizeirechtlichen Platzverweises gegenüber § 12 ME PolG auswirkt, wird später zu untersuchen sein[102].

III. Die übrigen Regelungen

1. Niedersachsen, § 17 Abs. 2 NGefAG und die ihm nachgebildeten Gesetze

Angesichts der negativen Erfahrungen mit den sogenannten Chaos-Tagen in Hannover hat der niedersächsische Gesetzgeber im Jahre 1996 das Gefahrenabwehrgesetz in mehreren Punkten geändert. Im Rahmen der Novellierung ist erstmals im Polizeirecht der Bundesrepublik Deutschland ein Aufenthaltsverbot eingeführt worden. § 17 Abs. 2 NGefAG lautet:

"Rechtfertigen Tatsachen die Annahme, daß eine Person in einem bestimmten örtlichen Bereich eine Straftat begehen wird, so kann ihr für eine bestimmte Zeit verboten werden, diesen Bereich zu betreten oder sich dort aufzuhalten, es sei denn, sie hat dort ihre Wohnung. Örtlicher Bereich im Sinne des Satzes 1 ist ein Ort oder ein Gebiet innerhalb einer Gemeinde oder auch ein gesamtes Gemeindegebiet. Die Platzverweisung nach Satz 1 ist zeitlich und örtlich auf den zur Verhütung der Straftat erforderlichen Umfang zu beschränken. Die Vorschriften des Versammlungsrechts bleiben unberührt."

---

100 § 14 BremPolG a. F.

101 Das Gesetz zur Änderung des Bremischen Polizeigesetzes vom 04. September 2001 in der Fassung der Bekanntmachung vom 12. September 2001, BremGbl., S. 270, enthält nun in § 14 Abs. 1 Satz 1 BremPolG eine Formulierung, wonach "jede" Person Adressat eines klassischen Platzverweises sein darf: zur Frage des Rückgriffs auf die §§ 5 bis 7 BremPolG vgl. die Ausführungen im 2. Kapitel unter A. I. 7. a); zur Novellierung des Bremischen Polizeigesetzes siehe auch Göddeke, NVwZ 2001, 1232

102 Vgl. dazu die Ausführungen im 2. Kapitel unter A. I. 7. a)

Neu bei diesen sog. qualifizierten Platzverweisen ist im Vergleich zu den bisherigen klassischen Platzverweisen, daß der qualifizierte Platzverweis auf gesamte Gemeinden und Bezirke erstreckt werden kann, es für die Anordnung keine vom Gesetz bestimmte, zeitliche Höchstgrenze gibt und die Verurteilung wegen einer Straftat nicht mehr Voraussetzung der Anordnung ist, sondern die "Annahme" künftiger Straftaten genügt.

Die Länder Berlin[103], Bremen[104], Sachsen[105] und Sachsen-Anhalt[106] haben diese Formulierungen zum Teil wortgleich übernommen und diese erst kürzlich in ihren Polizeigesetzen aufgenommen.

2. Baden-Württemberg, § 3 BW PolG

In Baden-Württemberg gibt es weder für den Platzverweis noch für das Aufenthaltsverbot eine spezialgesetzliche Regelung. Daher kann der Platzverweis dort nur auf die polizeirechtliche Generalklausel gemäß § 3 BW PolG gestützt werden:

"Die Polizei hat innerhalb der durch das Recht gesetzten Schranken zur Wahrnehmung ihrer Aufgaben diejenigen Maßnahmen zu treffen, die ihr nach pflichtgemäßigem Ermessen erforderlich erscheinen."

---

103 § 29 Abs. 2 ASOG Bln.

104 § 14 Abs. 2 BremPolG in der Fassung der Bekanntmachung vom 12. September 2001, BremGbl. S. 267 ff.

105 § 21 Abs. 2 SächsPolG

106 § 36 Abs. 2 SOG LSA

2. Kapitel: Die Anwendung im Einzelfall, rechtssystematische Stellung und die Durchsetzung

A. Die Anwendung des polizeirechtlichen Platzverweises im Einzelfall

I. Tatbestandliche Eingriffsvoraussetzungen

Aufgrund der praktischen Zielsetzung dieser Untersuchung sollen zunächst die tatbestandlichen Eingriffsvoraussetzungen[107] für einen polizeirechtlichen Platzverweis[108] herausgearbeitet werden.

1. Ermächtigungsgrundlage

Problematisch ist bereits, auf welche Eingriffsnorm die Behörde den Platzverweis stützen kann. In Betracht kommen Fallkonstellationen nach der Strafprozeßordnung bei repressiver, nach dem Versammlungsgesetz oder nach den Polizeigesetzen[109] bei präventiver Tätigkeit. Bei den Polizeigesetzen muß zwischen den Spezial- und Generalermächtigungsnormen unterschieden werden.

---

107 Die hier dargestellen Eingriffsvoraussetzungen sind nicht abschließend und beschränken sich auf solche, die im vorliegenden Zusammenhang für problematisch und erwähnenswert empfunden worden sind. Obwohl auf Systematik besonders Wert gelegt wird, konnte diese zugunsten der Übersichtlichkeit hier nicht immer eingehalten werden; insoweit befinden sich Hinweise in den Fußnoten an den entsprechenden Stellen. Für den Fall, daß praktisches Handeln bzw. bestimmte Ermächtigungsgrundlagen für rechtswidrig bzw. verfassungswidrig gehalten werden, sind die weiteren Ausführungen in dieser gesamten Untersuchung als Hilfsargumente zu verstehen.

108 Um Wiederholungen zu vermeiden, ist auf eine getrennte Betrachtung der verschiedensten Formen polizeilicher Platzverweise verzichtet worden.

109 Wie sich aus der Gegenüberstellung der einzelnen Ermächtigungsgrundlagen gezeigt hat, gibt es keine einheitlichen Bezeichnungen der Polizeigesetze: Sie heißen u. a. Polizeiaufgabengesetz (in Bayern), Gesetz über die öffentliche Sicherheit und Ordnung (in Hessen oder in Sachsen-Anhalt), Polizeiverwaltungsgesetz (in Rheinland-Pfalz) oder Gefahrenabwehrgesetz (in Niedersachsen). Der Verfasser verwendet daher den Begriff "Polizeigesetz" synonym für alle anderen.

a) *Abgrenzung von präventivem und repressivem polizeilichen Handelns*

aa) *Allgemeines*

Der Platzverweis bietet seiner äußeren Erscheinung nach zunächst ein "neutrales" Bild: er kann sowohl im Zusammenhang mit der Verfolgung von Straftaten als auch zum Zwecke der Verhütung von Straftaten verfügt worden sein.

Umstritten ist, ob die Polizei die Befugnis hat, ein und dieselbe Maßnahme sowohl auf das Gefahrenabwehrrecht wie auf das Strafprozeßrecht zu stützen (sog. doppelfunktionale Maßnahme oder Gemengelage). Problematisch ist darüber hinaus, ob die Bekämpfung beispielsweise gewaltbereiter Hooligans bzw. Punkern oder der sog. offenen Drogenszene von präventiver oder repressiver Natur ist.

bb) *Notwendigkeit einer Dominanzentscheidung*

Gemäß §§ 163 Abs. 1, 152 Abs. 2 StPO ist die Polizei verpflichtet, wegen aller verfolgbaren Straftaten einzuschreiten, sofern zureichende tatsächliche Anhaltspunkte vorliegen. Gemäß § 160 Abs. 1 StPO hat die Polizei den Sachverhalt zu erforschen, sobald sie durch eine Anzeige oder auf anderem Wege von dem Verdacht einer Straftat Kenntnis erhält.

Diese Strafverfolgungspflicht der Polizei steht in Abgrenzung zur Gefahrenabwehr[110], für die die Polizei gegenüber der Ordnungsbehörde[111] grundsätzlich subsidiär zuständig ist.

Die Abgrenzung von präventivem und repressivem polizeilichen Handelns ist insbesondere von Bedeutung für die Frage, wie weit das Legalitätsprinzip gemäß § 152 Abs. 2 StPO reicht und wo die Polizei nach dem Opportunitätsprinzip handeln darf.

Des weiteren ist gegen Verwaltungsakte der Polizei auf dem Gebiet der Gefahrenabwehr grundsätzlich der Verwaltungsrechtsweg (§ 40 Abs. 1 VwGO), hingegen für strafprozessuale Maßnahmen der Polizei der Weg zu den ordentlichen Gerichten nach §§ 23 ff. EGGVG eröffnet.

---

110 Vgl. § 1 Abs. 1 ME PolG
111 Vgl. nur § 101 Abs. 2 NGefAG

Die Notwendigkeit einer Dominanzentscheidung ergibt sich aber nicht nur aus der Rechtswegproblematik, sondern auch hinsichtlich der Einsatzleitung und der Weisungsrechte bei umfangreichen Lagen (wie z. B. bei einer Geiselnahme).

cc) *Abgrenzungskriterien*

Für die Qualifizierung einer Maßnahme als präventiv-polizeiliche oder als solche des Strafverfahrensrechts werden in der Literatur und Rechtsprechung zum Teil sehr unterschiedliche Abgrenzungskriterien herangezogen.

(1) *Formelle Abgrenzung*

Nach einer in der h. L.[112] vertretenen Auffassung soll Strafprozeßrecht das Recht der Aufklärung und Aburteilung begangener Straftaten sein. Diese Auffassung knüpft somit notwendig an Taten an, die in der Vergangenheit begangen wurden. Umgekehrt gilt: Liegen keine tatsächlichen Anhaltspunkte dafür vor, daß in der Vergangenheit eine strafbare Handlung begangen worden ist, so richtet sich das polizeiliche Handeln nach dem Polizeirecht.

Bei dieser sog. formellen Abgrenzung wäre eine Prävention generell nicht mehr zulässig, wenn der Verdacht einer Straftat besteht. Dies würde bedeuten, daß Platzverweise auf dem Gebiet der Gefahrenabwehr beispielsweise bei der Bekämpfung der offenen Drogenszene faktisch generell unzulässig wären.

(2) *Subjektive Abgrenzung*

Die Vertreter[113] der subjektiven Lösung knüpfen nicht an den Zeitpunkt polizeilicher Maßnahmen, sondern vielmehr an ihren Zweck an. Ist der Zweck einer polizeilichen Maßnahme auf Aufklärung oder Verfolgung vergangener oder zukünftiger Straftaten gerichtet, so ist die Maßnahme nach der Strafprozeßordnung vorzunehmen. Sonstige Maßnahmen dürfen nur aufgrund des Landespolizeirechts vorgenommen werden.

---

112 Gusy, StV 1993, 269, 271 f. mit umfangreichen Nachweisen

113 Vgl. nur Rasch, DVBl. 1980, 1017, 1023; in diese Richtung wohl auch Ahlers, 1998, S. 94, wobei er sich schließlich für ein Wahlrecht des Betroffenen einsetzt, a.a.O, S. 127 ff. Dieses Wahlrecht ist jedoch nicht mit der Einteilung der Rechtswege zu vereinbaren; VGH München, NVwZ 2001, 1291, 1291

Bei der sog. subjektiven Abgrenzung dürfen nach einer Auffassung[114] die Überlegungen des handelnden Polizeibeamten nicht außer acht gelassen werden. Der Bürger würde überfordert, wenn er vor dem Beschreiten des Rechtsweges prüfen müßte, auf welcher Rechtsgrundlage der Polizeibeamte seine Maßnahme gestützt habe.

Dieser Auffassung hat sich aus den gleichen Gründen auch Wessel[115] angeschlossen: Die Polizei sei gehalten, unverzüglich eine Entscheidung darüber zu treffen, in welcher Funktion - Gefahrenabwehr oder Strafverfolgung - sie tätig werden will. Für die Qualifikation der Maßnahme sei deshalb in erster Linie auf den Grund abzustellen, den die Polizei - insbesondere gegenüber dem Betroffenen selbst - angibt.

Diese Argumentation vermag jedoch nicht zu überzeugen. Ihr steht entgegen, daß damit der Polizei konsequenterweise ein Wahlrecht hinsichtlich des Rechtsweges zugebilligt wird. Gegen eine solche Kompetenz sprechen nicht nur allgemein rechtsstaatliche Erwägungen, sondern auch das Fehlen einer entsprechenden Kompetenznorm.

(3) *Materielle Abgrenzung*

Die herrschende Meinung[116] entscheidet nach dem Schwergewicht polizeilicher Maßnahmen (sog. Schwerpunkt- bzw. Schwergewichtstheorie), d. h. sie "grenzt danach ab, wie sich der zu beurteilende Sachverhalt im Moment der polizeilichen Tätigkeit einem verständigen Bürger in der Situation des objektiven Beobachters darstellt. Dabei wird auf den Gesamteindruck der polizeilichen Aktion abgehoben und zu beurteilen versucht, ob das Schwergewicht der polizeilichen Tätigkeit nach ihrer objektiven Zweckrichtung auf dem Gebiet der Strafverfolgung oder auf dem Gebiet der präventiven Gefahrenabwehr liegt.

Dieser Ansicht ist zu folgen. Für sie spricht ihre Objektivität, mit der der Rechtsweg bestimmt wird. Auch für den Bürger sind die Abgrenzungskriterien hinreichend erkennbar. Nimmt die Polizei eine Strafanzeige beispielsweise im Zusammenhang mit der offenen Drogenszene auf und spricht sie gegenüber einer Person einen

---

114 Rasch, DVBl. 1980, 1017, 1023 m.w.N.
115 Wessel, in: info-Recht 2/2000, S. 168 unter Hinweis auf OVG Niedersachsen, Beschluß vom 23.07.1997, Az. 13 O 4664/95
116 BVerwGE 47, 255, 265; BayVGH, BayVBl. 1986, 337, 337; Drews/Wacke/Vogel/Martens, 9. Aufl. 1989, S. 139; Götz, 12. Aufl. 1995, Rdnr. 549 m.w.N.

Platzverweis aus, die diese Tätigkeit vorsätzlich stört, so ist diese Maßnahme dem Gebiet der Strafrechtspflege zuzuordnen. Wird von der Polizei keine Strafanzeige gefertigt, so ist der Platzverweis auf dem Gebiet der Gefahrenabwehr verfügt worden.

Im Ergebnis ist zwar von der Grundregel auszugehen, daß sich die Rechtmäßigkeit einer polizeilichen Maßnahme entweder nach dem Recht der Strafverfolgung oder dem der Gefahrenabwehr beurteilt. Das schließt aber nicht aus, daß nach zunächst repressiven Maßnahmen (z. B. Verfolgung von Straftaten nach dem Betäubungsmittelgesetz im Falle der offenen Drogenszene) anschließend präventive Maßnahmen (z. B. Platzverweise gegenüber Drogendealern) verfügt werden. Selbstverständlich müssen dann aber auch die tatbestandlichen Voraussetzungen für einen polizeirechtlichen Platzverweis vorliegen.

In den letzten Jahren hat sich gezeigt, daß die bisherigen Strafverfolgungsmaßnahmen nicht verhindern konnten, daß gerade zentrale Bereiche größerer Städte vermehrt zu Drogenumschlagsplätzen wurden. Deshalb werden nun auch polizeirechtliche Mittel zum Einsatz gebracht, um diese Erscheinungen zu bekämpfen. Platzverweise sollen zumindest die Logistik der Dealer stören, die Sogwirkung der offenen Szene auf das Umland eindämmen und die Kontaktaufnahme gefährdeter und einstiegsbereiter Jugendlicher erschweren oder verhindern[117]. Mit dieser subjektiven Zielrichtung i. V. mit den objektiven Umständen im Einzelfall (z. B. es ist im konkreten Fall keine Strafanzeige gefertigt worden) ist primär von einer präventivpolizeilichen Maßnahme seitens der Polizei bzw. der Ordnungsbehörde[118] auszugehen.

b) *Anwendungsbereich des Versammlungsgesetzes*

Soll ein polizeirechtlicher Platzverweis ausgesprochen werden, so ist weiter zu prüfen, ob primär das Versammlungsgesetz Anwendung findet.

Die Vorschriften über die polizeirechtlichen Platzverweise in den Ländern und des Bundes sind nämlich nur anwendbar, wenn die betroffene Personenansammlung keine Versammlung im Sinne des § 1 VersammlG darstellt oder nachdem eine Versammlung im Sinne des Versammlungsgesetzes rechtswirksam beendet worden

---

117 Deger, VBlBW 1996, 90, 90

118 Bei den Ordnungsbehörden stellt sich dieses Abgrenzungsproblem nicht, da sie grundsätzlich ausschließlich auf dem Gebiet der Gefahrenabwehr tätig werden dürfen.

ist. Das Versammlungsgesetz geht als Spezialgesetz dem allgemeinen Polizeirecht vor. § 17 Abs. 2 Satz 4 bestimmt lediglich deklarartorisch, daß bei Versammlungen die Bestimmungen des Versammlungsrechts zu beachten sind. Dies gilt nicht nur für § 17 NGefAG, sondern für alle anderen Polizeigesetze gleichermaßen.

aa) *Gesetzestext*

Gemäß § 1 Abs. 1 VersammlG hat jedermann das Recht, öffentliche Versammlungen und Aufzüge zu veranstalten und an solchen Veranstaltungen teilzunehmen.

bb) *Versammlungsbegriff*[119]

Sehr umstritten ist, ob "Chaos-Tage" oder ähnliche Treffen als Versammlungen qualifiziert werden könnnen. Der Versammlungsbegriff ist im Versammlungsgesetz nicht definiert.

(1) *Der sog. weite Versammlungsbegriff*

Die Polizeidirektion in Hannover[120] ist davon ausgegangen, daß es sich bei den "Chaos-Tagen-1996" um eine Versammlung i. S. des Versammlungsgesetzes handeln würde. Das VG Hannover[121] hat die Auffassung der Polizeidirektion bestätigt und ebenfalls eine Versammlung i. S. des Versammlungsgesetzes angenommen: "Für die Kammer ist es nicht zweifelhaft, daß jedenfalls die meisten Besucher mit ihrer Teilnahme an den "Chaos-Tagen 1996" in Hannover die Absicht verbinden, durch eine Vielzahl von gemeinsam angeführten Aktionen ihre Auffassung vom Leben bzw. Zusammenleben darzustellen. Daß es unter den Teilnehmern diesbezüglich verschiedene Anschauungen gibt, ändert nichts an dem sie ver-

---

119 Auf den Streit, ob mehr als zwei Personen notwendig sind, um eine Versammlung bilden zu können, wird hier nicht näher eingegangen. Da eine Versammlung auch der Isolation des einzelnen begegnen soll, sind im Einklang mit dem Wortlaut von Art. 8 Abs. 1 GG zwei Personen ausreichend, vgl. dazu Kniesel, NJW 1992, 857, 857 m.w.N.

120 Allgemeinverfügung der Polizeidirektion Hannover über das Verbot der Chaos Tage 1996 auf der Grundlage des § 15 Abs. 1 VersammlG vom 27.06.1996, Az. V 3.1-12205/96, S. 5.

121 VG Hannover, Beschluß vom 30.07.1996, Az. 10 B 400/96, S. 6 f. = NVwZ-RR 1997, 622

bindenden Willen, durch provozierendes Verhalten bürgerliche Ordnungsvorstellungen in Frage zu stellen."[122]

Diese Auffassung würde aber zu seltsamen Ergebnissen führen. Käme es auf die gemeinsam angeführten Aktionen an, so würden allein auf Gewalt ausgerichtete Veranstaltungen von Punkern oder Hooligans als Versammlungen angesehen werden müssen. Ebenso würde es sich bei den Treffen von Angehörigen der offenen Drogenszene[123], Stadtstreichern und Skins regelmäßig um Versammlungen handeln, da auch diese durch ihr Verhalten die bürgerlichen Ordnungsvorstellungen in Frage stellen wollen.

(2) *Der sog. enge Versammlungsbegriff*

Demgegenüber vertritt Deger[124] die Auffassung, daß die unkonventionelle Art einer Meinungskundgabe zwar nicht die Schutzgewährung aus Art. 5 und Art. 8 GG hindert; die auf Kommunikation angelegte Entfaltung aber gerade als Meinungskundgabe zu verstehen sein muß[125] und nicht die unmittelbare Verwirklichung der "richtigen" Lebensart[126].

In diese Richtung tendiert auch der VGH Baden-Württemberg[127], wonach eine Versammlung im Sinne des Versammlungsgesetzes eine Mehrheit von natürlichen Personen ist, die an einem gemeinsamen Ort zu einem gemeinsamen, verbindenden Zweck zusammenkommen, um unter Einwirkung auf die Öffentlichkeit in einer öffentlichen Angelegenheit eine Diskussion zu führen und/oder eine kollektive Aussage mit politischem Bezug zu artikulieren. Reine Unterhaltungsveranstaltungen würden daher in aller Regel keine Versammlungen im Sinne des Versammlungsgesetzes darstellen[128].

---

122 VG Hannover, Beschluß vom 30.07.1996, Az. 10 B 400/96, S. 7 = NVwZ-RR 1997, 622

123 Vgl. hierzu insbes. Kappeler, 2001, S. 13 m.w.N.

124 Deger, NJW 1997, 923 mit umfangreichen Nachweisen zu dem Meinungsstand

125 Deger, NJW 1997, 923, 923; ähnlich auch Berner/Köhler, 16. Aufl. 2000, Art. 16, Rdnr. 6: "... wenn ihr [...] Hauptzweck in der Meinungskundgabe zu sehen ist ..."; Stein/Frank, 17. Aufl. 2000, S. 317: "... muss es jedoch um eine Meinungs- und Willensbildung gehen ..."

126 Deger, NJW 1997, 923, 924

127 VGH Baden-Württemberg, NVwZ 1998, 761, 763

128 VGH Baden-Württemberg, NVwZ 1998, 761, 763

Den Vertretern, die sich für eine enge Auslegung des Versammlungsbegriffs einsetzen, ist zu folgen. Es ist grundsätzlich davon auszugehen, daß bei den Teilnehmern der Chaos-Tage, den Ansammlungen von Stadtstreichern, Skins oder Hooligans grundsätzlich nicht die Bildung und Kundgabe der alternativen Meinung über die richtige Lebensform oder Lebensgestaltung im Vordergrund steht, sondern die unmittelbare Verwirklichung dieser Lebensart. Diese Personen benutzen das Forum der Öffentlichkeit nicht in erster Linie dafür, für ihre Ideen zu werben oder gesellschaftliche Zustände zu kritisieren.

Dem steht auch nicht eine Aussage des Bundesverfassungsgerichts im sog. Brokdorf-Beschluß vom 14.05.1985[129] entgegen, auf die sich die Anhänger des sog. weiten Versammlungsbegriffs beziehen. In der grundsätzlichen Entscheidung zur Versammlungsfreiheit sagt das Bundesverfassungsgericht u. a., daß Art. 8 GG Versammlungen und Aufzüge "als Ausdruck gemeinschaftlicher, auf Kommunikation angelegter Entfaltung" schützt[130]. Die Vergangenheit hat aber gezeigt, daß "Chaos-Tage" nicht auf Kommunikation angelegt sind, sondern daß die Teilnehmer vielmehr ihre "richtige" Meinung anderen indoktrinieren wollen. Eine auf *Kommunikation* angelegte Auseinandersetzung mit den vielfältigen Auffassungen der Gesellschaft, insbes. in Form von Diskussionen, das Zeigen von Plakaten bzw. Transparenten oder das Abhalten von Kundgebungen, findet nicht statt[131].
Das Bundesverfassungsgericht führt nämlich in dieser Entscheidung auch aus, daß die Versammlungsfreiheit als "Freiheit zur kollektiven Meinungskundgabe" zu verstehen ist[132]. Die schon durch Art. 5 GG geschützte Meinungsfreiheit wird verstärkt dadurch, daß Meinungen auch in Gruppenform mit beliebiger Gestaltung gebildet und kollektiv kundgetan werden dürfen. Die besondere Bedeutung der [kollektiven] Meinungsfreiheit leitet das Bundesverfassungsgericht aus den unentbehrlichen und grundlegenden Funktionselementen eines demokratischen Gemeinwesens ab[133]. Erst die [kollektive] Meinungsfreiheit ermöglicht die ständige geistige Auseinandersetzung und den Kampf der Meinungen als Lebenselement

---

129 BVerfGE 69, 315 = NJW 1985, 2395
130 BVerfGE 69, 315, 343 = NJW 1985, 2395, 2396
131 a. A. Braun, 2000, S. 147, der eine Unterscheidung zwischen Kundgabe einer Überzeugung und deren Ausleben für kaum möglich hält: In dem besonders inszenierten Vorleben einer bestimmten Lebenseinstellung stecke eine gezielte Demonstration und damit Kundgabe der Überzeugung, die hiner der Lebenseinstellung steht.
132 BVerfGE 69, 315, 345 = NJW 1985, 2395, 2396; vgl. auch BVerfG, Beschluß vom 12.07.2001, Az. 1 BvQ 28/01, http://www.bverfg.de, Rdnr. 16 = BVerfG, NJW 2001, 2459, 2460; zustimmend OVG Münster, NVwZ 2001, 1316
133 BVerfGE 69, 315, 345 = NJW 1985, 2395, 2396

dieser Staatsform[134]. Das ist ein zentrales Recht in einem freiheitlichen Staat und unterscheidet die freiheitliche Demokratie ganz wesentlich von der Diktatur[135]. Wenn dem Versammlungsrecht eine derart herausgehobene Rolle zugemessen wird, dann ist es zwingend geboten, nur solche Handlungen in den Schutzbereich einzubeziehen, die ihrerseits alle Kriterien einer den Prozeß der politischen Meinungsbildung im demokratischen Staatswesen geradezu konstituierenden Freiheitsbestätigung aufweisen[136].

Im Ergebnisnis ist daher davon auszugehen, daß Art. 8 GG den gemeinsamen Zweck der Meinungsbildung oder Meinungskundgabe fordert[137]. Versammlungen im Sinne des Art. 8 GG sind mithin örtliche Zusammenkünfte mehrerer Personen zwecks gemeinschaftlicher Erörterung und Kundgebung mit dem Ziel der Teilhabe an der öffentlichen Meinungsbildung[138]. Dieses fehlt jedoch prinzipiell bei den Chaos-Tagen und vergleichbaren Ansammlungen, wo die Verwirklichung der Lebensart im Vordergrund steht[139]. Daher können sich Teilnehmer dieser und vergleichbarer Veranstaltungen grundsätzlich nicht auf Art. 8 GG berufen, da diese Veranstaltungen bzw. Ansammlungen nicht im weitesten Sinne politisch sind. Für eine enge Auslegung des Versammlungsbegriffes spricht schließlich auch, daß Rechte anderer (zum Beispiel von Anwohnern, Verkehrsteilnehmern und Gewerbetreibenden) häufig wegen des hohen Rangs der Versammlungsfreiheit zurücktreten müssen[140].

Bei einem anderen Ergebnis wären z. B. auch die sogenannten Wagenburgen in vielen Städten, politisch motivierte Hausbesetzungen, Joggin- und Wander-

---

134 BVerfGE 69, 315, 345 = NJW 1985, 2395, 2396

135 So auch Deger, NJW 1997, 923, 924

136 Kanther, NVwZ 2001, 1239, 1240

137 So wohl auch Tschentscher, NVwZ 2001, 1243, 1244; a. A. Peine, NdsVBl. 2001, 153, 154

138 BVerfG, Beschluß vom 12.07.2001, Az. 1 BvQ 28/01, http://www.bverfg.de, Rdnr. 16 = BVerfG, NJW 2001, 2459, 2460; zustimmend OVG Münster, NVwZ 2001, 1316

139 Auch Volksfeste und Verknügungsveranstaltungen fallen unter den Versammlungsbegriff ebenso wenig wie Veranstaltungen, die der bloßen Zurschaustellung eines Lebensgefühls dienen oder die als eine auf Spaß und Unterhaltung ausgerichtete Massenparty gedacht sind, einerlei, ob der dort vorherrschende Musiktyp ein Lebensgefühl von so genannten Subkulturen ausdrücklich oder dem Mehrheitsgeschmack entspricht, BVerfG, Beschluß vom 12.07.2001, Az. 1 BvQ 28/01, http://www.bverfg.de, Rdnr. 18 = BVerfG, NJW 2001, 2459, 2460 zur "Love Parade". Das Bundesverfassungsgericht a.a.O. stellt dabei auf das Schwergewicht bzw. das Gesamtgepräge der Veranstaltung ab.

140 BVerfG, Beschluß vom 12.07.2001, Az. 1 BvQ 28/01, http://www.bverfg.de, Rdnr. 18 = BVerfG, NJW 2001, 2459, 2460

gruppen[141], Stadtlauf-Inline-Skater[142], Trinkgelagen von Skinheads, Punkern und Stadtstreichern auf einem öffentlichen Platz grundsätzlich als Versammlungen zu behandeln. Eine solche Ausweitung des Versammlungsrechts würde zudem dazu führen, daß die Vorschriften der Polizeigesetze in weiten Teilen überflüssig wären.

Mit diesen Erläuterungen wird nicht jedes Zusammentreffen von Personen gleichzeitig unter den Versammlungsbegriff fallen. Halten sich z. B. Punks, Skinheads, Stadtstreicher oder Hooligans in einer Fußgängerzone auf, so wird in den meisten Fällen keine Versammlung vorliegen. Somit wird es sich lediglich um Ansammlungen handeln, so daß uneingeschränkt Polizeirecht zur Anwendung kommt.

c) *Polizeirechtliche Ermächtigungsnormen*

Soweit kein spezielles Gesetz Anwendung findet, können die Polizeigesetze herangezogen werden. Die Eingriffsgrundlage für den polizeirechtlichen Platzverweis ergibt sich grundsätzlich aus den Spezialermächtigungen oder aus der polizeilichen Generalklausel, sofern hierfür eine spezielle Befugnisnorm fehlt[143].

---

141 Vgl. hierzu Tschentscher, NVwZ 2001, 1243, 1244

142 Die Frage, ob ein Stadtlauf von Inline-Skatern eine von Art. 8 Abs. 1 GG geschützte Versammlung ist, ist daher zu Recht vom OVG Münster, NVwZ 2001, 1316, verneint worden.

143 Vgl. dazu die Übersicht im 1. Kap. unter D.

2. Sachliche Zuständigkeit

Im Rahmen der formellen Rechtmäßigkeit[144] polizeirechtlicher Platzverweise ist ferner problematisch, wer für den Platzverweis nach den Polizeigesetzen sachlich zuständig ist.

a) *Originäre sachliche Zuständigkeit der Ordnungsbehörden*

aa) *Grundsatz*

Nach den Polizeigesetzen obliegt primär den Ordnungsbehörden[145] die Aufgabe, Gefahren für die öffentliche Sicherheit (oder Ordnung) abzuwehren. In Betracht kommen hier insbesondere Aufenthaltsverbote, die die Ordnungsbehörde aufgrund der Erkenntnisse der Polizei, z. B. im Zusammenhang mit der offenen Drogenszene, verfügt.

---

144 Zur Rechtmäßigkeit polizeirechtlicher Platzverweise gehört selbstverständlich auch eine wirksame Ermächtigungsgrundlage. Der Primat der Verfassungsmäßigkeitsprüfung verlangt grundsätzlich eine vorrangige Verfassungsprüfung der zuvor unter 1. gefundenen und anzuwendenden Ermächtigungsgrundlage ("Wirksamkeit der Ermächtigungsgrundlage"). Aus Gründen der Übersichtlichkeit ist aber auf eine verfassungsrechtliche Prüfung der in Betracht kommenden Ermächtigungsgrundlagen (insbes. solche für den qualifizierten Platzverweis) an dieser Stelle verzichtet worden. Dogmatisch können die späteren Ausführungen im 3. Kapitel insgesamt als "Modulsammlung" (*mehr dazu unter http://www.andre-helmke.de, "Projekte", "Expertensystem-Shell-Projekt"*) betrachtet und zur Prüfung von Ermächtigungsgrundlagen (beispielsweise gerade auch für qualifizierte Platzverweise) zwischen 1. "Ermächtigungsgrundlage" und 2. "Sachliche Zuständigkeit" hinzugezogen werden. Für die Prüfung der formellen Rechtmäßigkeit der neueren Rechtsgrundlagen müßten insbesondere die Ausführungen im 3. Kapitel unter B. I. zur Frage nach der Gesetzgebungszuständigkeit des Bundes gem. Art. 73 Nr. 3, 1. Alt. GG konsultiert werden. Je nachdem welche Ermächtigungsgrundlage von Bundesland zu Bundesland zur Anwendung kommt, dürften die übrigen Ausführungen im 3. Kapitel für die Frage der materiellen Rechtmäßigkeit der Ermächtigungsgrundlage von Relevanz sein. Schließlich werden bei der späteren Prüfung von Ermessensfehlern im Einzelfall (vgl. dazu unter 8. c) dd)) die Ausführungen zu der Vereinbarkeit mit den grundrechtlichen Gewährleistungen (vgl. 3. Kapitel unter A.) und die Ausführungen zur Verhältnismäßigkeit (vgl. 3. Kapitel unter B. V.) von besonderer Wichtigkeit sein.

145 Vgl. z. B. §§ 64 Abs. 1 Satz 1, 79 Abs. 2, Abs. 2 BremPolG; §§ 66 Abs. 2, 62 Abs. 4, 60 Abs. 1 BadWürttPolG. Daneben existieren in Baden-Württemberg sog. Parallelzuständigkeiten, vgl. § 60 Abs. 3 BadWürttPolG: Hier kann der Polizeivollzugsdienst in eigener Zuständigkeit tätig werden, wenn dies zweckmäßiger erscheint. Solche Parallelzuständigkeiten in Baden-Württemberg bestehen aber nur zur Durchführung von Standardmaßnahmen, vgl. Braun, 2000, S. 111.

In den vergangenen Jahren haben jedoch die Ordnungsbehörden versucht, zumindestens einen Teil ihrer Aufgaben dem Polizeivollzugsdienst zu übertragen.

bb) *"Delegation" der Aufgaben auf den Polizeivollzugsdienst durch "Blanko-Verfügungen" (Tübinger Modell)*

Das Tübinger Modell[146] zur Bekämpfung der Drogenszene durch "Blanko-Verfügungen" bedeutet, daß die Ordnungsbehörden die Polizei mit Blankoverfügungen über Platzverweise ausstatten. In diesen Blankoverfügungen werden Platzverweise und Betretungsverbote von unterschiedlicher Dauer und unterschiedlichem Geltungsbereich ausgesprochen. Sie werden auf Vorrat der Polizei mitgegeben. Die Polizei ergänzt die Blankoverfügungen, indem sie die Adressaten einsetzt, von denen sie meint, daß sie zur Drogenszene gehören. Anschließend werden die Verfügungen, die nach ihrem äußeren Aussehen eindeutig den Ordnungsbehörden zuzurechnen sind, dem Betroffenen ausgehändigt[147]. An dem Erlaß des Verwaltungsaktes sind daher sowohl die Polizei als auch die Ordnungsbehörden beteiligt.

(1) *Blankoverfügung als Allgemeinverfügung*

Der Bescheid der Ordnungsbehörde könnte als Allgemeinverfügung gem. § 35 Satz 2 VwVfG gewertet werden, nämlich als ein Verwaltungsakt, der sich an einen nach allgemeinen Merkmalen bestimmten oder bestimmbaren Personenkreis richtet. Die Polizei "vor Ort" muß aber zunächst einschätzen und feststellen, ob eine Person überhaupt zur Drogenszene gehört und auf welcher Stufe des Verfahrens sie sich befindet. Dann erst setzt sie den Namen der Person in die jeweils zutreffende Musterverfügung ein. Damit ist die Polizei mehr als bloßer Überbringer einer Verfügung der Ordnungsbehörde, sie hat einen eigenen Einschätzungsspielraum. Die so ausgehändigte Verfügung ist daher zu Recht nach der Auffassung des Verwaltungsgerichts Sigmaringen[148] nach dem insoweit maßgeblichen objektiven äußeren Erscheinungsbild (§§ 133, 157 BGB entsprechend) der Sache nach eine

---

146 Vgl. VG Sigmaringen, NVwZ-RR 1995, 327, 327; Haseloff-Grupp, VBlBW 1997, 161, 161; Hufeld, VBlBW 1999, 130, 130

147 Anders ist der Fall zu Recht zu beurteilen, wenn die Polizei vor dem Ausfüllen des Adressatenfeldes telefonisch Kontakt mit der zuständigen Ordnungsbehörde aufnimmt und die tatsächliche Entscheidungskompetenz bei der Ordnungsbehörde bleibt, vgl. dazu Riedinger, VBlBW 2000, 332, 332 und VBlBW 2000, 292, 294.

148 VG Sigmaringen, NVwZ-RR 1995, 327, 327 f.; so auch VG Karlsruhe, Beschluß vom 20.09.1995, Az. 12 K 2756/95, Ziffer 2.1.; ähnlich auch VG Minden, Beschluß vom 18.03.1998, Az. 2 L 230/98, S. 2 f.

Einzelverfügung der Polizei, keine Allgemeinverfügung der Ordnungsbehörde[149]. Wenn aber rechtlich eine Maßnahme der Polizei vorliegt, muß diese dafür auch zuständig sein.

(2) *Zuständigkeit der Polizei kraft Mandats*

Zu prüfen ist daher, ob bei dem geschilderten Verfahren ein Handeln der Polizei kraft Mandats in Betracht kommt. Durch ein Mandat beauftragt und bevollmächtigt der Inhaber der Zuständigkeit in einem oder mehreren Fällen ein anderes öffentlich-rechtliches Subjekt, eine Kompetenz des Mandanten in dessen Namen auszuführen[150]. Das öffentlich-rechtliche (zwischenbehördliche[151]) Mandat entspricht also strukturell dem Vertretungsverhältnis im Zivilrecht[152]. Die Zulässigkeit eines solchen Mandats im öffentlichen Recht ist jedoch umstritten.

In der Literatur wird zum Teil[153] die Auffassung vertreten, das Vorgehen der Polizei in der beschriebenen Form sei aufgrund ihrer Mandatierung durch die Ordnungsbehörden gerechtfertigt.

Zurückgegriffen wird zur Begründung unter anderem auf eine Entscheidung des VGH Baden-Württemberg aus dem Jahre 1982[154] im sogenannten Mordloch-Höhlen-Fall. In dieser Entscheidung wurde die polizeiliche Zuständigkeit eines Krisenstabs für die Rettung von Höhlenforschern im Wege des Mandats für rechtmäßig erachtet. Diese Entscheidung kann jedoch nicht zur Rechtfertigung einer Mandatierung der Polizei in den Fällen der Platzverweise herangezogen werden. Der Verwaltungsgerichtshof hat lediglich wegen der akuten Notwendigkeit von

---

149 So auch Braun, 2000, S. 114, der eine Allgemeinverfügung der Ordnungsbehörde zutreffend am Element der "Regelung" scheitern läßt.

150 Schenke, VerwArch 1977, 118, 148 m.w.N.; Hufeld, VBlBW 1999, 130, 130 m.w.N.

151 Ein zwischenbehördliches Mandat liegt dort vor, wo eine Behörde von einem anderen Rechtssubjekt ermächtigt wird, in dessen Namen zu handeln, vgl. dazu Schenke, VerwArch 1977, 118, 148 f.; nur diese Fallkonstellation soll im folgenden untersucht werden.

152 Horn, NVwZ 1986, 808, 809; Hufeld, VBlBW 1999, 130, 130 m.w.N.

153 Deger, VBlBW 1996, 90, 92; so wohl auch Cremer, NVwZ 2001, 1218, 1219 f., der allerdings im Ergebnis von einer Entscheidung der Ordnungsbehörde - und somit nicht von einer Mandatierung - ausgeht, wenn der Polizeivollzugsdienst vor Verhängung des konkreten Aufenthaltsverbotes telefonisch Rücksprache mit dem zuständigen Sachbearbeiter der Ordnungsbehörde nimmt und seinen Weisungen folgt.

154 VGH Baden-Württemberg, VBlBW 1984, 20 ff.

lebensrettenden Maßnahmen eine Mandatierung ausnahmsweise für zulässig erachtet[155].

Demgegenüber verlangt zu Recht ein Teil der Literatur[156] und der Rechtsprechung[157] eine (zusätzliche) gesetzliche Ermächtigung für das hier vorgestellte Verfahren. Die Beauftragung der Polizei zum Erlaß einer Mehrzahl gleichartiger Einzelverfügungen im Namen der beauftragenden Ordnungsbehörde (Mandat) führt zu einer Verschiebung der gesetzlich festgelegten Zuständigkeitsordnung. Die Polizeigesetze der Länder haben umfassend geregelt, unter welchen Voraussetzungen die Polizei lediglich zuständig ist. Die originäre Zuständigkeit liegt bei den Ordnungsbehörden. Das Mandat zu Platzverweisen würde eine Umgehung der gesetzlichen Kompetenzregelung bedeuten und ist daher grundsätzlich unzulässig.

(3) *Zuständigkeit des Polizeivollzugsdienstes im Rahmen der Amts- oder Vollzugshilfe*

Es handelt sich bei diesem Verfahren im übrigen auch nicht um Amtshilfe[158]. Amtshilfe ist lediglich ergänzende Hilfe, die eine Behörde einer anderen auf Ersuchen leistet[159] und die der ersuchten Behörde, also der Polizei, nicht als eigene Aufgabe obliegt[160]. Die Hilfeleistung ist damit untergeordnete Teilmaßnahme in einem Hauptverfahren unter der Gesamtverantwortung der ersuchenden Behörde[161].
Das Konzept der Tübinger Polizei führt jedoch umgekehrt der Polizei eine Kompetenz der Ordnungsbehörde zu, die sie in ihrem Namen ausübt[162]. Das Amtshilferecht bietet aber keine Handhabe, Zuständigkeiten für die Wahrnehmung von Aufgaben zu verschieben[163].

Auch eine Vollzugshilfe kann hierin nicht gesehen werden. Unter Vollzugshilfe wird die Hilfe der Polizei verstanden, die sich in der Anwendung unmittelbaren Zwangs zur Durchsetzung eines Verwaltungsaktes einer anderen Behörde

155 VGH Baden-Württemberg, VBlBW 1984, 20, 21
156 Schenke, VerwArch 1977, 118, 154 m.w.N.; Horn, NVwZ 1986, 808, 808; Haseloff-Grupp, VBlBW 1997, 161, 161; P. Stelkens/U. Stelkens, in: Stelkens/Bonk/Sachs, 5. Aufl. 1998, § 35, Rdnr. 40; Braun, 2000, S. 118
157 VG Sigmaringen, NVwZ-RR 1995, 327, 328 m.w.N.
158 Vgl. dazu Art. 35 Abs. 1 GG; §§ 4-8 VwVfG
159 Vgl. nur § 4 Abs. 1 VwVfG
160 Hofmann, in: DPolBl 5/1997, 11, 13; Drews/Wacke/Vogel/Martens, 9. Aufl. 1986, S. 145 f.
161 Hufeld, VBlBW 1999, 130, 131 m.w.N.
162 Hufeld, VBlBW 1999, 130, 131
163 Vgl. dazu auch Kopp/Ramsauer, VwVfG, 7. Aufl. 2000, § 4, Rdnr. 10

erschöpft[164]. Vollzugshilfe setzt also bereits eine im Rahmen der Zuständigkeitsordnung getroffene behördliche Anordnung voraus[165], d. h. es muß zunächst ein Verwaltungsakt ergehen[166]. Ein derartiger Verwaltungsakt hat aber bis zur Ergänzung und Aushändigung der (Blanko-) Verfügung eben nicht vorgelegen.

(4) *Zuständigkeit des Polizeivollzugsdienstes kraft Weisungsrechts der Ordnungsbehörde*

Schließlich stellt auch das Weisungsrecht der Ordnungsbehörde[167] keine hinreichende Grundlage dar. Auch innerhalb eines Weisungsverhältnisses müssen sich Weisungen im Rahmen der der nachgeordneten Stelle zustehenden Kompetenz halten[168]. Wie sich aber aus den vorherigen Ausführungen ergeben hat, ist die Polizei nicht primär für die Aufgabe der Gefahrenabwehr sachlich zuständig.

(5) *Zwischenergebnis*

Als Zwischenergebnis kann festgehalten werden, daß die Ordnungsbehörden mangels einer gesetzlichen Ermächtigungsgrundlage nicht befugt sind, die Polizei mit Blankoverfügungen über Platzverweise auszustatten. Das Tübinger Modell zur Bekämpfung der Drogenszene verstößt damit gegen geltendes Recht.

b) *Subsidiäre sachliche Zuständigkeit der Polizei*

Die Polizei ist nach den Polizeigesetzen grundsätzlich[169] lediglich subsidiär zur Gefahrenabwehr zuständig, d. h. daß sie nur tätig werden darf, wenn das Handeln einer anderen Ordnungsbehörde nicht oder nicht rechtzeitig möglich erscheint oder die Maßnahme zur Gefahrenabwehr notwendig oder unaufschiebbar ist[170]. Dies ist der Fall, wenn das Abwarten einer Entscheidung der an sich zuständigen Behörde eine nicht zu vertretende Verzögerung oder Vereitelung bei der Wahrnehmung der Aufgabe zur Folge hätte[171].

---

164 Vgl. z. B. §§ 25 ff. ME PolG; §§ 37 ff. BremPolG
165 VG Sigmaringen, NVwZ-RR 1995, 327, 328
166 Deger, VBlBW 1996, 90, 91
167 Vgl. z. B. § 74 I PolG BW
168 VG Sigmaringen, NVwZ-RR 1995, 327, 328
169 Zur Parallelzuständigkeit in Baden-Württemberg gem. § 60 Abs. 3 BadWürttPolG vgl. Braun, 2000, S. 111 und in Sachsen gem. § 60 Abs. 3 SächsPolG vgl. VG Leipzip, NVwZ 2001, 1317, 1318
170 Vgl. z. B. § 1 a ME PolG; § 60 Abs. 2 PolG BW; § 64 I 2 BremPolG
171 Vgl. nur Robrecht, SächsVBl. 1999, 232, 233 m.w.N.

Um Platzverweise und Betretungsverbote auch tatsächlich wirksam gegen Angehörige der offenen Drogenszene aussprechen zu können, muß dieses nach der Auffassung von Deger[172] sofort geschehen. Polizeirechtlich könne von der Ordnungsbehörde nicht verlangt werden, daß sie ständig bei den Kontrollen durch einen eigenen Bediensteten vertreten werde[173].

Demgegenüber verneint ein Teil der Literatur[174] und Rechtsprechung[175] eine Eilzuständigkeit der Polizei, weil bei dieser Verfahrensart die erforderliche Notwendigkeit sofortigen polizeilichen Einschreitens nicht ersichtlich sei.

Dieser Auffassung ist zu folgen. Das zuvor geschilderte Tübinger Modell zur Bekämpfung der Drogenszene hat gezeigt, daß selbst aus der Sicht der Ordnungsbehörde noch genügend Zeit vorhanden war, "Blanko-Verfügungen" zu erlassen. Von einem "Eilfall" kann in vergleichbaren Fällen also nicht gesprochen werden. Sicherlich sind Situationen denkbar, wo eine Eilzuständigkeit des Polizeivollzugsdienstes begründet werden kann. Dies wird anhand der Umstände des Einzelfalles zu würdigen sein. Aber selbst dann wird es ausreichend sein, daß die Polizei zunächst lediglich klassische Platzverweise verfügt, wenn die tatbestandlichen Voraussetzungen dafür vorliegen[176].

c) *Originäre sachliche Zuständigkeit der Polizei*

Im Rahmen der Gefahrenabwehr hat die Polizei nach den meisten Polizeigesetzen auch für die Verfolgung von Straftaten vorzusorgen und Straftaten zu verhüten (vorbeugende Bekämpfung von Straftaten) sowie Vorbereitungen zu treffen, um künftige Gefahren abwehren zu können (Vorbereitung auf die Gefahrenabwehr)[177].

---

172 Deger, VBlBW 1996, 90, 92

173 Deger, VBlBW 1996, 90, 92

174 Braun, 2000, S. 113; Cremer, NVwZ 2001, 1218, 1219

175 VG Sigmaringen, NVwZ-RR 1995, 327, 328

176 Etwas mißverständlich sind die Ausführungen von Heeger/Wien, DIE POLIZEI 1994, 190, 192, zur mündlichen Platzverweisung: wenn sich die Maßnahme gegen den polizeilich bekannten Rauschgifttäter richtet, dann ist m. E. grundsätzlich keine besondere Eile mehr geboten. Die originär zuständige Ordnungsbehörde kann nach Übermittlung der Erkenntnisse der Polizei eigenverantwortlich tätig werden.

177 § 1 Abs. 1 Satz 2 ME PolG; § 64 I 3, letzter Halbs. BremPolG; § 1 Abs. 1 Satz 3 NGefAG

Diese originären Aufgabenzuweisungsnormen[178] beziehen sich ausschließlich auf den Vorfeldbereich konkreter Gefahrenabwehr. Hinsichtlich der Abgrenzungsproblematik zu repressivem polizeilichen Handelns kann auf die vorherigen Ausführungen im 2. Kapitel unter A. I. 1. a) verwiesen werden.

3. Die öffentliche Sicherheit

Die Ermächtigungsgrundlagen für einen polizeirechtlichen Platzverweis setzen ferner eine konkrete Gefahr für die öffentliche Sicherheit (oder Ordnung[179]) voraus.

Die öffentliche Sicherheit umfaßt die Unverletzlichkeit der Rechtsordnung, die subjektiven Rechte und Rechtsgüter des einzelnen sowie die Einrichtungen und Veranstaltungen des Staates oder sonstiger Träger der Hoheitsgewalt[180]. Zu der Unverletzlichkeit der Rechtsordnung gehört die Gesamtheit des geltenden Rechts. Zu den Individualgütern zählen das Leben, die Gesundheit, die Freiheit, die Ehre und das Vermögen.

a) *Die subjektiven Rechte*

Offene Drogenszenen gefährden in erster Linie die Sicherheitsgüter Leben und Gesundheit. Durch den überregional bekannten Drogenumschlagsplatz (wie z. B.

---

178 Die tatsächliche Reichweite dieser Regelungen erschließt sich nur durch die einzelnen Befugnisnormen, die der Polizei durch das jeweilige Polizeigesetz zur Erfüllung dieser Aufgaben zugewiesen worden sind, vgl. nur Ipsen, 2. Aufl. 2001, Rdnr. 315, und exemplarisch für diese Untersuchung § 17 Abs. 2 NGefAG. Da § 17 Abs. 2 NGefAG und nun auch vergleichbar andere Normen keine eigene Zuständigkeitsregelung beinhalten, muß davon ausgegangen werden, daß derartige Maßnahmen nur von der Polizei getroffen werden können, weil es sich nach diesen Ermächtigungsgrundlagen ("Tatsachen die Annahme rechtfertigen") um solche der vorbeugenden Bekämpfung von Straftaten handelt, vgl. nur Kolb, NJ 2000, 570, 573. Es wird daher auch in diesem Zusammenhang von besonderer Bedeutung sein, inwieweit die neueren Ermächtigungsgrundlagen für qualifizierte Platzverweise einer Verfassungsprüfung Stand halten werden.

179 ... soweit die öffentliche Ordnung in den Ländern von den Polizeigesetzen noch geschützt wird.

180 Vgl. nur z. B. § 2 Nr. 2 BremPolG; zu dem Rechtsgut "Funktionsfähigkeit des Staates" vgl. Roos, 2. Aufl. 2000, § 13, Rdnr. 8, und Belz/Mußmann, 6. Aufl. 2001, § 1, Rdnr. 16, die gegen OVG Münster (Entscheidung vom 17.01.1997, Az. 5 B 2601/96 = NJW 1997, 1596) m. E. überzeugend zu dem Ergebnis kommen, daß das bloße Warnen vor einer Radarmeßstelle nicht als eine konkrete Gefahr für die Funktionstüchtigkeit der Polizei anzusehen ist.

die Innenstadt) wird insbesondere auch den labilen Jugendlichen und Kindern, den möglichen Erstkonsumenten, erleichtert, das Erlebnis "Droge" auszuprobieren[181]. Mit der Drogenszene kommt es ferner zur Verwahrlosung der Szenenörtlichkeit, denn die Konsumenten lassen häufig im Rauschzustand ihre Spritzen und andere Drogenutensilien liegen[182]. An diesen zurückgelassenen Gegenständen können sich insbesondere spielende Kinder verletzen und sich möglicherweise mit Krankheiten infizieren[183].
Aber auch im unmittelbaren Bereich der offenen Drogenszene ist verstärkt mit Eigentumsdelikten (insbesondere Ladendiebstähle, Kraftfahrzeugaufbrüche und Wohnungseinbruchsdiebstähle) zu rechnen[184]. Die Drogenabhängigen benötigen Bargeld, um ihren Drogenbedarf zu decken.

b) *Die Unverletzlichkeit der Rechtsordnung*

Zu den Elementen der öffentlichen Sicherheit zählt auch die Unverletzlichkeit der Rechtsordnung als kollektives Rechtsgut. Damit berührt grundsätzlich jede drohende oder bereits begangene Verletzung einer Rechtsnorm die öffentliche Sicherheit. Daher bedeutet ein Verstoß gegen Normen des öffentlichen Rechts, die ein bestimmtes Verhalten (Tun oder Unterlassen) vorschreiben, stets eine Gefahr für die öffentliche Sicherheit; dies gilt insbesondere für die Tatbestände des Straf- und Ordnungswidrigkeitenrechts. So liegt z. B. bei der bevorstehenden oder bereits begangenen Verletzung von Ordnungswidrigkeitentatbeständen wie § 117 OWiG (Unzulässiger Lärm) oder § 118 OWiG (Belästigung der Allgemeinheit) eine konkrete Gefahr im Sinne des Gefahrenabwehrrechts vor.

Hat die einschreitende Beamtin oder der einschreitende Beamte Zweifel an der Rechtmäßigkeit einer der folgend vorgestellten Normen, so können diese lediglich im Rahmen der Remonstrationspflicht geltend gemacht werden. Der Polizei steht

---

181 Vgl. dazu den Erfahrungsbericht von Latzel/Lustina, Die Polizei 1995, 131, 134; Kappeler, 2001, S. 77 m.w.N.

182 vgl. z. B. VG Hamburg, Urteil vom 07.12.1994, Az. 14 VG 3235/92: Durchschnittlich 1000 Spritzen-Funde pro Monat auf öffentlichen Wegen, Plätzen und Grünanlagen im Hamburger Hauptbahnhofsbereich, davon 1/3 auf Kinderspielplätzen), zitiert nach: OVG Münster, NVwZ 2001, 459,459

183 Latzel/Lustina, Die Polizei 1995, 131, 134; Hoeft, 1999, S. 36; Kappeler, 2001, S. 77 f.

184 Ein unmittelbarer Zusammenhang zwischen der offenen Drogenszene und der Beschaffungskriminalität wird zu Recht kaum bezweifelt: vgl. nur Kappeler, 2001, S. 76 m.w.N.

keine Verwerfungskompetenz einer Rechtsnorm zu[185], so daß die entsprechende Rechtsnorm - spätestens nach Beendigung des Remonstrationsverfahrens - anzuwenden ist. Dies führt zu der mißlichen Situation, daß selbst bei Bedenken gegen die Rechtmäßigkeit einer der folgend vorgestellten Rechtsnormen die Polizei zum Einschreiten verpflichtet sein kann, auch wenn sich später herausstellt, daß die Norm rechtswidrig ist und zwangsläufig darauf gestützte Platzverweise ebenfalls rechtswidrig sind.

aa) *Verstoß gegen Strafvorschriften*

Eine Straftat im Sinne der Polizeigesetze liegt immer dann vor, wenn es sich um eine den Tatbestand eines Strafgesetzes verwirklichende rechtswidrige Tat handelt, so daß auch Kinder eine Straftat i. S. der Polizeigesetze begehen können, obwohl sie aufgrund von § 19 StGB schuldunfähig sind und deshalb auch nicht "Verdächtige" oder "Beschuldigte" i. S. der Strafprozeßordnung sein können[186]. Auch die Verwirklichung subjektiver Tatbestände ist nicht erforderlich.

Im Zusammenhang mit der offenen Drogenszene kommen insbesondere Verstöße gegen das Betäubungsmittelgesetz (Besitz von und Handel mit Betäubungsmitteln) in Betracht. Das OVG Bremen hat in seinem Urteil vom 24.03.1998[187] überzeugend ausgeführt, daß die offene Drogenszene eine erhebliche Störung der öffentlichen Sicherheit darstellt: "Der verbotene Umgang mit Betäubungsmitteln wird durch die Strafvorschriften der §§ 29 ff. BtMG in umfassender Weise mit Strafe bedroht. Der Gesetzgeber verfolgt mit diesen Strafvorschriften das Ziel, die menschliche Gesundheit sowohl des einzelnen wie der Bevölkerung im ganzen vor den von Betäubungsmitteln ausgehenden Gefahren zu schützen und die Bevölkerung, vor allem Jugendliche, vor Abhängigkeit von Betäubungsmitteln zu bewahren. Mit dieser Zielsetzung dient das Betäubungsmittelgesetz Gemeinschaftsbelangen, die vor der Verfassung Bestand haben (BVerfGE 90, 145, 174 = NJW 1994, 1577 = JZ 1994, 863 m. Anm. Gusy = MDR 1994, 813). Dies gilt in besonderer Weise für die Pönalisierung des Umgangs mit sog. harten Drogen, die die Gesundheit sowie die Fähigkeit des einzelnen, eine freie Willensentscheidung zu treffen, nachhaltig gefährden. [...] Eine offene Drogenszene stört wegen der dort begangenen oder verabredeten Verstöße gegen das Betäubungsmittelgesetz in erheblicher Weise die öffentliche Sicherheit [...]."

---

185 Ungenau Hofmann, in: DPolBl 5/1997, 11, 15
186 Vgl. zur Legaldefinition z. B. § 2 Nr. 9 NGefAG
187 OVG Bremen, NVwZ 1999, 314, 317

Straftaten im Zusammenhang mit Veranstaltungen bzw. Demonstrationen sind insbesondere öffentliche Aufforderung zu Straftaten gem. § 111 StGB, Landfriedensbruch gem. § 125 StGB, Störung des öffentlichen Friedens durch Androhung von Straftaten gem. § 126 StGB, Verwenden von Kennzeichen verfassungswidriger Organisationen gem. § 86 a StGB, einschließlich solcher, die den Kennzeichen zum Verwechseln ähnlich sind, Volksverhetzung gem. § 130 StGB, Mitführen von Waffen oder sonstigen "gefährlichen" Gegenständen bei öffentlichen Versammlungen oder Aufzügen oder auf dem Wege dorthin gem. § 27 Abs. 1 VersammlG, § 53 Abs. 3 Nr. 5 i. V. m. § 39 Abs. 1 WaffG, Mitführen von Schuß-, Hieb- oder Stoßwaffen bei öffentlichen Veranstaltungen gem. § 53 Abs. 3 Nr. 5 i. V. mit § 39 Abs. 1 WaffG, Verbotenes Mitführen von Schutzwaffen im technischen oder nichttechnischen Sinne gem. § 27 Abs. 2 Nr. 1 i. V. mit § 17 a Abs. 1 VersammlG und Verbotenes Uniformtragen gem. § 28 i. V. mit § 3 VersammlG.

bb) *Verstoß gegen Ordnungswidrigkeiten*

Im Zusammenhang mit der offenen Drogenszene kommen als Ordnungswidrigkeiten insbesondere die Belästigung der Allgemeinheit gem. § 118 OWiG, unzulässiger Lärm gem. § 117 OWiG, unzulässiger Gemeingebrauch nach den Straßengesetzen[188] und unzulässige Beseitung von Abfällen gem. § 3 Abs. 1 und 2, § 27 Abs. 1 Satz 1, § 61 Abs. 1 Nr. 2 KrW-/AbfG in Betracht.

Ordnungswidrigkeiten im Rahmen von Veranstaltungen bzw. Demonstrationen sind insbesondere die Teilnahme an verbotenen öffentlichen Versammlungen oder Aufzügen gem. § 29 Abs. 1 Nr. 1 VersammlG und das Nichtentfernen von aufgelösten öffentlichen Versammlungen oder Aufzügen gem. § 29 Abs. 1 Nr. 2 VersammlG.

Im folgenden sollen einige Ordnungswidrigkeitentatbestände näher dargestellt werden, die häufig im Zusammenhang mit Platzverweisen geprüft werden müssen:

---

188 Vgl. z. B. § 61 Abs. 1 Nr. 1 i. V. mit § 18 Abs. 1 Nds. Straßengesetz; § 48 Abs. 1 Nr. 1 i. V. mit § 18 Abs. 1 Brem. Straßengesetz

(1) *§ 118 OWiG (Belästigung der Allgemeinheit)*

Problematisch ist, ob das Verhalten der randständigen Personen, insbes. durch Betteln[189] oder durch das Niederlassen bzw. Lagern im öffentlichen Bereich, den Tatbestand des § 118 OWiG erfüllen.

Gemäß § 118 Abs. 1 OWiG handelt ordnungswidrig, wer eine grob ungehörige Handlung vornimmt, die geeignet ist, die Allgemeinheit zu belästigen oder zu gefährden und die öffentliche Ordnung zu beeinträchtigen.

(a) *Tatbestandsvoraussetzungen*

Nach dem objektiven Tatbestand muß die Handlung (oder Unterlassung, vgl. § 8 OWiG) drei Tatbestandsmerkmale erfüllen:

(aa) *Eine grob ungehörige Handlung*

Grob ungehörig ist die Handlung, die geeignet ist, die Allgemeinheit zu belästigen oder zu gefährden und die öffentliche Ordnung zu beeinträchtigen; mithin dann, wenn sie sich bewußt nicht in der für das gedeihliche Zusammenleben der jeweiligen Rechtsgemeinschaft erforderlichen Ordnung einfügt[190]. Diese Handlung muß in einem deutlichen (groben) Widerspruch zur Gemeinschaftsordnung stehen, daß ein billig denkender Mitbürger sein Tun als grob ungehörig empfinden würde[191]. Innerhalb des weiten Kreises der denkbaren "grob ungehörigen Handlungen" sind danach nur solche beachtlich, die gegen die Gemeinschaftsordnung gerichtet sind; dadurch wird der Tatbestand wesentlich eingeengt[192].
Da diese Vorschrift nur solche Handlungen erfaßt, die den allgemein anerkannten Regeln von Sitte, Anstand und Ordnung widersprechen, ist der Tatbestand dem Wandel der Auffassung der Gesellschaft unterworfen[193].

---

189 Vgl. nur Holzkämper, NVwZ 1994, 146 zum aggressiven Betteln

190 BGHSt 13, 241, 244

191 BGHSt 13, 241, 244

192 Göhler/Buddendiek, 12. Aufl. 1998, § 118, Rdnr. 4

193 Dennoch ist diese Vorschrift mit Art. 103 Abs. 2 GG vereinbar, vgl. bereits BVerfGE 26, 41, 43 f., zu § 360 Abs. 1 Nr. 11, 2. Alt. StGB a. F. ("grober Unfug"); Senge, in: KK-OWiG, 2. Aufl. 2000, § 118, Rdnr. 1

(bb) *Eignung, die Allgemeinheit zu belästigen oder zu gefährden*

Eine Belästigung liegt vor, wenn sie Dritten ein nicht nur geringfügiges Unbehagen zufügt, welches sowohl seelischer als auch körperlicher Art sein kann[194]. Eine tatsächliche Belästigung oder Gefährdung der Allgemeinheit setzt § 118 Abs. 1 OWiG nicht voraus. Es reicht aus, daß die Handlung geeignet ist, die Allgemeinheit zu belästigen oder zu gefährden[195]. Es handelt sich mithin nicht um einen Verletzungs- sondern um einen Gefährdungstatbestand[196]. Damit erfordert § 118 Abs. 1 OWiG, daß die zu ahnende Handlung abstrakt geeignet ist, die Allgemeinheit unmittelbar zu belästigen, selbst wenn die Handlung konkret gegen einzelne Personen gerichtet ist[197]. Umgekehrt ist daher § 118 OWiG nicht anwendbar bei grob ungehörigen Handlungen gegenüber einer Einzelperson, wenn aufgrund der Umstände des Einzelfalles, insbesondere aufgrund der Tatortsituation oder der Tatzeit ausgeschlossen werden kann, daß der Vorgang unmittelbar zur Kenntnis anderer gelangen kann[198].

Ob ein Vorfall geeignet ist, die Allgemeinheit zu belästigen und die öffentliche Ordnung zu beeinträchtigen, ist nicht von der Meinung der unmittelbar Beteiligten oder derjenigen, die den Vorfall beobachtet haben, abhängig; es kommt vielmehr auf das Werturteil der Allgemeinheit an[199].

(cc) *Eignung, die öffentliche Ordnung zu beeinträchtigen*

Unter dem Begriff "öffentliche Ordnung" ist die Gesamtheit der sozialen Normen über das Verhalten des einzelnen in der Öffentlichkeit zu verstehen, deren Beachtung nach - durch die grundrechtlichen Wertmaßstäbe geprägter - mehrheitlicher Anschauung unerläßliche Voraussetungen eines geordneten staatsbürgerlichen und menschlichen Zusammenlebens ist[200].

Die Handlung muß objektiv geeignet sein, die öffentliche Ordnung zu beeinträchtigen; ihre tatsächliche Beeinträchtigung ist auch hier nicht erforderlich. Bloße

---

194 Senge, in: KK-OWiG, 2. Aufl. 2000, § 118, Rdnr. 13
195 Göhler/Buddendiek, 12. Aufl. 1998, § 118 OWiG, Rdnr. 5
196 Senge, in: KK-OWiG, 2. Aufl. 2000, § 118, Rdnr. 5
197 BGHSt 13, 241, 247; VGH Baden-Württemberg, DÖV 1998, 1015, 1016
198 Senge, in: KK-OWiG, 2. Aufl. 2000, § 118 OWiG, Rdnr. 10; so auch OLG Hamm, NJW 1957, 839, 839
199 Senge, in: KK-OWiG, 2. Aufl. 2000, § 118 OWiG, Rdnr. 7
200 Senge, in: KK-OWiG, 2. Aufl. 2000, § 118 OWiG, Rdnr. 18

Unhöflichkeiten und Ungezogenheiten werden aber regelmäßig nicht geeignet sein, die öffentliche Ordnung zu beeinträchtigen.

(b) *Stellungnahme und Zwischenergebnis*

Die abstrakte Eignung zur unmittelbaren Belästigung der Allgemeinheit wird man beispielsweise beim Verhalten der einfachen ("stillen") Bettelei regelmäßig verneinen müssen. Der einzelne Bettelvorgang als solcher wird kaum geeignet sein, bei Passanten im näheren Umfeld ein nicht nur geringfügiges seelisches Unbehagen hervorzurufen. Diese Ausführungen lassen sich zunächst problemlos auch auf das "einfache" Niederlassen bzw. Lagern von randständigen Personen im öffentlichen Raum übertragen. Stadtstreicher und Punker, die in der Fußgängerzone nur herumsitzen und Alkohol trinken, mögen zwar eine Belästigung sein, sind aber noch keine ordnungsrechtliche Gefahr. Von aggressiven Verhaltensweisen zunächst abgesehen wird dieses mißbilligte Verhalten regelmäßig nicht von § 118 Abs. 1 OWiG erfaßt. Die Lästigkeitsgrenze wird aber überschritten, wenn Passanten angepöbelt oder in aggressiver Weise körperlich belästigt oder zur Hergabe von Geld genötigt werden oder wenn die Benutzung öffentlicher Anlagen oder Einrichtungen erheblich erschwert wird[201]. Daß das aggressive Betteln entgegen Kappeler[202] auch geeignet ist, die Allgemeinheit zu belästigen, zeigt schon die Erkenntnis, daß derartige Örtlichkeiten zunehmend von Passanten bewußt gemieden werden[203].

Auch das Zeigen der Reichskriegsflagge als neues Symbol der Neo-Nazi-Szene kann im Einzelfall eine grob ungehörige Handlung i. S. von § 118 Abs. 1 OWiG darstellen; denn diese Handlung kann u. U. als geeignet angesehen werden, die Allgemeinheit zu belästigen und die öffentliche Ordnung zu beeinträchtigen.
Nach Auffassung des OVG Nordrhein-Westfalen[204] sind beim Hissen der Reichskriegsflagge sogar gewichtige Anhaltspunkte für den Tatbestand der Volksverhetzung nach § 130 StGB gegeben: "Diese Voraussetzungen sind gegeben, wenn das Zeigen der Reichskriegsflagge als Aufruf zu verstehen sein sollte, die in Deutschland lebenden Ausländer einem Klima der Mißachtung, Bedrohung und Gewaltanwendung auszusetzen. Hierin läge zugleich ein Angriff auf die Men-

---

201 Reiff/Wöhrle/Wolf/Stephan, 5. Aufl. 1999, § 3 BW PolG, Rdnr. 26; a. A. Kappeler, 2001, S. 11, 13, 16, 91 und 93

202 Kappeler, 2001, S. 93 f.

203 So wie hier auch Kappeler selbst, a.a.O. 2001, S. 19 m.w.N.

204 OVG Nordrhein-Westfalen, NJW 1994, 2909; zu Recht eher zweifelnd Enders, JuS 1997, 539, 544

schenwürde eines Teils der Bevölkerung, nämlich der im Inland lebenden Menschen nichtdeutscher Staatsangehörigkeit, indem eine feindselige Haltung dieser Bevölkerungsgruppe gegenüber erzeugt werden soll oder indem zu gewaltsamen Aktionen oder diskriminierender Behandlung gegenüber den Ausländern aufgerufen wird. Die Tathandlung störte zudem den öffentlichen Frieden, da das Friedensgefühl der Bevölkerung - auch das des angegriffenen Bevölkerungsanteils -, im Schutze der Rechtsordnung zu leben, beeinträchtigt wäre.

Gewichtige Anhaltspunkte dafür, daß dem öffentlichen Aufstellen der Reichskriegsflagge aus der Sicht des unbefangenen Beobachters ein solcher strafrechtlich relevanter Erklärungsinhalt zukommt, ergeben sich daraus, daß diese Flagge, die der Marine des Norddeutschen Bundes und anschließend der Reichskriegsmarine als Hoheitszeichen diente, in dieser Funktion jedoch nicht mehr Verwendung findet und in der ursprünglichen Bedeutung auch kaum mehr im öffentlichen Bewußtsein allgemein bekannt ist. Vielmehr ist sie als "Kampfsymbol" militärischen Ursprungs nach dem Jahre 1945 und gehäuft in jüngerer Zeit vornehmlich von nationalistisch und rassistisch gesinnten, zu Gewalt bereiten Gruppierungen in der Öffentlichkeit mißbraucht worden, so daß ihr Zeigen nach dem objektiven Erklärungsgehalt als Identifikation mit deren Zielsetzung verstanden werden kann und überwiegend wohl auch verstanden wird."

Insbesondere aber wenn neben dem Zeigen der Reichskriegsflagge zugleich Trommeln eingesetzt werden, die im Takt geschlagen werden, damit die Teilnehmer im Takt marschieren, erhält ein Demonstrationszug ein paramilitärisches Gepräge und es kann davon ausgegangen werden, daß das psychische Klima der Demonstration mit der Zielrichtung beeinflußt werden soll, strafbare Handlungen zu begehen, die auf die Einschüchterung, Diskriminierung und Gewaltanwendung gegenüber den in der Bundesrepublik lebenden Ausländern und weiteren Randgruppen abzielen[205]. Einen ordnungswidrigen Inhalt kann mithin der Gebrauch dieser Flagge enthalten, wenn im Einzelfall erkennbar ist, daß die Flagge in einer grob ungehörigen oder volksverhetzenden Absicht gezeigt und getragen wird. Demgegenüber kann allerdings einem Traditionsverein, z. B. der Marine, nicht vorgehalten werden, daß er an der Tradition seit 1921 festhält und diese Fahne aufzieht. Im Einzelfall hat also die zuständige Behörde zu entscheiden, ob das Zeigen der Reichskriegsflagge einen Sinn hat, der den Tatbestand des § 118 Abs. 1 OWiG erfüllt.

---

205 Kaatz, in: info-Recht 7/99, S. 8 unter Hinweis auf OVG Thüringen, Beschluß vom 07.05.1999, Az. 3 ZEO 311/99, S. 4 f.; zum Begriff der "Randgruppe" siehe Kappeler, 2001, S. 12 f.

Auf Demonstrationen und Veranstaltungen der "rechten Szene" sind des weiteren immer wieder "Nazi-Parolen" wie "Ruhm und Ehre der Waffen-SS" zu hören. Auch in diesen Fällen kann von einer grob ungehörigen Handlung i. S. von § 118 Abs. 1 OWiG ausgegangen werden, die geeignet ist, die Allgemeinheit zu belästigen und die öffentliche Ordnung zu beeinträchtigen. Denn "dadurch werden die Gräueltaten der "Waffen-SS" mit ihren Massenmorden in nicht mehr hinzunehmender Weise bagatellisiert. Die "Waffen-SS" wird geradezu glorifiziert. Es findet eine Identifizierung mit dem in der Vergangenheit gezeigten Verhalten der "Waffen-SS" statt. Darüber hinaus führt die Duldung solcher oder ähnlicher Parolen zu einem erheblichen Ansehensverlust der Bundesrepublik Deutschland im Ausland. In erster Linie dürfte aber die Würde des Opfer des Nationalsozialismus und ihrer Hinterbliebenen in empfindlicher Weise verletzt werden; denn gerade die "Waffen-SS" symbolisiert die Greueltaten des Nazi-Regimes."[206]

Werden daher derartige Parolen skandiert, kann den betreffenden Personen durch die Polizei Platzverweise im Rahmen der Verhältnismäßigkeit erteilt werden, soweit nicht zunächst die Vorschriften des Versammlungsgesetzes beachtet werden müssen.

Im Ergebnis ist daher festzuhalten, daß § 118 Abs. 1 OWiG nur wirklich grobe Verstöße gegen die "anerkannten Regeln von Sitte, Anstand und Ordnung" erfaßt.

(2) *Unzulässige Sondernutzung*

Soweit in den Kommunen keine sog. Sondernutzungssatzung erlassen worden ist, ist im Einzelfall zu prüfen, ob bestimmte Verhaltensweisen im öffentlichen Raum über den Gemeingebrauch hinausgehen und damit eine unzulässige Sondernutzung darstellen.

(a) *Tatbestandsvoraussetzungen*

Nach den Straßengesetzen[207] handelt u. a. ordnungswidrig, wer eine Straße über den Gemeingebrauch hinaus ohne Erlaubnis benutzt. Erfaßt werden alle öffentlichen Straßen, Wege und Plätze, die dem öffentlichen Verkehr gewidmet sind[208].

---

206 So zu Recht Kaatz, in: info-Recht 8/1999, S. 90
207 Z. B. § 61 Abs. 1 Nr. 1 i. V. mit § 18 Abs. 1 Nds. Straßengesetz
208 Vgl. z. B. § 2 Abs. 1 NStrG

Nach den Generalklauseln der Straßengesetze ist der Gebrauch der Straße pp. jedermann im Rahmen der Widmung und der Verkehrsvorschriften zum Verkehr - Gemeingebrauch - gestattet[209].

Vom Gemeingebrauch wird auch der kommunikative Verkehr auf öffentlichen Straßen, Wegen und Plätzen erfaßt; denn der öffentliche Verkehrsraum dient nicht nur der Fortbewegung, sondern auch als Stätte des Informations- und Meinungsaustauschs sowie der Pflege menschlicher Kontakte[210].

Kein Gemeingebrauch liegt vor, wenn jemand die Straße nicht vorwiegend zum Verkehr, sondern zu anderen Zwecken benutzt.

Fraglich ist, ob auch der Aufenthalt und das Niederlassen von Personen in Fußgängerzonen zum erheblichen Alkoholgenuß eine erlaubnispflichtige Sondernutzung darstellt.

Nach der Rechtsprechung des VGH Baden-Württemberg[211] zu einer sog. Sondernutzungssatzung hält sich das Niederlassen zum Zwecke des Alkoholgenusses, z. B. in Fußgängerbereichen (§ 41 StVO, Zeichen 242) oder in Grün- und Erholungsanlagen, noch in den Grenzen zulässigen kommunikativen Gemeingebrauchs und stellt daher keine Sondernutzung i. S. des Straßenrechts dar. Gleichwohl zweifelt der Verwaltungsgerichtshof nicht daran, daß durch das Niederlassen zum Zwecke des Alkoholgenusses bei Punkertreffen mit erheblichem Alkoholkonsum die Grenzen des zulässigen Gemeingebrauchs überschritten sind und zum Anlaß polizeilicher Einzelmaßnahmen gemacht werden können[212]. Die Abgrenzung, wo dieser zulässige Gemeingebrauch endet, könne nach dem Verwaltungsgerichtshof jedoch nur im Einzelfall getroffen werden[213]. Daß durch das untersagte Verhalten abstrakt die gemeingebräuchliche Nutzbarkeit der öffentlichen Gehwege und Straßen sowie

---

209 Vgl. z. B. § 14 NStrG

210 OVG Hamburg, NJW 1996, 2051, 2051 m.w.N.; ähnlich auch Kappeler, 2001, S. 99 f. m.w.N.

211 VGH Baden-Württemberg, Normenkontrollbeschluß vom 06.10.1998, Az. 1 S 2272/97, VBlBW 1999, 101, 103

212 VGH Baden-Württemberg, Normenkontrollbeschluß vom 06.10.1998, Az. 1 S 2272/97, VBlBW 1999, 101, 103

213 VGH Baden-Württemberg, Normenkontrollbeschluß vom 06.10.1998, Az. 1 S 2272/97, VBlBW 1999, 101, 103

der Grün- und Erholungsanlagen beeinträchtigt werde, ließe sich in dem konkreten Fall jedenfalls nicht feststellen[214].

Auch das OLG Saarbrücken[215] sieht in dem bloßen Alkoholgenuß zunächst keinen unzulässigen Gemeingebrauch. Im einzelnen führt es aus: "Vor allem innerörtliche Straßen und Plätze sind zugleich Stätten des Informations- und Meinungsaustausches sowie der Pflege menschlicher Beziehungen. In verstärktem Maße gilt dies für Fußgängerbereiche und verkehrsberuhigte Zonen. Es entspricht den modernen städtebaulichen Absichten, die Menschen zum Aufenthalt in den städtischen Straßen zu bewegen und das Leben in der Stadt zu fördern. Dies wird u. a. durch Bereitstellen von Bänken oder Stühlen gefördert, die zum Verweilen auffordern. Es werden auch vielfach Orte, an denen sich Menschen üblicherweise länger aufhalten, durch Anpflanzungen, Aufstellen von Kunstwerken u. ä. harmonischer gestaltet.
[...]
Bei der Beurteilung, ob solches vom eigentlichen Verkehr abweichendes Verhalten noch zum Gemeingebrauch gehört, ist auch die örtliche Übung bedeutsam (BVerwGE 4, 342 = NJW 1957, 962). Vielerorts ist es üblich, daß sich auf Treppen z. B. an Brunnen oder öffentlichen Gebäuden Menschen hinsetzen, um sich auszuruhen oder zu unterhalten, so daß auch ein solches Verhalten Gemeingebrauch sein kann.

Kein Gemeingebrauch, sondern Sondernutzung liegt vor, wenn der Gemeingebrauch anderer unzumutbar beeinträchtigt wird. Die Grenze zwischen Gemeingebrauch und Sondernutzung bildet die Gemeinverträglichkeit (BVerwG, NJW 1990, 2011). Die Begründung für die Inhaltsschranke des Gemeingebrauches folgt aus der Natur desselben als jedermann offenstehende Gebrauchsbefugnis, die nur unter Rücksichtnahme auf die gleichgerichtete Befugnis aller anderen ausgeübt werden kann. Die Ausübung ist nur soweit zulässig, als kein anderer Verkehrsteilnehmer gefährdet und der Mitgebrauch anderer nicht dauernd ausgeschlossen wird. Vorübergehende Beeinträchtigungen sind unvermeidbar. Wo einer parkt oder sich aufhält, kann nicht zugleich ein anderer dasselbe tun, niemand kann beanspruchen, den Gemeingebrauch an jeder Stelle einer öffentlichen Straße jederzeit ausüben zu können (BVerwGE 4, 342 = NJW 1957, 962).

---

214 VGH Baden-Württemberg, Normenkontrollbeschluß vom 06.10.1998, Az. 1 S 2272/97, VBlBW 1999, 101, 103

215 OLG Saarbrücken, NJW 1998, 251, 252

Eine bestimmte Nutzung des Straßenraumes ist dann eine Sondernutzung, wenn dadurch abstrakt (die Substanz oder) die gemeingebräuchliche Nutzbarkeit der Straße beeinträchtigt wird. Es kommt dabei nicht auf die konkrete Gefährdung an, sondern auf die grundsätzliche Eignung einer bestimmten Gebrauchsart als solcher.

Es unterliegt keinem Zweifel, daß das "Niederlassen" einzelner oder mehrerer Personen im innerstädtischen Bereich - auch wenn man darunter ein längeres Verweilen versteht, z. B. um eine Zeitung oder ein Buch zu lesen, um Kunstwerke zu betrachten, sich mit anderen zu unterhalten oder um sich durch Aufnahme von Speisen oder Getränken zu stärken, vom verfassungsrechtlich garantierten Gemeingebrauch gedeckt ist, zumal der Gemeingebrauch anderer hierdurch nicht - jedenfalls nicht unzumutbar - beeinträchtigt wird.

Wenn in einer solchen Situation von einer oder mehreren Personen Alkohol getrunken wird, ändert das grundsätzlich nichts daran, daß dieses Verhalten im Rahmen des Gemeingebrauchs liegt. Nicht jede Alkoholaufnahme führt dazu, daß es zu einer nicht mehr als vorübergehend anzusehenden Nutzung der Straße oder zu Belästigungen anderer kommt.

Eine Überschreitung des Gemeingebrauchs kann aber gegeben sein, wenn mehrere Personen im städtischen Bereich - insbesondere, wenn dies auf einer übereinstimmenden Willensrichtung beruht - lagern, daß andere in der Ausübung des Gemeingebrauchs im oben genannten Sinne beeinträchtigt werden. Es kommt insoweit auf alle Umstände des Einzelfalles an, so u. a. die Breite der Straße, die Anzahl der Personen, die sich niederlassen und in welcher Weise dies geschieht, z. B. ob sie sich auf dafür vorgesehenen Sitzgelegenheiten niederlassen oder auf dem Boden sitzen oder liegen, ob dies an einer freien Fläche oder an Stellen stattfindet, die als Durchgang oder Zufahrt dienen. Es ist auch zu beachten, ob ein solches Verhalten ortsüblich ist.

Von Bedeutung kann insbesondere sein, ob und in welcher Menge dabei Alkohol getrunken wird, denn es kann durch die Auswirkungen des aufgenommenen Alkohols zu einer erheblichen, nicht als nur vorübergehend anzusehenden Beeinträchtigung des Gemeingebrauchs anderer kommen - jedenfalls dann, wenn Alkohol in größeren Mengen genossen wird."

(b) *Stellungnahme*

Den zuvor ausgeführten Entscheidungen lagen Sondernutzungssatzungen zugrunde, bei denen auch Verhaltensweisen unter den Begriff des Gemeingebrauchs fielen, die mit der eigentlichen Fortbewegung nichts zu tun hatten. Dies bedeutet aber nicht - wie die zuvor zitierten Obergerichte selbst ausgeführt haben -, daß mit ähnlichen Verhaltensweisen niemals eine unzulässige Sondernutzung vorliegen kann[216].

Kein Gemeingebrauch, sondern Sondernutzung liegt nämlich jedenfalls dann vor, wenn der Gemeingebrauch anderer unzumutbar beeinträchtigt wird. Bei dieser Beurteilung kommt es auf alle Umstände des Einzelfalles an (Breite der Straße, die Anzahl der Personen, die sich niederlassen und in welcher Weise dies geschieht, etc.).

Liegt im Einzelfall eine unzulässige Sondernutzung vor, kann die Polizei zur Beendigung des unzulässigen Gemeingebrauchs einen Platzverweis aussprechen. Die Unterbindung des unzulässigen Gemeingebrauchs mittels einer Verfügung auf der Grundlage der polizeilichen Generalklauseln dürfte bei bestimmten Personengruppen grundsätzlich als ungeeignet angesehen werden.

(3) *§ 1 Abs. 2 StVO*

Bestimmte mißbilligte Verhaltensweisen werden auch von § 1 Abs. 2 StVO erfaßt. Danach hat sich jeder Verkehrsteilnehmer so zu verhalten, daß kein Anderer geschädigt, gefährdet oder mehr, als nach den Umständen unvermeidbar, behindert oder belästigt wird.

Behindern heißt, fremdes beabsichtigtes Verkehrsverhalten einigermaßen nachhaltig beeinträchtigen oder verhindern[217].
Unvermeidliche geringe Belästigungen fallen nicht unter § 1 Abs. 2 StVO. Voraussetzung ist, daß die Beeinträchtigung nach Art und Maß das Verkehrsbedürfnis übersteigt und als störend empfunden wird[218].

Im Einzelfall können daher auch vermeidbare Belästigungen gem. § 1 Abs. 2 StVO im Zusammenhang mit dem Aufenthalt im öffentlichen Verkehrsraumes untersagt

---

216 In diese Richtung aber wohl Kappeler, 2001, S. 100 f.
217 Jagusch/Hentschel, § 1 StVO, Rdnr. 40 m.w.N.
218 Jagusch/Hentschel, § 1 StVO, Rdnr. 42/43 m.w.N.

werden. So kann eine Behinderung des Fußgängerverkehrs etwa an einzelnen Engstellen oder Zugängen je nach den örtlichen Verhältnissen ausnahmsweise auch ein Verbot des Bettelns oder des Niederlassens begründen[219].

In der aktuellen Diskussion[220] ist in diesem Zusammenhang des weiteren sehr umstritten, ob das Inlineskating im öffentlichen Verkehrsraum untersagt werden kann[221].
Nach der hier vertretenen Auffassung kommt es für die Anwendbarkeit des § 1 Abs. 2 StVO nicht darauf an, ob es sich bei den Inline-Skates um "Fahrzeuge" i. S. von §§ 2 ff. StVO, um "ähnliche Fortbewegungsmittel" i. S. von § 24 Abs. 1 StVO oder um "Sport- und Spielgeräte" i. S. von § 31 StVO handelt. Obwohl eher die Anwendbarkeit von § 24 Abs. 1 StVO anzunehmen ist, d. h. die Inline-Skates müssen gem. § 25 StVO die Fußgängerwege benutzen, wird in jedem Falle aggressives Skaten von § 1 Abs. 2 StVO erfaßt. Damit liegt ein Verstoß gegen die öffentliche Sicherheit vor und die Tatbestandsvoraussetzungen für einen Platzverweis sind gegeben. Im Rahmen des Ermessens und der Verhältnismäßigkeit wird allerdings im Einzelfall zu prüfen sein, ob zunächst eine Unterlassungsverfügung ausreichend ist.

cc) *Verstoß gegen gemeindliche Satzungen*

In den vergangenen Jahren ist von einigen Städten[222] versucht worden, durch straßenrechtliche Satzungen den Aufenthalt zum Alkoholgenuß, insbesondere in Fußgängerzonen und auf öffentlichen Plätzen, als nicht genehmigungsfähige Sondernutzung zu untersagen.

Nach dem Regelungsgehalt der insoweit maßgeblichen gesetzlichen Normen kann die Gemeinde den Gebrauch der Straßen über den jedermann gestatteten Gemeingebrauch i. S. d. Straßengesetze[223] hinaus im einzelnen durch Satzung regeln. Für bestimmte Verhaltensweisen im Bereich der öffentlichen Straßen, Wege und Plätze

---

219 Ähnlich auch Hecker, MzW 1998, Heft 38, S. 45
220 Vgl. nur Vieweg, NZV 1998, 1 ff.
221 Ergänzend zu den vorherigen Ausführungen stellen nach einem Beschluß des VG Lüneburg, NJW 1998, 1731, Inlineskating- und Rollhockeyspiele auf einer öffentlichen Straße über den Gemeingebrauch hinausgehende Sondernutzungen dar.
222 Z. B. München, Darmstadt, Düsseldorf und Saarbrücken
223 Vgl. z. B. § 20 StrWG S-H, Straßen- und Wegegesetz des Landes Mecklenburg-Vorpommern (StrWG-MV) vom 13. Januar 1993 (GVO-Bl. S. 42) sowie auf das Bundesfernstraßengesetz (FStrG, in der Fassung der Bekanntmachung vom 19. April 1994, BGBl. I S. 854).

wird dann eine Sondernutzungserlaubnis nicht erteilt. Damit sind die Gemeinden nicht gehindert, durch Satzungen Sondernutzungen näher zu beschreiben. Es ist aber nicht zulässig, in einer Satzung ein Verhalten, das Gemeingebrauch darstellt, als Sondernutzung zu definieren, weil die Straßengesetze eine derartige Ermächtigung nicht enthalten[224].

Diese Sondernutzungssatzungen sollen nicht das gute oder sinnvolle Leben auf der Straße regeln[225], sondern - wie sich bereits aus den vorherigen Ausführungen ergeben hat - das Nebeneinander verschiedener Nutzungen im Rahmen des Widmungszwecks ermöglichen. Sinn und Zweck der Sondernutzungssatzungen ist daher lediglich, das den zuständigen Behörden eingeräumte Ermessen bereits vorweg durch die kommunalen Vertretungskörperschaften auszuüben und damit verbindlich festzulegen, für welche Sondernutzungen von vorn herein keine Sondernutzungsgenehmigungen erteilt werden[226].

Vorbild für diese Städte war offenbar die Münchener "Altstadt-Fußgängerbereich-Satzung" i. d. F. vom 1.7.1980, die in § 6 Buchst. a) das Nächtigen, b) das Betteln in jeglicher Form, c) das Niederlassen zum Alkoholgenuß außerhalb zugelassener Freischankflächen und d) das Verteilen von Handzetteln zu Werbezwecken sowie Herumtragen umgehängter Werbetafeln usw. als nicht erlaubnisfähige Sondernutzung qualifizierte und in § 7 (i. V. m. Art. 66 Nr. 2 BayStrWG) Zuwiderhandlungen hiergegen zu Ordnungswidrigkeiten erhob[227]. Man versprach sich davon, die - bei der hohen Arbeitslosigkeit - meist arbeitslosen Trinker bzw. Alkoholiker, die das Stadtbild bevölkern, von der Straße zu bekommen und die Innenstädte für die Besucher wie für Einheimische wieder attraktiver zu machen[228].

Diese ungenau als "Bettelsatzungen" bezeichneten Sondernutzungssatzungen sind sowohl rechtspolitisch[229] als auch rechtsdogmatisch[230] sehr umstritten.

---

224 Vgl. nur Grote, in: Kodal/Krämer, 6. Aufl. 1999, Kapitel 26, Rdnr. 35.1; OLG Saarbrücken, NJW 1998, 251, 251 m.w.N.

225 In diese Richtung wohl Volkmann, NVwZ 2000, 361, 364, der deshalb derartige Sondernutzungssatzung für unzulässig hält.

226 Insoweit etwas mißverständlich Volkmann, NVwZ 2000, 361, 364

227 Vgl. dazu Fahl, DÖV 1996, 955, 955 f.

228 Vgl. dazu Krebs, 2001, S. 11 ff.

229 Vgl. Bindzus/Lange, JuS 1998, 696, 696 m.w.N.

230 Vgl. dazu Grupp, SKZ 1995, 128 ff.

(1) *Bettelei als Sondernutzung?*

Problematisch ist zunächst, ob das Betteln in der Öffentlichkeit als Sondernutzung bezeichnet werden kann.

Unter Betteln wird die Bitte um Gewährung eines geldwerten Geschenks verstanden, die sich auf wirkliche oder angebliche eigene Hilfsbedürftigkeit oder solche einer dem Täter nahestehenden Person stützt und die Mildtätigkeit einer Person in Anspruch nimmt, zu der keine entsprechenden persönlichen Beziehungen bestehen[231].

Bei der Beantwortung der Frage, ob das Betteln in der Öffentlichkeit eine genehmigungspflichtige Sondernutzung ist, bedarf es zunächst einer Unterscheidung zwischen der sog. "stillen" und "aggressiven" Bettelei. Stilles Betteln bedeutet, daß die handelnde Person regelmäßig auf der Straße mit ausgestreckter Hand sitzt und nachweisbar andere nicht behindert.

Nach der Auffassung des VGH Baden-Württemberg[232] stellt die Form des sog. "stillen" Bettelns keine Benutzung der Straße über den Gemeingebrauch hinaus dar, und bedarf somit auch keiner Sondernutzungserlaubnis. Wie andere Verkehrsteilnehmer auch, nutzen die ["stillen"] Bettler die öffentlichen Flächen zur Fortbewegung oder zum Verweilen[233].
Dieser Auffassung ist zu folgen; denn öffentliche Straßen fungieren über die Ermöglichung von Ortsveränderung und Fortbewegung hinaus auch als allgemein zugängliches Forum der Kontaktaufnahme und Kommunikation[234]. Bettler nutzen den öffentlichen Raum nicht vornehmlich mit Gewinnerzielungsabsicht. Der stille Bettler macht vielmehr auf seine Art und Weise auf ein bestehendes soziales Problem aufmerksam und fordert in jenem Zusammenhang zur Linderung seiner persönlichen Not auf[235].

Demgegenüber haben sich jedoch im letzten Jahrzehnt für unseren Kulturkreis unbekannte Formen der Bettelei verbreitet. Dabei wird die direkte und aufdringliche, oft aggressive Ansprache immer mehr zur Regel. Passanten werden regelrecht

---

231 OLG Köln, NJW 1961, 2172, 2172; ähnlich auch Kappeler, 2001, S. 81 m.w.N.
232 VGH Baden-Württemberg, DÖV 1998, 1015, 1016
233 VGH Baden-Württemberg, DÖV 1998, 1015, 1016
234 Sog. weiter Verkehrsbegriff, vgl. z. B. OLG Bremen, NJW 1976, 1359
235 Kappeler, 2001, S. 109

verfolgt, massiv belästigt, an der Kleidung berührt und gelegentlich behindert, beleidigt respektive bedroht[236].

Nach einer Auffassung gehöre selbst dieses sog. "aggressive" Betteln zum kommunikativen Gemeingebrauch[237]. Die Inanspruchnahme der Straße durch Personen zum Aufenthalt - gleich aus welchem Grunde - oder zur Fortbewegung gehöre zum kommunikativen Verkehr.

Dem kann aber nicht zugestimmt werden. Das Betteln ist zwar nicht schlechthin und in jeder seiner Erscheinungsform typischerweise eine straßenrechtliche Sondernutzung. Das sog. aggressive Betteln stellt aber aus der Perspektive des Opfers einen Angriff auf das allgemeine Persönlichkeitsrecht gem. Art. 2 Abs. 1 i. V. mit Art. 1 Abs. 1 GG dar. Das Opfer kann nicht mehr frei darüber entscheiden, ob es spenden will oder nicht[238]. Ferner wird die Gemeinde bei der Widmung des öffentlichen Verkehrs allgemeine Persönlichkeitsverletzungen nicht in den Widmungszweck mit aufgenommen haben bzw. dies niemals billigen wollen. Es kann vielmehr davon ausgegangen werden, daß gerade Verletzungen des allgemeinen Persönlichkeitsrechts gerade nicht gewünscht werden. Das sog. "aggressive" Betteln gehört daher nicht mehr zum kommunikativen Gemeingebrauch und stellt eine erlaubnispflichtige Sondernutzung dar.

(2) *Sondernutzung durch Niederlassen zum Alkoholgenuß?*

Des weiteren haben einige Gemeinden in diese Sondernutzungssatzungen einen Tatbestand aufgenommen, wonach das "Niederlassen zum Alkoholgenuß auf gewidmeten öffentlichen Straßen außerhalb genehmigter Außenschankflächen" als nicht erlaubnisfähige Sondernutzung erklärt worden ist.

Aus Sicht des Straßenrechts ist zunächst von Relevanz, ob das Niederlassen zum Alkoholgenuß Gemeingebrauch oder Sondernutzung ist. Der Begriff der Sondernutzung ist dabei abzugrenzen von dem (jedermann erlaubten) Gemeingebrauch, der

---

236 Vgl. dazu Wohlfarth, BayVBl. 1997, 420, 423 m.w.N.

237 Holzkämper, NVwZ 1994, 146, 148; ähnlich auch Kappeler, 2001, S. 112, soweit ein spontanes Ausweichen aufgrund der Umstände des Einzelfalles möglich erscheint und damit die Schwelle desjenigen nicht überschritten wird, was noch als "soziale Rahmenbedingung" der gemeingebräuchlichen Nutzung hinzunehmen ist.

238 Nach dem hier aufgezeigten Verständnis handelt es sich bei der aggressiven Bettelei entgegen Kappeler, 2001, S. 118, nicht nur um "eine Bitte, der durch begleitende Handlungen oder Worte Nachdruck verliehen wird".

nicht von der Erlaubnis abhängig gemacht werden darf. Von besonderer Bedeutung ist in diesem Zusammenhang, daß der Gemeingebrauch von öffentlichen Straßen nicht nur den eigentlichen Verkehr im Sinne der Ortsveränderung von Personen oder Sachen erfaßt, sondern auch den sog. kommunikativen Verkehr einschließt, d. h. das längere Verweilen und den gemeinsamen Aufenthalt mit anderen aus Anlaß oder Gründen zwischenmenschlicher Kontaktaufnahme und Kommunikation[239].

Eine weit verbreitete Auffassung[240] lehnt straßen- und wegerechtliche Satzungen, die das Verweilen zum Verzehr alkoholischer Getränke verbieten, als unzulässig ab, weil sie den straßenrechtlichen Gemeingebrauch über Gebühr einschränken.

Demgegenüber handele es sich nach der Auffassung von Wohlfarth[241] beim zielgerichteten Niederlassen zum Alkoholgenuß auf öffentlichen Straßen um Sondernutzung, weil dadurch der Gemeingebrauch anderer unzumutbar beeinträchtigt werde.

Die obergerichtliche Rechtsprechung vertritt - erst bei genauerer Betrachtung - eine vermittelnde Meinung.

Der Bayerische Verwaltungsgerichtshof[242] hat bereits ausgeführt, daß kein zulässiger Gemeingebrauch mehr vorliege, wenn jemand die Straße nicht vorwiegend zum Verkehr, sondern zu anderen Zwecken benutzt. Der Tatsache, daß die Innenstadtbereiche als Orte der Begegnung, des Treffens und der Erholung, d. h. als "Kommunikationszentren", heute nicht mehr ausschließlich der Fortbewegung, sondern auch zum Aufenthalt und zum - zeitlich begrenzten - Verweilen dienen, habe die Stadt München als Antragsgegnerin durch eine "entsprechende äußere Gestaltung der Fußgängerzone" und die "Bereitstellung von Sitzgelegenheiten" Rechnung getragen. Das Niederlassen zum Alkoholgenuß sei aber ein über das "zeitlich begrenzte Verweilen hinausgehendes Belieben und Verharren"[243]. Ein Platz, der so benutzt werde, verliere seine Eignung als Kommunikationszentrum, da

---

239 Vgl. dazu OLG Saarbrücken ZfS 1997, 473, 474 m.w.N.

240 Rachor, in: HdbPR, 2. Aufl. 1996, Rdnr. F 269, ohne Begründung mit Hinweis u. a. auf VGH Mannheim, NJW 1984, 507; Fahl, DÖV 1996, 955, 956 m.w.N.; Roos, 2. Aufl. 2000, § 13, Rdnr. 9 und § 26, Rdnr. 12; Kappeler, 2001, S. 103 ff.

241 Wohlfarth, BayVBl. 1997, 420, 425

242 BayVGH, Bechluß v. 27.10.1982, Az. 8 N 82 A 277

243 BayVGH, Bechluß v. 27.10.1982, Az. 8 N 82 A 277, S. 11

diese Nutzung unvermeidbar andere daran hindern müsse, sich dort zu treffen und zu verweilen[244].

Nach Auffassung des OLG Saarbrücken[245] ist beispielsweise bei der Beurteilung, ob solches vom eigentlichen Verkehr abweichendes Verhalten noch zum Gemeingebrauch gehört, auch die örtliche Übung bedeutsam. Vielerorts ist es üblich, daß sich auf Treppen z. B. an Brunnen oder öffentlichen Gebäuden Menschen hinsetzen, um sich auszuruhen oder zu unterhalten, so daß auch ein solches Verhalten Gemeingebrauch sein kann[246].

Das OVG Schleswig[247] hat in seinem Urteil insbesondere den Widmungszweck des Elmshorner Marktplatzes näher untersucht und dort das Niederlassen zum Zwecke des Alkoholkonsums als Gemeingebrauch klassifiziert: "Dies gilt insbesondere für - wie hier den Elmshorner Marktplatz - zentrale öffentliche Plätze als Stätten und Zentren des Informationsaustausches und der Begegnung, die aus städtebaulichen Erwägungen und Zielstellungen besonders "einladend" ausgestaltet werden, um Menschen - auch durch die Bereitstellung von Sitzgelegenheiten und ansprechende gärtnerische Umrahmung - zum längeren Aufenthalt zu motivieren und die zentralen städtischen Bereiche zu beleben."

In diese Richtung tendiert auch der VGH Baden-Württemberg, wobei er jedoch mehr eine Einzelfallentscheidung fordert[248]: "Das untersagte Verhalten kollidiert per se auch nicht mit dem Straßenrecht. Es hält sich in den Grenzen des kommunikativen Gemeingebrauchs und beeinträchtigt damit nicht unzumutbar den Gemeingebrauch anderer. Dies gilt insbesondere, soweit der Alkoholgenuß in Grün- und Erholungsanlagen in Rede steht. Denn diese Anlagen dienen allgemein dem Niederlassen zum Verweilen. Dabei kann es unter straßenrechtlichen Aspekten, die für die Abgrenzung von Gemeingebrauch und Sondernutzung allein maßgeblich sind, keinen Unterschied machen, ob in diesen Anlagen alkoholische oder sonstige Getränke verzehrt werden.

---

244 BayVGH, Bechluß v. 27.10.1982, Az. 8 N 82 A 277, S. 12

245 OLG Saarbrücken, NJW 1998, 251, 252

246 OLG Saarbrücken, NJW 1998, 251, 252 m.w.N.

247 OVG Schleswig, Urteil vom 16.06.1999, Az. 4 K 2/99, S. 7; ähnlich auch das OVG Rheinland-Pfalz, Beschluß vom 14.03.1990, Az. 7 A 125/89, S. 7 zum Widmungszweck der Anstalt "Parkhaus"

248 VGH Baden-Württemberg, VBlBW 1999, 101, 103 zu der in § 11 Abs. 1 Nr. 4 PUV enthaltenen Bestimmung, wonach auf öffentlichen Straßen und Gehwegen und in Grün- und Erholungsanlagen das Niederlassen außerhalb von Freiausschankflächen ausschließlich oder überwiegend zum Zwecke des Alkoholgenusses untersagt wird.

Das gleiche gilt, soweit sich das untersagte Verhalten auch auf öffentliche Straßen und Gehwege erstreckt. Der mit dem Konsum alkoholischer Getränke verbundene Aufenthalt auf einer - den Fußgängern vorbehaltenen - öffentlichen Straße hält sich ebenfalls in den Grenzen des kommunikativen Gemeingebrauchs. Gerade der Marienplatz, der nach dem Vortrag der Antragsgegnerin in den letzten Jahren oftmals der bevorzugte Platz für Punkertreffen mit erheblichem Alkoholkonsum war, ist nicht nur Geschäfts- und Einkaufszentrum, sondern auch Treffpunkt der Bürger. Der Senat zweifelt nicht daran, daß durch das Sichniederlassen zum Zwekke des Alkoholgenusses anläßlich solcher Treffen die Grenzen des zulässigen Gemeingebrauchs überschritten und zum Anlaß polizeilicher Einzelmaßnahmen gemacht werden können. Die Abgrenzung, wo dieser zulässige Gemeingebrauch endet, kann jedoch nur im Einzelfall getroffen werden. Daß durch das untersagte Verhalten abstrakt die gemeingebräuliche Nutzbarkeit der öffentlichen Gehwege und Straßen sowie der Grün- und Erholungsanlagen beeinträchtigt wird, läßt sich jedenfalls nicht feststellen."

Auch das OVG Schleswig[249] scheint mehr auf den Einzelfall abstellen zu wollen, wenn es ausführt: "Die inhaltlichen Schranken hinsichtlich der Ausübung von Gemeingebrauch greifen erst dort, wo nach den Umständen des Einzelfalles - etwa einer räumlich ausufernden oder in ähnlicher Weise nicht mehr gemeinverträglichen Inanspruchnahme von öffentlichem Straßenraum - der Mitgebrauch anderer erheblich behindert oder gänzlich verhindert wird."

Das OLG Saarbrücken[250] hat eine Bestimmung in der Sondernutzungssatzung der Stadt Saarbrücken für nichtig erklärt, wonach "das Niederlassen zum Genuß von Alkohol außerhalb der genehmigten Außenschankflächen" eine Sondernutzung darstelle; denn dieser beschriebene Tatbestand erfasse auch Verhaltensweisen, die Gemeingebrauch sind. Da dieser nicht einschränkbar ist, fehle es an einer Ermächtigung hierfür:
"Es unterliegt keinem Zweifel, daß das "Niederlassen" einzelner oder mehrerer Personen im innerstädtischen Bereich - auch wenn man darunter ein längeres Verweilen versteht, z. B., um eine Zeitung oder ein Buch zu lesen, um Kunstwerke zu betrachten, sich mit anderen zu unterhalten oder um sich durch Aufnahme von Speisen oder Getränken zu stärken, vom verfassungsrechtlich garantierten Gemeingebrauch gedeckt ist, zumal der Gemeingebrauch anderer hierdurch nicht - jedenfalls nicht unzumutbar - beeinträchtigt wird.

249 OVG Schleswig, Urteil vom 16.06.1999, Az. 4 K 2/99, S. 7 f.
250 OLG Saarbrücken, NJW 1998, 251

Wenn in einer solchen Situation von einer oder mehreren Personen Alkohol getrunken wird, ändert das grundsätzlich nichts daran, daß diese Verhalten im Rahmen des Gemeingebrauchs liegt. Nicht jede Alkoholaufnahme führt dazu, daß es zu einer nicht mehr als vorübergehend anzusehenden Nutzung der Straße oder zu Belästigungen anderer kommt.
Eine Überschreitung des Gemeingebrauchs kann aber gegeben sein, wenn mehrere Personen im städtischen Bereich - insbesondere, wenn dies auf einer übereinstimmenden Willensrichtung beruht - lagern und sich dabei so ausbreiten, daß andere an der Ausübung des Gemeingebrauchs im oben genannten Sinne beeinträchtigt werden. Es kommt insoweit auf alle Umstände des Einzelfalles an, so u. a. die Breite der Straße, die Anzahl der Personen, die sich niederlassen und in welcher Weise dies geschieht, z. B. ob sie sich auf dafür vorgesehenen Sitzgelegenheiten niederlassen oder auf dem Boden sitzen oder liegen, ob dies an einer freien Fläche oder an Stellen stattfindet, die als Durchgang oder Zufahrt dienen. Es ist auch zu beachten, ob ein solches Verhalten ortsüblich ist.
Von Bedeutung kann insbesondere sein, ob und in welcher Menge dabei Alkohol getrunken wird, denn es kann durch die Auswirkungen des aufgenommenen Alkohols zu einer erheblichen, nicht als nur vorübergehend anzusehenden Beeinträchtigung des Gemeingebrauchs anderer kommen - jedenfalls dann, wenn Alkohol in größeren Mengen genossen wird. Auch wenn der Tatbestand des § 2 II Nr. 16 der Sondernutzungssatzung so interpretiert wird, daß zu seiner Erfüllung eine "finale Verknüpfung" in dem Sinne bestehen muß, daß das "Niederlassen" erfolgt, um Alkohol zu trinken, führt dies nicht zu einer anderen Bewertung[251]. Es hängt auch dann von den Umständen des Einzelfalles ab, ob Sondernutzung oder Gemeingebrauch ausgeübt wird."[252]

Obwohl die zuvor zitierte obergerichtliche Rechtsprechung zu Sondernutzungssatzungen überwiegend auf den "Einzelfall" abstellt, bedeutet dies nicht, daß eine Rechtsnorm diese Sachverhalte nicht erfassen könne. Dem OVG Schleswig[253] ist zwar zuzustimmen, wenn es formuliert: "Der von der Antragsgegenerin normierte Satzungstatbestand - allein das Niederlassen zum Alkoholgenuß - knüpft an solche besonderen Gegebenheiten des Einzelfalles, deren generell-abstrakte Erfassung von vornherein erheblichen Schwierigkeiten begegnen muß und jedenfalls hier der Antragsgegnerin nicht gelungen ist - ersichtlich nicht an." Dabei darf aber nicht unberücksichtigt bleiben, daß der Gesetzgeber auch unbestimmte Rechtsbegriffe ver-

---

251 a. A. VGH München, v. 27.10.1982, Nr. 8 N 82 A.277, S. 14
252 OLG Saarbrücken, NJW 1998, 251, 252 m.w.N.
253 OVG Schleswig, Urteil vom 16.06.1999, Az. 4 K 2/99, S. 8

wenden darf, die einer Auslegung zugänglich sind. Im 5. Kapitel wird daher unter B. II. 2. eine neue Formulierung vorgeschlagen. Insbesondere mit dem Satz 2 dieses Formulierungsvorschlages wird das untersagte "Sichniederlassen" näher konkretisiert.

Zum Gemeingebrauch gehört zwar auch der kommunikative Verkehr, worunter eine Benutzung der Straße durch Personen verstanden wird, die dem zeitweiligen Aufenthalt von Menschen, ihrer Erholung, ihrer Kontaktaufnahme untereinander und ihrer Kommunikation miteinander dient. Vor allem innerörtliche Straßen und Plätze sind zu Recht als Stätten des Informations- und Meinungsaustausches bezeichnet worden, wobei u. a. durch Bereitstellen von Bänken oder Stühlen zum Verweilen aufgefordert werden soll.
Dieses Ziel kann aber nicht mehr erreicht werden, wenn sich dort Personen aufhalten, die potentielle Besucher der Innenstadt durch provozierendes Verhalten vertreiben. Es kann daher davon ausgegangen werden, daß eine Gemeinde keinen Bereich dem öffentlichen Verkehr gewidmet hat, wo der Widmungszweck auch zugleich eine unzumutbare Belästigung anderer Personen impliziert. Daher endet die Gemeinverträglichkeit bei einer mutmaßlichen unzumutbaren Rechtsbeeinträchtigung anderer Straßenbenutzer. Das Niederlassen auf der Straße ist daher zwar noch von der erweiterten Kommunikationsfunktion des Gemeingebrauchs gedeckt. Diese Regel findet jedoch ihre Ausnahme, wenn beispielsweise durch das Niederlassen der Gemeingebrauch anderer aufgrund der Enge der Straße unzumutbar beeinträchtigt wird. Erfolgt unter diesen Umständen eine Gewichtung der Ziele "Kommunikative Nutzung/Inanspruchnahme der Straße in ihrer Ruhefunktion" und "Aufenthalt zum Alkoholgenuß", so kann es entgegen Kappeler[254] nicht zweifelhaft sein, daß der Aufenthalt zum Alkoholgenuß mit seinen faktischen Auswirkungen hinter die Teilnahme am ruhenden bzw. kommunikativen Verkehr zurücktritt.

dd) *Verstoß gegen Gefahrenabwehrverordnungen*

Verschiedene Städte haben des weiteren sog. Gefahrenabwehrverordnungen geschaffen, um Verhaltensweisen wie das Betteln oder den öffentlichen Alkoholkonsum zu unterbinden. Gefahrenabwehrverordnungen sind der Gefahrenabwehr dienende Gebote oder Verbote, die für eine unbestimmte Zahl von Fällen an eine unbestimmte Zahl von Personen gerichtet sind[255]. Diese Verordnungen ergehen zur Abwehr abstrakter Gefahren, d. h. sie regeln Situationen, die nach der Lebens-

---

254 Kappeler, 2001, S. 103
255 Vgl. nur § 48 BremPolG

erfahrung typischerweise gefährlich sind, also im (hypothetischen) Einzelfall regelmäßig zu konkreten Gefahren zu führen pflegen[256]. Damit wird deutlich, daß die Anforderungen an die Wahrscheinlichkeit eines Gefahreneintritts bei Einzelverfügungen der Gefahrenabwehr und Gefahrenabwehrverordnungen gleich hoch sind[257]. Die Gefahrenabwehrverordnung unterscheidet sich von der Einzelverfügung bei einer konkreten Gefahr lediglich durch die Vielzahl der Fälle und Personen[258].

Bei einer Polizeiverordnung gilt es, bestimmte Störungen von vorn herein zu vermeiden. Dies gibt den Behörden mehr Eingriffsbefugnisse, da bei den zuvor angesprochenen Straftaten und Ordnungswidrigkeiten oftmals ein Geschädigter bzw. Zeuge aus verschiedenen Gründen nicht zur Verfügung steht. Während bei der Einzelverfügung jeweils eine Vergewisserung über das tatsächliche Vorliegen einer Gefahr erforderlich ist, kann bei Gefahrenabwehrverordnungen auf diesen Nachweis im Einzelfall gerade verzichtet werden[259].

Die Rechtsnormen sind jedoch häufig daran gescheitert, daß die abstrakte Beschreibung der sanktionierten Verhaltensweisen im (hypothetischen) Einzelfall keine konkrete Gefahr für die öffentliche Sicherheit dargestellt hat[260].

Die Rechtsgrundlagen zum Erlaß einer Polizeiverordnung befinden sich in den meisten Polizeigesetzen[261]. Danach dürfen Gemeinden für ihren Bezirk oder für Teile ihres Bezirks zur Abwehr abstrakter Gefahren Verordnungen nach den für Satzungen geltenden Vorschriften erlassen. Für die Wirksamkeit der Verordnung ist es erforderlich, daß die Verordnung der Abwehr einer sog. abstrakten Gefahr dient. Das bedeutet, daß das in der Verordnung verbotene Verhalten nach der Lebenserfahrung generell geeignet sein muß, subjektive Rechte und Rechtsgüter des einzelnen zu schädigen[262].

---

256 Hans, Jura 1985, 431, 433 m.w.N.; ähnlich Reichert/Ruder/Fröhler, 5. Aufl. 1997, Rdnr. 367 m.w.N.

257 Vgl. nur die Legaldefinition in § 2 Nr. 2 NGefAG: Danach ist eine abstrakte Gefahr "eine nach allgemeiner Lebenserfahrung oder den Erkenntnissen fachkundiger Stellen mögliche Sachlage, die im Fall ihres Eintritts eine Gefahr (Nummer 1) darstellt." § 2 Nr. 1 ("Nummer 1") NGefAG definiert die unterschiedlichen Gefahrenstufen von der (konkreten) Gefahr bis hin zur Gefahr für Leib oder Leben.

258 Hecker, MzW 1998, Heft 38, S. 11 m.w.N.

259 Hecker, MzW 1998, Heft 38. S. 11; Kappeler, 2001, S. 64 m.w.N.

260 Eingehend Hecker, MzW 1998, Heft 38, S. 7 ff.

261 Vgl. z. B. § 55 NGefAG; § 74 HSOG

262 BVerwG, DÖV 1970, 713, 715; Drews/Wacke/Vogel/Martens, 9. Aufl. 1986, S. 495 ff.

(1) *Abstrakte Gefahr durch Bettelei?*

Bei der Bettelei ist es auch hier sinnvoll, zwischen dem sog. "stillen" und dem "aggressiven" Betteln zu unterscheiden.

Das stille Betteln verstößt nach dem VGH Baden-Württemberg[263] zu Recht weder gegen strafrechtliche Bestimmungen noch gegen Ordnungswidrigkeitenrecht: "Das Vermögen wird durch das bloße Ansprechen noch nicht gefährdet oder gemindert. Es steht demjenigen, der wegen einer Gabe angesprochen wird, regelmäßig frei, Geld zu geben oder nicht. Durch das bloße Ansprechen wird in der Regel kein so starker Druck erzeugt, als daß der Passant sich genötigt fühlt, geldwerte Geschenke (Gabe) zu machen."

Das stille Betteln stellt auch keine Störung oder Gefahr für die öffentlichen Ordnung dar. Das stille Betteln ist von der Gemeinschaft vor allem in Zonen des öffentlichen Straßenverkehrs als eine Erscheinungsform des Zusammenlebens hinzunehmen und kann nicht generell als ein sozial abträglicher und damit polizeiwidriger Zustand gewertet werden[264]. Das gilt auch in Gemeinden, die wegen ihrer wirtschaftlichen Struktur besonderen Wert auf die Erhaltung ihrer Anziehungskraft für Besucher und Gäste legen. Dieser Umstand rechtfertigt noch nicht die Annahme besonderer lokaler Ordnungsvorstellungen[265].

Anders wird das sog. "aggressive" Betteln durch Sich-in-den-Weg-stellen oder Anfassen zu beurteilen sein. Unter dem Gesichtspunkt der Gefahr für ein Individualrechtsgut des Betroffenen wird regelmäßig eine Gefahr für die öffentliche Sicherheit im Einzelfall gegeben sein. Das belästigende und aufdringliche Betteln wird in dieser Form als Verletzung des allgemeinen Persönlichkeitsrechts[266] des Angesprochenen untersagt werden können. Nicht gefolgt werden kann daher der Auffassung von Hecker[267] und Kappeler[268], wonach in der allgemeinen Öffentlichkeit, vor allem im innerstädtischen Bereich, kein Schutz aus dem allgemeinen

---

263 VGH Baden-Württemberg, DÖV 1998, 1015, 1016 m.w.N.; VGH Baden-Württemberg, VBlBW 1999, 101, 104 f. m.w.N.

264 VGH Baden-Württemberg, DÖV 1998, 1015, 1016; Kohl, NVwZ 91, 629, 622

265 VGH Mannheim, NJW 1984, 507, 509

266 Auch eine Nötigung gem. § 240 StGB ist in Betracht zu ziehen.

267 Hecker, MzW 1998, Heft 38, S. 16 m.w.N.

268 Nach Kappeler, 2001, S. 112, zumindest dann nicht, soweit ein spontanes Ausweichen aufgrund der Umstände des Einzelfalles möglich erscheint und damit die Schwelle desjenigen nicht überschritten wird, was noch als "soziale Rahmenbedingung" der gemeingebräuchlichen Nutzung hinzunehmen ist.

Persönlichkeitsrecht gemäß Art. 2 Abs. 1 i. V. mit Art. 1 Abs. 1 GG vor dem Kontakt und der Ansprache durch andere bestehe. Zwar gehört ein zwischenmenschlicher Kontakt und gegebenenfalls auch die Ansprache durch andere, die Konfrontation mit Mißständen wie Armut, zu den typischen Rahmenbedingungen des innerstädtischen sozialen Raumes. Die Grenze sozial adäquater Kontaktaufnahme wird aber dann überschritten sein, wenn nachhaltig und bedrängend auf Passanten eingewirkt wird.

Zwar sind am 10.04.1974 die Übertretungstatbestände des § 361 Nr. 3 (Landstreicherei), Nr. 4 (Bettelei), Nr. 5 (Unterstützungsbedürftigkeit infolge Spiel, Trunk oder Müßigkeit), Nr. 7 (Unterstützungsbedürftigkeit und Arbeitsscheu) sowie Nr. 8 StGB (Verletzung einer behördlichen Unterkommensauflage, Obdachlosigkeit) außer Kraft getreten (Art. 326 Abs. 3 EGStGB vom 2.3.1974). Obdachlosigkeit und Nichtseßhaftigkeit sind seit diesem Zeitpunkt zu Recht kein strafbares Unrecht mehr[269]. Die neueren Formen der Bettelei in ihrer aggressiven Ausprägung zeigen aber, daß ein erneuter polizeirechtlicher Handlungsbedarf zur Regelung dieser Verhaltensweisen besteht.

Entgegen Hecker[270] läßt sich im Wege der Auslegung auch erschließen, ab wann die Stufe aggressiven Bettelns erreicht sein wird. Aggressives Betteln liegt vor bei gezieltem, hartnäckigem und körpernahem Ansprechen von Personen. Typisch dafür ist, daß Passanten über einige Meter verfolgt, teilweise auch angefaßt bzw. an der Kleidung gezupft werden.

(2) *Gefahr durch Niederlassen zum Zwecke störenden Alkoholkonsums*

Problematisch ist ferner, ob störender Alkoholkonsum zum Gegenstand eines ordnungsbehördlichen Verbotes gemacht werden kann. Dann müßte in den von einer Polizeiverordnung umfaßten Fällen normalerweise oder in der Mehrzahl der Fälle eine konkrete Gefahr vorliegen.

Der störende Alkoholgenuß müßte also nach den Erfahrungen des täglichen Lebens mit überwiegender Wahrscheinlichkeit zu einer konkreten Gefahr im Einzelfall führen. Alkoholgenuß als solcher bedeutet jedoch noch keine Gefahr für die öffentliche Sicherheit, da er sich unmittelbar nur auf die Gesundheit des Trinkers aus-

---

269 Zu den Erwägungen, welche zu einer Streichung der entsprechenden Normen führten siehe Kappeler, 2001, S. 82 ff., insbes. S. 85 m.w.N.

270 Hecker, MzW 1998, Heft 38, S. 13

wirkt, was wiederum als Selbstgefährdung im Rahmen seiner Grundrechte aus Art. 2 Abs. 1 GG angesehen wird[271]. Ein Verbot störenden Alkoholgenusses würde daher zu einer unzulässigen Vorverlagerung der Gefahrenabwehr führen, indem es bereits ein nicht unmittelbar sicherheitsgefährdendes Verhalten generell untersagt[272].

Eine Bestimmung, wonach auf öffentlichen Straßen und Gehwegen und in Grün- und Erholungsanlagen das Niederlassen außerhalb von Freiausschankflächen ausschließlich oder überwiegend zum Zwecke des Alkoholgenusses untersagt wird, stellt nach Auffassung des VGH Baden-Württemberg[273] zu Recht auch keine Störung oder Gefahr für die öffentliche Ordnung dar: "Angesichts der Tatsache, daß Alkoholkonsum in der Öffentlichkeit allgemein toleriert wird - und in Freiausschankflächen weit verbreitet ist -, kann nicht davon ausgegangen werden, daß eine Person, die sich in einer Grünanlage oder auf einer Bank in der Innenstadt niederläßt, um dort mitgebrachte alkoholische Getränke zu konsumieren, den herrschenden sozialen Anschauungen widerspricht; dieses Erscheinungsbild kann folglich nicht - generell - als ein sozial abträglicher und damit polizeiwidriger Zustand gewertet werden. Das gilt auch in Gemeinden, die wegen ihrer wirtschaftlichen Struktur besonderen Wert auf die Erhaltung ihrer Anziehungskraft für Besucher und Gäste legen. Gruppen, die sich gerade an zentralen Plätzen des städtischen Lebens zum Alkoholgenuß niederlassen, mögen zwar für die Kommunen ein Ärgernis darstellen, weil hierdurch der gute Eindruck, den die Stadt auf Bürger, Touristen und Besucher aus dem Umland machen will, beeinträchtigt wird. Das Vermeiden bloßer Ärgernisse für die Kommunen stellt aber kein polizeiliches Schutzgut dar. Grundsätzlich kommt dem allgemeinen Ordnungsrecht nicht die Befugnis zu, die "äußere" Ordnung in einer Gemeinde sinnvoll erscheinenden Weise zu gestalten."

Der VGH Baden-Württemberg[274] führt aber weiter aus, daß der auf Belästigung andere angelegte Alkoholkonsum in der Öffentlichkeit eine Störung der öffentlichen Sicherheit oder Ordnung darstellen und Gegenmaßnahmen erforderlich machen kann. Der VGH Baden-Württemberg hat darüber aber nicht zu entscheiden gehabt, da die umstrittene Vorschrift in ihrer abstrakten Reichweite nicht nur diejenigen Personen erfaßt hat, die im alkoholisierten Zustand andere provoziert und unangemessen belästigt haben, sondern darüber hinaus gegangen ist und zum Beispiel

---

271 Kohl, NVwZ 1991, 620; Roos, 2. Aufl. 2000, § 26, Rdnr. 9 und 11; VGH Baden-Württemberg, VBlBW 1999, 101, 104
272 VGH Baden-Württemberg, VBlBW 1999, 101, 104
273 VGH Baden-Württemberg, VBlBW 1999, 101, 103
274 VGH Baden-Württemberg, VBlBW 1999, 101, 103 m.w.N.

auch "stille Zecher", die friedlich und im übrigen unauffällig dem Alkohol zusprechen, erfaßt hat.

Mit dieser Erkenntnis sollte auch hier zwischen dem "stillen" und "aggressiven" Niederlassen unterschieden werden. Während sich das "stille" Niederlassen noch im Rahmen der sozialen Ordnung bewegt, stellt das "aggressive" Niederlassen regelmäßig eine Gefahr für die öffentliche Sicherheit (und Ordnung) dar. Problematisch ist aber weiterhin, wie dieses störende "aggressive" Niederlassen in einer Gefahrenabwehrverordnung abstrakt umschrieben werden kann[275].

ee) *Verstoß gegen Allgemeinverfügungen*

Ferner kommen Verstöße gegen bestandskräftige oder für sofort vollziehbar erklärte Allgemeinverfügungen in Betracht.

(1) *Versammlungsverbote*

Wie bereits zuvor ausgeführt worden ist hat die Stadt Hannover im Jahre 1996 die Chaos-Tage per Versammlungsverbot untersagt. Derartige Verfügungen ergehen aufgrund von § 15 VersammlG i. V. m. § 35 Satz 2 VwVfG als Allgemeinverfügungen und werden in der Regel für sofort vollziehbar erklärt. Nehmen dennoch Personen an verbotenen Versammlungen teil, so handeln sie gem. § 29 Abs. 1 Nr. 1 VersammlG ordnungswidrig.

(2) *Ansammlungsverbote (Dortmunder Modell)*

Des weiteren ist in Dortmund ein sog. "Ansammlungsverbot" verhängt worden: Gestützt auf die Generalklausel hat die Stadt Dortmund mittels einer Ordnungsverfügung untersagt, auf öffentlich zugänglichen Wegen, Straßen, Plätzen und Einrichtungen in der gesamten Stadt Dortmund

- mit Angehörigen der offenen Drogenszene Ansammlungen zu bilden oder
- an solchen bestehenden Ansammlungen teilzunehmen[276].

---

275 Vgl. dazu den Formulierungsvorschlag im 5. Kapitel unter C. II. 3.
276 Vgl. dazu auch Heeger/Wien, Die Polizei 1994, 190, 194

Dieses Ansammlungsverbot ist vom Verwaltungsgericht Gelsenkirchen jedoch wieder aufgehoben worden, da der Begriff der offenen Drogenszene nicht hinreichend definiert worden sei.
Nach Auffassung des Gerichts bezieht sich der Begriff der "offenen Drogenszene" auf die ortsgebundene Ansammlung eines bestimmten Käufer- und Händlerpotentials, das sich durch bestimmte Verhaltensweisen auch nach außen eingrenzen läßt[277]. Aber selbst bei Beachtung dieser Kriterien erweise sich, daß der Begriff der "offenen Drogenszene" ersichtlich über diese Begrenzungen hinausgehe, da zum einen auch das Verhalten der Personen zuzurechnen sei, die sich im Umfeld der Treffpunkte aufhalten würden, um dort mit Rauschgift zu handeln bzw. entsprechende Geschäfte anzubahnen. Zum anderen werde man den Bereich derjenigen, die der Szene persönlich zuzurechnen sind, nicht auf diejenigen begrenzen können, die als Verkäufer oder Konsumenten dieser Rauschmittel seit längerem an diesen Orten bekannt sind. Das unscharfe Kriterium der "Szene" umfasse vielmehr auch diejenigen Personen, die sich teils aus Neugier, teils aus sozialer Anteilnahme, zu einem weiteren Teil etwa aus den Versuchen einer Kontaktaufnahme zu dem Personenkreis in diesem Gebiet aufhalten. Das bewirke zwangsläufig, daß der von dem Begriff der Szene erfaßte Personenkreis zumindest in den Randbereichen offen sei und seine Überschaubarkeit deshalb erheblichen Zweifeln unterläge.

Dieser Ansicht ist zu folgen. Für sie spricht, daß in einem *gesamten* Stadtgebiet ein Betroffener nicht alle Personen kennen kann, die der Rauschgiftszene angehören. Es kann somit nicht zuverlässig zwischen den erlaubten und den unerlaubten Kontakten unterschieden werden. Der von der "offenen Drogenszene" ausgehende Schutz für die Begehung insbesondere von Rauschgiftdelikten hängt im erheblichen Umfang davon ab, daß durch die Vielzahl der hieran teilnehmenden Personen und die damit verbundene erhebliche Erschwerung eines Zugriffs auf den einzelnen Täter eine räumliche Schwerpunktbildung erfordert[278]. In diesem Bereich mag es dann auch zu milieubedingten Verhaltensweisen kommen, die über dem Bereich der persönlichen Bekanntschaft hinaus für einen Angehörigen der Szene hinreichende Anhaltspunkte dafür bieten, ob er es mit einem Mitglied dieses Bereichs zu tun hat oder nicht.
Da sich diese Ordnungsverfügung aber ausdrücklich nicht auf derartige örtlich gekennzeichnete Bereiche beschränkt, sondern sogar das gesamte Stadtgebiet umfaßt hat, liegt ein Verstoß gegen den Bestimmtheitsgrundsatz vor.

---

277 VG Gelsenkirchen, Beschluß vom 14.05.1993, Az. 16 L 666/93, S. 5; in diesem Sinne auch Kappeler, 2001, S. 190

278 VG Gelsenkirchen, Beschluß vom 14.05.1993, Az. 16 L 666/93, S. 5 f.

(3) *Aufenthaltsverbote (Stuttgarter Modell)*

Beim sog. Stuttgarter Modell[279] veröffentlichte die Stadt in ihrem Amtsblatt vom 20.06.1996[280] eine Allgemeinverfügung ("Polizeiliche Maßnahmen gegen die offene Drogenszene"), gerichtet an "alle Personen, die sich in dem in der Anlage bezeichneten Bereich aufhalten und offensichtlich der Drogenszene zuzurechnen sind oder zu ihr Kontakt suchen"[281]. Weiterhin enthielt sie folgende Regelungen:

"1. Alle Personen, die der Drogenszene zuzurechnen sind, haben den Antreffort zu verlassen. Dieser sowie die übrigen in der Anlage aufgeführten Verkehrsflächen dürfen für die Dauer von drei Monaten nicht mehr betreten werden, sofern kein berechtigtes Interesse an einem Aufenthalt in einem der Bereiche nachgewiesen ist. Bei erneutem Antreffen während der Laufzeit dieses Platzverweises in der Drogenszene beginnt die Frist von drei Monaten sowie die Rechtsbehelfsfrist neu zu laufen.
2. Die sofortige Vollziehung dieser Verfügung wird angeordnet."

(a) *Allgemein- vs. Einzelverfügung*

Nach Auffassung von Deger[282] sei nach wie vor das Handeln der Polizei entscheidend, so daß auch bei diesem Stuttgarter Modell von deren (Einzel-) Verfügung auszugehen sei.
Der VGH Baden-Württemberg[283] führt dagegen jedoch zu Recht aus: Entgegen dem u. a. vom VG Sigmaringen[284] entschiedenen Fall "erfolgt hier die Bestimmung des Adressaten durch die Polizeibehörde [Ordnungsbehörde], indem sie den Adressatenkreis nach allgemein bestimmten Merkmalen umschreibt."[285] Die Polizei leistet insoweit lediglich Amtshilfe, indem sie die Allgemeinverfügung durch Aushändigung bekannt gibt.

---

279 Vgl. dazu Hufeld, VBlBW 1999, 130, 130;
280 Und 08.02.1996
281 Vgl. die Darstellung im Urteil des VGH Baden-Württenberg, NVwZ-RR 1997, 225, 225
282 Deger, VBlBW 1996, 90, 91 unter Hinweis auf einen Beschluß des VG Stuttgart vom 15.08.1996, Abdruck S. 4 f.
283 VGH Baden-Württemberg, NVwZ-RR 1997, 225, 226
284 VG Sigmaringen, NVwZ-RR 1995, 327 ("*Tübinger Modell*")
285 a. A. Braun, 2000, S. 122, der Allgemeinverfügungen in diesem Zusammenhang generell wegen der verschwimmenden Abgrenzung zum Rechtssatz ablehnt.

(b) *Bestimmtheitsanforderungen*

Problematisch ist auch hier die Bestimmtheit des Adressatenkreises. In der Allgemeinverfügung der Stadt Stuttgart vom 08.02.1996[286] wird der betroffene Personenkreis wie folgt bestimmt: Erfaßt sind alle Personen, die sich an einem - in der Anlage näher bezeichneten - bestimmten Bereich aufhalten und offensichtlich der Drogenszene zuzurechnen sind oder zu ihr Kontakt suchen.

Der Begriff der "Drogenszene" ist nach Auffassung des VGH Baden-Württemberg[287] zu Recht hinreichend bestimmt: "Er erfaßt die Szene, in der Vergehen oder Ordnungswidrigkeiten gegen das Betäubungsmittelgesetz begangen werden. Eine Straftat gegen das Betäubungsmittelgesetz begeht u. a. eine Person, die mit Betäubungsmitteln unerlaubt Handel treibt, sie, ohne Handel zu treiben, einführt, ausführt, veräußert, abgibt, sonst in Verkehr bringt, erwirbt oder sich in sonstiger Weise verschafft oder sie besitzt, ohne zugleich im Besitz einer schriftlichen Erlaubnis für den Erwerb zu sein (§ 29 Abs. 1 Nrn. 1 u. 3 BtMG). Eine Person ist dieser Szene zuzurechnen, wenn sie eine oder mehrere der oben aufgeführten Handlungen begeht. Kontakt zur Drogenszene sucht, wie sich aus der Zweckbestimmung der Allgemeinverfügung ergibt, wer mit der Drogenszene in Verbindung zu treten beabsichtigt, weil er Drogen veräußern, abgeben, erwerben oder sich sonst verschaffen will. Die im Einzelfall möglicherweise schwierige Feststellung, ob eine Person, die an dem von der Allgemeinverfügung erfaßten Ort angetroffen wird, auch zur Drogenszene zu rechnen ist, wird dadurch erleichtert, daß nach der Allgemeinverfügung die Zugehörigkeit bzw. die Kontaktaufnahme zur Szene 'offensichtlich' sein muß. Damit dürfte der Adressatenkreis der Allgemeinverfügung hinreichend bestimmt sein i. S. des § 35 BadWürttVwVfG."

Diese Argumentation vermag auf den ersten Blick im Verhältnis zum vorherigen Urteil des VG Gelsenkirchen nicht zu überzeugen. Bei genauerer Betrachtung wird jedoch ein deutlicher Unterschiedlich erkennbar. Die hier zu untersuchende Allgemeinverfügung hat den Verbotsbereich genau umschrieben und verlangt zusätzlich, daß die Angehörigkeit zur offenen Drogenszene "offensichtlich" sein muß. Mit dieser Einschränkung kann auch zuverlässig zwischen den erlaubten und den unerlaubten Kontakten unterschieden werden. Daher ist der Ansicht des VGH Baden-Württemberg zu folgen.

---

286 Vgl. dazu VGH Baden-Württemberg, NVwZ-RR 1997, 225, 225

287 VGH Baden-Württemberg, NVwZ-RR 1997, 225, 225; so wohl auch Haseloff-Grupp, VBlBW 1997, 161, 162; Braun, 2000, S. 123; a. A. Kappeler, 2001, S. 190 f.

4. Die öffentliche Ordnung

Angesichts der "Zero Tolerance" erscheint es angebracht zu sein, die öffentliche Ordnung wieder aufzuwerten: Der Unmut weiter Teile der Bevölkerung über bestimmte Erscheinungsformen abweichenden Verhaltens könnte durchaus für eine Wiederbelebung gesellschaftlicher Ordnungsbedürfnisse sprechen[288].

Der Begriff der öffentlichen Ordnung umfaßt die Gesamtheit der ungeschriebenen Regeln, deren Befolgung nach den jeweils herrschenden und mit dem Wertgehalt des Grundgesetzes zu vereinbarenden sozialen und ethischen Anschauungen als unerläßliche Voraussetzung eines geordneten menschlichen Zusammenlebens innerhalb eines bestimmten Gebiets angesehen wird[289]. Mehrheitsanschauungen allein reichen allerdings zur Bestimmung des Gehalts der öffentlichen Ordnung demnach nicht[290]. Zudem unterliegt die öffentliche Ordnung naturgemäß sowohl in zeitlicher wie in örtlicher Hinsicht starken Veränderungen[291].

Die öffentliche Ordnung wird jedoch nicht von allen Polizeigesetzen geschützt. Einzelne Bundesländer haben den Begriff in den letzten Jahren ganz aus ihren Polizeigesetzen gestrichen[292]. Sie haben damit den verfassungsrechtlichen Bedenken Rechnung getragen, die von verschiedener Seite immer wieder artikuliert worden sind. Kritik richtete sich vor allem gegen die Unschärfe des Begriffs[293].

Obwohl es den Begriff der "öffentlichen Ordnung" in diesen Polizeigesetzen nicht mehr gibt, wird er indirekt über § 118 OWiG als Bestandteil der "öffentlichen Sicherheit" wieder eingeführt; denn jeder Verstoß gegen die objektive Rechtsordnung stellt eine Gefahr für die öffentliche Sicherheit im Sinne des Gefahrenabwehrrechts dar.

---

288 Vgl. dazu Kappeler, 2001, S. 37 m.w.N. und insbes. S. 122 ff. zum Meinungsstand zu der Frage, inwieweit einzelne Erscheinungsformen öffentlicher "Unordnung" den herrschenden Regeln des Gemeinschaftslebens zuwiderlaufen.

289 BVerfGE 69, 315, 352; Drews/Wacke/Vogel/Martens, 9. Aufl. 1986, S. 245 m.w.N.

290 BVerfG, 1 BvQ 13/01 vom 24.03.2001, Rdnr.28, http://www.bverfge.de

291 Vgl. nur Schenke, in: Steiner, 6. Aufl. 1999, Rdnr. II 41; Kappeler, 2001, S. 132 ff.

292 Bremen, Niedersachsen, Schleswig-Holstein, Saarland und Nordrhein-Westfalen

293 Volkmann, NVwZ 1999, 225, 228 m.w.N.; Hill, DVBl. 1985, 88 ff.; Waechter, NVwZ 1997, 729 ff.; Kappeler, 2001, S. 129 ff.

5. Die konkrete Gefahr

Voraussetzung für die Erteilung eines klassischen Platzverweises ist das Vorliegen einer konkreten Gefahr.

a) *Begriffsbestimmung*

Unter einer polizeilichen Gefahr, das heißt einer konkreten Gefahr, ist nach allgemeiner Auffassung eine Sachlage zu verstehen, in der im einzelnen Falle bei ungehindertem Ablauf des Geschehens ein Zustand oder ein Verhalten mit hinreichender Wahrscheinlichkeit zu einem Schaden für die Schutzgüter der öffentlichen Sicherheit führen würde[294].

Hat sich die Gefahr bereits zu einem Schaden entwickelt, so geht die Gefahrenabwehraufgabe dahin, die eingetretene Störung zu unterbinden und zu beseitigen. Hier tritt daher an die Stelle der Gefahrenabwehr die Störungsbeseitigung; die Prävention der Gefahr wird durch die Repression der Störung ergänzt[295]. Die Störungsbeseitigung bedeutet die Unterbindung der Fortdauer der Störung und damit die Abwehr weiterer Störungen[296].

Der Begriff der polizeilichen Gefahr enthält eine Prognose, das heißt eine auf Tatsachen begründete subjektive Einschätzung über einen zukünftigen Geschehensablauf[297]. Das Urteil, welches das Vorliegen einer Gefahr (also die Wahrscheinlichkeit eines Schadenseintritts) bejaht oder verneint, beruht zum Teil auf sicherem Wissen, zum Teil auf Ungewißheit und zum Teil auf einer aus Erfahrung gespeisten bewertenden Einschätzung der bekannten Umstände[298]. Die Prognose, ob eine Gefahr vorliegt und welche Maßnahmen erforderlich sind, beurteilt sich nach dem Sach- und Erkenntnisstand zu dem Zeitpunkt, in dem sie getroffen werden müssen, aus der sog. ex-ante-Betrachtungsweise.

---

294 BVerwGE, 45, 51, 57; vgl. auch die Legaldefinitionen in § 2 Ziff. 3. a) BremPolG, § 2 Nr. 1 a NGefAG

295 Drews/Wacke/Vogel/Martens, 9. Aufl. 1986, S. 220

296 OVG Bremen, NVwZ 1999, 314, 317

297 Denninger, in: Lisken/Denninger, 2. Aufl. 1996, Rdnr. E 36

298 Denninger, in: Lisken/Denninger, 2. Aufl. 1996, Rdnr. E 36

aa) *Nicht unerhebliche Beeinträchtigung*

Bloße Belästigungen erfüllen allerdings noch nicht diese Voraussetzungen. Es muß zumindest die Lästigkeitsgrenze überschritten worden sein, damit von einer Gefahr gesprochen werden kann[299]. Soweit es also um die Fälle der "stillen" Bettelei bzw. des "stillen" Niederlassens geht, wird die Bagatellschwelle[300] sicherlich nicht überschritten sein, so daß regelmäßig keine konkrete Gefahr vorliegen wird. Allerdings kann neben diesen allgemeinen Grundsätzen auch die örtliche und zeitliche Häufung von Einflüssen, die für sich alleine jeweils nur als Belästigung zu bewerten wären, in ihrer Summe sehr wohl zu einem polizeiwidrigen Schaden werden[301]. Dies hängt von den jeweiligen Umständen des Einzelfalles ab.

Bleibt es schließlich bei einer Beeinträchtigung unterhalb der Bagatellschwelle, so darf auch nicht die Broken-Windows-Theorie herangezogen werden, die mit der Verhinderung des Zerbrechens der ersten Fensterscheibe auch weitere Brüche verhindern will. Der Gefahrenbegriff würde auf diese Weise von einem tatsächlichen Sachverhalt losgelöst und mehr oder weniger von der Wohlfahrtspflege gesteuert werden. Aber gerade die Gesellschaftspolitik gehört spätestens seit dem Kreuzbergurteil[302] nicht mehr zur spezifischen Aufgabe der Gefahrenabwehr[303].

bb) *Hinreichende Wahrscheinlichkeit eines Schadens*

Hinsichtlich des zu fordernden Grades der Wahrscheinlichkeit ist zu differenzieren, welches Schutzgut auf dem Spiel steht. Je größer und folgenschwerer der möglicherweise eintretende Schaden ist, um so geringere Anforderungen sind an den Grad der Wahrscheinlichkeit zu stellen[304]. Dabei muß sich die Schadensprognose eines objektiven Maßstabes bedienen und darf nicht subjektive Befürchtungen besonders ängstlicher Betrachter zugrunde legen[305].

---

299 Näheres zur Abgrenzung zwischen Belästigung und Gefahr: Hansen-Dix, 1982, S. 26 ff.; vgl. hierzu auch Braun, 2000, S. 135, und Kappeler, 2001, S. 78 m.w.N.

300 ... abgesehen davon, daß mit der hier vertretenen Auffassung die öffentliche Sicherheit mit den vorherigen Ausführungen erst gar nicht berührt wird ...

301 Drews/Wacke/Vogel/Martens, 9. Aufl. 1986, S. 222 m.w.N.

302 Kreuzberg-Urteil des Preußischen Oberverwaltungsgerichts vom 14.06.1882, PreußOVGE 9, 353; abgedruckt in: DVBl. 1985, 219

303 Zu der Problematik der Herabsetzung der Schwelle für polizeiliches Eingriffshandeln vgl. die Ausführungen im 3. Kapitel unter B. IV. 3. und B. V. 4. c) aa).

304 BVerwGE 45, 51, 61; BVerwGE 77, 102, 113 f.

305 Ähnlich Kappeler, 2001, S. 78 f. m.w.N.

Gefahrenabwehrende Maßnahmen beispielsweise gegen Personen aus der offenen Drogenszene basieren auf einer einzelfallbezogenen Gefahrenprognose[306]. Diese muß sich auf Tatsachen und konkrete Erkenntnisse stützen können. Tatsachen sind dabei insbesondere die bei den Herionhändlern und -konsumenten festgestellten Rauschgiftdelikte.

Nach einer Entscheidung des OVG Niedersachsen[307] kann die wirksame Bekämpfung der Drogenszene ein 6-monatiges Betretungs- und "Aufenthaltsverbot" für ein gesamtes Stadtgebiet erforderlich machen, wenn die betroffene Person bereits dreimal bei der Kontaktsuche zu Konsumenten von Betäubungsmitteln angetroffen worden war. Zudem sei die Annahme gerechtfertigt, daß sie dort weiterhin Betäubungsmittel entweder erwerben oder veräußern will und damit eine Straftat nach § 29 Abs. 1 Nr. 1 BtMG begehen werde[308].

Mit dem unkontrollierten Handel und Konsum von Betäubungsmitteln besteht eine Gefahr für die Sicherheitsgüter Leben und Gesundheit des einzelnen. Wenn es um den Schutz besonders hochwertiger Schutzgüter (Leben, Gesundheit) geht, kann schon eine entfernte Möglichkeit eines Schadens das polizeiliche Handeln erforderlich machen[309]. Daher kann der Auffassung des OVG Niedersachsen[310] gefolgt werden.

Ein pauschaler Verweis auf die statistisch nachweisbaren Erfahrungen mit dieser Kriminalität genügt allerdings nicht, um die in § 12 Satz 1 ME PolG geforderte konkrete Gefahr annehmen zu können[311]. Es handelt sich vielmehr solange, wie nicht Verstöße gegen die Rechtsordnung im Einzelfall bevorstehen, allenfalls um eine abstrakte Gefahr, d. h. eine schadensgeneigte Situation, die lediglich den Erlaß einer Polizeiverordnung rechtfertigt[312].

---

306 Nähere Ausführungen zur Prognoseanforderung für die Verhinderung bevorstehender BtM-Delikte: Kappeler, 2001, S. 195 ff.

307 OVG Niedersachsen, Beschluß vom 15.10.1998, Az. 13 M 4144/98, S. 3

308 OVG Niedersachsen, Beschluß vom 15.10.1998, Az. 13 M 4144/98, S. 3

309 So zu Recht Latzel/Lustina, Die Polizei 1995, 131, 132

310 OVG Niedersachsen, Beschluß vom 15.10.1998, Az. 13 M 4144/98, S. 3

311 Haurand, 2. Aufl. 1996, S. 83; a. A. wohl offensichtlich Latzel/Lustina, DIE POLIZEI 1995, 131, 132: "Die polizeilichen Statistiken beweisen, daß mit dem massiven Auftreten der Drogenszene auch die Zahl der Drogentoten drastisch anstieg. Sollte der Handel und der damit verbundene Konsum nicht unterbrochen bzw. eingeschränkt werden, besteht nach der polizeilichen Erfahrung die Gefahr, daß die Zahl der Drogentoten auch weiterhin stark emporschnellt."

312 Zu den Erscheinungsformen öffentlicher Unordnung und inwieweit diese die öffent-

(Fortsetzung...)

b) *Weitere Gefahrenarten*

aa) *Die latente Gefahr*

Noch keine konkrete Gefahr ist die sog. "latente Gefahr". Sie beschreibt eine Situation, die für sich allein betrachtet ungefährlich ist, aber bei Hinzutreten von Umweltveränderungen zu Schäden führen kann[313]. Bis dahin fehlt es an der hinreichenden Wahrscheinlichkeit des Schadenseintritts und ein Platzverweis wäre rechtswidrig.

bb) *Anscheinsgefahr vs. Scheingefahr*

Stellt sich ex post heraus, daß tatsächlich keine Gefahr vorgelegen hat, obwohl die Behörde aufgrund der objektiven Tatsachen davon ausgegangen ist, wird von einer Anscheinsgefahr[314] gesprochen, die aber alle polizeirechtlichen Maßnahmen bis zum Erkennen, daß tatsächlich keine Gefahr vorliegt, zuläßt[315].

Geht hingegen die Behörde aufgrund eines vorwerfbaren Irrtums von einer Gefahrensituation aus, für die bei verständiger und sachgerechter Würdigung der Situation aus der Sicht ex ante keine ausreichenden objektiven Anhaltspunkte als Gefährdung der öffentlichen Sicherheit sprachen, liegt eine sog. Scheingefahr bzw. Putativgefahr vor[316]. Sie genügt den Anforderungen an den konkreten Gefahrenbegriff nicht. Platzverweise aufgrund der nur vermeintlichen Gefahr wären rechtswidrig.

---

[312](...Fortsetzung)
liche Sicherheit tangieren siehe insbesondere die Ausführungen im 2. Kapitel unter A. I. 3. b) bb) bis ee)

[313] Wohl bekanntestes Beispiel ist der sog. Schweinemästerfall, OVG Münster, OVGE 11, 250

[314] Auch bei der Anscheinsgefahr sind Kombinationen denkbar: vgl. zum Durchsetzungsgewahrsam aufgrund einer "unmittelbaren" Anscheinsgefahr VG Bremen, Urteil vom 29.06.1998, Az. 4 (2) A 121/96, S. 12 ff.

[315] BGH, NJW 1996, 3151, 3152; BVerwGE 45, 51, 58; vgl. dazu insbesondere Heckmann/Klein, JuS 1995, 327 ff. ("Räumung einer Diskothek aufgrund einer Bombendrohung") und Riedinger, VBlBW 2000, 332, 334

[316] Heckmann/Klein, JuS 1995, 327, 328

cc) *Gefahrenverdacht*

Ein Teil in der Rechtsprechung[317] und Literatur[318] unterscheidet zu Recht noch zwischen Anscheinsgefahr und Verdacht einer Gefahr (Gefahrenverdacht).

(1) *Klassische Platzverweise*

Beim Verdacht einer Gefahr hält die Polizei- bzw. Ordnungsbehörde aufgrund objektiver Umstände das Vorhandensein einer Gefahr zwar für möglich, ist sich dessen aber nicht sicher. Dementsprechend sind die Abwehrmaßnahmen vorrangig auf die Klärung der Gefahrensituation zu richten und danach zu bemessen[319]. Obwohl solche Unsicherheiten den Grad der Wahrscheinlichkeit des Schadenseintritts mindern, muß auch der Gefahrenverdacht durch Tatsachen begründet werden[320].

Der entscheidende Unterschied zur Anscheinsgefahr besteht darin, daß sich die Maßnahmen der Behörde wegen der Ungewißheit in der Schadensprognose zunächst grundsätzlich nur auf die Klärung der Gefahrensituation zu beschränken haben. Gestattet sind daher jedenfalls vorläufige Maßnahmen (z. B. Befragungen, Identitätsfeststellungen[321], Durchsuchungen[322], Sicherstellungen) zur Aufklärung des Sachverhalts[323]. Diese Maßnahmen werden auch als Gefahrerforschungseingriffe bezeichnet. Kann der Verdacht auf diese Weise weder bestätigt noch entkräftet werden, so sind darüber hinaus ausnahmsweise auch endgültige Maßnahmen (z. B. Platzverweise) statthaft, wenn besonders wichtige Rechtsgüter (z. B. Leben und Gesundheit) auf dem Spiel stehen und die Eingriffe nicht über das Erforderliche hinausgehen[324].

---

317 OVG Nordrhein-Westfalen, DÖV 1996, 1049 ff.

318 Drews/Wacke/Vogel/Martens, 9. Aufl. 1986, S. 226; Schwabe, DVBl. 1982, 655, 655

319 Denninger, in: Lisken/Denninger, 2. Aufl. 1996, Rdnr. E 38

320 Drews/Wacke/Vogel/Martens, 9. Aufl. 1986, S. 226 m.w.N.

321 Vgl. dazu VG Frankfurt a.M., NVwZ 1998, 770, 770

322 Vgl. dazu VG Frankfurt a.M., NVwZ 1998, 770, 770

323 Drews/Wacke/Vogel/Martens, 9. Aufl. 1986, S. 227 m.w.N.

324 Drews/Wacke/Vogel/Martens, 9. Aufl. 1986, S. 227 m.w.N.; Denninger, in: Lisken/-Denninger, 2. Aufl. 1996, Rdnr. E 38 (bei einer unmittelbaren "gemeinen Gefahr" für Leib oder Leben); VGH Baden-Württemberg, NVwZ 1996, 781; vgl. zu einer Zugangssperre zur Charterabflughalle des Hamburger Flughafens für eine halbe Stunde anläßlich einer unklaren Gefahrenverdachtslage für Leben und Gesundheit der Flughafengäste: OVG Hamburg, Urteil vom 15.05.1995, Az. OVG Bf III 73/94; etwas mißverständlich Heckmann/Klein, JuS 1995, 327, 328 f. m.w.N.

Die in der Rechtsprechung und Literatur vorgenommene Differenzierung zwischen "Gefahrverdacht" und "Anscheinsgefahr" sind also nicht lediglich akademischer bzw. terminologischer Natur[325]. Dem von Kaatz[326] zitierten Urteil des Bundesgerichtshofs[327] lag ein anderer Fall zugrunde, bei dem es auf diese Unterscheidung nicht angekommen ist. Typisches, immer wiederkehrendes Beispiel, wo die Unterscheidung zwischen einer Gefahrenverdachtslage oder einer Anscheinsgefahr keine Rolle spielt, ist, daß ein Polizeibeamter nachts laute Hilferufe aus dem geöffneten Fenster einer Wohnung hört und eine "Gefahr für Leib oder Leben" annimmt, tatsächlich sind die Hilferufe aber auf einen Film im Fernsehen zurückzuführen.

Eine typische Gefahrenverdachtslage im Verhältnis zur Anscheinsgefahr ist demgegenüber anzunehmen, wenn die Polizei z. B. zur Nachtzeit eine Person auf Parkplätzen in einer Innenstadt observiert, die in das Innere dort geparkter Fahrzeuge leuchtet. Aufgrund dieser Verhaltensweise können weitere gefahrerforschende Maßnahmen, wie Befragung, Identitätsfeststellung, Durchsuchung der Person und der mitgeführten Gegenstände und ein Datenabgleich durchgeführt werden. Sollte sich nun aufgrund der weiteren Erkenntnisse (z. B. keine/widersprüchliche Angaben, bekannter Kraftfahrzeug-Aufbrecher, bei ihm werden mehrere, nicht zuzuordnende Kraftfahrzeug-Schlüssel oder Einbruchswerkzeuge gefunden) die Situation zu einer konkreten Gefahr verdichten, können endgültige Maßnahmen verfügt werden. Zunächst ist - neben der Sicherstellung der Einbruchwerkzeuge - an einen Platzverweis zu denken. Sollte die Prognose aber auch ergeben, daß sich der Platzverweis als nicht geeignet erweist - z. B. bei nicht unerheblicher Alkoholisierung der betroffenen Person -, ist auch eine Ingewahrsamnahme zur Verhinderung der Begehung von unmittelbar bevorstehenden Straftaten (Diebstähle) zulässig, soweit diese unerläßlich ist[328].

Fraglich ist insbesondere, ob bei Treffen von Angehörigen der Problemgruppen generell von einem Gefahrenverdacht ausgegangen werden kann. Dies wird man wohl verneinen müssen, solange keine konkreten Tatsachen vorliegen, die den Verdacht einer Gefahr für die öffentliche Sicherheit (oder Ordnung) rechtfertigen lassen.

---

325 So aber wohl Kaatz, in: info-Recht 7/1999, S. 49
326 Kaatz, in: info-Recht 7/1999, S. 49
327 BGH, NJW 1992, 2639
328 Vgl. dazu die späteren Ausführungen im 2. Kapitel unter C. II. 3.

Anders wird dies jedoch bei den sog. "Chaos-Tagen" in Hannover zu beurteilen sein. Aufgrund der typischen Verhaltensweisen[329] der Angehörigen der Punk-Szene i. V. mit den Erfahrungen[330] der vergangenen "Chaos-Tage" läßt sich sicherlich auch für eine zukünftige Veranstaltung eine Gefahrenverdachtslage begründen. Als Gefahrerforschungseingriffe sind daher die Befragung einer Person[331], die Feststellung ihrer Personalien[332] und die Erhebung ihrer Daten[333] zulässig. Eine konkrete Gefahr, wie es der klassische Platzverweis fordert, läßt sich damit allein aber nicht begründen. Hierzu bedarf es weitergehender, aktuellerer Tatsachen, die sich konkret auf das unmittelbar bevorstehende "Punker-Treffen" beziehen. Die Gefahrenverdachtslage wird sich aber beispielsweise zu einer konkreten Gefahr verdichten, wenn sich die betroffene Person während des Gefahrerforschungseingriffs ohne besonderen Anlaß besonders aggressiv gegenüber der Polizei oder anderen Passanten verhält.

---

329 Vgl. dazu die Ausführungen in der Allgemeinverfügung der Polizeidirektion Hannover über das Verbot der Chaos Tage 1996 auf der Grundlage des § 15 Abs. 1 VersammlG vom 27.06.1996, Az. V 3.1-12205/96, S. 3: übermäßiger Alkoholgenuß in der Öffentlichkeit bis hin zu Alkoholexzessen; Beschimpfen, Anpöbeln, Beleidigen, Anspucken, Beschmutzen und Bedrohen von Passanten, in Einzelfällen bis hin zur gefährlichen Körperverletzung; gruppenweises Lagern, Nächtigen, Sitzen an zentralen Orten der Innenstadt, zumeist in Fußgängerzonen, verbunden mit Anpöbeleien der Passanten; demonstratives Urinieren in der Öffentlichkeit; Verschmutzen von Straßen, Wegen und Plätzen sowie von Hauswänden und Kraftfahrzeugen; Werfen von Steinen, Getränkedosen/-flaschen gegen Gebäude, Schaufenster, Kraftfahrzeuge; offenes und verdecktes Mitführen von Waffen, verbotenen Gegenständen und gefährlichen Werkzeugen; Zeigen von verbotenen Parolen und Emblemen; Betreten von Kaufhäusern, Eindringen in Wohnhäuser / sonstige Gebäude, um Unruhe und Unordnung zu verbreiten, z. B. durch Verspritzen von Buttersäure; Diebstahl geringwertiger oder zum Verzehr geeigneter Sachen; Anbetteln von Passanten, mitunter mit besonderer Agressivität; in Einzelfällen Raub oder Erpressung von Geld, Sachen des täglichen Bedarfs; Plünderungen in Geschäften und von Auslagen.

330 Vgl. dazu die Ausführungen in der Allgemeinverfügung der Polizeidirektion Hannover über das Verbot der Chaos Tage 1996 auf der Grundlage des § 15 Abs. 1 VersammlG vom 27.06.1996, Az. V 3.1-12205/96, S. 5 ff.

331 Vgl. z. B. § 12 Abs. 1 NGefAG; § 13 BremPolG

332 Vgl. z. B. § 9 MEPolG; § 13 NGefAG; § 11 BremPolG

333 Vgl. z. B. § 31 Abs. 1 NGefAG; § 28 Abs. 1 BremPolG

(2) *Qualifizierte Platzverweise*

Die zuvor für die Annahme einer Gefahrenverdachtslage herausgearbeiteten Kriterien hat der Niedersächsische Gesetzgeber nunmehr in § 17 Abs. 2 NGefAG[334], allerdings beschränkt auf strafbare Handlungen[335], kodifiziert.

Für "Tatsachen, die die Annahme rechtfertigen" reicht eine gewisse Wahrscheinlichkeit, die durch objektive, der Nachprüfung zugängliche Kriterien konkretiert sein muß, aus. Rein äußere Kriterien (z. B. bunte Haare) reichen allerdings nicht aus, um von einer verdächtigen Person ausgehen zu können. Es müssen vielmehr objektive Anhaltspunkte vorliegen, damit von der Annahme ausgegangen werden kann, daß die betroffene Person eine Straftat begehen wird. Bloße Vermutungen, gestützt auf allgemeine Erfahrungen, ohne konkreten Bezug zur jeweiligen Straftat, genügen jedenfalls nicht.

Die neueren Ermächtigungsgrundlagen für qualifizierte Platzverweise verlangen aber nicht eine konkrete Gefahr, sondern lassen bereits endgültige, zum Teil sehr weitgehende, Grundrechtseingriffe lediglich aufgrund einer Gefahrenverdachtslage regelmäßig im Vorfeld[336] einer konkreten Gefahr zu. Inwieweit diese neue Rechtskonstruktion[337] insbesondere mit Art. 11 Abs. 2 GG[338] und dem Grundsatz der Verhältnismäßigkeit[339] vereinbar ist, wird später noch zu untersuchen sein.

---

334 Neuerdings auch in Berlin (§ 29 Abs. 2 ASOG Bln.) und Sachsen (§ 21 Abs. 2 SächsPolG); vgl. in diesem Sinne auch den Gesetzesentwurf zur Änderung des Bremischen Polizeigesetzes, in: Mitteilung des Senats vom 23. Januar 2001, LT-Drucksache 15/599, S. 7 f., § 14 Abs. 2 BremPolG E

335 So hat das VG Hannover, Urteil vom 2.8.1996, Az. 10 A 5589/96, S. 11 = NdsVBl. 1998, 147 ff., zu Recht einen Platzverweis nach § 17 Abs. 2 NGefAG wegen der Teilnahme an einer verbotenen Versammlung aufgehoben, da dies lediglich eine Ordnungswidrigkeit gem. § 29 Abs. 1 Nr. 1 Versammlungsgesetz darstellt.

336 So ausdrücklich auch die Begründung des Bremischen Senats zu § 14 Abs. 1 BremPolG E, in: Mitteilung des Senats vom 23. Januar 2001, Gesetzesentwurf zur Änderung des Bremischen Polizeigesetzes, LT-Drs. 15/599, S. 21

337 Diese neue Rechtskonstruktion stimmt im übrigen überein mit den neueren Tendenzen, die polizeiliche Tätigkeit vorzuverlagern und die Eingriffsschwelle zu senken (sog. "vorbeugende Verbrechensbekämpfung").

338 Vgl. dazu die Ausführungen im 3. Kapitel unter A. I. 2. d)

339 Vgl. dazu die Ausführungen im 3. Kapitel unter B. V. 4. c) aa)

dd) *Die unmittelbare bzw. gegenwärtige Gefahr*

Eine unmittelbar bevorstehende Gefahr ist im wesentlichen gleichbedeutend mit einer "gegenwärtigen Gefahr"[340]. Nach den Legaldefinitionen[341] ist eine gegenwärtige Gefahr eine Sachlage, bei der die Einwirkung des schädigenden Ereignisses bereits begonnen hat oder bei der diese Einwirkung unmittelbar oder in allernächster Zeit und mit einer an Sicherheit grenzenden Wahrscheinlichkeit bevorsteht.

Diese Gefahrenart wird insbesondere im Zusammenhang mit Versammlungen benötigt. So setzt ein Verbot oder die Auflösung einer Versammlung gemäß § 15 VersammlG voraus, daß die öffentliche Sicherheit oder Ordnung bei der Durchführung der Versammlung oder des Aufzuges unmittelbar gefährdet ist. Wird der höchstrichterlichen Rechtsprechung des Bundesverwaltungsgerichts[342] gefolgt, wonach polizeirechtliche Maßnahmen im Rahmen der Verhältnismäßigkeit mit dem Argumentum a maiore ad minus als geringfügigere Maßnahmen vor einer Auflösung der Versammlung zulässig sind, so dürfen Platzverweise innerhalb einer Versammlung nur erteilt werden, wenn eine unmittelbare Gefahr i. S. des § 15 VersammlG vorliegt[343].

ee) *Die gemeine und dringende Gefahr*

Die gemeine und dringende Gefahr wird benötigt, wenn Platzverweise in/aus Wohnungen erteilt werden sollen[344].

Unter gemeiner Gefahr sind nur durch Katastrophen oder außer Kontrolle geratene technische Einrichtungen mit hohem Schadenspotential verursachte Gefahren zu verstehen[345]. Gemeine Gefahr bedeutet daher immer eine Gefahr für eine unbestimmte Menge von Personen oder Sachen[346].

---

340 BVerwGE 45, 51, 57 f.; KG Berlin, NVwZ 2000, 468, 471

341 Vgl. nur § 2 Nr. 3. b) BremPolG; § 2 Nr. 1. b) NGefAG; vgl. aber auch BVerfGE 69, 315, 353 f., 362

342 BVerwGE 64, 55, 58

343 Vgl. dazu die Ausführungen im 3. Kapitel unter A. IV. 2. b) bb)

344 Vgl. dazu die Ausführungen im 3. Kapitel unter A. V. 2.

345 SächsVerfGH, LKV 1996, 273, 291

346 Drews/Wacke/Vogel/Martens, 9. Aufl. 1986, S. 205; Denninger, in: HdbPR, 1992, Rdnr. E 48

Der Begriff der "dringenden Gefahr" ist mit dem der gegenwärtigen erheblichen Gefahr vergleichbar[347]. Nach den Legaldefinitionen[348] ist eine erhebliche Gefahr eine Gefahr für ein bedeutsames Rechtsgut, wie Bestand des Staates, Leben, Gesundheit, Freiheit, nicht unwesentliche Vermögenswerte sowie andere strafrechtlich geschützte Güter.
Die dringende Gefahr fordert also eine qualitative Steigerung des Gefahrbegriffs in dem Sinne, daß Schäden großen Ausmaßes oder für wichtige Rechtsgüter zu befürchten sein müssen[349].
Zudem muß die Einwirkung des schädigenden Ereignisses bereits begonnen haben oder unmittelbar oder in allernächster Zeit mit einer an Sicherheit grenzenden Wahrscheinlichkeit bevorstehen (gegenwärtige Gefahr)[350].

Platzverweise in/aus Wohnungen können demnach nur verfügt werden, wenn ergänzend die Voraussetzungen einer gemeinen oder dringenden Gefahr vorliegen.

6. Die Tragweite des Platzverweises

Im folgenden Unterabschnitt soll die Tragweite des Platzverweises untersucht werden. Dabei ist zwischen der räumlichen und der zeitlichen Dimension zu unterscheiden.

a) *Räumliche Dimension ("Platz")?*

Bei der räumlichen Dimension ist zu prüfen, inwieweit sich der "Platz" örtlich im Rahmen der einzelnen Ermächtigungsgrundlagen erstrecken darf.

aa) *Auslegung der spezialgesetzlichen Ermächtigungsnormen*

(1) *Klassische Platzverweise*

Während die Überschriften der klassischen Spezialermächtigungen grundsätzlich das Wort "Platz" (-verweis bzw. -verweisung) enthalten, wird der räumliche Bereich im Normtext selbst mit "Ort" umschrieben. In der Gesetzessprache wird der Begriff "Ort" mal im geographischen Sinn als Örtlichkeit oder Punkt der Erdober-

---

347 Ähnlich wohl auch SächsVerfGH, LKV 1996, 273, 291
348 Vgl. nur § 2 Nr. 1. c) NGefAG; ähnlich auch SächsVerfGH, LKV 1996, 273, 291
349 SächsVerfGH, LKV 1996, 273, 291
350 Vgl. nur die Begriffsdefinition in § 2 Nr. 3. b) BremPolG

fläche, mal politisch im Sinne von Ortschaft oder Gemeinde verstanden[351]. Mit einer Wortsinnauslegung läßt sich damit allerdings eine Abgrenzung zum qualifizierten Platzverweis nicht erschließen.

Aus dem Befund der Entstehungsgeschichte[352] der klassischen Platzverweise ergibt sich jedoch, daß diese nur ein Verweisen von einem eng begrenzten Ort gestatten. Das kann eine Straße, eine Straßenseite, ein Straßenteil, ein Grundstück, ein Gebäude, ein Gebäudeteil, bestimmte Räume innerhalb eines Gebäudes, ein Zug, ein Flugzeug, ein Omnibus u. ä. sein[353]. Erfaßt werden auch Geschäfte, Plätze wie ein Bahnhofsvorplatz, U-Bahn-Stationen oder Einkaufspassagen[354]. Allerdings dürften verhältnismäßig lange Straßen oder große Parkanlagen nicht darunter fallen. Ganze Stadtteile (z. B. die gesamte Innenstadt) bzw. Gemeindeteile[355] können daher nicht mittels klassische Platzverweise abgesperrt werden.

Das VG Hannover[356] hat daher zu Recht entschieden, daß das Gebot an eine Person, während der Chaos-Tage in Hannover den 70 Hektar großen Georgengarten zu verlassen, nicht auf § 17 Abs. 1 Satz 1 NGefAG gestützt werden kann.
In diesem Urteil hat das Verwaltungsgericht Hannover allerdings noch keine präzisere Eingrenzung des von § 17 Abs. 1 NGefAG - und damit auch von allen anderen vergleichbaren Vorschriften - erfaßten räumlichen Wirkungsbereich vorgenommen. Eine Abgrenzung zu den qualifizierten Platzverweisen soll daher an dieser Stelle vorgeschlagen werden.

Damit die räumliche Reichweite dieser Vorschriften exakt erfaßt werden kann, sollte als "Ort" i. S. der klassischen Platzverweise ein Bereich von max. 10000 qm (= 1 Hektar) erfaßt werden können[357]. Sobald der Platzverweis einen größeren

351 Ähnlich Merten, S. 30 m.w.N.; Samper, 1975, Art. 16 BayPAG, Rdnr. 7
352 Vgl. z. B. VG Hannover in seinem Urteil vom 2.8.1996, Az. 10 A 5589/96, S. 7 ff. = NdsVBl. 1998, 147 ff. mit ausführlichen Nachweisen zu § 17 Abs. 1 Satz 1 NGefAG
353 Honnacker/Beinhofer/Samper, 17. Aufl. 1999, Art. 16 BayPAG, Rdnr. 3; Fischer/-Hitz/Laskowski/Walter, 2. Aufl. 1996, § 38, Rdnr. 6; Belz, 3. Aufl. 1999, § 21, Rdnr. 2; Braun, 2000, S. 27; Roos, 2. Aufl. 2000, § 13, Rdnr. 3; Kappeler, 2001, S. 153
354 Vgl. auch die Begründung der SPD-Landtagsfraktion zum Gesetzentwurf zur Änderung des Niedersächsischen Gefahrenabwehrgesetzes, in: Bündnis 90/DIE GRÜNEN, 03/96, S. 27
355 a. A. Hecker, MzW 1998, Heft 38, S. 50
356 VG Hannover in seinem Urteil vom 2.8.1996, Az. 10 A 5589/96, S. 10 = NdsVBl. 1998, 147 ff.
357 Vgl. dazu den neuen Formulierungsvorschlag im 5. Kapitel unter D. Insbesondere mit Absatz 1 Satz 2 dieses Formulierungsvorschlages wird die räumliche Dimension klassischer Platzverweise exakt konkretisiert.

Bereich umfassen soll, kann er damit nicht mehr auf die Vorschriften für klassische Platzverweise gestützt werden.

(2) *Qualifizierte Platzverweise*

Während die klassischen Ermächtigungsgrundlagen nach der hier vertretenen Auffassung Platzverweise für Örtlichkeiten bis zu einem Hektar regeln, ermöglichen die qualifizierten Ermächtigungsgrundlagen[358] umfangreichere Platzverweise. Örtlicher Bereich in diesem Sinne ist ein Ort oder ein Gebiet innerhalb einer Gemeinde oder auch ein gesamtes Gemeindegebiet. Der Regelungsgegenstand der qualifizierten Platzverweise geht somit weit über den der klassischen Platzverweise hinaus.
Örtlicher Bereich i. S. der qualifizierten Ermächtigungsgrundlagen kann mithin ein Ort selbst sein, also z. B. die Stadt Hannover, oder ein bestimmtes Gebiet innerhalb eines Ortes, z. B. ein oder mehrere Stadtteile. Die Ordnungsbehörden halten bislang qualifizierte Platzverweise von bis zu einer ganzen Stadt für erforderlich[359]. Inwieweit diese Praxis verfassungsrechtlich eingeschränkt werden muß, wird später im Rahmen der Verhältnismäßigkeit[360] näher zu untersuchen sein.

bb) *Auslegung des § 3 BW PolG (polizeiliche Generalklausel)*

In der Kommentarliteratur zum baden-württembergischen Polizeigesetz wird die Auffassung vertreten, daß zu den Maßnahmen, die aufgrund von § 3 BW PolG zulässig sind, auch der Platzverweis gehört. Dieser wird definiert mit "der Verweisung einer Person von einem Ort oder das Verbot, einen Ort zu betreten"[361]. Eine Beschränkung eines Platzverweises auf einen eng umgrenzten Ort kann jedenfalls § 3 BW PolG nicht entnommen werden. Vom Wortlaut her sind somit klassische als auch umfangreiche qualifizierte Platzverweise denkbar[362].

---

358 Vgl. § 17 Abs. 2 Satz 2 NGefAG; § 29 Abs. 2 Satz 2 ASOG Bln.; ähnlich auch § 21 Abs. 2 Satz 1 SächsPolG und § 14 Abs. 2 Satz 1 BremPolG

359 Vgl. nur VG Göttingen, NdsVBl. 1999, 46 ff.; VG Frankfurt a. M., NVwZ 1998, 770 f.

360 Vgl. dazu die Ausführungen im 3. Kapitel unter B. V. 3. und 4.

361 Reiff/Wöhrle/Wolf/Stephan, 5. Aufl. 1999, § 3 BW PolG, Rdnr. 26 m.w.N.; vgl. dazu auch Braun, 2000, S. 27; Belz/Mußmann, 6. Aufl. 2001, § 3, Rdnr. 10 a

362 Vgl. nur Belz/Mußmann, 6. Aufl. 2001, § 3, Rdnr. 10 b

b) *Zeitliche Dimension?*

Die gesetzlichen Ermächtigungsgrundlagen enthalten auch keine näheren Angaben zur zeitlichen Dimension für Platzverweise. Im folgenden soll daher untersucht werden, für welchen Zeitraum Platzverweise verfügt werden dürfen.

aa) *Auslegung der spezialgesetzlichen Ermächtigungsnormen*

(1) *Klassische Platzverweise*

Die zeitliche Obergrenze der klassischen Platzverweise ist mit dem Begriff "vorübergehend" bezeichnet worden. Die Grenze ist damit allerdings nicht linienscharf markiert worden. Wie der Begriff "vorübergehend" auszulegen ist, läßt sich der Literatur und der Rechtsprechung kaum entnehmen.

Eine Auffassung will die zeitliche Obergrenze in Anlehung an die bundesweite Höchstfrist für den polizeilichen Gewahrsam oder für die Ersatzzwangshaft auf zwei Wochen festlegen[363]. Gegen diese Auffassung spricht aber, daß die freiheitsenziehende Intensität der Haft größer ist als die Freiheitsbeschränkung durch einen Platzverweis. Die Frist von zwei Wochen bezieht sich zudem auf Freiheitsentziehungen und wird regelmäßig von Richtern gem. Art. 104 GG kontrolliert. Eine vergleichbare verfassungsrechtliche Garantie fehlt indes bei polizeirechtlichen Platzverweisen. Es liegen damit völlig unterschiedliche Ausgangssituationen vor, die nicht vergleichbar sind[364].

Stelkens[365] vertritt die Auffassung, daß ein Betretungsverbot von drei Monaten noch unter den klassischen Platzverweis subsumiert werden kann, da es angemessener sei, "vorübergehend" als Gegensatz zu "dauernd" zu verstehen und als Endzeitpunkt den Wegfall der Gefahr heranzuziehen. Mit dieser Auffassung könnten Platzverweise gegenüber Drogenabhängige über mehrere Jahre verhängt werden; denn die Gefahr der Begehung weiterer Betäubungsmittelstraftaten besteht solange fort, bis die betroffene Person therapiert worden ist.

---

[363] Stephan, in: Bündnis 90/DIE GRÜNEN, 03/96, S. 51; Latzel/Lustina, Die Polizei 1995, 131, 134; in diese Richtung wohl auch Cremer, NVwZ 2001, 1218, 1220

[364] Im Ergebnis so wie hier auch Kappeler, 2001, S. 158

[365] Stelkens, 1999, S. 8

Eine ähnliche Auffassung will die zeitliche Obergrenze dem Grundsatz der Verhältnismäßigkeit entnehmen[366] und bei der Erreichung des Zwecks festlegen[367]. Es seien daher Fälle denkbar, in denen die "vorübergehende" Maßnahme sehr lange, vielleicht tagelang dauern kann[368].

Demgegenüber will eine weit verbreitete Auffassung an der Wortlautauslegung festhalten und "vorübergehend" im Sinne von kurzfristig auslegen[369]. Dieser Auffassung ist zu folgen. Mit einer noch zulässigen Wortsinnauslegung läßt sich "vorübergehend" eher mit "kurzfristig" vergleichen, so daß die klassischen Ermächtigungsgrundlagen zu Platzverweisen von nur wenigen Stunden ermächtigen[370]. Als "vorübergehend" kann deshalb in keinem Falle ein Zeitraum von zwei oder mehr Tagen angesehen werden[371].

Es erscheint sinnvoll zu sein, in Abgrenzung zu den qualifizierten Platzverweisen eine zulässige Höchstgrenze von 12 Stunden festzulegen[372]. Diese Grenze ist sachgerecht, da die typischen polizeirechtlichen Gefahren in diesem Zeitraum abgewehrt werden können.

Die klassischen Ermächtigungsgrundlagen können somit nicht mehr gegenüber Personen angewendet werden, die sich über mehrere Tage an einem Ort aufhalten wollen und bei denen aufgrund ihres Verhaltens die hinreichende Wahrscheinlichkeit besteht, daß sie während des Aufenthaltes an mehreren Tagen Straftaten oder Ordnungswidrigkeiten begehen werden. Aber genau aus diesem Grunde sind die

---

366 Honnacker/Beinhofer/Samper, 17. Aufl. 1999, Art. 16 BayPAG, Rdnr. 4

367 Samper, 1975, Art. 16 BayPAG, Rdnr. 10; Berg/Knape/Kiworr, 6. Aufl. 2000, S. 369; Kappeler, 2001, S. 68 und 154 m.w.N.

368 Samper, 1975, Art. 16 BayPAG, Rdnr. 10; Belz, 3. Aufl. 1999, § 21, Rdnr. 4; Robrecht, SächsVBl. 1999, 232, 232

369 Vgl. nur Rachor, in: Lisken/Denninger, 2. Aufl. 1996, Rdnr. F 268; Roos, 2. Aufl. 2000, § 13, Rdnr. 6; OVG Bremen, NVwZ 1999, 314, 315, wobei die zeitliche Obergrenze vom OVG Bremen offen gelassen werden konnte, da das in Rede stehende 6-monatige Aufenthalts- und Durchquerungsverbot den Rahmen des § 14 BremPolG jedenfalls überschritten hat.

370 So auch Berner/Köhler, 16. Aufl. 2000, Art. 16, Rdnr. 1; Braun, 2000, S. 27, und Kappeler, 2001, S. 158: "einige Stunden"; a. A. Schenke, in: Steiner, 6. Aufl. 1999, Rdnr. II 92, der unter "vorübergehend" immerhin noch eine Dauer von 24 Stunden verstehen will.

371 So aber Volkmann, NVwZ 2000, 361, 365 m.w.N. und Jochum/Rühle, 2. Aufl. 2000, Rdnr. H 13: "allenfalls einige Tage" bzw. "mehrere Tage"

372 Vgl. dazu den neuen Formulierungsvorschlag im 5. Kapitel unter D. Insbesondere mit Absatz 1 Satz 2 dieses Formulierungsvorschlages wird die zeitliche Dimension klassischer Platzverweise exakt konkretisiert.

qualifizierten Ermächtigungsgrundlagen geschaffen worden, um unter Umständen auf diese zurückgreifen zu können.

(2) *Qualifizierte Platzverweise*

Die qualifizierten Ermächtigungsgrundlagen enthalten überwiegend[373] nur den allgemeinen Hinweis, daß einer Person für eine "bestimmte Zeit" verboten werden kann, einen Bereich zu betreten oder sich dort aufzuhalten. Des weiteren schreiben diese Ermächtigungsgrundlagen vor, daß der Platzverweis zeitlich auf den zur Verhütung der Straftat erforderlichen Umfang zu beschränken ist.

Eine bestimmte zeitliche Höchstfrist enthalten die qualifizierten Ermächtigungsgrundlagen damit grundsätzlich nicht. Sie ergibt sich "lediglich" aus dem Grundsatz der Verhältnismäßigkeit (Geeignetheit, Erforderlichkeit, Angemessenheit und Zumutbarkeit). Das Verbot kann daher Tage, Wochen oder sogar Monate gelten. Die Ordnungsbehörden halten bislang qualifizierte Platzverweise von bis zu 12 Monaten für erforderlich.

bb) *Auslegung des § 3 BW PolG (polizeiliche Generalklausel)*

Der polizeilichen Generalklausel in Baden-Württemberg kann ebenfalls keine zeitliche Höchstgrenze entnommen werden, so daß auch hierauf gestützte längerfristige qualifizierte Platzverweise tatbestandlich nicht ausgeschlossen werden können.

c) *Inhalt des Platzverweises*

Als typische Beispiele[374] für klassische Platzverweise können genannt werden die Räumung und Absperrung eines Unfallortes, die Sperrung einer Straße anläßlich eines einsturzgefährdeten Hauses, die Absperrung und Räumung eines Gebietes, das in Reichweite eines "Blindgängers" (Bombe) liegt. Mit diesen Fällen wird zudem deutlich, daß ein Orts- bzw. Aufenthaltsverbot auch in der Weise ergehen kann, daß ein technisches Hindernis (technische Sperren, Polizeiketten usw.) errichtet wird, welches das Betreten des Ortes unmöglich macht. Der Platzverweis

---

373 Vgl. § 17 Abs. 2 Satz 1 NGefAG und § 29 Abs. 2 ASOG Bln.; anders in § 21 Abs. 2 Satz 1 SächsPolG, der eine Höchstfrist von drei Monaten vorgibt.

374 Weitere Beispiele in Honnacker/Beinhofer/Samper, 17. Aufl. 1999, Art. 16 BayPAG, Rdnr. 6

kann sich auch auf mitgeführte Tiere und Sachen, einschließlich Kraftfahrzeuge, erstrecken.
Soweit beispielsweise qualifizierte Platzverweise gegenüber Angehörigen der offenen Drogenszenen ausgesprochen werden, haben diese selbstverständlich auch ihre Spritzen und andere Drogenutensilien mitzunehmen.

7. Verantwortlichkeit/Adressatenfrage

a) *Anwendung der allgemeinen Regelungen des Polizeirechts über die richtigen Adressaten?*

Bei dem polizeirechtlichen Platzverweis wird die Verfügung nicht selten gegen eine Vielzahl von Personen gerichtet, so daß zu prüfen ist, ob auch die "richtigen" Adressaten in Anspruch genommen worden sind[375]. Hierzu werden mehrere Meinungen vertreten. Zum Teil wird davon ausgegangen, daß nur der Störer in Anspruch zu nehmen sei, zum Teil werden die Grundsätze der Inanspruchnahme des richtigen Adressaten nur ergänzend herangezogen, und schließlich wird vertreten, die Maßnahme des Platzverweises könne sich unterschiedslos gegen Störer und Nichtstörer richten[376].

Nach der Auffassung von Kaatz[377] ergibt sich aus dem Wortlaut des § 17 Abs. 1 NGefAG, daß von dieser Norm "jede" Person erfaßt werde. Dies könnte nach ihm den Schluß zulassen, daß Voraussetzung eines Platzverweises hiernach nur ist, daß diese zur Abwehr der Gefahr beitrage. Daher bedarf es nach der Auffassung von Kaatz[378] nicht eines Rückgriffs auf die §§ 6 bis 8 NGefAG.
Diese Auffassung stimmt überein mit dem gesetzgeberischen Willen, wonach sich der Platzverweis nach § 17 Abs. 1 Satz 1 NGefAG gegen "jede" Person richtet, also auch gegen solche, die selbst nicht Störer im Sinne des Polizeirechts sind[379].

---

375 Zu der Frage, ob der Freier als Zweckveranlasser herangezogen werden kann: vgl. Schneider/Kensbock, VBlBW 1999, 168 ff., die dies m. E. überzeugend ablehnen.

376 Schloer, DÖV 1991, 955, 955 f. mit ausführlichen Nachweisen zu den jeweiligen Meinungen.

377 Kaatz, in: info-Recht 7/1999, S. 84

378 Kaatz, in: info-Recht 7/1999, S. 84

379 Vgl. dazu VG Hannover in seinem Urteil vom 2.8.1996, Az. 10 A 5589/96, S. 9 m.w.N. = NdsVBl. 1998, 147 ff.; so ausdrücklich auch der Wille des Bremischen Senats, in: Mitteilung des Senats vom 23. Januar 2001, Gesetzesentwurf zur Änderung des Bremischen Polizeigesetzes, Begründung zu § 14 Abs. 1 BremPolG, LT-Drs. 15/599, S. 21

Demnach hat der Niedersächsische Gesetzgeber den Adressatenkreis gegenüber § 12 Satz 1 ME PolG erweitert.

In den Ländern, die den § 12 Satz 1 ME PolG übernommen haben, bleibt eine Auslegung weiterhin problematisch. Danach kann bekanntlich "eine" Person vorübergehend von einem Ort verwiesen oder ihr vorübergehend das Betreten eines Ortes verboten werden.
Obwohl der dem § 12 Satz 1 ME PolG nachgebildete § 12 a HambSOG von "eine" Person spricht, meinen Alberts/Merten/Rogosch[380], daß aufgrund der historischen Auslegung davon auszugehen sei, daß der Gesetzgeber "jede" Person gemeint habe. Beim Platzverweis handele es sich um einen Trivialeingriff, den auch der Nicht-Störer bei gegebenen Anlaß hinnehmen müsse.

Gegen diese Auslegung spricht jedoch die neuere Erkenntnis, daß es in der Vergangenheit nicht bei den trivialen klassischen Platzverweisen geblieben ist. Neuerdings werden vermehrt qualifizierte Platzverweise erteilt, die zum Teil mit erheblichen Grundrechtseingriffen verbunden sind.

Mit dieser Erkenntnis sollte daher auf den genauen Wortlaut der Vorschrift abgestellt werden. Der Vorrang der speziellen Regelung sollte nur dort Anwendung finden, wo die Spezialbefugnis wirklich den Adressatenkreis festlegt[381]. Daher ist jeweils eine Prüfung im Einzelfall nötig.

So ergibt eine Auslegung des § 12 ME PolG und die ihm folgenden Gesetze, daß schlicht auf die Abwehr einer Gefahr abgestellt wird[382]. Demnach sind also die allgemeinen Vorschriften über die Adressatenregelung anzuwenden[383]. Dies gilt auch für die Ermächtigungsgrundlagen für qualifizierte Platzverweise, soweit sie die Maßnahme gegenüber "eine" Person zulassen[384].

---

380 Alberts/Merten/Rogosch, 1996, § 12 a HambSOG, Rdnr. 5

381 So auch Schloer, DÖV 1991, 955, 956; ungenau daher Roos, 2. Aufl. 2000, § 13, Rdnr. 11 m.w.N.

382 Ähnlich auch Honnacker/Beinhofer/Samper, 17. Aufl. 1999, Art. 16 BayPAG, Rdnr. 6; Jochum/Rühle, 1996, Rdnr. 50

383 So auch Schloer, DÖV 1991, 955, 957 f. m.w.N., der dieses Ergebnis überzeugend aus der historischen Auslegung des § 12 ME PolG herleitet.

384 So z. B. § 17 Abs. 2 NGefAG und § 14 Abs. 2 BremPolG in der Fassung der Bekanntmachung vom 12. September 2001, BremGbl. S. 270

Anders als bei § 12 ME PolG wurde bis vor kurzem noch in § 14 BremPolG[385], der dem § 19 AE PolG folgte, verlangt, daß der Betroffene die Gefahr verursacht haben muß.

Nach Schloer[386] legen die dem § 19 AE PolG nachgebildeten Gesetze[387] ebenfalls den Adressatenkreis nicht fest, sondern besagen nur, daß der Verursacher der Gefahr, mit anderen Worten der Störer, in Anspruch zu nehmen sei. Wer das im konkreten Fall ist, müsse anhand der Grundsätze über die Inanspruchnahme des richtigen Adressaten ermittelt werden. Damit steht für Schloer fest, daß ebenfalls die auf § 19 AE PolG basierenden Gesetze den Adressatenkreis nicht beschrieben haben.

Dem steht jedoch schon eine klare Wortlautauslegung entgegen[388]. Des weiteren ergibt sich aus der Entstehungsgeschichte, daß der Alternativentwurf im wesentlichen dadurch geprägt worden ist, daß er das Vorhandensein eines bestimmten Polizeipflichtigen für unverzichtbar hält[389]. Mit dieser Auslegung beschränkte sich der Adressatenkreis beim § 14 BremPolG a. F. auf den Verhaltensverantwortlichen.

Damit lag mit § 14 BremPolG a. F. eine den allgemeinen Regeln vorgehende Spezialregelung vor. Es würde zudem mit dem Sinn und Zweck der Spezialregelungen nicht vereinbar sein, wenn die Polizei- bzw. Ordnungsbehörden befugt wären, Platzverweise gegenüber jedermann verfügen zu können, obwohl der Gesetzgeber die Adressatenregelungen in diesem Polizeigesetz abweichend geregelt hat.
Dieses Ergebnis änderte sich auch nicht dadurch, daß sich teilweise Personen an gefährdeten Orten (z. B. im Falle einer anonymen Bombendrohung) aufhalten, die - auf den ersten Blick - die Gefahr selbst nicht verursacht haben. In derartigen Fällen

---

385 Das Gesetz zur Änderung des Bremischen Polizeigesetzes vom 04. September 2001 in der Fassung der Bekanntmachung vom 12. September 2001, BremGbl., S. 270, enthält nun in § 14 Abs. 1 Satz 1 BremPolG eine Formulierung, wonach "jede" Person Adressat eines klassischen Platzverweises sein darf.

386 Schloer, DÖV 1991, 955, 959 m.w.N.

387 Nach der Änderung des Bremischen Polizeigesetzes mit dem Gesetz zur Änderung des Bremischen Polizeigesetzes vom 04. September 2001 in der Fassung der Bekanntmachung vom 12. September 2001, BremGbl., S. 268 ff., ist bundesweit keine Vorschrift mehr vorhanden, die dem § 19 AE PolG folgt. Die nun folgenden Ausführungen dienen allerdings dazu, die verbleibenden Ermächtigungsgrundlagen für klassische und qualifizierte Platzverweise in bezug auf die Adressatenregelung richtig auszulegen.

388 So zu Recht auch VG Bremen, Beschluß vom 02.08.1996, Az. 2 V 88/96, S. 9 f. zu § 14 BremPolG a. F.

389 Vgl. dazu AE PolG, 1979, S. VIII

stellt dieses Verhalten jedoch eine Selbstgefährdung dar. In den meisten Fällen der Selbstgefährdung fehlt zwar das öffentliche Interesse an der Gefahrenabwehr. Ausnahmen bilden aber in der Regel solche Fälle, in denen der Betroffene sein Leben oder seine Gesundheit erheblich, d. h. fast lebensbedrohend gefährdet; über sein Leben kann niemand disponieren[390]. In diesen Fällen ist derjenige, der sich selber gefährdet, Störer seiner eigenen Lebensgüter und ist daher als Verhaltensstörer vom Platz zu verweisen[391]. Auch im Falle eines gefährdeten Gebietes durch einen "Blindgänger" sind die Hausbewohner als Störer ihrer Gesundheit und ihres Lebens anzusehen.

Ein anderer Lösungsansatz ist zudem, diejenige Person, die die Gefahr unmittelbar nicht verursacht hat, deshalb in Anspruch zu nehmen, weil sie durch ihre Gegenwart die Gefahr verstärkt hat.

Dieses Ergebnis führte wohl offensichtlich zur Änderung des Bremischen Polizeigesetzes, wonach § 14 Abs. 1 Satz 1 BremPolG n. F.[392] klassische Platzverweise nun gegen "jede" Person zuläßt.

b) *Verantwortlichkeit nur bei Gefahrverursachung?*

Zu klären ist des weiteren, ob die Anwesenheit einer Person in einer kollektiven, gefährlichen Szene ausreichend ist für eine Verhaltensverantwortlichkeit.

Nach einer weit verbreiteten Auffassung[393] kann der Platzverweis auch auf Personen gerichtet werden, die durch ihr Verhalten keine konkrete Gefahr verursachen, aber durch ihre Gegenwart die Gefahr verstärken.

---

390 Schloer, DÖV 1991, 955, 958

391 Schloer, DÖV 1991, 955, 958; nicht gefolgt werden kann daher der Begründung zu § 14 Abs. 1 BremPolG E, in: Mitteilung des Senats vom 23. Januar 2001, Gesetzesentwurf zur Änderung des Bremischen Polizeigesetzes, LT-Drs. 15/599, S. 21, und Braun, 2000, S. 138

392 Gesetz zur Änderung des Bremischen Polizeigesetzes vom 4. September 2001 in der Fassung der Bekanntmachung vom 12. September 2001, BremGbl., S. 270

393 Deger, VBlBW 1996, 90, 93; Chen, 1996, S. 109 f. m.w.N.; VG Hamburg, Urteil vom 07.12.1994, Az. 14 VG 3235/92, S. 15 ff., zu Angehörigen der offenen Drogenszene, die mit ihrer Anwesenheit die Szene personell verstärke; Hoeft, 1999, S. 42; OVG Bremen, NVwZ 1999, 314, 317, zu Drogenabhängigen, die sich mit Erwerbsabsichten zum Treffpunkt der Drogenszene begeben: "Ihre Anwesenheit schafft erst die Bedingung, die den Händlern das Geschäft erleichtern." VG Leipzip, NVwZ 2001, 1317, 1319, zu Angehörigen der rechten Szene.

Demgegenüber wird zum Teil angenommen, daß sich die Dogmatik des Polizeirechts angesichts vielleicht realer Beweisschwierigkeiten verflüchtige[394] oder aber zumindest die Kategorien der konkreten und der abstrakten Gefahr durcheinandergerieten[395].

Eine vermittelnde Meinung nimmt offensichtlich Lesting[396] ein, indem er relativierend ausführt: "Besteht aber die abzuwehrende Gefahr nicht in einem konkreten Drogengeschäft, sondern in der Gefährlichkeit der kollektiven Szene, hat man es mit einer Gemengelage von Problemen und Gefahren zu tun, deren empirischer Beleg teilweise durchaus fragwürdig erscheint. [...] Ausgangspunkt für die Polizei muß auch bei der vorliegenden Problematik der Grundsatz sein, daß gelegentliche Belästigungen polizeirechtlich grundsätzlich irrelevant sind. Zweifellos führt diese Überlegung allerdings nicht sehr weit, da bei einer größeren und verfestigten offenen Drogenszene die Belästigungen häufig eine solche Häufigkeit und Dauer erreicht haben, daß die Schwelle zum "Schaden" und damit zur "Gefahr" überschritten wird."

Der vermittelnden Ansicht von Lesting ist zu folgen. Wenn sich die Polizei- und Ordnungsbehörden dazu entschlossen haben, die offene Drogenszene wegen ihrer konkreten Gefahren zu bekämpfen, kommt es auf diesen Kontext an. Dabei ist immer die Gruppe (verhaltens-) verantwortlich. Jeder einzelne Drogenabhängige und -dealer trägt dazu bei, daß diese Gruppe überhaupt existieren kann. Richten sich Maßnahmen gegen die Gruppe, so ist jeder einzelne Anwesende zumindest mitverantwortlich.

Allerdings ist der Verhältnismäßigkeitsgrundsatz auch hier zu beachten, also auch bei der Entscheidung, gegen wen die Behörde einschreitet. Die Behörde muß dasjenige Mittel wählen, das für den einzelnen und die Allgemeinheit den geringsten Eingriff darstellt. Soweit die Gefahr dadurch abgewendet werden kann, ist der Platzverweis also in erster Linie gegen diejenigen Personen zu richten, die die Gefahr verursacht haben. So hat das OVG Bremen[397] zu Recht entschieden, daß die Behörde verpflichtet ist, bei der Entscheidung über die im Einzelfall zu treffende Maßnahme nach Art und Ausmaß der Verstrickung in die Szene zu differenzieren. Dies ergibt sich aus dem Grundsatz fehlerfreier Ermessensentscheidungen. Wie sich

394 Alberts, NVwZ 1997, 45, 48

395 Volkmann, NVwZ 2000, 361, 363; in diese Richtung wohl auch Kappeler, 2001, S. 195

396 Lesting, KJ 1997, 214, 216 m.w.N.

397 OVG Bremen, NVwZ 1999, 314, 317

später noch zeigen wird[398], gehört zum Ermessen auch die fehlerfreie Störerauswahl.

c) *Störererforschungseingriff*

Besteht hinsichtlich der konkreten Gefahrenlage kein Zweifel, ist aber offen, wer der verursachende Verantwortliche ist, so kommt auch ein sog. Störererforschungseingriff in Betracht. Er ist gegen den Verdachtsstörer gerichtet und soll die Verursachungsanteile klären. Insoweit ergänzt der Störererforschungseingriff den Gefahrenverdachtseingriff.

Kniesel[399] will eine Inanspruchnahme nur auf der Grundlage des polizeilichen Notstandes zulassen, solange nicht die Verursachung und damit die Verantwortlichkeit einer Person zweifelsfrei feststeht.

Demgegenüber stützt die h. M.[400] den Störererforschungseingriff auf die polizei- bzw. ordnungsrechtliche Generalklausel, wobei der mutmaßlich Verantwortliche als vorläufiger Störer in Anspruch genommen werden darf.

Dieser Ansicht ist zu folgen. Für sie spricht, daß es sich bei dem Störererforschungseingriff lediglich um einen notwendigen Annex zum Gefahrenverdachtseingriff handelt[401]. Ob hierzu ein Rückgriff auf die polizeiliche Generalermächtigung notwendig ist oder ob sich die Zulässigkeit auch aus den Spezialermächtigungen i. V. mit den Adressatenregelungen selbst ergibt, bedarf keiner Entscheidung.

8. **Ermessen (und Verhältnismäßigkeit)**

Während die Gesetzgeber für polizeirechtliche Platzverweise auf der Tatbestandsseite gerichtlich voll überprüfbare unbestimmte Rechtsbegriffe verwendet haben, sind auf der Rechtsfolgenseite Maßnahmen nach "pflichtgemäßem Ermessen"[402] möglich.

---

398 Vgl. dazu die Ausführungen im 2. Kapitel unter A. I. 8. b) bb) (2)
399 Kniesel, DÖV 1997, 905, 908 m.w.N.
400 Vgl. nur Schink, DVBl. 1989, 1182, 1186 f.; Seibert, DVBl. 1992, 664, 666 f.; Götz, 12. Aufl. 1995, Rdnr. 156; VGH Baden-Württemberg, NVwZ 1991, 491
401 Zum Anscheinsstörer siehe Hoeft, 1999, S. 43 f. m.w.N.
402 § 3 Abs. 1 ME PolG; § 5 Abs. 1 NGefAG; § 4 Abs. 1 BremPolG

a) *Begriffsbestimmung*

Die pflichtgemäße Ermessensentscheidung setzt voraus, daß die Polizei- bzw. Ordnungsbehörde eine an dem Zweck des Gesetzes orientierte zulässige Entscheidung unter Einbeziehung und zutreffender Gewichtung aller wesentlichen Gesichtspunkte getroffen hat. Dies bedeutet, daß jede Ermessensermächtigung nur entsprechend ihrem Zweck gebraucht werden darf. Daher dürfen die Polizei- und Ordnungsbehörden ihr Ermessen nur aus polizeilichen, den Erfordernissen der Gefahrenabwehr entsprechenden Gründen und nicht etwa aus politischen Motiven ausüben[403].

b) *Ermessensarten*

Die überwiegende Auffassung[404] legt zu Recht das "pflichtgemäße Ermessen" dahingehend aus, daß ein Entschließungsermessen und ein doppeltes Auswahlermessen besteht. Das Ermessen der Polizei- und Ordnungsbehörden bezieht sich darauf, ob (Entschließungsermessen) und wie (Auswahlermessen) sie zur Gefahrenabwehr einschreitet.
Das Auswahlermessen kommt in Betracht, wenn mehrere rechtlich zulässige (gleich geeignete und gleich belastende) Maßnahmen möglich sind (erste Stufe) und/oder mehrere Störer in Anspruch genommen werden können (zweite Stufe).

aa) *Entschließungsermessen*

Zunächst bedarf es demnach einer Entscheidung, ob die Sachlage ein Einschreiten für geboten erscheinen läßt. Ein Entschliessungsermessen macht aber nur einen Sinn, wenn der Bürger unter Umständen auch einen Anspruch auf polizeiliches Einschreiten, mithin also auch auf Erteilung eines polizeirechtlichen Platzverweises, hat.

Die überwiegende Auffassung in der Literatur[405] und Rechtsprechung räumt den Polizei- und Ordnungsbehörden grundsätzlich Ermessen ein. Das Entschließungs-

---

403 von Mutius, Jura 1986, 649, 656 m.w.N.

404 Vgl. nur Hans, Jura 1985, 431, 434 m.w.N.; Waechter, VerwArch 1997, 298, 313 m.w.N.

405 Vgl. nur Ule/Rasch, 1965, § 14 PrPVG, Rdnrn. 66 ff. m.w.N.; Pietzcker, JuS 1982, 106, 106 m.w.N.; Götz, NVwZ 1984, 211, 216; Wöhrle/Belz/Lang, 4. Aufl. 1985, § 3 BW PolG, Rdnr. 1; Drews/Wacke/Vogel/Martens, 9. Aufl. 1986, S. 397;; Prümm/-Thieß, 1993, S. 130; Waechter, VerwArch 1997, 298, 313 m.w.N.

ermessen würde sich nur über den Grundsatz der Verhältnismäßigkeit zu einer Pflicht zum Einschreiten reduzieren, wenn konkrete Gefahren für hochwerte Rechtsgüter, wie Freiheit, Leben, Gesundheit und erhebliche Vermögenswerte des einzelnen, vorlägen.

Demgegenüber wird teilweise der Standpunkt[406] vertreten, daß es ein Entschliessungsermessen der Polizei- und Ordnungsbehörden nicht gebe. Demnach bestehe Ermessen nur hinsichtlich des Zeitpunktes und der Art des Eingreifens. Gegen diese Auffassung spricht zwar der Wortlaut ("kann") der polizeilichen Ermächtigungsgrundlagen. Dennoch ist ihr prinzipiell zu folgen.
Die Auslegung der Tatbestandsmerkmale in Verbindung mit den gesetzgeberischen Vorgaben (Gefahrenabwehr) wirken sich bereits so auf die Ausübung des Ermessens aus, daß faktisch kaum noch Entschließungsermessen übrig bleibt. Es handelt sich bei den polizeilichen Ermächtigungsgrundlagen mithin um sog. Koppelungsvorschriften[407] mit intendiertem Ermessen[408]. Das Bundesverwaltungsgericht[409] umschreibt das "intendierte Ermessen" zu Recht mit einer Ermessensbetätigung, "deren Richtung bereits vom Gesetz vorgezeichnet ist", "bei der also ein bestimmtes Ergebnis vom Gesetz nähersteht, sozusagen von ihm gewollt ist und davon nur ausnahmsweise abgesehen werden darf".

Im Ergebnis ist daher festzuhalten, daß den Polizei- und Ordnungsbehörden kaum noch Entschließungsermessen eingeräumt wird. Faktisch besteht regelmäßig eine Reduzierung des Entschließungsermessens auf Null. Lediglich bei geringfügigen Gefahren für belanglose Rechtsgüter wird man den Polizei- und Ordnungsbehörden ein gerichtlich nur begrenzt überprüfbares Entschließungsermessen einräumen können. Dann aber bedarf es einer umfangreichen Begründung, warum die Polizeibzw. Ordnungsbehörde von den gesetzgeberischen Vorgaben abgewichen ist. Eine Abweichung von diesem gesetzgeberischen Willen ist beispielsweise dann denkbar, wenn die Polizei nicht alle Aufgaben gleichzeitig erledigen kann. In derartigen Fällen müssen Prioritäten gesetzt werden, wobei sich die Reihenfolge primär nach der Bedeutung der zu schützenden Rechtsgüter und sekundär nach der Intensität der Gefahr richtet.

---

406 Knemeyer, 8. Aufl. 2000, Rdnr. 126
407 Vgl. dazu Ossenbühl, in: Erichsen, 11. Aufl. 1998, § 10, Rdnr. 47
408 Vgl. nur Volkmann, DÖV 1996, 282 ff. und Borowski, DVBl. 2000, 149 ff.
409 BVerwGE 72, 1, 6

bb) *Auswahlermessen*

(1) *Auswahlermessen hinsichtlich der Mittel*

Nachdem sich die Polizei- bzw. Ordnungsbehörde nach Maßgabe ihres Ermessens zum Einschreiten entschlossen hat, muß sie darüber befinden, welche konkrete Maßnahme sie ergreifen will. Dabei kann sich die Behörde eines von mehreren gleich wirksamen und rechtlich zulässigen Mitteln der Gefahrenabwehr aussuchen (Auswahlermessen hinsichtlich der Mittel). Die Ermessensausübung hat sich auch hier ausschließlich am Normzweck der Gefahrenabwehr zu orientieren.

(2) *Auswahlermessen hinsichtlich der Adressaten*

Kommen im Einzelfall zur Abwehr der Gefahr mehrere Adressaten in Betracht, so bezieht sich das Ermessen auch auf die Auswahl eines von mehreren in Betracht kommenden Adressaten (Auswahlermessen hinsichtlich der Adressaten). Der Normzweck der effektiven Gefahrenabwehr beeinflußt auch hier die richtige Adressatenauswahl. Die Ermessensausübung kann aber unangemessen sein, wenn sie den Kriterien einer gerechten Lastenverteilung nicht entspricht. Das ist etwa der Fall, wenn die Verursachungsanteile eines Störers gegenüber denen eines anderen ganz deutlich überwiegen[410].

c) *Ermessensfehler*

In der gerichtlichen Kontrolle behördlicher Maßnahmen wird die Ausübung des traditionellen Verwaltungsermessens ausschließlich auf diejenigen Grenzüberschreitungen hin untersucht, die durch die Ermessensfehlerlehre bestimmt werden. Eine Ermessensausübung ist pflichtwidrig und damit rechtswidrig, wenn die Verwaltung die gesetzlichen Grenzen des Ermessens nicht eingehalten hat oder ihr Ermessen nicht entsprechend dem Zweck der Ermächtigung ausgeübt hat (§§ 40 VwVfG, 114 VwGO). Ermessensfehler sind Rechtsverstöße und machen die Ermessensausübung rechtswidrig. Die subjektive Rechtsverletzung ergibt sich aus dem Anspruch auf ermessensfehlerfreie Entscheidung[411] und wenn die betroffene

---

410 Vgl. z. B. OVG Bremen, NVwZ 1999, 314, 317, zur Verpflichtung der Behörde, bei der Entscheidung über einen qualifizierten Platzverweis nach Art und Ausmaß der Verstrickung einer Person in die offene Drogenszene zu differenzieren.

411 Vgl. dazu nur Pietzcker, JuS 1982, 106, 106 m.w.N.

Person durch das Handeln oder Nichthandeln der Polizei- oder Ordnungsbehörde in ihren subjektiven Rechten verletzt wird.

Überträgt man die Broken-Windows-Theorie auf Deutsches Recht, geht es an dieser Stelle darum, auf Gefahren für die polizeilichen Schutzgüter konsequent zu reagieren. Haben sich die Polizei- und Ordnungsbehörden vereinzelt für ein verschärftes Vorgehen gegen Störungen der öffentlichen Sicherung (und Ordnung) entschlossen, so ist diese Entscheidung lediglich auf Ermessensfehler gerichtlich überprüfbar[412]. Im folgenden sollen daher typische Ermessensfehler dargestellt werden:

aa) *Ermessensunterschreitung*

Der häufigste Ermessensfehler liegt darin, daß die Behörde ihr Ermessen gar nicht ausübt, weil sie sich irrig für gebunden fühlt (sog. Ermessensunterschreitung). Wird beispielsweise verkannt, daß den Polizei- und Ordnungsbehörden auch bei den spezialgesetzlichen Ermächtigungsgrundlagen für Platzverweise ein Ermessen eingeräumt worden ist, läge darin ein Ermessensfehler in Form einer Ermessensunterschreitung.

bb) *Ermessensüberschreitung*

Eine Ermessensüberschreitung liegt vor, wenn die Behörde eine Rechtsfolge wählt, zu der sie nicht ermächtigt ist, weil die Ermessen einräumende Norm diese Rechtsfolge nicht vorsieht oder weil andere Rechtsvorschriften entgegenstehen (sog. Ermessensüberschreitung). Umstritten ist beispielsweise, ob die Behörde bei den Platzverweisen auch anordnen kann, in welche Richtung die betreffende Person sich zu entfernen hat.

Ein Teil der Literatur[413] vertritt genau diese Ansicht. Die Gegenauffassung[414] meint jedoch, daß ein Platzverweis nicht die Befugnis enthalte, eine Person in eine

---

412 Ausgenommen wird hier die vollständige Überprüfung des Ermessens der Ausgangsbehörde durch die Widerspruchsbehörde unter Ausübung eigenen Ermessens.

413 Haurand, 2. Aufl. 1996, S. 82, unter Hinweis auf Maaß, NVwZ 1985, 151, 153; Brenneisen, Kriminalistik 1999, 483, 484

414 Alberts/Merten/Rogosch, 1996, § 12 a HambSOG, Rdnr. 1; Habermehl, 2. Aufl. 1993, Rdnr. 567; Rachor, in: HdbPR, 2. Aufl. 1996, Rdnr. F 269; Roos, 2. Aufl. 2000, § 13, Rdnr. 3

bestimmte Richtung zu schicken. Wohin sich die betroffene Person wendet, sei ihre Angelegenheit.

Der letztgenannten Auffassung ist zu folgen. Wortlaut und Sinn der Ermächtigungsgrundlagen für Platzverweise lassen eine derartige Verfügung nicht zu. Es kommt lediglich darauf an, daß die betroffene Person die entsprechende Örtlichkeit verläßt und ggf. für einen bestimmten Zeitraum nicht betritt. Davon unberührt bleibt aber eine Empfehlung, die in manchen Situationen durchaus angebracht sein kann. Würde mithin die zuständige Behörde eine bestimmte Richtung verbindlich vorgeben, läge darin ein Ermessensfehler in Form einer Ermessensüberschreitung vor.

cc) *Ermessensfehlgebrauch*

Ermessensfehlgebrauch liegt vor, wenn das Ermessen nicht dem Zweck der Ermächtigungsnorm entsprechend ausgeübt wird. Persönliche Freundschaften oder politische Gegnerschaften haben bei der Verfügung eines Platzverweises genauso aus dem Spiel zu bleiben wie eine Abneigung gegen bunte Haare. Wird beispielsweise angenommen, daß Punker mit bunten Haaren eine Gefahr verursachen, läge darin ein Ermessensfehler in Form eines Ermessensfehlgebrauchs vor.

dd) *Weitere Ermessensfehler*

Abgesehen von den zuvor dargestellten Fallgruppen liegen Ermessensfehler zusätzlich vor bei der Verletzung des Gleichheitsgrundsatzes und des Grundsatzes der Verhältnismäßigkeit[415].

9. Sonstige allgemeinen Anforderungen

Der Platzverweis ist ein Verwaltungsakt, der auch mündlich oder durch Zeichen ergehen kann. Dabei sind insbesondere folgende allgemeinen Anforderungen zu beachten:

a) *Inhaltliche Bestimmtheit, § 37 Abs. 1 VwVfG*

Ein Platzverweis muß gem. § 37 Abs. 1 VwVfG inhaltlich hinreichend bestimmt sein. Die inhaltliche Bestimmtheit eines Verwaltungsaktes erfordert, daß aus der

---

415 Vgl. hierzu die Ausführungen im 3. Kapitel unter B. V.

getroffenen Regelung und sonstigen für die Betroffenen bekannten oder ohne weiteres erkennbaren Umstände klar und eindeutig ist, welche Anforderungen sie zu befolgen oder zu dulden haben. Auch für die mit dem Vollzug betrauten Behörden muß klar erkennbar sein, mit welchem Regelungsgehalt sie die Anordnung etwaigen Vollstreckungsmaßnahmen zugrunde zu legen haben. Dazu gehört auch die Klarheit, welcher räumliche Bereich nach dem maßgeblichen Empfängerhorizont von den polizeilichen Maßnahmen erfaßt werden sollte.

Qualifizierte Platzverweise sollten daher aufgrund des Bestimmtheitsgebotes grundsätzlich schriftlich verfügt werden, damit die betroffene Person genau erkennen kann, was von ihr abverlangt wird. Deshalb ist das vom qualifizierten Platzverweis betroffene Gebiet genau in seinen Grenzen festzulegen. Dazu ist in der Vergangenheit den betroffenen Personen zusätzlich ein deutlich gekennzeichneter Plan ausgehändigt worden. Durch textliche Eingrenzung wird dadurch für die betroffene Person erkennbar, wo sie sich aufhalten darf und wo nicht. Das gleiche gilt für den Zeitrahmen.

b) *Erkennbarkeit der erlassenden Behörde, § 37 Abs. 3 VwVfG*

Zu beachten ist ferner, daß ein schriftlicher Verwaltungsakt die erlassende Behörde erkennen lassen muß. Ansonsten kann der Adressat nicht erkennen, von welcher Behörde der Verwaltungsakt erlassen worden ist.

Nach § 44 Abs. 2 Nr. 1 VwVfG ist ein Verwaltungsakt nichtig, der schriftlich erlassen worden ist, die erlassende Behörde aber nicht erkennen läßt. Aufgrund dieser Norm sind daher derart erlassene qualifizierte Platzverweise nichtig, d. h. sie sind gemäß § 43 Abs. 3 VwVfG unwirksam und entfalten keinerlei Rechtswirkung. Nicht gefolgt werden kann daher der Auffassung des VG Sigmaringen[416], wonach eine Nichtigkeit deshalb nicht[417] in Betracht komme, weil die Einlegung von Rechtsmitteln dadurch nicht erschwert werde. Insbesondere sei auch nicht offensichtlich, daß die angegebene Behörde nicht die ausstellende Behörde gewesen sein könne[418].

416 VG Sigmaringen, NVwZ-RR 1995, 327, 327
417 So auch Braun, 2000, S. 115, Fn. 470, allerdings ohne Begründung
418 VG Sigmaringen, NVwZ-RR 1995, 327, 327

Hierbei verkennt das VG Sigmaringen die Systematik des § 44 VwVfG[419]. Gem. § 44 Abs. 2 Nr. 1 VwVfG ist bereits ohne Rücksicht auf das Vorliegen der Voraussetzungen des Absatzes 1 ein Verwaltungsakt nichtig, der schriftlich erlassen worden ist, die erlassende Behörde aber nicht erkennen läßt. Auf eine "Offensichtlichkeit" kommt es mithin nicht an.

II. Eingriffsvoraussetzungen bei Behinderung des Einsatzes der Feuerwehr oder von Hilfs- oder Rettungsdiensten

Neben dem allgemeinen Fall, geregelt in § 12 Satz 1 ME PolG, enthält die Bestimmung des § 12 Satz 2 ME PolG[420] eine Sondervorschrift bzgl. des Einsatzes der Feuerwehr oder von Hilfs- oder Rettungsdiensten:

"Die Platzverweisung kann ferner gegen Personen angeordnet werden, die den Einsatz der Feuerwehr oder von Hilfs- oder Rettungsdiensten behindern."

Nach einer weit verbreiteten Auffassung[421] wird diese Vorschrift für überflüssig gehalten, da die dort geregelten Fälle auch von den Voraussetzungen des Satzes 1 erfaßt werden.
Dem ist jedoch entgegenzuhalten, daß § 12 Satz 2 ME PolG und vergleichbare andere Vorschriften ausdrücklich dazu ermächtigen, Platzverweise auch gegen Personen anzuordnen, die den Einsatz der Feuerwehr oder von Hilfs- und Rettungsdienstes behindern, ohne daß das Vorliegen einer konkreten Gefahr im einzelnen Fall nachgewiesen werden müßte[422]. Soweit der Gesetzgeber diese Vorschrift mit in das jeweilige Polizeigesetz übernommen hat, liegt mithin eine Sonderregelung gerade für diese Fälle vor.

---

419 § 44 VwVfG ist in der Systematik identisch mit § 44 BadWürttVwVfG; so wie hier auch das VG Karlsruhe, Beschluß vom 20.09.1995, Az. 12 K 2756/95, Ziffer 2.1. in einem obiter dictum; Kopp/Ramsauer, VwVfG, 7. Aufl. 2000, § 44, Rdnr. 3I m.w.N.

420 Und vergleichbare andere Vorschriften ebenfalls, wie z. B. § 17 Abs. 1 Satz 3 NGefAG

421 Vgl. nur Honnacker/Beinhofer/Samper, 17. Aufl. 1999, Art. 16 BayPAG, Rdnr. 6; Meixner/Martell, 1992, § 36 SOG LSA, Rdnr. 13; so auch die Begründung des Gesetzesentwurfs der Bundesregierung zu § 38 BGSG, Drs. 418/94, S. 71: "Die im MEPolG (§ 12) und in den meisten Polizeigesetzen der Länder ausdrücklich vorgesehene Möglichkeit eines Platzverweises bei Behinderung des Einsatzes der Feuerwehr oder von Hilfs- oder Rettungsdiensten wurde bewußt nicht in den Entwurfstext aufgenommen, da es sich hierbei nur um Unterfälle der Gefahrenabwehr handelt."

422 So zu Recht auch Rachor, in: HdbPR, 2. Aufl. 1996, Rdnr. F 270

Die Zeitdauer des Platzverweises hängt in diesen Fällen von der Dauer des Einsatzes der Polizei, der Feuerwehr oder der Hilfs- oder Rettungsdienste ab, die durch die anwesenden oder hinzukommenden Personen behindert werden. Soweit die Dauer des Platzverweises dazu führen sollte, daß der Schutzbereich des Art. 11 Abs. 1 GG berührt wird[423], wird der Eingriff durch Art. 11 Abs. 2 GG ("zur Bekämpfung ... besonders schwerer Unglücksfälle") regelmäßig gerechtfertigt sein.

Nach einer Auslegung dieser Sonderregelungen können ferner die Adressaten dieser Regelungen erschlossen werden. Es sind diejenigen Personen als Adressaten der Verfügung anzusehen, die den Einsatz der genannten Dienste behindern. Es genügt mithin allein die Anwesenheit der Personen, wenn dies zur Behinderung dieser Dienste führt.

B. Rechtssystematische Stellung des polizeirechtlichen Platzverweises

I. Die Bedeutung der spezialgesetzlichen Bestimmungen

In fast allen Polizeigesetzen stehen den Behörden insbesondere für klassische Platzverweise besondere Rechtsgrundlagen zur Verfügung. Problematisch ist, ob die Behörden befugt sind, auf die polizeilichen Generalklauseln zurückzugreifen, wenn eine spezialgesetzliche Eingriffsbefugnis nicht vorhanden ist oder aber vorhandene für den bezweckten Eingriff nicht ausreichend ermächtigen. Eine systematische Betrachtung läßt den Schluß zu, daß diese spezialgesetzlichen Ermächtigungsgrundlagen Ausfluß des Grundsatzes der Spezialität (lex specialis derogat legi generali) sind. Dennoch ist in der Rechtsprechung und Literatur nicht eindeutig geklärt, ob unter Umständen ein Rückgriff auf die polizeiliche Generalklausel zulässig ist. Für die Beantwortung dieser Frage müssen zunächst folgende Fallgruppen unterschieden werden:

1. Spezialgesetzliche Ermächtigungen aufgrund besonderer Gesetze

Eine Fülle von Spezialgesetzen zum Zwecke der Gefahrenabwehr enthalten Ermächtigungsgrundlagen für ordnungsbehördliches und polizeiliches Handeln. Diese sind zum Teil für das jeweilige Sachgebiet als spezialgesetzliche Generalermächtigungen, die der polizeilichen Generalklausel ähneln, ausgestaltet. Wie sich beispielsweise aus § 15 VersammlG ergibt, werden die Eingriffsvoraussetzungen

---

423 Vgl. dazu die Ausführungen im 3. Kapitel unter A. I. 1.

durch diese jedoch überwiegend konkretisiert und begrenzt. Derartige Spezialermächtigungen gehen im Anwendungsbereich des speziellen Gesetzes der polizeilichen Generalklausel generell vor.

Ergibt lediglich eine eindeutige Norminterpretation, daß diese Regelungen nicht abschließend sind, darf auf die polizeiliche Generalklausel zurückgegriffen werden[424]. Dabei wird man im Zweifel davon auszugehen haben, daß der Gesetzgeber mit der jeweiligen Spezialregelung den Rückgriff auf die Generalermächtigung ausschliessen wollte[425].

Tritt aber innerhalb eines spezialgesetzlich geregelten Lebensbereiches eine Gefahr auf, die regelmäßig nicht typisch für diesen Lebensbereich ist und infolgedessen auch vom Spezialgesetz nicht erfaßt wird, so bleibt die Generalermächtigung anwendbar[426].

Dieses Ergebnis darf jedoch nicht dazu führen, daß andere spezialgesetzliche Ermächtigungsgrundlagen großzügig ausgelegt werden. So hat eine Ordnungsbehörde in Baden-Württemberg einem Asylbewerber verboten, daß Gebiet der Landeshauptstadt Stuttgart bis zum Erlaß einer anderslautenden Verfügung bzw. bis zum Zeitpunkt seiner Anerkennung als Asylberechtigter zu betreten, und dieses Verbot anläßlich mehrerer Verstöße gegen die Aufenthaltsbeschränkung allein auf Vorschriften des Ausländer- und Asylverfahrensgesetzes (§§ 56 ff. AsylVfG, 36 AuslG) gestützt. Ergänzend ist ausgeführt worden, daß der Asylbewerber überwiegend an polizeibekannten Drogenumschlagsplätzen angetroffen worden sei.
Das VG Stuttgart[427] hat dieses Aufenthaltsverbot zu Recht aufgehoben und dazu wie folgt ausgeführt: "Die Kammer verkennt nicht das öffentliche Interesse daran, gegen eine sich verfestigende Drogenszene in der Stuttgarter Innenstadt vorzugehen. Sie verkennt ferner nicht, daß der Antragsteller mehrfach in der Stuttgarter Innenstadt an Drogenumschlagsplätzen aufgefallen ist. Zur Bekämpfung der Drogenszene wählt die Antragsgegnerin aber einen ungeeigneten Weg über die Vorschriften des Ausländer- und Asylverfahrensgesetzes, die völlig anderen Zwecken dienen. Ein solcher 'Etikettenschwindel' ist rechtlich nicht haltbar und verletzt das Recht des Antragstellers auf ein faires Verfahren."

---

424 vgl. dazu VGH Baden-Württemberg, GewArch 1990, 403, 403 m.w.N.

425 von Mutius, Jura 1986, 649, 652 m.w.N.

426 von Mutius, Jura 1986, 649, 651 m.w.N.

427 VG Stuttgart, Beschluß vom 18.06.1997, Az. 3 K 1722/97, S. 4; VG Stuttgart, Beschluß vom 30.07.1997, Az. 3 K 3772/97, S. 5; a. A. VG Bremen, Urteil vom 29.05.1996, Az. 2 AS 237/95

Dem VG Stuttgart ist zuzustimmen, da das Asylverfahrensgesetz ausschließlich der Beschleunigung der Asylanerkennungsverfahren dient[428].

2. Spezialermächtigungen für bestimmte polizeiliche Maßnahmen (Standardmaßnahmen)

Einige Grundrechte fordern von ihrer Bedeutung und ihren Schrankenanforderungen her detailliertere Ermächtigungsgrundlagen[429]. Das gilt z. B. für Freiheitsentziehungen (Art. 2 Abs. 2 S. 2, 104 GG), Eingriffe in die körperliche Unversehrtheit (Art. 2 Abs. 2 S. 1 GG) sowie in Wohnungen und Eigentum (Art. 13, 14 Abs. 1 GG)[430]. Deshalb enthalten die Polizei- und Ordnungsgesetze spezielle Ermächtigungen (sog. Standardmaßnahmen). Fraglich und problematisch ist insbesondere, ob im Anwendungsbereich einer Standardmaßnahme, wie z. B. des Platzverweises, ein Rückgriff auf die Generalklausel gänzlich ausgeschlossen ist. Mit diesem Ergebnis würden qualifizierte Platzverweise, die von den klassischen Ermächtigungsgrundlagen nicht mehr erfaßt werden, wegen Spezialität unzulässig sein, wenn der Gesetzgeber in dem jeweiligen Land noch keine spezielle Ermächtigungsgrundlage geschaffen hat.

II. Rückgriff auf die Generalermächtigung neben den polizeilichen Standardmaßnahmen?

Zur Beantwortung der Frage, ob neben den polizeilichen Standardmaßnahmen ein Rückgriff auf die polizeiliche Generalklausel zulässig ist, müssen die unterschiedlichen Regelungen der Länder in den Blick genommen und ausgelegt werden.

1. Auslegung des § 3 BW PolG (polizeiliche Generalklausel)

Wie bereits ausgeführt worden ist, hat der Musterentwurf eines einheitlichen Polizeigesetzes in seinem § 12 den Platzverweis als polizeiliche Standardmaßnahme geregelt. Das Baden-Württembergische Polizeigesetz hat aber diese Regelung nicht übernommen. Das systematische Problem stellt sich in Baden-Württemberg also nicht[431]. Daher können dort tatbestandlich zunächst sämtliche Formen des Platzverweises auf die polizeiliche Generalklausel gestützt werden.

---

428 Vgl. nur Kanein/Renner, 7. Aufl. 1999, Vorbem. zum AsylVfG, Rdnrn. 3 ff.
429 Hill, DVBl. 1985, 88, 90
430 von Mutius, Jura 1986, 649, 651 m.w.N.
431 So im Ergebnis auch Braun, 2000, S. 82 f., allerdings mit einer anderen Begründung.

2. Auslegung der qualifizierten Ermächtigungsgrundlagen

Darüber hinaus bereitet auch die Auslegung der qualifizierten Ermächtigungsgrundlagen keine Probleme. Die gesetzgeberische Intention[432] für die Schaffung dieser Vorschriften und die Gesetzessystematik deuten eindeutig darauf hin, daß ein Rückgriff auf die polizeiliche Generalklausel ausgeschlossen werden sollte. Dies bedeutet z. B., daß die Behörden nicht auf die Generalklauseln zurückgreifen können, wenn qualifizierte Platzverweise zur Verhinderung von Ordnungswidrigkeiten ausgesprochen werden sollen.

3. Auslegung der klassischen Ermächtigungsgrundlagen

Bei den klassischen Ermächtigungsgrundlagen läßt sich diese Frage indes nicht so einfach beantworten. In der Literatur und Rechtsprechung werden hierzu zum Teil sehr unterschiedliche Meinungen vertreten.

Eine weit verbreitete Auffassung[433] will ohne jede Problematisierung einen Rückgriff auf die polizeiliche Generalklausel zulassen. Latzel/Lustina[434] begründen einen Rückgriff auf die polizeiliche Generalklausel sinngemäß damit, daß die Gesetzgeber bei der Verfassung der klassischen Platzverweise die Notwendigkeit der Regelung eines auf einen längeren Zeitraum befristeten Platzverweises nicht erkannt hätten. Schenke[435] will einen Rückgriff zumindest bei verfassungskonformer Auslegung der polizeilichen Generalklausel zulassen.

---

432 Vgl. nur VG Hannover in seinem Urteil vom 2.8.1996, Az. 10 A 5589/96, S. 7 ff. = NdsVBl. 1998, 147 ff. zu § 17 Abs. 2 NGefAG

433 Meixner, 8. Aufl. 1998, § 31, Rdnr. 6; Götz, NVwZ 1998, 679, 683; Deger, VBlBW 1996, 90, 91; Fischer/Hitz/Laskowski/Walter, 2. Aufl. 1996, § 38 BGSG, Rdnr. 3; Tettinger, 5. Aufl. 1998, Rdnr. 402; Schmidbauer, in: Schmidbauer/Steiner/Roese, 1999, Art. 16, Rdnr. 6; Knemeyer, 8. Aufl. 2000, Rdnr. 213; Schwan, ThürVBl. 2000, 29, 29; Braun, 2000, S. 27; Roos, 2. Aufl. 2000, § 13, Rdnr. 6; VG Gelsenkirchen, Beschluß vom 10.09.1992, Az. 16 M 73/92, S. 2 f.; VG Gelsenkirchen, Beschluß vom 08.10.1992, Az. 16 M 82/92, S. 2 f.; OVG Münster, Beschluß vom 06.09.2000, Az. 5 B 1201/00, NVwZ 2001, 459, 459; VGH München, NVwZ 2001, 1291, 1292

434 Latzel/Lustina, Die Polizei 1995, 131, 135; in diese Richtung wohl auch Kappeler, 2001, S. 164

435 Schenke, in: Steiner, 6. Aufl. 1999, Rdnr. II 93

In der Rechtsprechung[436] und Literatur[437] wird zum Teil ein zulässiger Rückgriff auf die Generalklausel damit begründet, daß es sich bei dem qualifizierten Platzverweis um eine von dem klassischen Platzverweis qualitativ unterschiedliche Maßnahme handele, wobei beide jeweils auf nach Art und Ausmaß nicht vergleichbare Gefahrenlagen reagieren.

Demgegenüber läßt ein Teil der Literatur[438] und Rechtsprechung[439] einen Rückgriff auf die polizeiliche Generalklausel schon allein aus systematischen Gründen nicht zu. Bei den sog. Standardmaßnahmen handele es sich um spezialgesetzliche Befugnisnormen mit abschließendem Regelungsinhalt, die innerhalb ihres Anwendungsbereiches den Rückgriff auf die polizeiliche Generalklausel ausschließen. Dies gelte vor allem dann, wenn die Spezialvorschriften für die Zulässigkeit eines Eingriffs strengere tatbestandliche Voraussetzungen verlangen als die allgemeine Befugnisklausel[440]. Ansonsten würden die Beschränkungen in den Spezialbefugnissen ihren Sinn verlieren[441]. Zum Teil wird daher auch eine neue Eingriffsgrundlage gefordert[442].

4. Stellungnahme

Soweit in den Polizeigesetzen der klassische Platzverweis als Standardmaßnahme abschließend geregelt worden ist, kann ein qualifizierter Platzverweis aus systematischen und historischen Gründen grundsätzlich nicht auf die polizeirechtliche

---

436 VG Köln, Beschluß vom 15.03.1995, Az. 20 L 2625/94, S. 9; OVG Bremen, NVwZ 1999, 314, 315; VGH München, Beschluß vom 23.04.1999, Az. 24 CS 98.3551, S. 6

437 Hoeft, 1999, S. 101

438 Vgl. nur von Mutius, Jura 1986, 649, 652; Lesting, KJ 1997, 214, 221; Alberts/Merten/Rogosch, 1996, §§ 11 ff. HambSOG, Rdnr. 2; ähnlich Habermehl, 2. Aufl. 1993, Rdnr. 523; Rachor, in: HdbPR, 2. Aufl. 1996, Rdnr. F 461 a; Hecker, MzW 1998, Heft 38, S. 54; Roggan/Sürig, KJ 1999, 307, 308 f.; Kutscha, LKV 2000, 134, 136; vgl. bereits Maaß, NVwZ 1985, 151, 157 m.w.N.; Brenneisen, Kriminalistik 1999, 483, 485; Kappeler, DÖV 2000, 227, 230 f., die aus genau diesen Gründen für die Frage der Zulässigkeit des Verbringungsgewahrsams einen Rückgriff auf die Generalklausel ablehnt, soweit einzelne Maßnahmen durch Standardmaßnahmen expressis verbis geregelt worden sind; Cremer, NVwZ 2001, 1218, 1220

439 VG Hannover in seinem Urteil vom 2.8.1996, Az. 10 A 5589/96, S. 11 = NdsVBl. 1998, 147 ff.; VG Stuttgart, Beschluß vom 07.04.1997, Az. 1 K 4554/96, S. 4; tendentiell VG Frankfurt a. M., NVwZ 1998, 770, 771; ähnlich auch LG Hamburg, NVwZ-RR 1997, 537, 539 m.w.N. und Leggereit, NVwZ 1999, 263, 264; beide zum sog. Verbringungsgewahrsam

440 Berg/Hein, 4. Aufl. 1988, § 14 ASOG Berlin, S. 142

441 Haurand, 2. Aufl. 1996, S. 84

442 Alberts/Merten/Rogosch, 1996, §§ 11 ff. HambSOG, Rdnr. 2; Hecker, NVwZ 1999, 261, 262; VG Bremen, Beschluß vom 11.06.1997, Az. 2 A 149/96

Generalklausel gestützt werden. Würde ein Rückgriff generell zulässig sein, so würden sämtliche spezialgesetzlichen Ermächtigungsgrundlagen überflüssig sein. Sind daher bestimmte Eingriffsbefugnisse in einer tatbestandlich engeren Standardmaßnahme geregelt, so scheidet eine Erweiterung der Eingriffsbefugnisse durch einen Rückgriff auf die Generalklausel aus.

Latzel/Lustina[443] ist zwar zuzustimmen, daß die offene Drogenszene in ihrer massierten Form und der Auswuchs der davon ausgehenden Bedrohung für die öffentliche Sicherheit in vielerei Hinsichten erst in der Mitte der 80er Jahre deutlich wurde, so daß für den Gesetzgeber die Auslegungsschwierigkeiten der klassischen Ermächtigungsnormen nicht abzusehen waren.
Standardbefugnisse sind aber nicht nur wegen ihres häufigen Vorkommens bei den Behörden normiert worden, sondern zugleich, weil es sich um erhebliche Eingriffe in die Rechte der Bürger handelt[444]. Gerade um den Erfordernissen der Rechtsstaatlichkeit zu genügen, sollte eine um so genauere Umschreibung von Befugnissen in dem Musterentwurf eines einheitlichen Polizeigesetzes normiert werden, je stärker der damit verbundene Eingriff ist[445]. Deshalb sollten die Standardbefugnisse möglichst detailliert umschrieben und nicht wieder der allgemeinen Generalklausel entnommen werden[446]. Auch wenn man davon ausgehen kann, daß der Gesetzgeber sich aktiv mit der aktuellen Problematik nicht beschäftigt hat, ist es zudem nicht nachvollziehbar, daß die weniger eingreifende Maßnahme in § 12 ME PolG speziell geregelt ist, während die schwerer eingreifende Maßnahme über die Generalklausel abwickelbar sein soll. Dieses mußte erst recht gelten, soweit sich Bremen[447] dem Alternativentwurf (AE PolG) angeschlossen hatte; denn mit § 19 AE PolG sollten die tatbestandlichen Voraussetzungen des Platzverweises noch weiter eingeschränkt werden.

Der Rückgriff auf die Generalklausel läßt sich auch nicht mit dem Argument des OVG Bremen[448] begründen, bei dem klassischen und qualifizierten Platzverweis handele es sich um "qualitativ verschiedene Maßnahmen", die von vornherein auf unterschiedliche Gefahrenlagen zugeschnitten sind. Wie die vorherigen Ausführungen gezeigt haben, fordern beide Ermächtigungsgrundlagen eine konkrete Gefahr.

---

443 Latzel/Lustina, Die Polizei 1995, 131, 135
444 Alberts/Merten/Rogosch, 1996, §§ 11 ff. HambSOG, Rdnr. 2; Schloer, DÖV 1991, 955, 956 f. m.w.N.
445 Vgl. dazu auch Riegel, NJW 1980, 1435, 1435
446 Riegel, NJW 1980, 1435, 1435
447 § 14 BremPolG a. F.
448 OVG Bremen, NVwZ 1999, 314, 315

Der Unterschied besteht lediglich darin, daß die klassischen Platzverweise auf eng umgrenzte Orte beschränkt und nur für eine vorübergehende Zeit zulässig sind. Soweit aber Standardmaßnahmen geregelt worden sind, haben sie die Eigenschaft, Behörden zu ermächtigen und zugleich zu begrenzen. Insoweit kann auf die Entstehungsgeschichte der klassischen Ermächtigungsgrundlagen verwiesen werden.

Der polizeilichen Generalklausel kommt auch keine generelle Auffangfunktion zu. Dem OVG Bremen[449] ist zuzugeben, daß der Gesetzgeber nicht sämtliche künftige Gefahren und alle ihnen gegenüber zu treffenden Maßnahmen im einzelnen voraussehen und detailliert regeln kann. Daher ist es auch völlig unbestritten, daß die polizeiliche Generalklausel auch heute noch in bestimmten Einzelfällen eine wichtige Auffangfunktion besitzt.
Im Hinblick auf Unglücksfälle oder Naturkatastrophen wird daher die Generalklausel sicherlich jederzeit Bedeutung erlangen können. Derartige komplexe Gefahrenlagen können Beschränkungen erfordern, die über einen klassischen Platzverweis hinausgehen können, wobei dann ausnahmsweise ein Rückgriff auf die polizeiliche Generalklausel in Betracht kommen kann. Auch neuere Gefahren können es erforderlich machen, daß ein Rückgriff auf die polizeiliche Generalklausel unumgänglich ist. Auch bei der offenen Drogenszene hat es sich bis zu einem bestimmten Zeitpunkt um eine neuere Gefahrenlage gehandelt. Die Drogenszene hat sich aber mittlerweile langfristig entwickelt und dauerhaft etabliert. Ein Rückgriff auf die polizeiliche Generalklausel kam allenfalls für die Frühphase dieser Entwicklung in Betracht[450]. Dieser ausnahmsweise Rückgriff darf aber nicht die spezialgesetzliche Bestimmung derartig aushöhlen, daß sie im Ergebnis unnötig wird und damit überflüssig ist. Daher hätte die behördliche Praxis spätestens seit der Bearbeitung dieser Untersuchung eingestellt werden müssen, soweit keine spezialgesetzliche Grundlage für qualifizierte Platzverweise geschaffen worden ist.

Eine andere Auffassung läßt sich auch nicht mit einem Hinweis auf die Zulässigkeit der Räumung von Hausbesetzungen auf der Grundlage der Generalklauseln begründen[451]. In derartigen Fällen steht überwiegend der Schutz privater Rechte (Hausrecht, § 903 BGB; Hausfrieden, § 123 StGB) im Vordergrund[452] und bleibt auf

449 OVG Bremen, NVwZ 1999, 314, 315
450 So auch Hecker, MzW 1998, Heft 38, S. 56
451 So aber Latzel/Lustina, Die Polizei 1995, 131, 135
452 Ähnlich auch Rachor, in: HdbPR, 2. Aufl. 1996, Rdnr. F 462, der eine Anordnung an die Hausbesetzer, das Gebäude zu verlassen, als eine Besitzentziehung gegenüber Unbefugten, die dem Herausgabeverlangen bei beweglichen Sachen entspricht,
(Fortsetzung...)

besondere Einzelfälle beschränkt. Des weiteren soll mit der Räumung von Hausbesetzungen eine begangene rechtswidrige Dauertat unterbunden werden, die den Tatbestand des Hausfriedensbuchs (§ 123 StGB) verwirklicht, und damit der ordnungsgemäße Zustand wiederhergestellt werden.

Damit kann festgehalten werden, daß qualifizierte Platzverweise gegenüber potentiellen Störern nicht über die polizeiliche Generalklausel begründet werden können. Darauf gestützte qualifizierte Platzverweise sind schon tatbestandlich unzulässig und damit rechtswidrig.

C. Die Durchsetzung des polizeirechtlichen Platzverweises

I. Das Verwaltungsvollstreckungsverfahren

Die Befolgung eines (zulässigen[453]) polizeirechtlichen Platzverweises kann unter den Voraussetzungen der Verwaltungsvollstreckungsgesetze (VwVG)[454] der Länder und des Bundes in Verbindung mit den Polizeigesetzen erzwungen werden.

Bei der Erforschung und Verfolgung von Straftaten und Ordnungswidrigkeiten stützt sich indes die Befugnis zur Zwangsanwendung nicht auf die Verwaltungsvollstreckungsvorschriften der Länder und des Bundes, sondern ergibt sich in der Regel direkt aus den jeweiligen Eingriffsnormen der Strafprozeßordnung bzw. dem Ordnungswidrigkeitengesetz (§ 46 Abs. 1 OWiG i. V. mit den Eingriffsnormen der StPO) selbst. So umfaßt § 164 StPO auch das Recht zur Anwendung von Zwang[455]. Die Art und Weise, also wie Zwang angewendet wird, richtet sich jedoch auch bei Maßnahmen auf der Grundlage der Strafprozeßordnung und dem Ordnungswidrigkeitengesetz nach den Polizeigesetzen[456].

---

[452](...Fortsetzung)
bezeichnet.

[453] Die Ausführungen in diesem Abschnitt unterstellen, daß auch qualifizierte Platzverweise - wenn auch in nur sehr engen Grenzen - verfassungsgemäß sein können.

[454] Auf die vielfältigen Gesetze der Länder und des Bundes auf dem Gebiet des polizeilichen Zwangs kann in dieser Bearbeitung nicht weiter eingegangen werden. Es wird daher auf die ausführliche Darstellung von Rasch, DVBl. 1980, 1017 ff. verwiesen.

[455] Vgl. nur Kleinknecht/Meyer-Goßner, 43. Aufl. 1997, § 164 StPO, Rdnr. 2; Einl., Rdnr. 46

[456] Vgl. nur §§ 35 ff. MEPolG zur Ausübung unmittelbaren Zwanges

1. **Zuständigkeit**

Für die Anwendung von Zwangsmitteln bei Nichtbefolgung eines polizeirechtlichen Platzverweises ist nach den einschlägigen Gesetzen[457] grundsätzlich diejenige Behörde zuständig, die den (Grund-) Verwaltungsakt erlassen hat. Spricht beispielsweise die Polizei eine Unterlassungsverfügung oder einen Platzverweis aus, ist sie auch für die Androhung und Anwendung des Zwangsmittels zuständig.

2. **Verfahrensarten**

a) *Das gestreckte Verfahren*

Der Platzverweis, der zwangsweise vollzogen werden soll, muß entweder unanfechtbar sein oder ein Rechtsbehelf darf keine aufschiebende Wirkung entfalten[458]. Unanfechtbar geworden ist der Verwaltungsakt, wenn die Rechtsbehelfsfrist abgelaufen ist[459] und der Betroffene keinen Rechtsbehelf (Widerspruch) eingelegt hat. Keine aufschiebende Wirkung entfaltet u. a. ein Rechtsbehelf bei den unaufschiebbaren Maßnahmen der Polizei (§ 80 Abs. 2 Nr. 2 VwGO), wenn die sofortige Vollziehung des Verwaltungsaktes wegen des öffentlichen Interesses besonders angeordnet wird (§ 80 Abs. 2 Nr. 4 VwGO) oder in anderen durch Bundesgesetz oder für Landesrecht durch Landesgesetz vorgeschriebenen Fällen (§ 80 Abs. 2 Nr. 3 VwGO[460]). Die zulässigen Zwangsmittel sind Zwangsgeld, Ersatzvornahme und unmittelbarer Zwang[461]. Der polizeirechtliche Platzverweis als nicht vertretbare Unterlassungspflicht ist lediglich mit den Zwangsmitteln des Zwangsgeldes oder des unmittelbaren Zwangs durchsetzbar. Das Zwangsgeld bezieht sich sinnvollerweise auf das "Aufenthalts- / Betretungs- bzw. Durchquerungsverbot", der unmittelbare Zwang auf den "Platzverweis".
Die Durchführung des gestreckten Verfahrens erfolgt in drei Schritten: Androhung, Festsetzung und Ausführung. Bei jedem Schritt handelt es sich um einen Verwaltungsakt, wobei jeweils die Verwaltungsverfahrensvorschriften zu beachten sind.

---

457 Vgl. z. B. § 7 Abs. 1 VwVG; § 64 Abs. 3 NGefAG; § 12 Abs. 1 BremVwVG
458 Vgl. z. B. § 28 Abs. 1 ME PolG; § 6 Abs. 1 VwVG; § 64 Abs. 1 NGefAG
459 Vgl. § 70 Abs. 1 VwGO; bei fehlender oder fehlerhafter Rechtsbehelfsbelehrung wird die Frist gem. §§ 70 Abs. 2, 58 Abs. 2 VwGO von einem Monat auf ein Jahr erhöht.
460 Vgl. z. B. § 64 Abs. 4 NGefAG
461 Vgl. z. B. § 9 Abs. 1 VwVG; § 65 Abs. 1 NGefAG; § 13 Abs. 1 BremVwVG

b) *Das abgekürzte Verfahren*

Das Verfahren zu a) muß nicht eingehalten werden, wenn die Voraussetzungen des abgekürzten Verfahrens (oder sog. unmittelbare Ausführung bzw. sofortiger Vollzug) vorliegen. Kennzeichen des abgekürzten Verfahrens ist, daß der Verwaltungsakt, die Androhung mit Fristsetzung, die Festsetzung und die Ausführung in einem Akt zusammenfallen[462].

Voraussetzung der unmittelbaren Ausführung ist grundsätzlich, daß die polizeiliche Gefahr nicht auf andere Weise abgewehrt oder eine Störung nicht anders beseitigt werden kann und die Behörde hierbei innerhalb ihrer Befugnisse handelt[463]. Dies ist insbesondere der Fall, wenn kein Polizeipflichtiger vorhanden oder rechtzeitig erreichbar ist.
Da jedoch bei den hier zu untersuchenden Fallkonstellationen eine besondere Eile in der Regel nicht geboten sein wird, kommt grundsätzlich nur das gestreckte Verfahren zur Anwendung. Dazu müssen folgende weitere Schritte beachtet werden.

3. **Androhung**

a) *Allgemeines*

Vollstreckungsmaßnahmen sind vor ihrer Anwendung grundsätzlich anzudrohen. Die Androhung erfüllt eine Warnfunktion und soll es dem Verpflichteten ermöglichen, den durchzusetzenden Verwaltungsakt doch noch zu beachten und damit die Zwangsanwendung zu vermeiden. Daher muß von der Ordnungsbehörde jedes Zwangsmittel möglichst schriftlich angedroht werden[464]. In der vollzugspolizeilichen Praxis wird allerdings die Zwangsmittelanwendung fast ausschließlich nur mündlich angedroht werden könnnen[465].

---

462 Rasch, DVBl. 1980, 1017, 1020 m.w.N.
463 Vgl. z. B. § 28 Abs. 2 ME PolG; § 64 Abs. 2 NGefAG; § 11 Abs. 2 BremVwVG
464 Vgl. z. B. § 13 Abs. 1 VwVG
465 So nun auch ausdrücklich § 40 Abs. 1 Nr. 2 BremPolG und § 44 Abs. 1 Satz 1 BremPolG in der Fassung der Bekanntmachung vom 12. September 2001, BremGbl. S. 277; vgl. dazu die klarstellende Begründung des Bremischen Senats zu § 44 Abs. 1 BremPolG E, in: Mitteilung des Senats vom 23. Januar 2001, Gesetzesentwurf zur Änderung des Bremischen Polizeigesetzes, LT-Drs. 15/599, S. 35

Das Gebot der Androhung gilt grundsätzlich für alle Zwangsmittel. Von der Androhung kann abgesehen werden, wenn die Umstände sie nicht zulassen, insbesondere wenn die sofortige Anwendung des Zwangsmittels zur Abwehr einer gegenwärtigen Gefahr notwendig ist[466].

Die Androhung des Zwangsmittels muß bestimmt sein; sie muß sich auf ein bestimmtes[467] und verhältnismäßiges Zwangsmittel beziehen. So genügt es z. B. nicht anzudrohen, "falls Sie dieser Anforderung nicht nachkommen, so sehen wir uns genötigt, ... mit Mitteln des Verwaltungszwanges gegen Sie vorzugehen", sondern beim unmittelbaren Zwang muß die Androhung z. B. heißen: "... unmittelbaren Zwang anzuwenden". Die Androhung mehrerer Zwangsmittel nebeneinander zur Durchsetzung eines Gebotes oder Verbotes verstößt gegen den Grundsatz der Verhältnismäßigkeit[468].

Mit der Androhung beginnt die Vollstreckung. Die Androhung ist daher Teil der Sekundärmaßnahme "Zwangsverfahren". Daraus ergibt sich, daß Widerspruch und Anfechtungsklage gegen die Androhung in den Ländern, die von der Ermächtigung des § 187 Abs. 3 VwGO Gebrauch gemacht haben, keine aufschiebende Wirkung haben[469]. Die Rechtmäßigkeit der Androhung ist zudem Voraussetzung für die rechtmäßige Anwendung des angedrohten Zwangsmittels[470].

b) *Verbindung mit dem Grundverwaltungsakt (sog. unselbständige Androhung)*

Problematisch ist, ob die Androhung generell mit dem Grundverwaltungsakt verbunden werden kann.

Es wird zum Teil[471] die Auffassung vertreten, daß dies generell zulässig sei, da sich dies aus dem Wortlaut des § 34 Abs. 2 ME PolG[472] selbst ergebe. Nach Satz 1 kann die Androhung mit dem Verwaltungsakt verbunden werden, durch den die Hand-

---

466 Vgl. z. B. § 13 Abs. 1 i. V. mit § 6 Abs. 2 VwVG; § 70 Abs. 1 Satz 3 NGefAG; § 17 Abs. 1 Satz 1 i. V. mit § 11 Abs. 2 BremVwVG

467 Vgl. z. B. § 13 Abs. 3 Satz 1 VwVG; § 70 Abs. 3 Satz 1 NGefAG; § 17 Abs. 3 Satz 1 BremVwVG

468 Rasch, DVBl. 1980, 1017, 1020 m.w.N.

469 Vgl. z. B. § 64 Abs. 4 NGefAG

470 Hans, Jura 1985, 431, 434 m.w.N.

471 Vgl. nur Rudolph, 1992, S. 35 ff., 52, mit umfangreichen Nachweisen; Engelhardt/-App, 5. Aufl. 2001, § 13 VwVG, Rdnr. 10; ders., § 14 VwVG, Rdnr. 5; jeweils jedoch mit relativierenden Ausführungen.

472 Vgl. z. B. § 70 Abs. 2 NGefAG

lung, Duldung oder Unterlassung aufgegeben wird. Nach Satz 2 soll sie mit ihm verbunden werden, wenn ein Rechtsbehelf keine aufschiebende Wirkung hat. Aus dem Zusammenhang dieser beiden Sätze könnte sich ergeben, daß Satz 1 auch schon bereits eine Androhung zuläßt, wenn ein Rechtsbehelf aufschiebende Wirkung entfaltet. Ansonsten wäre der Satz 2 überflüssig. Gegen diese Auslegung spricht aber die systematische Stellung dieser Vorschrift in dem Abschnitt über die Zulässigkeit von Vollstreckungsmaßnahmen.

Die Androhung des Zwangsmittel als eine Maßnahme der Vollstreckung setzt voraus, daß der zu vollstreckende Verwaltungsakt unanfechtbar geworden ist oder daß die aufschiebende Wirkung eines dagegen eingelegten Rechtsmittels entfällt. Daraus folgt weiter, daß die Androhung grundsätzlich nur dann mit dem Grundverwaltungsakt verbunden werden kann, wenn seine sofortige Vollziehung angeordnet worden ist oder dem Rechtsmittel keine aufschiebende Wirkung zukommt[473].

Für den Fall also, daß die Polizei einen Platzverweis ausspricht, kann und sollte die Androhung des Zwangsmittels bereits mit dem Grundverwaltungsakt verbunden werden. Soweit die Ordnungsbehörde handelt, darf diese die Androhung des Zwangsmittels - für den Fall der Zuwiderhandlung gegen einen Platzverweis - nur mit dem Grundverwaltungsakt verbinden, wenn sie die sofortige Vollziehung gem. § 80 Abs. 2 Nr. 4 VwGO angeordnet hat.

c) *Frist*

Ein unerläßlicher Bestandteil der Androhung ist die Fristsetzung. Gem. § 34 Abs. 1 Satz 2 ME PolG ist dem Betroffenen in der Androhung zur Erfüllung seiner Verpflichtung eine angemessene Frist zu setzen. Dies gilt auch dann, wenn das Gesetz eine Fristsetzung nicht ausdrücklich vorschreibt. Der Sinn der Fristsetzung ist darin zu sehen, daß dem Pflichtigen deutlich gemacht werden soll, ab wann er mit der Vollstreckung zu rechnen hat[474]. Die Frist ist so zu bemessen, daß der Pflichtige nach allgemeiner Lebensanschauung seine Pflicht bis zum Ablauf der Frist erfüllen kann. Es sind daher Art und Umfang der vorzunehmenden Handlung sowie die Dringlichkeit der Ausführung in Rechnung zu stellen[475].

---

473 So auch Rasch, DVBl. 1980, 1017, 1021 und Riedinger, VBlBW 2000, 332, 335
474 Rasch, DVBl. 1985, 1017, 1021
475 Rasch, DVBl. 1985, 1017, 1021

So wird eine Fristsetzung bei einem Platzverweis aufgrund der außergewöhnlichen Umstände entbehrlich sein, da die konkrete Gefahr in der Regel sofort abgewehrt werden muß.

Eine Fristsetzung ist des weiteren dann nicht erforderlich, wenn eine Duldung oder - wie bei einem Aufenthaltsverbot - eine Unterlassung erzwungen werden soll[476]. Fehlt auch hierzu eine ausdrückliche gesetzliche Regelung, so ist bei Duldungs- und Unterlassungspflichten allgemein davon auszugehen, daß es einer besonderen Fristsetzung der Natur der Sache nach nicht bedarf[477].

4. Festsetzung

Die nächste Verfahrensstufe bildet grundsätzlich die Festsetzung. Z. B. in § 14 Satz 1 VwVG heißt es, daß dann, wenn die Verpflichtung innerhalb der Frist, die in der Androhung bestimmt ist, nicht erfüllt wird, die Vollzugsbehörde das Zwangsmittel festsetzt. Die Festsetzung des Zwangsmittels ist die Anordnung der Vollzugsbehörde, daß das Zwangsmittel angewandt werden soll (Vollstreckungsanordnung)[478].

5. Ausführung

Die letzte Verfahrensstufe ist die eigentliche Ausführung des Zwangsmittels. Sie muß sich im Rahmen der Androhung und Festsetzung halten. Nur was angedroht und festgesetzt ist, darf ausgeführt werden.

6. Zwangsmittelarten

Die materielle Rechtmäßigkeit der Verwaltungsvollstreckung ist davon abhängig, ob die Polizei bzw. Ordnungsbehörde bei ihrer Entschließung zum Verwaltungszwang und bei der Auswahl des angedrohten Zwangsmittels ihr Ermessen fehlerfrei ausgeübt hat. Hierzu gehört auch die Prüfung, ob die Voraussetzungen für die Anwendung des ausgewählten Zwangsmittels gegeben sind. Als Zwangsmittel im

---

476 Rasch, DVBl. 1985, 1017, 1021 m.w.N.; Rachor, in: HdbPR, 1992, F 518; Rasch DVBl.1980, 1017 (1021) mwN; vgl. z. B. § 17 Abs. 1 Satz 3 BremVwVG

477 Rasch, DVBl. 1985, 1017, 1021 m.w.N.; Rudolph, 1992, S. 43 m.w.N.

478 Rasch, DVBl. 1985, 1017, 1022

Platzverweisverfahren kommen Zwangsgeld und unmittelbarer Zwang in Betracht[479].

a) *Zwangsgeld*

aa) *Allgemeines*

Die Ermächtigung zur Anwendung von Zwangsgeld ergibt sich aus den einschlägigen Verwaltungsvollstreckungs- und Polizeigesetzen des Bundes und der Länder[480].

Zwangsgeld kann insbesondere im Zusammenhang mit seiner Beitreibung und der Anordnung bzw. Vollstreckung von Ersatzzwangshaft durchaus ein geeignetes Mittel zur Durchsetzung eines klassischen oder qualifizierten Platzverweises sein.

Hierzu ist aber zu bemerken, daß Zwangsgeld bei der polizeilichen Gefahrenabwehr selten ist, da mit diesem Zwangsmittel die Gefahr nicht rechtzeitig und effektiv bekämpft werden kann; es entfällt insbesondere bei unaufschiebbaren Maßnahmen[481].

Soweit aber ein längerfristiges Aufenthaltsverbot durchgesetzt werden soll, ist das ansonsten von der Polizei selten genutzte Zwangsgeldverfahren durchaus in Betracht zu ziehen.
Gem. § 33 Abs. 1 ME PolG[482] ist dieses Zwangsmittel dem unmittelbaren Zwang vorzuziehen, was im Falle eines längerfristigen Platzverweises auch hinsichtlich der Effektivität geboten erscheint, da das Zwangsgeldverfahren auf eine dauerhafte Einwirkung auf den Pflichtigen abzielt, während der unmittelbare Zwang immer nur kurzfristig die Durchsetzung des Aufenthaltsverbotes gewährleisten kann[483].

Die Erfahrungen in der Praxis[484] haben gezeigt, daß sich die klassischen Platzverweise im Zusammenhang mit "Punker-Treffen" oder Treffen der "linken" bzw. "rechten" Szene eher als "stumpfes Schwert" erweisen, wenn die Platzverweise zunächst freiwillig befolgt werden, kurze Zeit später jedoch der alte Aufenthaltsort wieder eingenommen wird. Auf die spezialgesetzlichen Vorschriften, die die Inge-

---

479 Die Ersatzvornahme bleibt in dieser Untersuchung außer Betracht, da sie nur für die Durchsetzung vertretbarer Handlungen geeignet ist.
480 Vgl. z. B. § 31 ME PolG; § 64 Abs. 1 NGefAG
481 Hans, Jura 1985, 431, 435 m.w.N.; Rudolph, 1992, S. 39
482 Vgl. z. B. auch § 55 I PolG NW
483 Latzel/Lustina, Die Polizei 1995, 131, 137
484 Vgl. dazu Kaatz, in: info-Recht 8/1999, S. 93

wahrsamnahme zur Durchsetzung eines Platzverweises regeln, kann in diesen Fällen nicht zurückgegriffen werden. Allerdings bietet sich in derartigen Fällen durchaus die Androhung eines Zwangsgeldes[485] und im Wiederholungsfalle dann die Festsetzung[486] des angedrohten Zwangsgeldes an, wenn der klassische Platzverweis zugleich mit einem Aufenthaltsverbot kombiniert wird[487].

Während der ME PolG in § 31 Abs. 1 nur Zwangsgeld von 10 bis höchsten 5.000,-- DM zugelassen hat, können nach den neueren Polizeigesetzen[488] Zwangsgelder bis zu 100.000,-- DM verhängt werden. Die Bestimmung der Höhe erfolgt im Einzelfall nach pflichtgemäßem Ermessen im Rahmen des Grundsatzes der Verhältnismäßigkeit. Dabei muß das Zwangsgeld in einem angemessenen Verhältnis zu seinem Zweck stehen. Bei der Bemessung des Zwangsgeldes sind wesentlich der beabsichtigte Erfolg und das wirtschaftliche Interesse des Betroffenen an der Nichtbefolgung des Verwaltungsaktes zu berücksichtigen. Etwaige Vorteile des Betroffenen an der Nichtbefolgung sollen auf jeden Fall abgeschöpft werden. Ferner sind die Hartnäckigkeit des Verhaltens (erster Verstoß oder Wiederholungsgefahr), die finanzielle Leistungsfähigkeit des Betroffenen und die Bedeutung der Angelegenheit zu berücksichtigen. Das Zwangsgeld muß so hoch sein, daß der Betroffene es voraussichtlich vorziehen wird, seine Pflicht zu erfüllen[489]. Im Zusammenhang mit qualifizierten Platzverweisen sind daher in der Praxis Zwangsgelder in Höhe

---

485 Vgl. z. B. § 65 Abs. 1 Nr. 2, § 70 Abs. 1 NGefAG

486 Vgl. z. B. § 67 NGefAG

487 Diese Konstellation läßt der Bremische Senat in seiner Begründung zu § 15 BremPolGE völlig außer Betracht, vgl. Mitteilung des Senats vom 23. Januar 2001, Gesetzesentwurf zur Änderung des Bremischen Polizeigesetzes, LT-Drs. 15/599, S. 22; davon unberührt bleiben ggf. Straf- bzw. Ordnungswidrigkeitenanzeigen, vgl. dazu die Ausführungen im 2. Kapitel unter A. I. 3. b)

488 Vgl. nur § 67 NGefAG

489 VG Köln, Beschluß vom 15.03.1995, Az. 20 L 2625/94, S. 14 m.w.N.

von 100,-- DM[490], 300,-- DM[491], 500,-- DM[492] bis 1.400,-- DM[493] und 2.000,-- DM[494] angedroht worden.

Das Zwangsgeld kann solange wiederholt werden, bis der Verwaltungsakt befolgt worden ist oder sich auf andere Weise erledigt hat[495]. Auch eine Steigerung des Zwangsgeldes bis zur Höchstgrenze ist zulässig. Im Einzelfall kann die Wiederholung des Zwangsgeldes aber unzulässig sein, wenn inzwischen feststeht, daß der polizeiliche Zweck auf diese Weise nicht erreicht werden kann.

bb) *Androhung des Zwangsgeldes*

(1) *Allgemeines*

Das Zwangsgeld ist unter Bezugnahme auf den früher oder gleichzeitig ergangenen Grundverwaltungsakt in bestimmter Höhe, also nicht "bis zu ... DM", grundsätzlich schriftlich anzudrohen[496]. Bei der Androhung ist darauf hinzuweisen, daß das zuständige Amtsgericht auf Antrag der jeweils zuständigen Behörde Ersatzzwangshaft anordnen kann, wenn das Zwangsgeld uneinbringlich ist[497]. Erfolgt dieser Hinweis nicht, kann Ersatzzwangshaft nicht beantragt werden[498].

---

490 Vgl. VG Arnsberg, Beschluß vom 04.04.2000, Az. 3 L 326/00

491 Vgl. VG Minden, Beschluß vom 21.10.1999, Az. 2 M 22/99

492 OVG Niedersachsen, Beschluß vom 26.04.1999, Az. 11 L 2590/99, S. 2 f., wonach das Gericht des festgesetzte Zwangsgeld in Höhe von 500,-- DM auch bei einem Empfänger von nur geringen Leistungen nach dem Asylbewerberleistungsgesetz für angemessen gehalten hat. Knapp ein Jahr später hat das OVG Niedersachsen, Beschluß vom 14.03.2000, Az. 11 M 786/00, S. 3, in diesem Zusammenhang sogar eine Zwangsgeldfestsetzung i. H. v. 3.000,-- DM für angemessen gehalten, da ein der Höhe nach allein an den legalen Einkünften orientiertes Zwangsgeld in Fällen der vorliegenden Art offensichtlich ineffektiv wäre.

493 Vgl. VG Minden, Beschluß vom 02.09.1999, Az. 2 M 19/99

494 Vgl. dazu VG Minden, Beschluß vom 29.03.2000, Az. 2 L 242/00; VG Minden, Beschluß vom 18.05.1999, Az. 2 M 8/99; VGH München, Beschluß vom 18.02.1999, NVwZ 2000, 454 f.; VGH München, Beschluß vom 23.04.1999, Az. 24 CS 98.3551, S. 11

495 Vgl. nur § 65 Abs. 3 NGefAG

496 Vgl. z. B. § 34 Abs. 5 ME PolG; § 70 Abs. 1 und 5 NGefAG

497 Vgl. z. B. § 68 Abs. 2 NGefAG

498 Vgl. z. B. § 68 Abs. 1 NGefAG

(2) *Zwangsgeldandrohung "für jeden Fall der Zuwiderhandlung"*

Fraglich ist ferner, ob eine vorweggenommene Androhung wie "für jeden Fall der Zuwiderhandlung" zulässig ist.

Eine Auffassung[499] will dies generell zulassen. Für diese Auffassung spricht zwar, daß die Androhung von Zwangsgeld für jeden Fall der Zuwiderhandlung vereinzelt sogar gesetzlich ausdrücklich gestattet wird[500].

Die allermeisten Verwaltungsvollsteckungsgesetze treffen dazu aber keine positive Aussage. Es ist daher zu prüfen, ob die Androhung für jeden Fall der Zuwiderhandlung gegen gesetzliche Anforderungen verstößt. Der Grundsatz der Bestimmtheit und das Kumulationsverbot[501] werden durch eine solche Androhung nicht verletzt, weil dem Pflichtigen für jede Zuwiderhandlung nur ein Zwangsmittel, nämlich Zwangsgeld in bestimmter Höhe angedroht wird[502].

Einige Verwaltungsvollstreckungsgesetze enthalten jedoch ausdrückliche Regelungen, wonach eine neue Androhung erst dann zulässig ist, "wenn das zunächst angedrohte Zwangsmittel erfolglos ist"[503]. Das Bundesverwaltungsgericht[504] hat daher entschieden, daß ein Zwangsgeld zur Durchsetzung von Unterlassungspflichten nach §§ 11, 13 VwVG nicht "für jeden Fall der Zuwiderhandlung" angedroht werden darf.

Damit ist aber noch nicht entschieden, wie in den Ländern zu verfahren ist, wo gesetzliche Regelung dazu gänzlich fehlen. Aber auch dort ist der Auffassung zu folgen, die eine Androhung für jeden Fall der Zuwiderhandlung für unzulässig halten[505]. Eine derartige Anordnung ist mit dem Sinn und Zweck des Zwangsgeldes

---

499 Vgl. nur Rasch, DVBl. 1980, 1017, 1020

500 Vgl. z. B. § 17 VI 2 BremVwVG: *"Bei Verwaltungsakten, die ein wiederholtes Handeln oder ein Dulden oder Unterlassen verlangen, kann das Zwangsmittel für jeden Fall der Zuwiderhandlung angedroht werden [...]."* Daher könne eine derartige Zwangsgeldandrohung nach Auffassung des OVG Bremen, NVwZ 1999, 314, 318, auf §§ 11 Abs. 1, 13 Abs. 1, 17 BremVwVG gestützt werden.

501 Vgl. z. B. § 13 III VwVG; § 63 III NWVwVG

502 So auch Brühl, JuS 1997, 926, 931 m.w.N.; Engelhardt/App, 5. Aufl. 2001, § 13 VwVG, Rdnr. 4

503 So z. B. Art. 36 VI 2 BayVwZVG und § 13 VI 2 VwVG

504 BVerwG, NVwZ 1998, 393 = DVP 1998, 304 mit Anmerkung von Vahle

505 VG Arnsberg, GewArch 1980, 29, 30; zustimmend OVG Magdeburg, DÖV 1995, 385, 386; Rudolph, 1992, S. 56 f.; Brühl, JuS 1997, 926, 931; Engelhardt/App, 5.

(Fortsetzung...)

nicht vereinbar. Dadurch, daß die Verwaltungsvollstreckungsgesetze beim Verwaltungszwang mehrere Verfahrensschritte vorschreiben, damit dem Pflichtigen Gelegenheit gegeben wird, sein Verhalten noch rechtzeitig vor Anwendung des Zwangsmittels zu ändern, wird der Beugecharakter des Zwangsmittels herausgestellt. Die darin zum Ausdruck kommende Intention des Gesetzgebers würde vereitelt, wenn man es zuließe, daß die Behörde über eine Androhung "auf Vorrat" einzelne Zuwiderhandlungen feststellen, sammeln und anschließend in einer Zwangsgeldfestsetzung summarisch erfassen könnte (also z. B. 10 x 1000 DM). Bei einem solchen Vorgehen würde das Zwangsgeld seinen Charakter als Beugemittel weitgehend verlieren und statt dessen Strafcharakter bekommen. Daraus folgt, daß Zwangsgelder nur in Form einer erneuten selbständigen Androhung wiederholt und gegebenenfalls gesteigert werden können.

cc) *Festsetzung*

Im Fall der Nichterfüllung des mit der Androhung verbundenen Gebotes oder Verbotes (Unterlassung) ist das angedrohte Zwangsgeld schriftlich festzusetzen und dem Betroffenen bekanntzugeben[506]. Die Festsetzung des Zwangsgeldes besagt, daß das bisher nur angedrohte Zwangsmittel nunmehr angewendet wird. Für die Zahlung des Geldes ist in der Festsetzungsverfügung eine angemessene Frist einzuräumen[507].

Da es sich bei der Festsetzung auch um einen selbständigen Verwaltungsakt handelt, kann die schriftliche Festsetzung des Zwangsmittels erst erfolgen, wenn der durchzusetzende Verwaltungsakt unanfechtbar geworden ist oder ein Rechtsbehelf keine aufschiebende Wirkung hat.

Wird aber von der Ordnungsbehörde der sofortige Vollzug angeordnet oder aber die Androhung von dem Polizeivollzugsdienst ausgesprochen, so entfaltet ein Rechtsbehelf gem. § 80 Abs. 2 Nr. 4 bzw. Nr. 2 VwGO keine aufschiebende Wirkung. Das Zwangsgeld kann daher in diesen Fällen nach erfolgter Androhung bei Mißachtung der Verfügung auch sofort festgesetzt werden.

---

[505](...Fortsetzung)
Aufl. 2001, § 13 VwVG, Rdnr. 4

[506] Vgl. z. B. § 67 Abs. 1 NGefAG

[507] Vgl. z. B. § 31 Abs. 2 ME PolG; § 67 Abs. 2 NGefAG

Mit der Festsetzung kann ferner zugleich ein weiteres Zwangsgeld angedroht werden. Durch diese Zwangsgeldandrohung soll nämlich die Wirkung der Zwangsgeldfestsetzung verstärkt und der betroffenen Person klar gemacht werden, daß sie mit weiteren Zwangsmitteln zu rechnen habe, sofern sie einem Aufenthaltsverbot nicht Folge leistet[508]. Auch unter dem Gesichtspunkt der Verhältnismäßigkeit bestehen gegen die gleichzeitige Zwangsgeldfestsetzung und Androhung eines weiteren Zwangsgeldes keine Bedenken. Im Gegensatz zur Ersatzvornahme und zum unmittelbaren Zwang bildet beim Zwangsgeld die Androhung den Schwerpunkt des Verwaltungszwangs[509]. Festsetzung und Beitreibung haben für die Wirkung des Zwangsgeldes als psychologisches Druckmittel keine selbstständige Bedeutung. Einer vorherigen Beitreibung des festgesetzten Zwangsgeldes vor Androhung eines weiteren Zwangsgeldes bedarf es daher nicht.

dd) *Beitreibung*

Zahlt der Betroffene das Zwangsgeld nicht fristgerecht, so wird es im Verwaltungszwangsverfahren beigetrieben[510]. Unter Beitreibung wird die eigentliche Anwendung des Zwangsmittels verstanden.

ee) *Ersatzzwangshaft bzw. Erzwingungshaft*

Ist ein festgesetztes Zwangsgeld uneinbringlich und ist bei dessen Androhung auf die Möglichkeit der Haftanordnung hingewiesen worden, kann Ersatzzwangshaft angeordnet werden[511]. Da die Ersatzzwangshaft eine Freiheitsentziehung ist (Art. 104 Abs. 2 GG), kann sie auch nur durch den zuständigen Verwaltungs-[512] oder Amtsrichter[513] auf Antrag der Polizei oder Ordnungsbehörde angeordnet werden.

---

508 VG Stuttgart, Beschluß vom 07.12.1998, Az. 1 K 5287/98, S. 6 m.w.N.; VG Minden, Beschluß vom 29.03.2000, Az. 2 L 242/00; a. A. Rudolph, 1992, S. 60 und Engelhardt/App, 5. Aufl. 2001, § 13 VwVG, Rdnr. 12

509 Vgl. OVG Schleswig, DÖV 2000, 608, 608 f.

510 Vgl. z. B. § 31 Abs. 3 Satz 1 ME PolG

511 Vgl. nur § 32 Abs. 1 Satz 1 ME PolG

512 So z. B. gem. § 32 Abs. 1 Satz 1 ME PolG und § 61 Abs. 1 Satz 1 VwVG NW; § 24 Abs. 1 BW LVwVG

513 So z. B. gem. § 68 Abs. 1 NGefAG

(1) *Uneinbringlichkeit*

Ein Zwangsgeld ist uneinbringlich, wenn ein Beitreibungsversuch nicht zum Erfolg geführt hat oder die Zahlungsunfähigkeit des Pflichtigen offenkundig ist[514]. Eine offenkundige Zahlungsunfähigkeit ist anzunehmen, wenn z. B. frühere Beitreibungsversuche erst vor kurzer Zeit erfolglos waren oder der Betroffene glaubhaft darlegt, nichts Verwertbares zu besitzen.

Der Nachweis der Uneinbringlichkeit setzt nicht notwendig die Abgabe einer eidesstattlichen Versicherung des Vollstreckungsschuldners voraus[515]. Das Verlangen des Vorliegens einer eidesstattlichen Versicherung wäre jedenfalls dann, wenn keinerlei Verdachtsmomente ersichtlich sind, die auf ein verwertbares Vermögen des Vollstreckungsschuldners schließen lassen, reine Förmelei.

Gerade bei Angehörigen der offenen Drogenszene ist zudem daraufhinzuweisen, daß das bei einem Dealer gefundene Bargeld "in typischer Dealerstückelung" nicht zur Verneinung der Uneinbringlichkeit führt; denn auf diesen Geldbetrag hat die Vollstreckungsbehörde keinen Zugriff[516].

(2) *Vollstreckbarkeit der Zwangsgeldfestsetzung*

Voraussetzung der Anordnung einer Ersatzzwangshaft als selbständigen Verwaltungsakt ist ferner, daß die Zwangsgeldfestsetzung unanfechtbar oder sofort vollziehbar und nicht nichtig ist[517].

(3) *Verhältnismäßigkeit*

Die Anordnung der Ersatzzwangshaft muß des weiteren verhältnismäßig sein. Der mit der Ersatzzwangshaft verbundene schwerwiegende Eingriff in die persönliche Bewegungsfreiheit des Vollstreckungsschuldners (Art. 2 Abs. 2 Satz 2 GG i. V. mit 104 Abs. 1 GG) darf insbesondere nicht außer Verhältnis zur Bedeutung der Sache stehen. Bei dieser Abwägung ist aber besonders zu berücksichtigen, daß die Ersatz-

---

514 Engelhardt/App, 5. Aufl. 2001, § 16 VwVG, Rdnr. 3
515 OVG Münster, NVwZ-RR 1997, 763, 763
516 Vgl. nur VG Minden, Beschluß vom 18.05.1999, Az. 2 M 8/99, S. 3 f.
517 Vgl. nur OVG Münster, NVwZ-RR 1997, 763, 763

zwangshaft das letzte Mittel des Staates ist, um seine Anordnungen gegenüber uneinsichtigen Bürgern durchzusetzen[518].

Bei längerfristigen Platzverweisen ist auch der Wechsel des Zwangsmittels auf unmittelbaren Zwang nicht zumutbar[519]. Im Einzelfall ist es zwar denkbar, den Platzverweis dadurch sicherzustellen, daß die betroffene Person durch Polizeivollzugsbeamte mit körperlicher Gewalt aus dem betroffenen Bereich entfernt wird. Für längerfristige Platzverweise ist diese Vorgehensweise jedoch ungeeignet. Bei lebensnaher Betrachtung besteht nämlich die Gefahr, daß die betroffene Person unverzüglich nach der Entfernung aus dem betroffenen Bereich erneut gegen das Aufenthaltsverbot verstößt. Zudem würde diese Vorgehensweise einen unverhältnismäßig hohen Personaleinsatz verlangen und den eigentlichen Sinn der Verfügung unterlaufen. Will man neben dem klassischen auch einen qualifizierten Platzverweis zulassen, bedarf es auch einer Vollstreckungspraxis, die auf eine dauerhafte Einwirkung auf den Ordnungspflichtigen abzielt[520]. Dafür ist allein die Verhängung von Zwangsgeldern mit der dann unter Umständen damit verbundenen Anordnung von Ersatzzwangshaft geeignet.

(4) *Höhe der Ersatzzwangshaft*

Die anzuordnende Ersatzwangshaft beträgt mindestens einen Tag, höchstens zwei Wochen[521]. Die Höhe[522] der Ersatzzwangshaft ist u. a. abhängig vom Verhalten des Betroffenen und der Höhe des maßgebenden Zwangsgeldes. In der Praxis ist im Zusammenhang mit der offenen Drogenszene bislang Ersatzzwangshaft von bis zu sieben Tagen angeordnet worden[523].

---

518 Vgl. nur OVG Münster, NVwZ-RR 1997, 763, 763 m.w.N., und mit weiteren Ausführungen zu den zu berücksichtigenden Kriterien bei der Abwägung im Einzelfall, z. B. persönlichen Verhältnisse des Pflichtigen wie Krankheit oder Haftunfähigkeit.

519 a. A. Kay/Böcking, 1992, Rdnr. 397

520 VG Gelsenkirchen, Beschluß vom 10.09.1992, Az. 16 M 73/92, S. 7; VG Gelsenkirchen, Beschluß vom 08.10.1992, Az. 16 M 82/92, S. 6

521 Vgl. z. B. § 32 Abs. 1 Satz 2 ME PolG; § 61 Abs. 1 Satz 2 VwVG NW

522 Vgl. z. B. VG Minden, Beschluß vom 28.07.1999, Az. 2 M 14/99, S. 5: Fünf Tage bei 125,-- DM je Tag; VG Minden, Beschluß vom 18.05.1999, Az. 2 M 8/99, S. 4: Fünf Tage bei 400,-- DM je Tag.

523 Vgl. z. B. VG Gelsenkirchen, Beschluß vom 10.09.1992, Az. 16 M 73/92 (zwei Tage); VG Gelsenkirchen, Beschluß vom 25.11.1993, Az. 16 M 145/93 (drei Tage); VG Gelsenkirchen, Beschluß vom 08.12.1994, Az. 16 M 60/94 (vier Tage); VG Gelsenkirchen, Beschluß vom 06.02.1996, Az. 16 M 112/95 (sieben Tage); VG Hamburg, Beschluß vom 27.02.1998, Az. 20 VG 717/98 (sieben Tage)

(5) *Haftbefehl und Rechtsmittel*

Zur Durchsetzung der Ersatzzwangshaft ist außerdem ein Haftbefehl gegen die betroffene Person zu erlassen[524]. Die Verhaftung des Betroffenen erfolgt durch einen Gerichtsvollzieher, der den Haftbefehl dem Betroffenen bei der Verhaftung in beglaubigter Abschrift zu übergeben hat[525].

Gegen die Entscheidung des Gerichts ist die sofortige Beschwerde statthaft[526]. Die sofortige Beschwerde ist binnen einer Notfrist von zwei Wochen einzulegen und beginnt mit der Zustellung der Entscheidung[527]. Dies bedeutet, daß Zwangsgeld bei unaufschiebbaren Anordnungen und Maßnahmen von Polizeivollzugsbeamten in der Regel ein ungeeignetes Zwangsmittel ist.

ff) *Festsetzung, Beitreibung und Ersatzzwangshaft nach "Erledigung" der Verfügung?*

Festsetzung, Beitreibung und Ersatzzwangshaft unterbleiben, sobald der Betroffene die gebotene Handlung ausführt oder die zu duldende Maßnahme gestattet[528]. Fehlt eine gesetzliche Regelung, so ergibt sich dies aus der Natur des Zwangsgeldes als Beugemittel. Deshalb ist auch fraglich und umstritten, ob bei Mißachtung einer Platzverweisverfügung mit Zwangsgeldandrohung das Zwangsgeld festgesetzt, beigetrieben bzw. Ersatzzwangshaft angeordnet werden kann, wenn sich die Verfügung, beispielsweise durch Zeitablauf, erledigt hat. Eventuell müssen dann Ausnahmen gemacht werden, damit das Zwangsgeld nicht seine Natur als Beugemittel verliert.

Nach Auffassung mehrerer Oberverwaltungsgerichte[529] dürfe ein Zwangsgeld, mit dem der Pflichtige angehalten werden soll, eine Handlung zu unterlassen, jedenfalls dann nicht mehr festgesetzt und beigetrieben werden, wenn ein weiterer Verstoß gegen das Verbot nicht mehr zu erwarten ist. Denn mit dem Zweck des

---

524 Vgl. z.B. § 32 Abs. 2 ME PolG i. V. m. § 901 ZPO
525 Vgl. z. B. § 32 Abs. 2 ME PolG i. V. m. § 909 ZPO
526 Vgl. z. B. § 32 Abs. 2 ME PolG i. V. m. § 793 Abs. 1 ZPO; § 68 Abs. 2 Satz 4 NGefAG
527 Vgl. z. B. § 32 Abs. 2 ME PolG i. V. m. § 577 Abs. 2 Satz 1 ZPO
528 Vgl. z. B. § 31 Abs. 3 Satz 2 ME PolG
529 So schon OVG Niedersachsen, DVBl. 1969, 119, 119 f. mit Anmerkung Bettermann; OVG Niedersachsen, NVwZ-RR 1990, 605, 606; VGH Baden-Württemberg, DÖV 1996, 792; OVG Mecklenburg-Vorpommern, DÖV 1996, 927, 927 f. unter Hinweis auf § 92 Abs. 1 Nr. 5 SOG MV

Zwangsgeldes, nämlich den Willen des Pflichtigen zu beugen, und mit dem Übermaßverbot als Bestandteil des Grundsatzes der Verhältnismäßigkeit sei es nicht zu vereinbaren, die Beitreibung auch dann noch zuzulassen, wenn es ausgeschlossen ist, daß der Pflichtige nochmals gegen das Verbot verstößt. Die Beitreibung würde dann über das Notwendige hinausgehen und durch den Zweck des Vollzugs nicht mehr gerechtfertigt sein[530]. Auch der VGH Baden-Württemberg[531] kommt zu diesem Ergebnis, wenn er ausführt, daß ein festgesetztes Zwangsgeld dann nicht mehr beigetrieben werden dürfe, wenn die hierdurch zu erzwingende Handlung oder Unterlassung auf einem befristeten Gebot oder Verbot beruht und die Frist inzwischen verstrichen ist, weil sonst "der Sinn des Erzwingungszwangsgeldes (Beugefunktion) in eine Strafmaßnahme (Sanktion) verkehrt würde".

Andere Gerichte[532] und ein Teil in der Literatur[533] vertreten demgegenüber den Standpunkt, daß die Festsetzung und Beitreibung des Zwangsgeldes auch dann zulässig sei, wenn eine weitere Zuwiderhandlung wegen Fristablaufs oder Erledigung der Verfügung nicht mehr möglich ist. Sie berufen sich darauf, daß der Zwangsgeldandrohung auch bei befristeten Verboten eine zentrale Bedeutung als Beugemittel beizumessen sei. Durch sie soll der Pflichtige in einen Zustand versetzt werden, der ihn veranlasse, das Verbot zu beachten. Die nachfolgende Festsetzung und Beitreibung hätten beim Zwangsgeldeinsatz hingegen nur die Funktion, der Androhung Nachdruck zu verleihen. Ohne diese nachträgliche Durchsetzung ginge die Androhung in diesen Fällen der Unterlassungsvollstreckung ins Leere, weil die Androhung allein kein Übel darstelle, das den Pflichtigen zu dem erforderlichen Verhalten veranlassen könne.

Das OVG Münster[534] schränkt diese Auffassung allerdings auf der Ebene der Angemessenheit einer Ersatzzwangshaft unter Umständen ein und führt dazu wie folgt aus: "Für die Prüfung der Verhältnismäßigkeit im engeren Sinne ist im vorliegenden Zusammenhang ferner von Bedeutung, daß ein weiterer Verstoß gegen die zugrundeliegende Ordnungsverfügung wegen Zeitablaufs des auf drei Monate befristeten Aufenthaltsverbots nicht mehr möglich ist. Dies nimmt der Ersatz-

---

530 OVG Niedersachsen, NVwZ-RR 1990, 605, 606

531 VGH Baden-Württemberg, DÖV 1996, 792, 792 m.w.N.

532 OVG Nordrhein-Westfalen, DVBl. 1989, 889, 889; OVG Nordrhein-Westfalen, NWVBl. 1992, 71, 72; OVG Nordrhein-Westfalen, NVwZ-RR 1997, 763 m.w.N.; OVG Sachsen-Anhalt, DÖV 1996, 926, 926; ähnlich auch VG Gelsenkirchen, Beschluß vom 10.09.1992, Az. 16 M 73/92, S. 8; VG Gelsenkirchen, Beschluß vom 08.12.1994, Az. 16 M 60/94, S. 6 f.

533 Vgl. nur Rudolph, 1992, S. 97 f.; Götz, 12. Aufl. 1995, Rdnr. 402; Braun, 2000, S. 169 f.; Engelhardt/App, 5. Aufl. 2001, § 15 VwVG, Rdnr. 14 m.w.N.

534 OVG Münster, NVwZ-RR 1997, 763, 763; OVG Münster, NVwZ-RR 1999, 802, 802

zwangshaft nicht den Charakter als Beugemittel. Ebenso wie die nachfolgende Festsetzung und Beitreibung eines Zwangsgeldes nach Erledigung des Grundverwaltungsaktes dazu dient, der Androhung den nötigen Nachdruck zu verleihen, erfüllt die Anordnung der Ersatzzwangshaft - soweit es um die Durchsetzung eines Verbots geht - ihre Beugefähigkeit dadurch, daß sie die motivierende Wirkung der Androhung als Druckmittel erhält. Dient die Anordnung der Ersatzzwangshaft nach Erledigung der Grundverfügung allerdings nur noch dazu, einer Entwertung der Androhung des Zwangsgeldes als Beugemittel zu begegnen, kommt mit Blick auf den Grundsatz der Verhältnismäßigkeit eine Ersatzzwangshaft nur ausnahmsweise bei Vorliegen besonderer Voraussetzungen in Betracht. Ein solcher Ausnahmefall kann gegeben sein, wenn die Androhung des Zwangsmittels der Durchsetzung einer Ordnungsverfügung dient, die den *Schutz von Leben und Gesundheit Dritter* [Kursivschrift durch den Verfasser] bezweckt. Das Einschreiten zum Schutz von Grundrechten Dritter rechtfertigt ausnahmsweise einen Eingriff in das Grundrecht der persönlichen Freiheit des Schuldners.
Bei Zugrundelegung dieser Maßstäbe ist die Anordnung einer Ersatzzwangshaft im vorliegenden Fall trotz Erledigung der Grundverfügung - ausnahmsweise - angemessen. Das in der zugrundeliegenden Ordnungsverfügung ausgesprochene Aufenthaltsverbot verfolgte den Zweck, den Drogenhandel und -konsum in der sogenannten offenen Drogenszene zu unterbinden. Der Ag. ist in der Vergangenheit nicht nur als Konsument, sondern regelmäßig auch als Händler von Betäubungsmitteln in Erscheinung getreten. [...] Die Durchsetzung der Ordnungsverfügung gegen den Ag. diente mithin der Abwehr besonders schwerer ordnungsrechtlicher Verstöße, insbesondere dem Schutz von Leben und Gesundheit Dritter."

Der zuletzt genannten Auffassung ist grundsätzlich der Vorzug zu geben. Würde man der erstgenannten Auffassung folgen, könnten Zwangsgelder im Zusammenhang mit Platzverweisen überwiegend nicht beigetrieben werden, da Aufenthaltsverbote grundsätzlich auf einem befristeten Gebot beruhen und die Frist bis zur Beitreibung meistens verstrichen sein wird. Die Folge dieser Auffassung wäre ferner, daß es dann unmöglich wäre, eine Anordnung, die ein einmaliges termingebundenes Handeln oder Unterlassen gebietet, zwangsweise durchzusetzen. Der Pflichtige könnte sich dann von vornherein ausrechnen, daß in einem derartigen Fall ein angedrohtes und festgesetztes Zwangsgeld niemals beigetrieben würde[535]. Aber gerade des Bewußtsein, daß jede Zuwiderhandlung die Festsetzung und Anwen-

535 Ähnlich auch Götz, 12. Aufl. 1995, Rdnr. 402; Rasch, DVBl. 1985, 1017, 1022 m.w.N.

dung des Zwangsmittels zur Folge habe, versetzt die betroffene Person in die psychische Zwangslage, die sie veranlaßt, die Ordnungsverfügung zu befolgen. Für die zuletzt genannte Auffassung spricht auch, daß Zwangsgelder gerade im Zusammenhang mit Aufenthaltsverboten zur Erreichung des Ziels eine ungeeignete Maßnahme darstellen würden und so regelmäßig der unmittelbare Zwang angewendet werden müßte. Dieses Ergebnis würde aber im Widerspruch zur Systematik der polizeilichen Vorschriften[536] stehen, wonach unmittelbarer Zwang erst angewendet werden darf, wenn andere Zwangsmittel nicht in Betracht kommen oder keinen Erfolg versprechen oder unzweckmäßig sind. Diese Grundsätze sind Ausfluß des Grundsatzes der Verhältnismäßigkeit, wonach Zwangsgeld gerade dem unmittelbaren Zwang vorzuziehen ist, weil dieses regelmäßig mit einem geringeren Eingriff in die Grundrechte des Betroffenen verbunden sind. Schließlich ist die Anwendung unmittelbaren Zwangs nicht geeignet, ein verfügtes Aufenthaltsverbot mit dem Ziele einer Verhinderung von Drogenhandel und -konsum erfolgreich durchzusetzen. Sie führt lediglich zu einer kurzfristigen Durchsetzung des Unterlassungsgebots, weil von ihr keinerlei abschreckende oder motivierende Wirkung ausgeht[537].

Im Ergebnis ist daher festzuhalten, daß ein Zwangsgeld grundsätzlich auch dann festgesetzt und beigetrieben werden kann, wenn sich der Platzverweis durch Zeitablauf erledigt hat. Mit den gleichen Argumenten kann grundsätzlich auch eine Ersatzzwangshaft angeordnet und verhängt werden. Lediglich in besonderen Härtefällen[538] kann der Grundsatz der Verhältnismäßigkeit es gebieten, von einer Ersatzzwangshaft abzusehen. Eine generelle Einschränkung, wie es das OVG Münster[539] vorgenommen hat, bedarf es allerdings nicht.

Ausnahmsweise können aber gesetzliche Vorschriften[540] zur Anwendung kommen, die vorrangig die Einstellung des Vollzugs vorschreiben, wenn weitere Verstöße gegen eine Duldungs- oder Unterlassungspflicht nicht zu erwarten sind.

---

536 Vgl. nur § 33 Abs. 1 Satz 1 ME PolG

537 Vgl. dazu OVG Nordrhein-Westfalen, NVwZ-RR 1997, 763, 763; vgl. zur Ungeeignetheit der Anwendung von unmittelbarem Zwang bei längerfristigen Aufenthaltsverboten auch die Ausführungen im 2. Kapitel unter C. I. 6. ee) (3)

538 z. B. wenn die Ersatzzwangshaft erst nach Ablauf eines erheblichen Zeitraumes nach der Erledigung beantragt wird.

539 OVG Münster, NVwZ-RR 1997, 763, 763

540 Vgl. z. B. § 92 Abs. 1 Nr. 5 SOG MV

b) *Unmittelbarer Zwang*

Wie die vorherigen Ausführungen gezeigt haben, kommt das Zwangsgeldverfahren *bei unaufschiebbaren Anordnungen und Maßnahmen* von Polizeivollzugsbeamten aus zeitlichen Gründen regelmäßig nicht in Betracht. Dann ist zu prüfen, ob unmittelbarer Zwang angewendet werden darf.

Nach den Polizeigesetzen[541] und den Gesetzen über die Anwendung unmittelbaren Zwanges bei der Ausübung öffentlicher Gewalt (UZwG) wird der Begriff des unmittelbaren Zwanges übereinstimmend wie folgt bestimmt: Abs. 1: Unmittelbarer Zwang ist die Einwirkung auf Personen oder Sachen durch körperliche Gewalt, durch Hilfsmittel der körperlichen Gewalt und durch Waffen. Abs. 2: Körperliche Gewalt ist jede unmittelbare körperliche Einwirkung auf Personen oder Sachen.

Die Polizei kann unmittelbaren Zwang grundsätzlich erst dann anwenden, wenn andere Zwangsmittel nicht in Betracht kommen oder keinen Erfolg versprechen oder unzweckmäßig sind[542]. Kann insoweit das polizeiliche Ziel mit Zwangsgeld erreicht werden, darf unmittelbarer Zwang wegen des Grundsatzes der Verhältnismäßigkeit nicht angewendet werden. Erst wenn das Zwangsgeldverfahren im konkreten Fall ungeeignet ist[543], darf unmittelbarer Zwang angewendet werden. Die Anwendung unmittelbaren Zwangs rechtfertigt jedoch nur ein Transportieren der betroffenen Person aus dem räumlichen Bereich des verfügten Platzverweises[544]. Eine Rückkehr der Störer zum Verbotsbereich kann damit allerdings nicht ausgeschlossen werden.

---

541 Vgl. nur § 36 ME PolG

542 Vgl. z. B. § 33 Abs. 1 ME PolG; vgl. dazu auch Rudolph, 1992, S. 79; Riedinger, VBlBW 2000, 332, 335; Engelhardt/App, 5. Aufl. 2001, § 12 VwVG, Rdnrn. 7 ff.

543 z. B. bei unaufschiebbaren Anordnungen und Maßnahmen von Polizeivollzugsbeamten.

544 Daher kann der Auffassung des VG Schleswig, NVwZ 2000, 464, 466, nicht gefolgt werden. Das VG Schleswig hält es ausnahmsweise für zulässig, den Vollzug eines klassischen Platzverweises räumlich über den Verweisungsort hinaus auszudehnen, wenn eine solche Vorgehensweise allein geeignet ist weitere Verstöße gegen die mit dem Platzverweis ausgesprochene Unterlassungspflicht zu vermeiden (a.a.O., S. 466). Dieses Ergebnis kann allerdings weder der Ermächtigungsgrundlage für klassische Platzverweise (§ 201 Satz 1 SchlHLVwG) noch den Vollzugsvorschriften (§§ 228 ff. SchlHLVwG) im schleswig-holsteinischen Landesverwaltungsgesetz entnommen werden. Aus der Systematik der Verwaltungsvollstreckungsgesetze ergibt sich ferner, daß ausschließlich wirksame bzw. hypothetisch rechtmäßige Grundverwaltungsakte vollstreckt werden können. Darüber hinaus hätte es für einen Platzverweis für einen 150 x 250 m großen Platz (plus einer weiteren Strecke von 1,5 oder 1,8 km) einer Ermächtigungsgrundlage für qualifizierte Platzverweise bedurft.

Bei unaufschiebbaren Anordnungen und Maßnahmen von Polizeivollzugsbeamten wird sich daher unmittelbarer Zwang oftmals als ungeeignetes Zwangsmittel erweisen, so daß als letzte Möglichkeit nur eine Ingewahrsamnahme verbleibt, um die betroffene Person zu einem ordnungsgemäßen Verhalten zu veranlassen[545].

II. Die Ingewahrsamnahme

1. Gewahrsamsbegriff

Die überwiegende Auffassung[546] versteht unter dem Begriff des Gewahrsams ein mit hoheitlicher Gewalt hergestelltes Rechtsverhältnis, kraft dessen einer Person die Freiheit dergestalt entzogen wird, daß sie von der Polizei in einer dem polizeilichen Zweck entsprechenden Weise verwahrt und daran gehindert wird, sich fortzubewegen.

Die normale Form der Ingewahrsamnahme besteht darin, daß die Person in den Gewahrsamsräumen der Polizei untergebracht wird. Gewahrsam setzt aber nicht zwangsläufig ein Einsperren in einem Arrestraum voraus, wenngleich dies immer eine Ingewahrsamnahme darstellt. Es genügt vielmehr, daß der Betroffene an einem bestimmten Ort für eine bestimmte Zeit festgehalten und an einer Fortbewegung tatsächlich und objektiv gehindert wird (z. B. das Festhalten in den regulären Diensträumen der Flughafenwache[547] oder des Polizeipräsidiums[548], in einem Polizeifahrzeug oder Krankenhaus[549])[550].

---

545 A. A. Kaatz, in: info-Recht 8/1999, S. 141, der als letzte Möglichkeit eine Ersatzzwangshaft vorzieht. Bei unaufschiebbaren Maßnahmen wird diese aber gerade aufgrund ihrer Rechtsmittelfähigkeit eine ungeeignete Maßnahme sein.

546 OVG Münster, NJW 1980, 138 f.; Rachor, in: Lisken/Denninger, 2. Aufl. 1996, Rdnr. F 271; LG Hamburg, NVwZ-RR 1997, 537, 538; ähnlich auch Fuchs, 1996, S. 17 ff.; Braun, 2000, S. 21 f.

547 BVerwGE 45, 51 ff.

548 OVG Münster, NJW 1980, 138, 138 f.

549 OVG Bremen, NVwZ 1987, 235, 236 f. m.w.N.

550 Zur umstrittenen Frage, ob auch der Transport einer Person unter dem Begriff des Gewahrsams fällt vgl. die Ausführungen im 2. Kapitel unter C. II. 4. zum sog. Verbringungsgewahrsam.

2. Der Durchsetzungsgewahrsam

Befolgt eine Person einen Platzverweis nicht und kommt weder die Anwendung von Zwangsgeld noch von unmittelbarem Zwang in Betracht, kann sie zur Durchsetzung des Platzverweises nach den meisten Polizeigesetzen[551] in Gewahrsam genommen werden.

Der Durchsetzungsgewahrsam ist nicht als Vollstreckungsmaßnahme in Form von unmittelbarem Zwang zu qualifizieren, sondern gerade wegen des damit verbundenen besonders schwerwiegenden Eingriffs als selbständige Maßnahme (Grundverfügung) anzusehen[552]. Des weiteren soll mit ihm verhindert werden, daß sich die Vollstreckung von Platzverweisen bei der Gefahr wiederholten Betretens des Ortes als wirkungslos erweist[553].

Manche Polizeigesetze fordern zusätzlich, daß der Durchsetzungsgewahrsam nur zulässig ist, wenn die Nichtbefolgung des Platzverweises eine erhebliche Gefahr zur Folge hätte[554]. Nach den Legaldefinitionen[555] ist eine erhebliche Gefahr eine Gefahr für ein bedeutsames Rechtsgut, wie Bestand des Staates, Leben, Gesundheit, Freiheit oder nicht unwesentliche Vermögenswerte. Soweit andere Polizeigesetze diese Einschränkung nicht mit aufgenommen haben, wird jedoch zu Recht in der Literatur[556] und Rechtsprechung[557] verlangt, daß der Durchsetzungsgewahrsam generell nur in Betracht kommt, wenn andernfalls eine Störung für bedeutsame Rechtsgüter droht. Nur in solchen Fällen können diese gewichtigen Gründe des Gemeinwohls auch bei strenger Beachtung des Grundsatzes der Verhältnismäßigkeit eine Freiheitsentziehung zulassen[558]. Insoweit ist § 15 Abs. 1 Nr. 3 b) BremPolG n. F.[559] verfassungskonform auszulegen.

---

551 Vgl. z. B. § 18 Abs. 1 Nr. 3 NGefAG; § 15 Abs. 1 Nr. 3 BremPolG

552 Meixner, 8. Aufl. 1998, § 31, Rdnr. 8; Riedinger, VBlBW 2000, 332, 335; Roos, 2. Aufl. 2000, § 13, Rdnr. 16; a. A. wohl OVG Bremen, NVwZ 2001, 221, 223; allerdings ohne Begründung.

553 Ähnlich auch Böhrenz/Franke/Unger, 5. Aufl. 1998, § 18 NGefAG, Rdnr. 9

554 So z. B. § 15 Abs. 1 Nr. 3 a) BremPolG n. F. in der Fassung der Bekanntmachung vom 12. September 2001, BremGbl. S. 270

555 Vgl. nur § 2 Nr. 3. c) BremPolG

556 Alberts/Merten/Rogosch, 1996, § 12 a HambSOG, Rdnr. 6; Haase, NVwZ 2001, 164, 165

557 BayVerfGH, NVwZ 1991, 664, 668; offen gelassen von OVG Bremen, NVwZ 2001, 221, 223

558 BayVerfGH, NVwZ 1991, 664, 668

559 § 15 Abs. 1 Nr. 3 b) BremPolG n. F. in der Fassung der Bekanntmachung vom 12. September 2001, BremGbl., S. 270, lautet: "... oder soweit die Person, gegen die sich
(Fortsetzung...)

Dieses Ergebnis muß auch in bezug auf den Durchsetzungsgewahrsam bei Ordnungswidrigkeiten herangezogen werden. Soweit die Polizeigesetze keine erhebliche Gefahrenlage fordern, könnte der Wortlaut es nahelegen, daß der Durchsetzungsgewahrsam bei jeder Ordnungswidrigkeit zulässig sei. Eine systematische Betrachtung im Verhältnis zum noch näher zu untersuchenden Unterbindungsgewahrsam, der bundesweit[560] eine erhebliche Gefahrenlage fordert, spricht aber vielmehr dafür, daß auch für den Durchsetzungsgewahrsam eine erhebliche Gefahrenlage zu fordern ist. Ansonsten läge ein Wertungswiderspuch vor. Deshalb muß auch der Durchsetzungsgewahrsam zur Verhinderung von Ordnungswidrigkeiten zugleich zur Abwehr einer erheblichen Gefahr für die Allgemeinheit dienen.

Problematisch ist des weiteren, daß eine Ingewahrsamnahme nach den Polizeigesetzen teilweise bis zu zwei Wochen[561] dauern darf. Diese Höchstfristen stehen im Widerspruch zu dem vorübergehenden Charakter eines klassischen Platzverweises, der in der Regel nur von kurzer Dauer sein darf. Daher kommt ein Durchsetzungsgewahrsam bei klassischen Platzverweisen auch nur so lange in Betracht wie der klassische Platzverweis an sich dauern darf[562]. Dies ergibt sich aus der engen Verknüpfung des Durchsetzungsgewahrsams mit dem klassischen Platzverweis[563].

Anders wird dies jedoch bei zulässigen qualifizierten Platzverweisen zu beurteilen sein. Diese können, soweit sie einer Verfassungsprüfung[564] Stand halten, auch mit längerfristigen Ingewahrsamnahmen durchgesetzt werden, selbstverständlich aber auch nur in den Grenzen wie der qualifizierte Platzverweis selbst erforderlich wäre. Solange aber derzeit keine (verfassungsgemäßen[565]) Ermächtigungsgrundlagen für qualifizierte Platzverweise vorhanden sind, scheidet allerdings ein (qualifizierter) Durchsetzungsgewahrsam grundsätzlich aus.

---

559 (...Fortsetzung)
die Platzverweisung richtet, die Gefahr verursacht".

560 Vgl. nur § 13 Abs. 1 Nr. 2 ME PolG

561 Z. B. zwei Wochen gem. Art. 20 Nr. 3 BayPAG; 4 Tage gem. § 21 Satz 2 NGefAG

562 Max. 12 Stunden, vgl. dazu die Ausführungen im 2. Kapitel unter A. I. 6. b) aa)

563 Vgl. dazu VerfGH Sachsen, JZ 1996, 957, 958

564 Vgl. dazu insbesondere die Ausführungen zu Art. 11 Abs. 2 GG im 3. Kapitel unter A. I. 2. d) und zu dem Grundsatz der Verhältnismäßigkeit im 3. Kapitel unter B. V. 4. c) aa).

565 Vgl. dazu den neuen Formulierungsvorschlag im 5. Kapitel unter D.

3. Der Unterbindungsgewahrsam

Manchmal ist ein Platzverweis zur Abwehr einer Gefahr ungeeignet, z. B. wenn sich aus dem früheren Verhalten der Person oder aus den Umständen des Einzelfalles ergibt, daß die Person einem Platzverweis nicht Folge leisten würde. Dann ist zu prüfen, ob ein Unterbindungsgewahrsam[566] auch ohne vorangegangenen Platzverweis in Betracht kommt.

Nach den meisten Polizeigesetzen[567] kann die Polizei eine Person[568] in Gewahrsam nehmen, wenn das unerläßlich ist, um die unmittelbar bevorstehende Begehung oder Fortsetzung einer Straftat oder einer Ordnungswidrigkeit von erheblicher Gefahr bzw. Bedeutung zu verhindern. Manche Polizeigesetze[569] fordern aber auch eine erhebliche Gefahr bei der Abwehr von Straftaten.

a) *Unmittelbare (erhebliche) Gefahr*

Nach der Rechtsprechung des Bundesverwaltungsgerichts[570] entspricht der Begriff der "unmittelbar bevorstehenden Gefahr" dem der "gegenwärtigen Gefahr". Nach den Legaldefinitionen[571] liegt eine "gegenwärtige Gefahr" vor, wenn die Einwirkung des schädigenden Ereignisses bereits begonnen hat und noch andauert oder unmittelbar oder in allernächster Zeit mit einer an Sicherheit grenzenden Wahrscheinlichkeit bevorsteht[572].

---

566 Wird manchmal auch als Verhinderungsgewahrsam oder Beseitigungsgewahrsam bezeichnet.

567 Vgl. z. B. § 13 Abs. 1 Nr. 2 ME PolG; § 18 Abs. 1 Nr. 2 NGefAG; § 15 Abs. 1 Nr. 2 BremPolG

568 Das OVG Bremen hat zu Recht entschieden, daß der Unterbindungsgewahrsam nur gegen Personen vorgenommen werden darf, von denen die Gefahr selbst ausgeht (vgl. OVG Bremen, NVwZ 2001, 221, 221 f.; vgl. dazu auch Haase, NVwZ 2001, 164, 164).

569 So z. B. § 22 Abs. 1 Nr. 1 SächsPolG

570 BVerwGE 45, 51, 57 f.

571 Vgl. z. B. § 2 Nr. 1 b NGefAG; OVG Bremen, NVwZ 2001, 221, 221, zu § 2 Abs. 3 lit. b BremPolG

572 Allerdings reicht eine allgemeine, gewerbsmäßige Absicht, die sich bietenden Gelegenheiten zur Begehung der im Rahmen des kriminellen Gewerbes liegenden Straftaten wahrzunehmen, nicht aus (so zu Recht LG Berlin, NJW 2001, 162, 162 f., gegen OLG Hamburg, DÖV 1998, 39, 41). Anderenfalls könnte der Unterbindungsgewahrsam dafür herhalten, gewerbsmäßigen Straftätern jeder Art mit Kettenbeschlüssen von jeweils 48 Stunden Dauer ständig die Freiheit zu entziehen. Das ist aber nicht die Aufgabe des Polizeirechts, sondern die des Strafrechts.

Nicht gefolgt werden kann daher der Auffassung von Kaatz[573], wonach unter diese Definition auch der "Verdacht einer gegenwärtigen Gefahr" bzw. die "gegenwärtige Anscheinsgefahr" fällt. Diese Begriffe beschreiben völlig verschiedene Situationen und können mit dem Begriff der "gegenwärtigen Gefahr" nicht verglichen werden[574].

Soweit als weitere Voraussetzung eine erhebliche Gefahr in Frage stehen muß[575], hat der Sächsische Verfassungsgerichtshof[576] diese Formulierung als mit dem Bestimmtheitsgrundsatz für vereinbar erklärt: "Danach kommt, entsprechend dem polizeirechtlich gesicherten Begriff der erheblichen Gefahr der Eingriff nur zum Schutz gewichtiger Rechtsgüter in Betracht. Dazu gehören insbesondere die strafrechtlich geschützten und diejenigen, deren Verletzung eine Ordnungswidrigkeit von erheblicher Bedeutung für die Allgemeinheit darstellt. Erheblich ist auch die Störung, die sich durch besondere Intensität oder das besondere Ausmaß des zu erwartenden Schadens auszeichnet."

Als Prognosekriterien können insbesondere die legislatorischen Entscheidungshilfen des Bayerischen Gesetzgebers herangezogen werden. Gemäß Art. 17 Abs. 1 Nr. 2 Buchstabe a bis c BayPAG können folgende Tatsachen von Bedeutung sein:

- Die betroffene Person hat die Straftat angekündigt oder dazu aufgefordert oder führt Transparente oder sonstige Gegenstände mit einer solchen Aufforderung mit sich; dies gilt auch für Flugblätter solchen Inhalts, soweit sie in einer Menge mitgeführt werden, die zur Verteilung geeignet ist, oder

- bei ihr werden Waffen, Werkzeuge oder sonstige Gegenstände, die ersichtlich zur Tatbegehung bestimmt sind oder erfahrungsgemäß bei derartigen Taten verwendet werden, aufgefunden, oder ihre Begleitperson führt solche Gegenstände mit sich, und sie den Umständen nach hiervon Kenntnis haben mußte, oder

- die betroffene Person ist bereits in der Vergangenheit mehrfach aus vergleichbarem Anlaß bei der Begehung von Straftaten oder Ordnungswidrigkeiten von erheblicher Bedeutung für die Allgemeinheit als Störer betroffen worden und nach den Umständen eine Wiederholung dieser Verhaltensweise zu erwarten ist.

---

573 Kaatz, in: info-Recht 8/1999, S. 104

574 Vgl. dazu die Ausführungen im 2. Kapitel unter A. I. 5. b) cc)

575 Vgl. z. B. § 22 Abs. 1 Nr. 1 SächsPolG insgesamt oder § 13 Abs. 1 Nr. 2 ME PolG bei Ordnungswidrigkeiten

576 SächsVerfGH, LKV 1996, 273, 276

b) *Zur Verhinderung von Straftaten*

Ingewahrsamnahmen kommen zwar insbesondere zur Verhinderung von gewalttätigen Ausschreitungen bei Massenveranstaltungen, wie z. B. bei Fußballspielen und Open-air-Veranstaltungen[577], als geeignete Eingriffsmaßnahmen zum Tragen. Aber auch im Zusammenhang mit der offenen Drogenszene ist der Unterbindungsgewahrsam bereits praktiziert worden[578].

c) *Zur Verhinderung von Ordnungswidrigkeiten von erheblicher Gefahr bzw. Bedeutung*

Ein Unterbindungsgewahrsam ist auch zur Verhinderung von Ordnungswidrigkeiten von erheblicher Gefahr bzw. Bedeutung zulässig. Eine Ordnungswidrigkeit von erheblicher Gefahr bzw. Bedeutung liegt vor, wenn sie im Vergleich mit nur geringfügigen Ordnungswidrigkeiten im Sinne des § 56 OWiG im Hinblick auf das geschützte Rechtsgut oder die Dauer der Begehung von größerem Gewicht ist[579].

Bei den herkömmlichen Ordnungswidrigkeiten wird selten auch zugleich eine erhebliche Gefahr bzw. Bedeutung für die öffentliche Sicherheit vorliegen. So stellt der Verstoß gegen eine Gefahrenabwehrverordnung bzw. gegen eine Sondernutzungssatzung regelmäßig allenfalls eine geringfügige Ordnungswidrigkeit dar. Allein auf derartige Verstöße gestützte Ingewahrsamnahmen sind daher rechtlich nicht zulässig[580].

Der Auffassung von Kaatz[581], wonach es sich bei § 29 Abs. 1 Nr. 2 VersammlG um eine Ordnungswidrigkeit von erheblicher Gefahr für die Allgemeinheit handeln solle, kann ebenfalls nicht gefolgt werden. Kaatz begründet seine Entscheidung mit einem Urteil des KG Berlin[582], verkennt aber, daß sich die erhebliche unmittelbare Gefährdung in diesem Fall bereits aus der vorherigen Verbotsverfügung durch die Ordnungsbehörde ergeben hat[583]. Auch nach der Auffassung des VG Hannover[584]

---

577 Berner/Köhler, 15. Aufl. 1998, Art. 17, Rdnr. 9
578 Vgl. dazu den Erfahrungsbericht von Heeger/Wien, Die Polizei 1994, 190, 192
579 Hecker, MzW 1998, Heft 38, S. 73 m.w.N.
580 So auch Hecker, MzW 1998, Heft 38, S. 73 m.w.N.
581 Kaatz, in: info-Recht 8/1999, S. 110
582 KG Berlin, NVwZ 2000, 468 ff.
583 KG Berlin, NVwZ 2000, 468, 470: Das KG Berlin vertritt des weiteren zu Recht die Auffassung, daß die erhebliche unmittelbare Gefährdung über die obligatorische Auflösungsverfügung gem. § 15 Abs. 3 VersammlG hinauswirkt: "Es wäre widersinnig, (Fortsetzung...)

handelt es sich bei einer Ordnungswidrigkeit nach § 29 Abs. 1 Nr. 2 VersammlG zu Recht nicht um eine solche von erheblicher Gefahr.

Anders dürfte dies indes beim Skandieren von "Nazi-Parolen" zu beurteilen sein. In diesem Zusammenhang wird regelmäßig eine Ordnungswidrigkeit von erheblicher Gefahr für die Allgemeinheit im Sinne des § 118 OWiG[585] vorliegen. Derartige Parolen stören das Zusammenleben der Bevölkerung im erheblichen Maße. Soweit im Einzelfall darin auch ein Angriff auf die Menschenwürde der hier lebenden Ausländer vorliegt, ist zusätzlich eine Volksverhetzung gem. § 130 StGB zu bejahen.

4. **Der Verbringungsgewahrsam**

In der aktuellen Diskussion[586] ist weiterhin umstritten, ob auch der sog. Verbringungsgewahrsam als Durchsetzungsmittel im Zusammenhang mit Platzverweisen zur Verfügung steht. Beim Verbringungsgewahrsam wird die Person mittels eines Polizeifahrzeuges an einen einige Kilometer abgelegenen Ort transport und sich dort selbst überlassen[587]. Beispiele sind etwa das Verbringen von Hooligans zur Verhinderung von Ausschreitungen, von Personen im Anschluß von Versammlungen, von Stadtstreichern, Punks und Drogenabhängigen aus dem Innenstadtgebiet.

Nach einer weit verbreiteten Auffassung[588] wird der Verbringungsgewahrsam für zulässig erachtet, da sich die Rechtsgrundlage mit dem Argumentum a maiore ad minus aus den bereits vorhandenen Vorschriften über den Gewahrsam ableiten läßt. Die gegenteilige Auffassung, die zur Unzulässigkeit des Verbringungsgewahrsams gelangt, meint, es fehle dafür an einer Rechtsgrundlage[589].

583(...Fortsetzung)
wenn die Polizei nur zur Auflösung gezwungen sein sollte, bei der tatsächlichen Durchsetzung derselben aber wieder ein freies Ermessen hätte."

584 VG Hannover, NdsRpfl. 1999, 275, 276 = NVwZ-RR 1999, 578, 578

585 Vgl. 2. Kapitel, A. I. 3. b) bb) (1) (b)

586 Vgl. dazu kürzlich erst Kappeler, DÖV 2000, 227 ff.; Braun, 2000, S. 22 ff.; Roos, 2. Aufl. 2000, § 13, Rdnr. 10

587 Kappeler, DÖV 2000, 227, 229 m.w.N.

588 Berner/Köhler, 15. Aufl. 1998, Art. 17, Rdnr. 12; Köbschall, Die Polizei 1997, 263, 266 m.w.N.; Leggereit, NVwZ 1999, 263, 264 f. zu LG Hamburg, NVwZ-RR 1997, 537; OVG Bremen, NVwZ 1987, 235, 237; BayObLG, BayVBl. 1990, 347, 348, LS 4.

589 LG Hamburg, NVwZ-RR 1997, 537 ff.; Maaß, NVwZ 1985, 151, 157 m.w.N.;
(Fortsetzung...)

Die Kernproblematik scheint zu sein, ob auch der Transport einer Person dem Gewahrsamsbegriff unterfällt. Während das OVG Bremen[590] dies generell bejaht, lehnt eine weitere Auffassung[591] dies mit der Begründung ab, weil die Verbringung des Betroffenen an einen anderen als den Ort der Festnahme über das Festhalten und Verwahren hinausgehe und demnach grundsätzlich nur dann eine Maßnahme des Gewahrsams sei, wenn sie einer dem polizeilichen Zweck entsprechenden Verwahrung diene.

Mit der Argumentation der letztgenannten Auffassung wird aber zugleich deutlich, daß der Transport einer Person in einem Kraftfahrzeug sehr wohl zumindest dann dem Gewahrsamsbegriff unterfällt, wenn dieser Transport der Zuführung einer Person in die Arresträume dient. Dann wird dieser Transport auch von den vorhandenen Ermächtigungsgrundlagen gedeckt. Dient der Transport umgekehrt nicht der Zuführung in die Arresträume, scheint nach dieser Auffassung die Maßnahme jedenfalls nicht von den Vorschriften über die Ingewahrsamnahme gedeckt zu sein. Zu prüfen wäre dann zunächst aber, ob dieser Transport auf eine andere Ermächtigungsgrundlage gestützt werden kann.

a) *"Verbringungsgewahrsam" als unmittelbarer Zwang*

Zunächst ist daher zu prüfen, ob der "Verbringungsgewahrsam" auch als unmittelbarer Zwang zwecks Durchsetzung eines Platzverweises betrachtet werden kann. Dann würde sich nämlich die Ermächtigungsgrundlage aus den bereits vorhandenen Vorschriften über das Verwaltungsvollstreckungsverfahren ergeben.

Zum Teil[592] wird die Zulässigkeit des Verbringungsgewahrsams als Vollstreckung eines Platzverweises deshalb für unzulässig gehalten, da die betroffene Person nicht in einen Haftraum in Gewahrsam genommen wird.

Demgegenüber will eine Auffassung[593] generell in den Verbringungsgewahrsam nicht eine Freiheitsentziehung, sondern - wie auch in anderen Fällen des zwangsweisen Transports einer Person an einen anderen Ort (Vorführung, Abschiebung) -

---

[589](...Fortsetzung)
Kappeler, DÖV 2000, 227, 234

[590] OVG Bremen, NVwZ 1987, 235, 236 f. m.w.N.

[591] LG Hamburg, NVwZ-RR 1997, 537, 538; ähnlich auch Habermehl, 2. Aufl. 1993, Rdnr. 577; Hoeft, 1999, S. 176 f.; Braun, 2000, S. 24

[592] Vgl. nur Waechter, 2000, Rdnr. 691 m.w.N.; so im Ergebnis wohl auch Hoeft, 1999, S. 178 ff. und Braun, 2000, S. 23, jedoch mit anderer Begründung

[593] Reiff/Wöhrle/Wolf/Stephan, 5. Aufl. 1999, § 28 BW PolG, Rdnr. 6

die Anwendung unmittelbaren Zwangs mit den Auswirkungen einer Freiheitsbeschränkung sehen. Das Ziel der Maßnahme sei die Entfernung des Störer vom Ort der Störung, d. h. die zwangsweise Durchsetzung eines Platzverweises auf Grund der Verwaltungsvollstreckungsgesetze.

Diese pauschale Auffassung geht jedoch zu weit, da sich die zwangsweise Durchsetzung eines Platzverweises nur soweit erstrecken darf, wozu der Betroffene verpflichtet ist, nämlich das Entfernen vom Verweisungsgebiet bzw. das Nichtbetreten dieses Gebietes[594]. Diese Maßnahme ist daher räumlich bereits auf das Verweisungsgebiet und den unmittelbar angrenzenden Bereich beschränkt. Beim klassischen Platzverweis darf sich die Anwendung unmittelbaren Zwangs mithin lediglich auf das Entfernen der Person von dem max. einem Hektar großen "Ort" erstrecken.
Anders würde dies jedoch bei qualifizierten Platzverweisen zu beurteilen sein. Soweit diese zulässig sind, kann sich die Anwendung unmittelbaren Zwangs entsprechend auch auf eine weitaus größere Entfernung erstrecken. Für die Durchsetzung eines qualifizierten Platzverweises kann die Polizei auch ein Kraftfahrzeug als Hilfsmittel einsetzen.

Als Zwischenergebnis kann daher festgehalten werden, daß der "Verbringungsgewahrsam" jedenfalls dann zulässig ist, wenn die betroffene Person zwangsweise von dem Verbotsort entfernt wird. Die Anwendung unmittelbaren Zwangs darf sich dabei aber nur auf das Verweisungsgebiet erstrecken, auf das sich der (zulässige) Platzverweis bezieht.

b) *Argumentum a maiore ad minus*

Mit den vorherigen Ausführungen verbleibt lediglich nur noch ein Bereich für das Argumentum a maiore ad minus übrig, wo der Verbringungsgewahrsam über die Anwendung unmittelbaren Zwangs hinausgeht.

Das LG Hamburg[595] lehnte in einem Fall auch das Argumentum a maiore ad minus ab, da sich die betroffene Person nach ihrer Entlassung regelmäßig in einem ihr nicht vertrauten Gebiet zu orientieren hätte. Sie sei ferner "mit der Suche nach einem Verkehrsmittel, der Warte- und Fahrtzeit sowie den Fahrtkosten belastet.

---

594 Ungenau daher Roos, 2. Aufl. 2000, § 13, Rdnr. 10
595 LG Hamburg, NVwZ-RR 1997, 537, 538 f.; ähnlich auch Hoeft, 1999, S. 182 ff. m.w.N.

Tageszeit, Wetter und eventuell physische oder psychische Probleme der Person können erschwerend hinzukommen".

Diese Ausführungen verkennen jedoch die jeweiligen Umstände im Einzelfall. Der Grundsatz der Verhältnismäßigkeit gebietet es, diejenigen Maßnahmen zu treffen, die den Betroffenen am geringsten beeinträchtigen. Daß dieser Grundsatz besonders zu beachten ist, zeigt auch der gesetzgeberische Wille, wonach der Unterbindungsgewahrsam "unerläßlich" sein muß.
Das Bundesverwaltungsgericht[596] hat im Zusammenhang mit dem Unterbindungsgewahrsam den Begriff "unerläßlich" wie folgt ausgelegt: "Er bedeutet, daß das Mittel der polizeilichen Verwahrung nur angewendet werden darf, wenn es zur Verhütung der befürchteten Straftat geeignet und erforderlich ist." Wenn die mit Strafe bedrohte Handlung durch eine polizeiliche Maßnahme verhindert werden kann, die den einzelnen und die Allgemeinheit weniger beeinträchtigt, ist die polizeiliche Inverwahrungsnahme nicht erforderlich und daher auch nicht unerläßlich[597]. Wenn aber sogar eine Ingewahrsamnahme zulässig wäre, so müßte im Einzelfall auch eine Verbringung der Person möglich sein, wenn damit *tatsächlich* ein geringerer Eingriff verbunden ist. Ob dies der Fall ist, kann nur anhand der Umstände des Einzelfalles beurteilt werden. Bei der Abwägung sind das Eingesperrtsein, möglicherweise enge Räume, viele Personen, Ungewißheit über die Dauer der Einschließung und fehlende Kontaktmöglichkeiten zu Angehörigen den Kriterien Anschluß an den ÖPNV, Möglichkeiten zum Erwerb von Verpflegung, Übernachtungsmöglichkeiten, Tages- und Jahreszeit, konkrete Witterungsverhältnisse sowie Alters- und Gesundheitszustand der polizeipflichtigen Personen einander gegenüberzustellen. Im Zweifelsfalle sollte aber von dem Verbringungsgewahrsam abgesehen werden, so daß sich sein Anwendungsbereich auf nur wenige Ausnahmefälle beschränkt.

5. Der Schickgewahrsam / Rückführungsgewahrsam

Anläßlich der Chaos-Tage 1996 in Hannover wurde als Sonderfall der Verbringung ein sogenannter Schick- bzw. Rückführungsgewahrsam gegenüber den angereisten Punks zu ihren Heimatgemeinden durchgeführt. Dazu sind in den Städten Hannover und Bremen angereiste Punks gleich wieder in den nächsten Zug zurück in ihre Heimatgemeinden gesetzt worden.

---

596 BVerwGE 45, 51, 56
597 BVerwGE 45, 51, 56

Im Gegensatz zum Verbringungsgewahrsam kann der Schick- bzw. Rückführungsgewahrsam allenfalls auf das Argumentum a maiore ad minus gestützt werden, da die Anwendung unmittelbaren Zwangs über die Gemeindegrenze hinaus aus vorgenannten Gründen regelmäßig ausscheiden wird.

In Anlehnung an die Ausführungen zum Verbringungsgewahrsam wird man aber auch hier zu dem Ergebnis kommen müssen, daß der Schick- bzw. Rückführungsgewahrsam nur dann zulässig ist, wenn damit tatsächlich ein geringerer Eingriff im Verhältnis zum an sich zulässigen Unterbindungsgewahrsam verbunden ist.

6. Gesetzliche Höchstdauer der Ingewahrsamnahme

Die gesetzlichen Höchstfristen einer Ingewahrsamnahme liegen zwischen vier Tage[598] und zwei Wochen[599], wenn sie durch richterliche Entscheidung angeordnet bzw. innerhalb der in Art. 104 Abs. 2 Satz 3 GG genannten Frist bestätigt werden.

Während sich die gesetzliche Höchstdauer nach Auffassung des Bayerischen Verfassungsgerichtshofs[600] auch auf den Druchsetzungsgewahrsam bezieht, will der Sächsische Verfassungsgerichtshof[601] die Höchstfrist beim Durchsetzungsgewahrsam zu Recht verfassungskonform einschränkend auslegen: Aus dem "vorübergehenden Charakter des Platzverweises nach § 21 SächsPolG ergibt sich ein normativer Widerspruch zu der gesetzlich bestimmten Höchstfrist von 14 Tagen, die für eine nur vorübergehende Sicherung eines Ortes nicht erforderlich sein kann. Sollte in einem extremen Einzelfall ein längerfristiger Gewahrsam unerläßlich sein, um eine Person zur Abwehr einer Störung für die öffentliche Sicherheit von einem Ort fernzuhalten, kann dies wegen des vorübergehenden Charakters des Platzverweises nicht nach § 22 I Nr. 4 SächsPolG [Durchsetzungsgewahrsam], sondern nur unter den strengeren Voraussetzungen des § 22 I Nr. 1 SächsPolG [Unterbindungsgewahrsam] zulässig sein. Eine andere Auslegung würde unter den weniger strengen Voraussetzungen von § 21 SächsPolG einen Platzverweis ermöglichen, der nur mit einem Gewahrsam durchgesetzt werden könnte, so daß der strenge Maßstab von § 22 I Nr. 1 SächsPolG unterlaufen werden könnte, was nicht dem Regelungsgehalt der Norm entsprechen kann. Die Höchstfrist von 14 Tagen für den Gewahrsam zur Durchsetzung eines Platzverweises wird auch deshalb nicht dem Maßstab

---

598 z. B. § 20 BdbPolG, § 21 NGefAG, § 40 SachsAnhSOG

599 z. B. § 28 III BadWürttPolG, Art. 20 BayPAG, § 22 SächsPolG

600 BayVerfGH, NVwZ 1991, 664, 670 f.

601 SächsVerfGH, LKV 1996, 273, 278; so auch Schwan, ThürVBl. 2000, 29, 30; a. A. Schenke, DVBl. 1996, 1393, 1394, jedoch ohne nähere Begründung.

der Erforderlichkeit gerecht, weil die totale Freiheitsentziehung durch Gewahrsam grundsätzlich weit über den engen Zweck der Freiheitsbeschränkung durch den auf einen bestimmten Ort eingegrenzten Platzverweis hinauswirkt. Auch wenn der vorübergehende Charakter des Platzverweises funktional als Gegensatz zu einem Platzverweis auf Dauer zu verstehen ist, zwingt die Struktur von § 22 I SächsPolG, wie oben dargelegt, § 22 I Nr. 4 SächsPolG auf die Durchsetzung eines kurzfristigen Platzverweises zu beschränken."

Diese Auslegung ist aber nicht übertragbar auf diejenigen Polizeigesetze, die auch (verfassungsgemäß) den qualifizierten Platzverweis geregelt haben. Soweit sich der Durchsetzungsgewahrsam auf einen qualifizierten Platzverweis bezieht, kann u. U. auch die Höchstfrist von zwei Wochen erreicht werden, wenn dies nach den Umständen des Einzelfalles erforderlich ist[602].

7. Vereinbarkeit mit der Europäischen Menschenrechtskonvention

Problematisch ist ferner, ob eine Ingewahrsamnahme zur Verhinderung von Ordnungswidrigkeiten mit Europarecht, insbesondere mit der Europäischen Menschenrechtskonvention, vereinbar ist.

Die Europäische Menschenrechtskonvention besitzt in der deutschen Rechtsordnung auf Grund ihrer innerstaatlichen Anwendung nach Art. 59 Abs. 2 GG zwar nur den Rang eines einfachen Bundesgesetzes. Auf ihre Verletzung kann deshalb auch keine Verfassungsbeschwerde gestützt werden. Aber die Europäische Menschenrechtskonvention begründet einen inhaltlichen Mindeststandard europäischen Menschenrechtsschutzes und ist von allen Staatsorgangen zu beachten. Deshalb sind die Grundrechte, rechtsstaatlichen Grundsätze des Grundgesetzes und der Länderverfassungen (Art. 142 GG) und die Gesetze im Einklang mit der Europäischen Menschenrechtskonvention auszulegen[603].

Zum Teil[604] wird die Auffassung vertreten, daß Ingewahrsamnahmen zur Verhütung von Ordnungswidrigkeiten nicht mit Art. 5 I 2 lit. c EMRK vereinbar seien. Art. 5 I 2 lit. c EMRK sieht nämlich die Zulässigkeit einer Freiheitsentziehung nur dann

---

602 Zur Zulässigkeit des Unterbindungsgewahrsams gegen einen Drogendealer wegen Hartnäckigkeit seines Verhaltens bis zur Höchstgrenze von 2 Wochen gem. § 28 III 4 Bad-WürtPolG vgl. AG Stuttgart, NVwZ-RR 1998, 105 f.

603 BVerfGE 74, 358, 370; SächsVerfGH, LKV 1996, 273, 276

604 Vgl. nur Waechter, NdsVBl. 1996, 197, 203 m.w.N.; vgl. auch Lisken/Denninger, 2. Aufl. 1996, Rdnr. F 288

vor, wenn der Betroffene an der Begehung einer *strafbaren* Handlung verhindert werden soll.

Ob unter "strafbare Handlungen" i. S. von Art. 5 I lit. c EMRK lediglich Straftaten zu verstehen sind, muß hier allerdings nicht entschieden werden[605]. Präventiv-polizeilicher Gewahrsam kann nämlich auch auf Art. 5 I 2 lit. b EMRK gestützt werden. Danach ist eine Freiheitsentziehung u. a. zulässig, wenn durch sie die Erfüllung einer gesetzlich vorgeschriebenen Verpflichtung erzwungen werden soll. Darunter wird auch die Verpflichtung verstanden, Störungen i. S. des Rechts der Gefahrenabwehr zu unterlassen[606].

Im Ergebnis kann daher festgehalten werden, daß eine Ingewahrsamnahme auch zur Verhinderung von Ordnungswidrigkeiten mit der Europäischen Menschenrechtskonvention vereinbar ist.

---

605 In diese Richtung wohl SächsVerfGH, LKV 1996, 273, 276 m.w.N.; so i. E. auch BayVerfGH, NVwZ 1991, 664, 665

606 So zu Recht auch SächsVerfGH, LKV 1996, 273, 276 f. m.w.N.; BayVerfGH, NVwZ 1991, 664, 665 m.w.N.

3. Kapitel: Verfassungsrechtliche Probleme des polizeirechtlichen Platzverweises

Im vorherigen Kapitel sind überwiegend lediglich die tatbestandlichen Eingriffsvoraussetzungen und Rechtsfolgen des polizeilichen Platzverweises dargestellt worden. Polizeiliches Handeln und seine Rechtsgrundlagen müssen sich aber auch stets in Einklang mit der Verfassung befinden[607]. Das gilt neben dem ungeschriebenen Verfassungsgrundsatz der Verhältnismäßigkeit in besonderem Maße für die Grundrechtsgewährleistungen des Grundgesetzes. Nach Art. 1 Abs. 3 GG binden die Grundrechte Gesetzgebung, vollziehende Gewalt und Rechtsprechung.

A. Vereinbarkeit mit den grundrechtlichen Gewährleistungen

I. Das Grundrecht der Freizügigkeit, Art. 11 GG

In der Literatur und Rechtsprechung ist umstritten, ob Platzverweise in das Grundrecht der Freizügigkeit gem. Art. 11 Abs. 1 GG eingreifen. Während eine Auffassung[608] einen Eingriff selbst bei längerfristigen Aufenthaltsverboten grundsätzlich ablehnt, wird demgegenüber[609] gerade bei längerfristigen Aufenthaltsverboten ein

---

607 Die nun erst jetzt folgende Verfassungsmäßigkeitsprüfung soll die praktische und systematische Handhabung dieser Bearbeitung unterstreichen. Nachdem die einfachgesetzlichen Tatbestandsmerkmale herausgearbeitet worden sind, stellt sich in dem nun folgenden Kapitel die Frage der Verfassungsmäßigkeit einzelner Ermächtigungsgrundlagen und Platzverweisverfügungen.

608 Vgl. nur Götz, NVwZ 1998, 679, 683; Deger, VBlBW 1996, 90, 92 f. m.w.N.; Scheithauer, VBlBW 1997, 447, 448; Haseloff-Grupp, VBlBW 1997, 161, 162; Latzel/Lustina, Die Polizei 1995, 131, 132; Riedinger, VBlBW 2000, 332, 335; Kolb, NJ 2000, 570, 573; VG Gelsenkirchen, Beschluß vom 13.12.1993, Az. 16 L 2281/93, S. 3 f. unter Hinweis auf BVerfGE 2, 273 und BVerwGE 3, 312; VG Gelsenkirchen, Beschluß vom 20.12.1993, Az. 16 L 2282/93, S. 4 f.; VG Gelsenkirchen, Beschluß vom 13.12.1993, Az. 16 L 2979/93, S. 3 f.; VG Gelsenkirchen, Beschluß vom 21.02.1994, Az. 16 L 140/94, S. 4 f.; VG Gelsenkirchen, Beschluß vom 02.11.1994, Az. 16 L 1860/94, S. 3 f.; VG Hamburg, Urteil vom 07.12.1994, Az. 14 VG 3238/92, S. 6; VG Sigmaringen, NVwZ-RR 1995, 327, 329; VG Gelsenkirchen, Beschluß vom 11.06.1996, Az. 16 L 1172/96, S. 4; VG Gelsenkirchen, Beschluß vom 06.02.1996, Az. 16 M 112/95, S. 3 f.

609 Vgl. nur AE PolG, 1979, § 19, Rdnr. 2 ff.; Franz, DVBl. 1971, 249, 250; Lisken, in: Bündnis 90/DIE GRÜNEN, 03/96, S. 45; Wohlfarth, BayVBl. 1997, 420, 423; Hecker, NVwZ 1999, 261, 262; Kappeler, DÖV 2000, 227, 231 f.; Volkmann, NVwZ 2000, 361, 367 m.w.N.; Kutscha, LKV 2000, 134, 136; OVG Bremen, NVwZ 1999, 314, 315 m.w.N.; tendentiell VG Köln, Beschluß vom 15.03.1995, Az. 20 L 2625/94, S. 11 m.w.N.; Kappeler, 2001, S. 156, bei zeitlich und räumlich extensiven Aufent-

(Fortsetzung...)

Eingriff in den Schutzbereich des Art. 11 Abs. 1 GG bejaht. Die Beantwortung dieser Frage ist von erheblicher Bedeutung, da das Grundrecht der Freizügigkeit einen spezifischen, an besondere Zwecke gebundenen Gesetzesvorbehalt enthält.

1. **Schutzbereich**

Nach Art. 11 Abs. 1 GG genießen alle Deutschen im ganzen Bundesgebiet Freizügigkeit.

a) *Begriff der Freizügigkeit*

Im Vergleich mit anderen Grundrechten hat Art. 11 GG in der Rechtsprechung, gerade auch in der Rechtsprechung des Bundesverfassungsgerichts, bislang wenig Bedeutung gewonnen. Nach einer vom Bundesverfassungsgericht[610] erarbeiteten Definition bedeutet Freizügigkeit "das Recht, an jedem Orte innerhalb des Bundesgebietes Aufenthalt und Wohnsitz zu nehmen". Dies ist eine der geschichtlichen Entwicklung[611] entsprechende Inhaltsbestimmung, die vom Parlamentarischen Rat nur deshalb nicht in Art. 11 GG verwandt wurde, weil sie als inhaltsgleich mit dem Begriff Freizügigkeit betrachtet wurde[612].

Wenn Art. 11 Abs. 1 GG positiv primär "Mobilität" schützt, dann schützt er negativ auch den Verbleib an einem bestimmten Ort[613].

b) *Wohnsitznahme*

Wohnsitz ist gegenüber Aufenthalt der speziellere Begriff. Wohnsitz wird von § 7 Abs. 1 BGB als ständige Niederlassung an einem Ort bestimmt[614]. Die ständige Niederlassung wiederum wird verstanden als Aufenthaltsnahme mit dem Willen, nicht nur vorübergehend zu bleiben, sondern den Ort zum Mittel- oder Schwerpunkt

---

609(...Fortsetzung)
haltsverboten; Hetzer, JR 2000, 1, 10, der bei jedem Platzverweis einen Eingriff in Art. 11 Abs. 1 GG bejaht.

610 BVerfGE 80, 137, 150; BVerfGE 2, 266, 273; BVerfGE 43, 203, 211

611 Vgl. dazu Randelzhofer, in: BK-GG, Stand: 12/99, Art. 11, Rdnr. 19, 16 m.w.N.

612 Vgl. von Doemming/Füßlein/Matz, in: JöR 1951, 128 f.; Pieroth/Schlink, 15. Aufl. 1999, Rdnr. 789

613 Baer, NVwZ 1997, 27, 30; ähnlich auch Dürig, in: Maunz/Dürig, Stand: 10/99, Art. 11, Rdnr. 39; Pieroth, JuS 1985, 81, 84; Kappeler, DÖV 2000, 227, 231 m.w.N.

614 Pieroth/Schlink, 15. Aufl. 1999, Rdnr. 790; Pieroth, JuS 1985, 81, 83

der Lebensverhältnisse zu machen[615]. Von Art. 11 Abs. 1 GG wird danach die Begründung, Verlagerung oder Aufhebung eines Wohnsitzes und auch mehrerer weiterer Wohnsitze im ganzen Bundesgebiet geschützt[616]. Die vorübergehende Niederlassung unterfällt dagegen dem Begriff der Aufenthaltsnahme.

c) *Aufenthaltsnahme*

Neben dem Recht der Wohnsitznahme enthält die Freizügigkeit auch das Recht, sich an einem Ort aufzuhalten. Aufenthalt bedeutet vorübergehendes Verweilen[617]. Daß die Freizügigkeit einen dauernden Aufenthalt schützt, ein Verweilen, bei dem jemand auch längere Zeit eine Wohnung nimmt, ohne zugleich einen Wohnsitz zu begründen, war nie streitig[618].

Schwieriger ist es jedoch, die zeitliche Untergrenze des vorübergehenden Aufenthalts festzulegen. Fraglich ist insbesondere, ob die zeitliche Untergrenze geeignet ist, den Aufenthaltsbegriff von der allgemeinen Bewegungsfreiheit des Art. 2 Abs. 2 Satz 2 GG respektive Art. 2 Abs. 1 GG abzugrenzen.

aa) *Abgrenzung nach "besonderem" Zweck des Aufenthalts*

Denkbar wäre zunächst, an den Zweck des Aufenthaltes erhöhte Anforderungen zu stellen und beispielsweise das bloße Umherziehen oder Lagern aus dem Schutzbereich des Art. 11 Abs. 1 GG herauszunehmen.

Das Bundesverwaltungsgericht[619] hatte in der Tat einmal festgestellt, daß es sich bei dem Recht des freien Zuges um ein "finales Grundrecht" handele, dessen immanenter Zweck nicht das "Umherziehen" als solches, sondern das Bestreben sei, zu einem neuen dauernden Lebensmittelpunkt zu gelangen. Einem Landstreicher könne daher unter Umständen die Berufung auf Art. 11 GG verwehrt sein.
Diese Auffassung hatte zwar dogmengeschichtlich viel für sich, ist aber nicht haltbar in einer Gesellschaft, die Mobilität als hohes Gut ansieht, und dies auch unabhängig von wirtschaftlicher Betätigung und fester Wohnsitznahme[620].

---

615 Pieroth/Schlink, 15. Aufl. 1999, Rdnr. 790; Pieroth, JuS 1985, 81, 83
616 Vgl. Pieroth/Schlink, 15. Aufl. 1999, Rdnr. 790; Pieroth, JuS 1985, 81, 83
617 Pieroth/Schlink, 15. Aufl. 1999, Rdnr. 791; Pieroth, JuS 1985, 81, 83
618 Merten, S. 19 f. m.w.N.
619 BVerwGE 3, 308, 312
620 Kunig, Jura 1990, 306, 308

Daher wird heute zu Recht einhellig die Zweckneutralität des Art. 11 GG betont[621]. Freizügigkeit ist zweckfrei gewährt, geschützter Zweck der Freiheitsbetätigung ist der Ortswechsel als solcher[622]. Dabei muß dem einzelnen überlassen bleiben, um welchen Zwecks willen der Aufenthalt für ihn von Bedeutung ist; anders wäre die Qualität der Freizügigkeit als Freiheitsrecht gefährdet[623]. Dies haben inzwischen die Fakten gelehrt, wonach der freie Zug auch dann ganz elementare Not leidet, wenn man nicht zu Verwandten nach Bremen oder zur Erholung nach Freudenstadt reisen darf, obwohl es sich nur um "vorübergehendes Verweilen" handelt.

bb) *Zeitliche Abgrenzung (Dauer)*

Zahlreiche Stimmen sehen ferner die Dauer des - realisierten oder beabsichtigten - Ortswechsels als wesentliches Kriterium an, verlangen etwa einen "mehr als flüchtigen Aufenthalt"[624], eine gewisse "Mindestverweildauer"[625] oder sogar "eine Übernachtung"[626].

Demgegenüber verstehen *andere Autoren*[627] Aufenthalt auch umfassender, und zwar als das Verweilen an einem bestimmten Ort, sei es vorübergehend oder längerfristig, ohne jedoch einen Wohnsitz zu begründen. Sie begründen ihre Auffassung insbesondere damit, daß eine zeitliche Grenze willkürlich sei: "Auch ein Besuch, sei es aus geschäftlichen, sei es aus persönlichen Gründen, von nur wenigen Minuten kann von elementarer Bedeutung für die persönliche Entfaltung des einzelnen sein und muß daher vom Schutz des Art. 11 I GG erfaßt werden."[628] Dem ist jedoch entgegenzuhalten, daß die persönliche Entfaltung des einzelnen bereits umfassend von dem allgemeinen Persönlichkeitsrecht gem. Art. 2 Abs. 1 GG i. V. mit Art. 1 Abs. 1 GG geschützt wird.

---

621 Vgl. nur Pieroth, JuS 1985, 81, 83; nun auch Maunz, in: Maunz/Dürig, Stand: 10/99, Art. 11, Rdnr. 36; Dolderer, NVwZ 2001, 130, 132 f.; Kappeler, 2001, S. 147 f.

622 Kunig, Jura 1990, 306, 308

623 Vgl. nur Pieroth/Schlink, 15. Aufl. 1999, Rdnr. 791; Pieroth, JuS 1985, 81, 83

624 Rittstieg, in: AK-GG, 2. Aufl. 1989, Art. 11, Rdnr. 32

625 So bereits Dicke, in: von Münch, 2. Aufl. 1981, Art. 11, Rdnr. 7; Hantel, JuS 1990, 865, 866; Krüger, in: Sachs, 2. Aufl. 1999, Art. 11, Rdnr. 16; Dolderer, NVwZ 2001, 130, 133

626 Merten, S. 44

627 Grote/Kraus, S. 210; Pieroth, JuS 1985, 81, 83; Pernice, in: Dreier, 1996, Art. 11, Rdnr. 13 m.w.N.; Robrecht, SächsVBl. 1999, 232, 234; Kappeler, DÖV 2000, 227, 231 f. m.w.N.; Stein/Frank, 17. Aufl. 2000, S. 279

628 Pieroth, JuS 1985, 81, 83; so auch Dürig, in: Maunz/Dürig, Stand: 10/99, Art. 11, Rdnr. 37 und Randelzhofer, in: BK-GG, Stand: 12/99, Art. 11, Rdnr. 26

Die Aufstellung zeitlicher Grenzen wird ferner mit folgendem Beispiel[629] abgelehnt: "Diese Sicht führte z. B. dazu, daß derjenige, der sich in die nahegelegene Nachbargemeinde begibt, dort einen Abend mit Freunden verbringt und bei einem von ihnen übernachtet, dafür den stärkeren Schutz des Freizügigkeitsrechts genießt, während derjenige, der am Morgen mit dem Flugzeug von München nach Hamburg fliegt, dort wichtige Gespräche führt und am Abend wieder in München landet, dafür nur den geringeren Schutz der Bewegungsfreiheit besitzt".
Diese Autoren verkennen jedoch, daß der Passagier von München nach Hamburg - wie sich noch zeigen wird - bereits von der interterritorialen Freizügigkeit erfaßt wird und diese unstreitig den Schutzbereich des Art. 11 Abs. 1 GG tangiert.

Zunächst kann also festgehalten werden, daß die Argumente gegen eine zeitliche Abgrenzung nicht überzeugen. Sehr zweifelhaft ist aber, ob dafür zwingend eine Übernachtung gefordert werden muß. Auch mehrere Stunden Aufenthalt, ohne zu übernachten, können für den Einzelnen von besonderer Bedeutung sein. Zudem würde für eine zeitliche Abgrenzung in jedem Falle die damit gewonnene Rechtssicherheit sprechen.

cc) *Abgrenzung nach "Fortbewegung zwecks Ortswechsels"*

Eine weitere Auffassung[630] will die Fortbewegung zwecks Ortswechsel als das entscheidende Merkmal des Schutzbereichs der Freizügigkeit heranziehen. Sie umfaßt die Möglichkeit, den Weg zwischen altem und neuem Aufenthaltsort zurückzulegen[631]. Ortswechsel läßt sich als interterritoriale, interkommunale und interlokale Freizügigkeit typisieren[632]: *Interterritoriale* Freizügigkeit meint den freien Zug innerhalb des Bundesgebietes ohne Rücksicht auf die Ländergrenzen. *Interkommunale* Freizügigkeit bedeutet den freien Zug von einer Gemeinde zu einer anderen Gemeinde. *Interlokale* Freizügigkeit bedeutet den freien Zug innerhalb von Gemeinden. In allen diesen Fällen umschließt das aus Art. 11 Abs. 1 GG folgende

---

629 Randelzhofer, in: BK-GG, Stand: 12/99, Art. 11, Rdnr. 26; Pieroth, JuS 1985, 81, 83; Kappeler, 2001, S. 148, insbes. Fn. 755; grundsätzlich ablehnend auch Kunig, in: von Münch/Kunig, 5. Aufl. 2000, Art. 11, Rdnr. 14, der allerdings die Dauer des Verbleibens an einem Ort als Indiz für eine objektive Gesamtbetrachtung heranziehen will.

630 Baer, NVwZ 1997, 27, 30 m.w.N.; Richter/Schuppert/Bumke, 4. Aufl. 2001, Art. 11, S. 211; Kunig, Jura 1990, 306, 308 m.w.N.; Pieroth, JuS 1985, 81, 83; Reichert/Ruder/Fröhler, 5. Aufl. 1997, Rdnr. 198; VG Bremen, Urteil vom 11.06.1997, Az. 2 A 149/96, S. 10; Hetzer, JR 2000, 1, 10

631 Pieroth/Schlink, 15. Aufl. 1999, Rdnr. 793

632 Vgl. dazu Pieroth/Schlink, 15. Aufl. 1999, Rdnr. 794; vgl. schon Pieroth, JuS 1985, 81, 83

Recht zum Ortswechsel die Begründung und die Aufhebung von Aufenthalt oder Wohnsitz.

Während eine Auffassung[633] den Schutzbereich der Freizügkeit auf jeden Ort - egal welcher Größe - bezieht, wird der Begriff Ortswechsel gelegentlich[634] auch enger verstanden. Dabei steht außer Streit, daß "Ortswechsel" ein Zug von Bundesland zu Bundesland und von Gemeinde zu Gemeinde sein kann und damit verbundene Eingriffe unstreitig dem Schutzbereich des Art. 11 Abs. 1 GG unterfallen[635]. Fraglich ist indes, ob darüber hinaus auch die sog. interlokale Freizügigkeit besteht, die den Schutz des Wechsels innerhalb des gemeindlichen Territoriums gewährleistet.

Vereinzelt[636] wird noch angenommen, daß sich das Grundrecht der Freizügigkeit gem. Art. 11 Abs. 1 GG lediglich auf interterritoriale bzw. interkommunale Ortswechsel erstreckt. Ortswechsel innerhalb einer Gemeinde gehöre zum Schutzbereich der Bewegungsfreiheit. Das führt jedoch zu widersinnigen Ergebnissen angesichts zufälliger Gemeindegrenzen, insbesondere im Hinblick auf Dorf- und Großstadtgrenzen. Es macht vor allem den Schutzbereich im übrigen abhängig von Entscheidungen der Exekutive, etwa im Rahmen der kommunalen Gebietsreform. Art. 11 Abs. 1 GG schützt daher auch die sog. interlokale Freizügigkeit.

Das bedeutet aber nicht, daß jeder Ortswechsel innerhalb einer Gemeinde vom Schutzbereich des Art. 11 Abs. 1 GG erfaßt wird. Wenn allein der Ortswechsel innerhalb einer Gemeinde unter den Schutzbereich des Art. 11 Abs. 1 GG fiele, würden auch sämtliche Platzverweise - kurzfristige oder längerfristige - anhand des Schrankenvorbehaltes gem. Art. 11 Abs. 2 GG gemessen werden müssen. Dies würde aber weder historisch noch systematisch mit Blick auf den Schrankenvorbehalt zu Art. 11 Abs. 1 GG passen.

Historisch betrachtet ist der Schutzbereich des Art. 11 Abs. 1 GG regelmäßig auch auf bestimmte Orte begrenzt worden. Das Bundesverfassungsgericht[637] hat daher

---

633 VG Bremen, Urteil vom 11.06.1997, Az. 2 A 149/96, S. 10; Kappeler, DÖV 2000, 227, 231 f. m.w.N.; in diese Richtung wohl auch Reichert/Ruder/Fröhler, 5. Aufl. 1997, Rdnr. 198

634 Vgl. nur Dürig, in: Maunz/Dürig, Stand: 10/99, Art. 11, Rdnr. 28

635 Vgl. nur Kunig, Jura 1990, 306, 308 m.w.N.

636 Vgl. Dürig, in: Maunz/Dürig, Stand: 10/99, Art. 11, Rdnr. 28; Reiff/Wöhrle/Wolf/-Stephan, 5. Aufl. 1999, § 28 BW PolG, Rdnr. 7

637 BVerfGE 8, 95, 97

schon in einer frühen Entscheidung ausgeführt, daß das Grundrecht der Freizügigkeit "den freien Zuzug von Land zu Land, von Gemeinde zu Gemeinde" gewährleistet. Historisch indiziert ist also eine Begrenzung des Schutzbereichs des Art. 11 Abs. 1 GG auf bestimmte Orte[638]. Auch das Nebeneinander von Art. 2 Abs. 2 S. 2 GG und Art. 11 Abs. 1 GG verlangt nach einer Unterscheidung zwischen bloßer Fortbewegung und dem Vorgang einer als Ortswechsel zu qualifizierenden Fortbewegung[639]. Ungeklärt scheint aber die räumliche Dimension dieser Orte innerhalb einer Gemeinde zu sein.

dd) *Abgrenzung nach Wechsel des Lebenskreises*

Des weiteren ist versucht worden, den Schutzbereich der Freizügigkeit allgemein dadurch einzuschränken, daß nur derjenige geschützt sei, der seinen "alltäglichen Lebenskreis" verläßt[640]. Dabei ist "Lebenskreis" der "unmittelbare Bewegungsspielraum als Ausdruck alltäglicher Abläufe" am Wohnsitz oder Aufenthaltsort[641].

Dieses Kriterium kann jedoch wegen der Unbestimmtheit ebenfalls nicht überzeugen. Dieses Abgrenzungskriterium würde dazu führen, daß anerkannte typische Ausübungsweisen des Art. 11 GG, etwa Verwandtenbesuche oder Urlaubsreisen, als solche Bewegungen innerhalb des Lebenskreises bezeichnet werden müßten und damit aus dem Schutzbereich des Art. 11 Abs. 1 GG herausfallen würden[642]. Umgekehrt müßte ein Aufenthaltsverbot gegenüber einem Gelegenheitskonsumenten an Art. 11 GG gemessen werden, während das tägliche Aufsuchen der Szene durch den Schwerstabhängigen nur in den Schutzbereich des Art. 2 Abs. 2 Satz 2 bzw. Art. 2 Abs. 1 GG fiele[643].

---

638 Ähnlich auch Baer, NVwZ 1997, 27, 30

639 So auch Kunig, Jura 1990, 306, 308; Burgi, 1993, S. 221

640 Grabitz, in: HdbStR VI, 1989, § 130, Rdnr. 9; Kunig, Jura 1990, 306, 308 m.w.N.; ähnlich auch Randelzhofer, in: BK-GG, Stand: 12/99, Art. 11, Rdnr. 28; Ziekow, 1997, S. 465 f.; Robrecht, SächsVBl. 1999, 232, 234; Würtenberger, in: Achterberg/Püttner/Würtenberger, 2. Aufl. 2000, S. 438, Fn. 218; Gusy, in: von Mangoldt/-Klein/Starck, 4. Aufl. 2000, Art. 11, Rdnr. 28; Richter/Schuppert/Bumke, 4. Aufl. 2001, Art. 2, S. 94

641 Grabitz, in: HdbStR VI, 1989, § 130, Rdnr. 9

642 So auch Pieroth, JuS 1985, 81, 83; Pieroth/Schlink, 15. Aufl. 1999, Rdnr. 791; ähnlich auch Pernice, in: Dreier, 1996, Art. 11, Rdnr. 13 und Tiemann, NVwZ 1987, 10, 13

643 Ähnlich auch Kappeler, 2001, S. 150

ee) *Abgrenzung nach objektiver Bedeutung des Aufenthalts*

Eine vermittelnde Auffassung[644] stellt schließlich darauf ab, ob bei objektiver Betrachtung unter zeitlichen, räumlichen und finalen Gesichtspunkten der Fortbewegungsfortgang eine solche Bedeutung aufweist, die nach dem besonderen Schutz gerade des Freizügigkeitsgrundrechts verlangt. Art. 11 Abs. 1 GG schütze die Bewegungsfreiheit also erst, wenn diese eine bestimmte Qualität erlangt habe[645]. Daher seien Urlaubsreisen unproblematisch erfaßt[646], nicht aber die Fahrt zur Arbeitsstelle, der Gang ins Sportstation[647] oder tägliche Fahrten zu Einkäufen[648]. Aber auch diese Argumentation vermag wegen der Unbestimmtheit nicht zu überzeugen, da mit einer solchen Abgrenzungsformel im Einzelfall kein eindeutiges Ergebnis erreicht werden kann.

ff) *Stellungnahme*

Ob ein Platzverweis den sachlichen Schutzbereich des Art. 11 Abs. 1 GG berührt, hängt letztlich davon ab, wie man die verbleibenden Kriterien Dauer und Ortswechsel so eingrenzt, daß das Grundrecht der Freizügigkeit im Lichte der Verfassung ausreichend Schutz gewährleistet.

---

644 So Kunig, Jura 1990, 306, 308; Kunig, in: von Münch/Kunig, 5. Aufl. 2000, Art. 2, Rdnr. 74 und Art. 11, Rdnr. 13; Hailbronner, in: HdbStR VI, 1989, § 131, Rdnr. 25 und Burgi, 1993, S. 220 f.; so wohl auch Katz, 13. Aufl. 1996, Rdnr. 785

645 Hoeft, 1999, S. 85, verlangt daher eine Aufenthaltsnahme von zumindest vergleichbarer Bedeutung mit der Wohnsitznahme in zeitlicher, räumlicher und zweckbestimmter Hinsicht und bejaht diese Qualität bei längerfristigen Aufenthaltsverboten nur gegenüber Drogen*abhängigen* (a.a.O., S. 103 f.) und lehnt daher einen Eingriff in Art. 11 Abs. 1 GG bei solchen gegenüber *Intensivdealern* ab, soweit sie im Verbotsbereich nicht ihren Wohnsitz haben (a.a.O., S. 105); dabei ist es aber m. E. unerheblich, ob auf die Qualität der Bewegung oder die des Zielortes (so aber Braun, 2000, S. 56 f.) abgestellt wird: auch Braun, 2000, S. 56, fordert eine besondere Relevanz des Zielortes für den Grundrechtsträger, die annähernd die eines Wohnsitzes aufweist. Ähnlich auch Kappeler, 2001, S. 151 f.: Sie begreift Freizügigkeit als "Ausdruck des Strebens nach individueller Selbstbestimmung für den eigenen Lebenskreis", wonach "diese freie Gestaltung der Lebensumstände auch das Aufsuchen für Kommunikation und Kontaktpflege bedeutsamer Treffpunkte" umfaßt.

646 Randelzhofer, in: BK-GG, Stand: 12/99, Art. 11, Rdnr. 20

647 Kunig, Jura 1990, 306, 308

648 Hailbronner, in: HbdStR VI, § 131, Rdnr. 25

Für eine Abgrenzung des Art. 11 Abs. 1 GG zu Art. 2 Abs. 2 Satz 2 GG bieten sich die gleichen Abgrenzungskriterien an, die für den klassischen zum qualifizierten Platzverweis vorgeschlagen worden sind[649].

Die zeitliche Grenze von 12 Stunden oder die örtliche Grenze von einem Hektar lassen sich historisch und mit praktischen Erfahrungen begründen. Klassische Platzverweise können in den meisten Fallgestaltungen regelmäßig innerhalb dieser Grenzen zum gewünschten Erfolg führen. Schließlich hat es den klassischen Platzverweis auch schon vor der Entstehung des Grundgesetzes gegeben. Es ist schwerlich vorstellbar, daß der Parlamentarische Rat mit der Schaffung des Grundrechts der Freizügigkeit auch zugleich den klassischen Platzverweis derart einschränken wollte, daß dieser praktisch kaum noch anwendbar ist. Vielmehr ist davon auszugehen, daß gerade der klassische Platzverweis nicht vom Schutzbereich des Art. 11 Abs. 1 GG erfaßt werden sollte[650]. Auf der anderen Seite verlangt die besondere Bedeutung des Grundrechts der Freizügigkeit, sämtliche qualifizierte Platzverweise am Schrankenvorbehalt des Art. 11 Abs. 2 GG zu messen.

Für diese Abgrenzung spricht schließlich die damit gewonnene Rechtssicherheit. Auch Zweifelsfälle zwischen dem Grundrecht der Freiheit der Person und dem Grundrecht der Freizügigkeit können nun klar dem einen oder anderen Grundrecht zugeordnet werden. Ein Platzverweis beispielsweise, der über 12 Stunden hinaus den Aufenthalt selbst an einem eng umgrenzten Ort verbietet, würde in das Grundrecht der Freizügkeit der betroffenen Person eingreifen. Umgekehrt würde bereits der Schutzbereich des Art. 11 Abs. 1 GG tangiert sein, wenn einer Person der Aufenthalt eines 2 Hektar großen Parks selbst für nur eine Stunde verboten wird.

Im Ergebnis kann also festgehalten werden, daß klassische Platzverweise, etwa zur Unterbindung eines nach einer Gefahrenabwehrverordnung oder Sondernutzungssatzung unzulässigen Verhaltens, noch nicht den Schutzbereich des Art. 11 Abs. 1 GG berühren. Wird aber in diesem Zusammenhang oder aber beispielsweise gegenüber Angehörigen der offenen Drogenszene ein qualifizierter Platzverweis ausgesprochen, so liegt zweifellos eine Beschränkung des Schutzbereichs des Art. 11 Abs. 1 GG vor, die der Rechtfertigung gem. Art. 11 Abs. 2 GG bedarf.

---

649 Vgl. dazu die Ausführungen im 2. Kapitel unter A. I. 6. a) und b)

650 Daß der klassische Platzverweis nicht in das Grundrecht der Freizügigkeit eingreift, vertreten auch Heise/Riegel, 2. Aufl. 1978, § 12, Rdnr. 2; Reichert/Ruder/Fröhler, 5. Aufl. 1997, Rdnr. 199; VG Hannover in seinem Urteil vom 2.8.1996, Az. 10 A 5589/96 = NdsVBl. 1998, 147 ff. zu § 17 Abs. 1 NGefAG.; Kappeler, 2001, S. 154

2. Schrankenbereich

Die Zulässigkeit von Eingriffen richtet sich nach dem Gesetzesvorbehalt des Art. 11 Abs. 2 GG. Dieser ist durch verschiedene Merkmale qualifiziert: Die Freizügigkeit darf danach nur durch Gesetz oder auf Grund eines Gesetzes und nur für die Fälle eingeschränkt werden, in denen eine ausreichende Lebensgrundlage nicht vorhanden ist und der Allgemeinheit daraus besondere Lasten entstehen würden oder in denen es zur Abwehr einer drohenden Gefahr für den Bestand oder die freiheitliche demokratische Grundordnung des Bundes oder eines Landes, zur Bekämpfung von Seuchengefahr, Naturkatastrophen oder besonders schweren Unglücksfällen, zum Schutze der Jugend vor Verwahrlosung oder um strafbaren Handlungen vorzubeugen, erforderlich ist.

Da die qualifizierten Platzverweise einen Eingriff in Art. 11 Abs. 1 GG beinhalten, reicht eine beliebige gesetzliche Ermächtigungsgrundlage gem. Art. 11 Abs. 2 GG nicht aus. Aus den abschließenden Vorbehalten in Art. 11 Abs. 2 GG ergibt sich bereits, daß diese Norm eng auszulegen ist. Eine gesetzliche Ermächtigungsgrundlage muß also den Anforderungen des qualifizierten Gesetzesvorbehalts gem. Art. 11 Abs. 2 GG entsprechen.

Umstritten im hier interessierenden Kontext ist insbesondere, wieweit der sog. Präventionsvorbehalt[651] im Art. 11 Abs. 2 GG reicht, wonach gesetzliche Beschränkungen zulässig sind, um "strafbaren Handlungen vorzubeugen".

a) *"Strafbare Handlungen"*

Dem Wortlaut des Schrankenvorbehaltes läßt sich zunächst entnehmen, daß tragender Grund für eine präventivrechtliche Einschränkung der Freizügigkeit eine drohende Straftat sein muß. Ordnungswidrigkeiten oder gar Verstöße gegen die öffentliche Ordnung sind nicht ausreichend. Dies ist von besonderer Bedeütung für qualifizierte Platzverweise gegenüber Personen, soweit sie gegen Gefahrenabwehrverordnungen bzw. Sondernutzungssatzungen verstoßen. Derartige Verstöße stellen regelmäßig lediglich Ordnungswidrigkeiten dar, so daß qualifizierte Platzverweise in diesen Fällen unzulässig sind.

---

651 Manchmal auch als Kriminalvorbehalt bezeichnet.

b) *Präventionsvorbehalt nur "echter Kriminalvorbehalt"?*

Zum Teil wird in der Literatur[652] noch die Auffassung vertreten, daß es sich bei dem Präventionsvorbehalt in Art. 11 Abs. 2 GG um einen "echten Kriminalvorbehalt" handele, d. h. daß Einschränkungen der Freizügigkeit nur bei schon bestraften Personen zulässig seien.

Demgegenüber wird jedoch zu Recht überwiegend[653] der Standpunkt vertreten, daß die Vorschrift nicht auf die Verhinderung der Begehung strafbarer Handlungen durch schon straffällig gewordene Täter begrenzt ist.
Die Entstehungsgeschichte[654] des Art. 11 Abs. 2 GG zeigt deutlich, daß der traditionell ursprüngliche echte Kriminalvorbehalt durch den Hauptausschuß in einen Präventionsvorbehalt abgeändert worden ist, um strafbaren Handlungen vorzubeugen. Damit ist nicht mehr erforderlich, daß die betroffene Person bereits straffällig geworden sein muß.

c) *Art und Gewicht des Präventionsvorbehalts*

Des weiteren ist fraglich, ob die Gefahr jeder strafbaren Handlung zu einer Beschränkung der Freizügigkeit führen kann. Der Wortlaut des Art. 11 Abs. 2 GG könnte dies nahelegen[655].

Demgegenüber wird aber in der Literatur[656] und Rechtsprechung[657] zu Recht überwiegend die Auffassung vertreten, daß Art und Gewicht der drohenden Straftat zu berücksichtigen sind. Zum Teil[658] wird daher der Begriff "strafbare Handlungen" mit Straftaten von erheblicher Bedeutung (Verbrechen, Gewerbs- und Bandenstraftaten, Gefährdung des Rechtsstaates, Landesverrat etc.)[659] verglichen.

---

652 Vgl. nur Mußmann, VBlBW 1986, 52, 57

653 Blankenagel, DÖV 1989, 689, 697 m.w.N.; Kunig, Jura 1990, 306, 312; vgl. ferner Kunig, in: von Münch/Kunig, 5. Aufl. 2000, Art. 11, Rdnr. 27; Braun, 2000, S. 84; Kappeler, 2001, S. 176; OVG Bremen, NVwZ 1999, 314, 316

654 Vgl. dazu ausführlich Waechter, NdsVBl. 1996, 197, 199 m.w.N.

655 So insbes. Belz, 3. Aufl. 1999, § 21, Rdnr. 9; Robrecht, SächsVBl. 1999, 232, 235; Braun, 2000, S. 86; Kappeler, 2001, S. 179

656 Vgl. nur Kunig, in: von Münch/Kunig, 5. Aufl. 2000, Art. 11, Rdnr. 27; Vultejus, in: Bündnis 90/DIE GRÜNEN, 03/96, S. 59; Hetzer, JR 2000, 1, 7; Dolderer, NVwZ 2001, 130, 132

657 BVerwGE 6, 173, 176

658 Waechter, NdsVBl. 1996, 197, 201 f.

659 Vgl. dazu auch die Legaldefinitionen, z. B. § 2 Nr. 10 NGefAG; das Gesetz zur Än-
(Fortsetzung...)

Eine Einschränkung des Begriffs "strafbare Handlungen" ergibt sich bereits aus der historischen Entstehungsgeschichte des Art. 11 Abs. 2 GG. Den Materialien des Parlamentarischen Rates kann nämlich entnommen werden, daß dieser Schrankenvorbehalt mit dem des Grundrechts auf Unverletzlichkeit der Wohnung vergleichbar ist[660]. Die spätere Änderung des mit diesem Schrankenvorbehalt vergleichbaren Formulierungsvorschlages für Art. 11 Abs. 2 GG durch den Hauptausschuß bezog sich ausschließlich auf den echten Kriminalvorbehalt, womit lediglich ein Präventionseingriff ermöglicht werden sollte. Angesichts der besonderen Bedeutung des Grundrechts der Freizügigkeit ist eine Vergleichbarkeit mit dem Grundrecht der Unverletzlichkeit der Wohnung nie bezweifelt worden[661].

Diese Auslegung fügt sich zudem in die übrigen Schrankenvorbehalte des Art. 11 Abs. 2 GG ein. Der Kriminalvorbehalt ist lediglich ein Unterfall der übrigen Schranken in Art. 11 Abs. 2 GG. Diese Schranken erfassen ersichtlich nur hohe und höchste Rechtsgüter.

Dies bedeutet, daß ein polizeirechtlicher Eingriff in das Grundrecht der Freizügigkeit nur zur Abwehr einer gemeinen Gefahr oder einer Lebensgefahr für einzelne Personen, auf Grund eines Gesetzes auch zur Verhütung dringender Gefahren für die öffentliche Sicherheit und Ordnung [...] vorgenommen werden darf. Der Inhalt dieser Schrankenformulierung entstammt der Schrankenbestimmung des Art. 13 Abs. 7 GG und ist weitgehend inhaltsgleich mit der ursprünglichen Schrankenformulierung des Art. 11 Abs. 2 GG.

Wie die Ausführungen[662] zu den Begriffen der gemeinen Gefahr bzw. der dringenden Gefahr gezeigt haben, sind erhöhte Anforderungen an die Gefahrenlage und die zu schützenden Rechtsgüter zu stellen. Mögliche Straftaten der Stadtstreicher würden daher diese Kriterien regelmäßig nicht erfüllen, da sie der Bagatellkrimina-

---

659(...Fortsetzung)
derung des Bremischen Polizeigesetzes vom 12. September 2001 enthält in § 2 Nr. 5 BremPolG in der Fassung der Bekanntmachung vom 12. September 2001 ebenfalls eine vergleichbare Definition, vgl. BremGbl., S. 268 f.

660 Vgl. dazu Waechter, NdsVBl. 1996, 197, 198 m.w.N.; dies stellt auch Braun (a.a.O, 2000, S. 84) zutreffend dar, kommt aber wegen des Wortlautes dennoch zu dem Ergebnis, daß eine derartige Eingrenzung bei der Verhältnismäßigkeitsprüfung im Einzelfall vorgenommen werden könne (a.a.O., 2000, S. 86). Zur Entwicklung der heutigen Fassung des Art. 11 Abs. 2 GG siehe auch Kappeler, 2001, S. 169 f.

661 Vgl. nur von Mangoldt, 1948/49, S. 11: "*Im übrigen muß dieses Grundrecht in Zusammenhang mit Art. 13 gesehen werden!*"

662 Vgl. dazu die Ausführungen im 2. Kapitel unter A. I. 5. b) ee)

lität zuzurechnen sind. Zudem ist sehr zweifelhaft, ob die Vorschriften über den Besitz und Konsum von Betäubungsmitteln nach dem Betäubungsmittelgesetz zum eigenen Gebrauch diesen Anforderungen entsprechen.

Der Anwendungsbereich der neueren qualifizierten Ermächtigungsgrundlagen[663] ist mithin im Vergleich zu den Schranken in Art. 11 Abs. 2 GG viel zu weit: Der Begriff "Straftaten" erstreckt sich dort auf alle möglichen Straftaten, während derjenige in Art. 11 Abs. 2 GG nur solche Straftaten erfaßt, die besonders hochwertige Schutzgüter beeinträchtigen.

Als Zwischenergebnis kann daher festgehalten werden, daß die neueren qualifizierten Ermächtigungsgrundlagen nicht mit Art. 11 Abs. 2 GG vereinbar sind, da sie Eingriffe in das Grundrecht auf Freizügigkeit auch bei Delikten der Bagatellkriminalität zulassen.

d) *Anforderungen an die Gefahrenlage*

Klassische Platzverweise verlangen regelmäßig das Vorliegen einer konkreten Gefahr. Wie die Ausführungen zu den Ermächtigungsgrundlagen[664] für qualifizierte Platzverweise indes gezeigt haben, läßt der jeweilige Gesetzgeber für umfassende Aufenthaltsverbote bereits eine sog. Gefahrenverdachtslage als ausreichend genügen. Fraglich ist, ob dies mit Art. 11 Abs. 2 GG vereinbar ist.

In der Literatur wird zum Teil[665] die Auffassung vertreten, daß der Präventionsvorbehalt eine konkrete Gefahr nicht verlange, da der Wortlaut und der Sinn der Vorschrift dies nicht hergebe.
Demgegenüber wird jedoch überwiegend[666] eine konkrete Gefahr gefordert. Dies ergebe sich aus der historischen und systematischen Auslegung des Präventionsvorbehaltes, so daß dieser die Länder ausschließlich zur Abwehr konkreter Gefahren ermächtige. Für die Bekämpfung abstrakter Gefahren für die Begehung freizügig-

663 Vgl. nur § 17 Abs. 2 NGefAG
664 Vgl. z. B. § 17 II NGefAG
665 Vgl. nur Hetzer, ThürVBl. 1997, 241, 246; ders., JR 2000, 1, 7; Waechter, NdsVBl. 1996, 197, 202
666 Vgl. nur Blankenagel, DÖV 1989, 689, 697 f.; Lisken, in: Bündnis 90/DIE GRÜNEN, 03/96, S. 45 f.; ders., POLIZEI-heute 1996, 138, 140; ähnlich auch Kunig, Jura 1990, 306, 312; Braun, 2000, S. 90; in diese Richtung wohl auch Walter, NJ 2001, 388, 389 m.w.N. und VG Leipzip, NVwZ 2001, 1317, 1318

keitsbedingter strafbarer Handlungen sei der Bund gem. Art. 73 Nr. 3 GG alleine zuständig[667].

Ob für dieses Ergebnis tatsächlich auf Art. 73 Nr. 3 GG zurückgegriffen werden muß, mag dahinstehen[668]. Für die letztgenannte Auffassung spricht aber insbesondere die Vergleichbarkeit des Präventionsvorbehaltes mit dem Schrankenvorbehalt des Grundrechts auf Unverletzlichkeit der Wohnung. Wird mit dieser Erkenntnis der Schrankenvorbehalt des Art. 11 Abs. 2 GG genauer betrachtet, so bezieht sich die dort geforderte "drohende Gefahr" auch auf den Präventionsvorbehalt, da dieser bekanntlich lediglich ein Unterfall der übrigen Schranken in Art. 11 Abs. 2 GG ist. Eine drohende Gefahr ist vergleichbar - zumindest - mit dem Begriff der konkreten Gefahr[669]. Der Verzicht auf die Notwendigkeit einer konkreten Gefahr würde zudem dazu führen, daß allein ein sachlich kaum zu kontrollierendes Ermessen der Polizeitaktiker darüber entscheidet, ob und wann Maßnahmen mit Eingriffscharakter durchzuführen sind[670].

Mit der hier vertretenen Auffassung verlangt Art. 11 Abs. 2 GG mit seinem Präventionsvorbehalt mithin mindestens eine konkrete Gefahr, die es abzuwenden gilt. Aufgrund der Vergleichbarkeit mit Art. 13 GG spricht vieles dafür, für einen Eingriff in Art. 11 Abs. 1 GG sogar eine gegenwärtige[671] erhebliche Gefahrenlage[672] zu fordern.
Damit sind die qualifizierten Ermächtigungsgrundlagen des weiteren nicht mit Art. 11 Abs. 2 GG vereinbar, soweit sie lediglich eine Gefahrenverdachtslage voraussetzen[673]. Dieses Ergebnis ändert sich entgegen Kappeler[674] auch nicht dadurch, indem hohe Anforderungen an die Wahrscheinlichkeit der Straftatbegehung gestellt

---

667 Blankenagel, DÖV 1989, 689, 697 f.
668 Vgl. dazu die Ausführungen im 3. Kapitel unter B. I.
669 So auch Schmidbauer, in: Schmidbauer/Steiner/Roese, 1999, Art. 11, Rdnr. 54
670 ähnlich auch Schoreit, DRiZ 1991, 320, 320
671 Auch eine vergleichende Auslegung führt zu diesem Ergebnis: Die Verwaltungsvollstreckungsgesetze (vgl. nur § 6 Abs. 2 VwVG, § 11 Abs. 2 BremVwVG) verlangen für den Sofortvollzug bzw. der unmittelbaren Ausführung eines Verwaltungsaktes eine "drohende Gefahr". Daß dieser Begriff eher dem der gegenwärtigen Gefahr entspricht, hat der Niedersächsische Gesetzgeber in § 64 Abs. 2 Nr. 1 NGefAG kodifiziert, wonach Zwangsmittel ohne vorausgehenden Verwaltungsakt angewendet werden dürfen, wenn dies zur Abwehr einer *gegenwärtigen* Gefahr erforderlich ist [...]. Im Ergebnis wie hier auch Robrecht, SächsVBl. 1999, 232, 235 (insbes. Fn. 62), der eine unmittelbare Gefahr verlangt, jedoch mit einer anderen Begründung.
672 Zum Begriff der gegenwärtigen erheblichen Gefahr siehe die Ausführungen im 2. Kapitel unter A. I. 5. b) ee)
673 Vgl. nur § 17 Abs. 2 NGefAG; § 14 Abs. 2 BremPolG
674 Kappeler, 2001, S. 179

werden. Zwar stimmt diese Auffassung auch mit dem Ergebnis dieser Untersuchung überein, jedoch fordern die derzeitigen Ermächtigungsgrundlagen für qualifizierte Platzverweise diese Konsequenz gerade nicht.

e) *Präventionsvorbehalt und polizeiliche Generalklausel*

Mit diesen Erkenntnissen ist zu prüfen, ob Freizügigkeitsbeschränkungen auf der Grundlage der polizeilichen Generalklauseln zulässig sind.

Während eine Auffassung[675] dies regelmäßig bejaht, werden demgegenüber Eingriffe in Art. 11 Abs. 1 GG aufgrund der polizeilichen Generalklausel grundsätzlich ausgeschlossen. Der Terminus "strafbare Handlung" sei letztendlich vorgezogen worden, weil man dem Staat hier keine Eingriffsbefugnisse aufgrund der zu weiten polizeirechtlichen Generalklausel habe geben wollen[676].

Der zuletzt genannten Auffassung ist zu folgen. Dies ergibt sich schon aus den vorherigen Ausführungen, wonach der Präventionsvorbehalt deutlich höhere Anforderungen stellt als die polizeirechtlichen Generalklauseln. Daher sind Beschränkungen der Freizügigkeit grundsätzlich nicht auf der Grundlage der polizeirechtlichen Generalklausel zulässig. Allerdings sind Situationen denkbar, in denen ausnahmsweise auf die polizeirechtliche Generalklausel zurückgegriffen werden kann[677]. Qualifizierte Platzverweise gehören jedoch grundsätzlich nicht dazu.

f) *Vereinbarkeit der Ermächtigungsgrundlagen mit dem Präventionsvorbehalt des Art. 11 Abs. 2 GG?*

Ermächtigungsgrundlagen, die in das Grundrecht der Freizügigkeit eingreifen, müssen den zuvor herausgearbeiteten Ergebnissen entsprechen. Die Polizeigesetze der Länder und des Bundes erfüllen diese Forderung derzeit jedoch nicht.

Zusammenfassend läßt sich also folgendes feststellen: Die Ermächtigungsgrundlagen für qualifizierte Platzverweise erfüllen nicht die Voraussetzungen einer nach

---

675 Vgl. nur OVG Bremen, NVwZ 1999, 314, 316; Burgi, JuS 1997, 1106, 1109

676 Vgl. nur Blankenagel, DÖV 1989, 689, 697 unter Hinweis auf die Materialien des Parlamentarischen Rates; Waechter, NdsVBl. 1996, 197, 201 f.; Mußmann, VBlBW 1986, 52, 57; Hecker, JuS 1998, 575, 575 f. Hecker, NVwZ 1999, 261, 262; VG Bremen, Urteil vom 11.06.1997, Az. 2 A 149/96, S. 12; Kappeler, 2001, S. 170

677 So wohl auch Drews/Wacke/Vogel/Martens, 9. Aufl. 1986, S. 278: "in Notsituationen"

Art. 11 Abs. 2 GG zulässigen Schranke für die Freizügigkeit und sind daher verfassungswidrig[678].

II. Das Grundrecht der Freiheit der Person, Art. 2 Abs. 2 Satz 2 GG

In diesem Abschnitt ist zu untersuchen, ob Platzverweise auch in das Grundrecht der Freiheit der Person gem. Art. 2 Abs. 2 Satz 2 GG eingreifen können. Greift ein qualifizierter Platzverweis bereits in das Grundrecht der Freizügigkeit gem. Art. 11 Abs. 1 GG ein, stellt sich ein Konkurrenzproblem, welches gelöst werden muß.

1. Schutzbereich

Nach Art. 2 Abs. 2 Satz 2 GG ist die Freiheit der Person unverletzlich.

a) *Begriff der Freiheit der Person*

Es ist in der Literatur[679] und Rechtsprechung[680] anerkannt, daß sich die Freiheit der Person auf die *körperliche Bewegungsfreiheit* bezieht, wie es auch der historische Zusammenhang mit dem Institut des Habeas-Corpus[681] und das systematische Verhältnis[682] mit den in Art. 104 GG enthaltenen Garantien insbesondere bei staatlichen Freiheitsentziehungen nahelegen. Aber auch die Auslegung, wonach unter Freiheit der Person die körperliche Bewegungsfreiheit zu verstehen ist, muß in mehrfacher Hinsicht präzisiert werden.

---

678 Auch die neuere Diskussion um die vorbeugende Kriminalitätsbekämpfung wird diese Einschätzung nicht ändern, da im Anwendungsbereich des Art. 11 Abs. 1 GG - mithin bei qualifizierten Platzverweisen - die Schrankenvorbehalte gemäß Art. 11 Abs. 2 GG eine Ausweitung polizeilicher Tätigkeit in den Bereich des Gefahrenvorfeldes selbst verhindern. Inwieweit eine vorbeugende Kriminalitätsbekämpfung im Rahmen von klassischen Platzverweisen möglich sein kann, vgl. insbesondere die Ausführungen im 3. Kapitel unter B. IV. 3. und B. V. 4. c) aa).

679 Hantel, JuS 1990, 865, 866 m.w.N.; Grote/Kraus, S. 212 m.w.N.; so auch Pieroth/-Schlink, 15. Aufl. 1999, Rdnr. 413; Tiemann, NVwZ 1987, 10, 12 m.w.N.

680 Vgl. nur BVerfGE 22, 21, 26; BVerwGE 6, 354, 355

681 Vgl. dazu Hantel, JuS 1990, 865, 865 m.w.N.

682 BVerfGE 10, 302, 322; BVerfGE 14, 174, 186; Merten, S. 52 m.w.N.; Murswiek, in: Sachs, 2. Aufl. 1999, Art. 2, Rdnrn. 228 f.

b) *Freiheitsentziehung*

Wie die Entstehungsgeschichte beweist, sollte der Art. 114 WRV das Verhaftungsrecht und andere Freiheitsentziehungen umgrenzen[683]. Er sollte willkürliche Verhaftungen, Festnahmen, Internierungen und ähnliche Maßnahmen verhindern[684]. Unstreitig ist deshalb ein Kernbereich geschützt, nämlich der Schutz vor willkürlicher Freiheitsentziehung, wie dies dem klassischen Habeas-Corpus-Recht entspricht[685]. Der Tatbestand der Freiheits*entziehung* (Art. 104 Abs. 2 GG) kommt nur in Betracht, wenn die - tatsächlich und rechtlich an sich gegebene - körperliche Bewegungsfreiheit durch staatliche Maßnahmen nach jeder Richtung hin aufgehoben wird[686]. Damit greifen Ingewahrsamnahmen im Zusammenhang mit Platzverweisen in die Freiheit der betroffenen Person ein.

c) *Freiheitsbeschränkung*

aa) *Allgemeines*

Mit einer systematischen Auslegung ist ferner erkennbar, daß Art. 104 GG zwischen Beschränkungen der Freiheit der Person im allgemeinen (Abs. 1 S. 1) und Freiheitsentziehungen im besonderen (Abs. 2) unterscheidet[687]. Schon daraus folgt, daß sich der Schutz nicht nur gegen Freiheitsentziehung richtet[688]. Art. 2 Abs. 2 Satz 1 GG schützt also auch vor Freiheitsbeschränkungen. Damit ist aber noch nicht geklärt, ob Platzverweise in das Grundrecht der Freiheit der Person eingreifen. Die Literatur und Rechtsprechung kommen zu unterschiedlichen Ergebnissen.

---

683 Merten, S. 52 f. m.w.N.
684 Merten, S. 53
685 Murswiek, in: Sachs, 2. Aufl. 1999, Art. 2, Rdnr. 229
686 BVerfGE 94, 166, 198
687 Ähnlich auch Murswiek, in: Sachs, 2. Aufl. 1999, Art. 2, Rdnr. 229
688 Murswiek, in: Sachs, 2. Aufl. 1999, Art. 2, Rdnr. 229

Ein Teil in der Literatur[689] und Rechtsprechung[690] lehnt selbst bei umfangreichen Platzverweisen einen Eingriff in Art. 2 Abs. 2 Satz 2 GG überwiegend mit der Begründung ab, daß dieses nicht der Geschichte des Grundrechts und seiner systematischen Stellung entspreche.

Demgegenüber steht der überwiegende Teil des Schrifttums[691] auf dem Standpunkt, Platzverweise würden regelmäßig in das Grundrecht der Freiheit der Person eingreifen, weil Art. 2 Abs. 2 Satz 2 GG das Recht gewährleiste, jeden beliebigen Ort aufzusuchen und sich dort aufzuhalten.

Bevor jedoch abschließend zu den divergierenden Auffassungen Stellung genommen werden kann, soll im folgenden ein Teil der Rechtsprechung des Bundesverfassungsgerichts zum Schutzbereich des Grundrechts der Freiheit der Person untersucht werden.

bb) *Landkreisgröße als Begrenzungskriterium?*

In der Literatur wird teilweise die Auffassung vertreten, § 20 Abs. 1 AsylVfG 1982[692] sei verfassungswidrig, da er eine Beschränkung des Grundrechts der Freiheit der Person aus Art. 2 Abs. 2 Satz 2 GG enthalte, das Asylverfahrensgesetz

---

689 Deger, VBlBW 1996, 90, 93; Jarass, in: Jarass/Pieroth, 5. Aufl. 2000, Art. 2, Rdnr. 76; Scheithauer, VBlBW 1997, 447, 448; Haseloff-Grupp, VBlBW 1997, 161, 162; Kaatz, in: info-Recht 7/1999, S. 18 unter Hinweis auf VGH München, NVwZ 2000, 454 ff. zum Aufenthaltsverbot gegenüber einem Dealer und BVerfG, NVwZ 1985, 603; Belz, 3. Aufl. 1999, § 21, Rdnr. 2; Riedinger, VBlBW 2000, 332, 334; Braun, 2000, S. 93; Kappeler, 2001, S. 145 f.

690 VGH Baden-Württemberg, NVwZ-RR 1997, 225, 226, der bei einem dreimonatigen Betretungs- und Aufenthaltsverbot Art. 2 Abs. 2 Satz 2 GG überhaupt nicht erwähnt und lediglich einen Eingriff in die allgemeine Handlungsfreiheit angenommen hat; Bayerischer Verwaltungsgerichtshof in ständiger Rechtsprechung, vgl. nur BayVGH, BayVBl. 2000, 85, 85; in diese Richtung wohl auch VG Arnsberg, Beschluß vom 04.04.2000, Az. 3 L 326/00

691 Ule/Rasch, 1965, §§ 15-17 PrPVG, Rdnr. 8; Samper, 1975, Art. 16, Rdnr. 1; König, 1981, Art. 7 Abs. 4 BayLStVG, S. 29 f.; Stein, 14. Aufl. 1993, S. 277, und wohl auch Stein/Frank, 17. Aufl. 2000, S. 275; Dürig, in: Maunz/Dürig, Stand: 10/99, Art. 2 Abs. 2, Rdnr. 50; Hantel, JuS 1990, 865, 866; Murswiek, in: Sachs, 2. Aufl. 1999, Art. 2, Rdnr. 229; Honnacker/Beinhofer/Samper, 17. Aufl. 1999, Art. 16 BayPAG, Rdnr. 1; Alberts/Merten/Rogosch, 1996, § 12 a HambSOG, Rdnr. 1, S. 154; Tegtmeyer, 8. Aufl. 1995, § 34 PolG NW, Rdnr. 1; Fischer/Hitz/Laskowski/Walter, 2. Aufl. 1996, § 38 BGSG, Rdnr. 1; Rachor, in: HdbPR, 2. Aufl. 1996, Rdnr. F 268; Latzel/Lustina, Die Polizei 1995, 131, 131; Brenneisen, Kriminalistik 1999, 483, 484; Hoeft, 1999, S. 86; Roos, 2. Aufl. 2000, § 13, Rdnr. 1, allerdings ohne Begründung

692 jetzt § 56 Abs. 1 AsylVfG

aber entgegen Art. 19 Abs. 1 Satz 2 GG dieses Grundrecht nicht als eingeschränkt zitiere[693].

Nach anderer Auffassung[694] enthält § 20 Abs. 1 AsylVfG 1982 jedoch keine Einschränkung der Bewegungsfreiheit, sondern nur eine vor dem Hintergrund des auf Deutsche beschränkten Schutzbereichs des Art. 11 Abs. 1 GG zulässige Regelung der Freizügigkeit.

In der Rechtsprechung werden diese Ansichten nicht geteilt. Das Bundesverfassungsgericht (Vorprüfungsausschuß) hat mit Beschluß vom 07.07.1983[695] eine direkt gegen § 20 Abs. 1 AsylVfG 1982 gerichtete Verfassungsbeschwerde wie folgt abgewiesen: "Der als verletzt gerügte Art. 2 II 2 GG scheidet als Prüfungsmaßstab aus. Angesichts des räumlichen Umfangs des Zuständigkeitsbereichs der Ausländerbehörde, innerhalb dessen sich der Asylbewerber nach § 20 I AsylVfG [1982] frei bewegen darf (eine größere Stadt oder ein Landkreis), handelt es sich bei der angeordneten Aufenthaltsbeschränkung nicht um einen Eingriff in die durch Art. 2 II 2 GG geschützte Freiheit der Person." Das Bundesverfassungsgericht sieht in den Beschränkungen des § 20 Abs. 1 AsylVfG 1982 dabei vornehmlich verhältnismäßige Beschränkungen der auch den Ausländern zustehenden allgemeinen Handlungsfreiheit aus Art. 2 Abs. 1 GG[696].

Die hier zitierte Passage der Entscheidung des Bundesverfassungsgerichts legt jedoch Nahe, daß sich der Vorprüfungsausschuß kaum inhaltlich mit dem Grundrecht der Freiheit der Person auseinandergesetzt hat. Dieser Eindruck bildet gleichwohl den Kern der Sachentscheidung selbst, da ein Eingriff der Aufenthaltsbeschränkungen in den Schutzbereich des Art. 2 Abs. 2 Satz 2 GG bedeutet hätte, so daß die Norm wegen Verstoßes gegen das Zitiergebot für nichtig zu erklären gewesen wäre[697].

Ebenso drängt sich der Verdacht auf, daß die späteren Entscheidungen des Bayerischen Verwaltungsgerichtshofs im Zusammenhang mit Aufenthaltsverboten gegen-

---

693 Nachweise bei Tiemann, NVwZ 1987, 10, 11

694 Nachweise bei Tiemann, NVwZ 1987, 10, 11

695 BVerfG (Vorprüfungsausschuß), NVwZ 1983, 603, 603; zur fehlenden Bindungswirkung (§ 31 I BVerfGG) der Beschlüsse von Dreier-Ausschüssen (heute: Kammern) siehe Bethäuser, NVwZ 1985, 97, 97

696 BVerfG (Vorprüfungsausschuß), NVwZ 1983, 603, 604 m.w.N.

697 Ähnlich auch Tiemann, NVwZ 1987, 10, 12

über Asylbewerbern überwiegend von rechtsfolgenorientierten Aspekten geprägt worden sind.

So hat der Verwaltungsgerichtshof München[698] entschieden, daß für ein von der Landeshauptstadt München als Sicherheitsbehörde gegenüber einem Asylbewerber verfügtes Aufenthaltsverbot für bestimmte näher umrissene Stadtgebiete Art. 2 Abs. 2 Satz 2 GG als Prüfungsmaßstab wegen der räumlichen Aufenthaltsbeschränkung für Asylbewerber ausscheidet. Der Asylbewerber hielt sich in diesem Falle als Asylbewerber in München auf und fiel mehrfach wegen Betäubungsmittelhandels auf. Mit Bescheid vom 05.03.1998 erließ die Antragsgegnerin ein Aufenthaltsverbot mit dem Inhalt, daß dem Antragsteller untersagt wurde, sich in dem Zeitraum von zwölf Monaten ab Zustellung des Bescheids auf allen öffentlichen Straßen, Wegen und Plätzen in den Bereichen der näheren Umgebung des Hauptbahnhofs einschließlich des Alten Botanischen Gartens, der Gebiete und die Bereiche der U-Bahnhöfe Universität und Giselastraße einschließlich Leopoldpark, der Münchner Freiheit mit angrenzendem nördlichen Bereich des Ostbahnhofs und des Orleansplatzes einschließlich der Orleanstraße und der Postwiese gemäß der schraffierten Flächen in den anliegenden Lageplänen aufzuhalten. Ferner wurde die sofortige Vollziehung angeordnet und für den Fall der Zuwiderhandlung ein Zwangsgeld in Höhe von 2000 DM angedroht.
Die Landeshauptstadt München stützte dieses Aufenthaltsverbot auf die "beschränkte Generalklausel"[699] gem. Art. 7 Abs. 2 Nrn. 1 und 3 BayLStVG. Danach können die Sicherheitsbehörden in Ermangelung spezialgesetzlicher Vorschriften[700] zur Erfüllung ihrer Aufgaben für den Einzelfall Anordnungen treffen, um rechtswidrige Taten, die den Tatbestand eines Strafgesetzes oder einer Ordnungswidrigkeit verwirklichen oder verfassungsfeindliche Handlungen zu verhüten oder zu unterbinden. Des weiteren können sie zur Gefahrenabwehr oder zur Beseitigung von Störungen tätig werden, die Leben, Gesundheit oder die Freiheit von Menschen oder Sachwerte bedrohen oder verletzen, deren Erhaltung im öffentlichen Interesse geboten erscheint.
Allerdings dürfen gem. Art. 7 Abs. 4 BayLStVG die Freiheit der Person und die Unverletzlichkeit der Wohnung (Art. 2 Abs. 2 Satz 2, 13 GG; Art. 102 Abs. 1 und

---

698 VGH München, NVwZ 2000, 454, 455 f. unter Hinweis auf BVerfG, NVwZ 1983, 603

699 Vgl. dazu Kappeler, 2001, S. 161 m.w.N.

700 Der VGH München hat sich wenige Tage später der Auffassung des OVG Bremen, NVwZ 1999, 314, 315 angeschlossen, wonach in conreto ein Rückgriff auf die "beschränkte" polizeiliche Generalklausel zulässig sei, VGH München, Beschluß vom 23.04.1999, Az. 24 CS 98.3551, S. 6

Art. 106 Abs. 3 BayVerf.) durch Maßnahmen auf Grund Art. 7 Abs. 2 und 3 BayLStVG nicht eingeschränkt werden. Die entscheidende Frage für den Bayerischen Verwaltungsgerichtshof war mithin, ob durch das von der Landeshauptstadt München verfügte Aufenthaltsverbot das Grundrecht des Antragstellers aus Art. 2 Abs. 2 Satz 2 GG, Art. 102 I BayVerf. eingeschränkt wird. Dies hat das Gericht insbesondere unter Hinweis auf den Beschluß des Bundesverfassungsgerichts vom 07.07.1983[701] verneint. Ergänzend verweist der Verwaltungsgerichtshof München auf die neuere Rechtsprechung des Bundesverfassungsgerichts[702]. Danach schützt Art. 2 Abs. 2 Satz 2 GG "die im Rahmen der geltenden allgemeinen Rechtsordnung gegebene tatsächliche körperliche Bewegungsfreiheit vor staatlichen Eingriffen. Sein Gewährleistungsinhalt umfaßt von vornherein nicht eine Befugnis, sich unbegrenzt überall aufhalten und überall hin bewegen zu dürfen. Demgemäß liegt eine Freiheitsbeschränkung nur vor, wenn jemand durch die öffentliche Gewalt gegen seinen Willen gehindert wird, einen Ort oder Raum aufzusuchen oder sich dort aufzuhalten, der ihm an sich (tatsächlich und rechtlich) zugänglich ist."

Diese Argumentation vermag jedoch nicht zu überzeugen. Ihr steht zunächst entgegen, daß sich das Bundesverfassungsgericht in dem Beschluß vom 07.07.1983[703] kaum mit dem Schutzbereich des Art. 2 Abs. 2 Satz 2 GG auseinandergesetzt hat. Das einzig erkennbare Begründungselement in dem Beschluß des Bundesverfassungsgerichts[704] ist zudem der für eine Freiheitsbeschränkung offenbar zu große "räumliche Umfang" des Bereichs, innerhalb dessen sich der Asylbewerber frei bewegen darf[705]. Nähere Anhaltspunkte dafür, wo innerhalb dieses Bereichs, d. h. in der Regel innerhalb von Kreisgrenzen, räumliche Beschränkungen der Bewegungsfreiheit an die Grenzen des Schutzbereichs der Freiheit der Person stoßen, enthält der Beschluß nicht.
Es ist äußerst zweifelhaft, ob sich angesichts der unterschiedlichen Struktur und Größe der verschiedenen Stadt- und Landkreise (ganz abgesehen von der besonderen Situation der Stadtstaaten) hinreichend scharfe begriffliche Kriterien finden lassen, die es ermöglichen, innerhalb der Spannweite des Gestattungsbereichs zwischen dem Grundstück einer Sammelunterkunft, einem Straßenzug, einem Ortsteil, einer Gemeinde oder dem Kreis die Beschränkung auf einen solchen Bereich als Freiheitsbeschränkung unter Art. 2 Abs. 2 Satz 2 GG anzusehen, die

---

701 BVerfG, NVwZ 1983, 603 f.
702 BVerfGE 94, 166, 198
703 BVerfG, NVwZ 1983, 603
704 BVerfG, NVwZ 1983, 603
705 So auch Tiemann, NVwZ 1987, 10, 12

Beschränkung auf einen anderen Bereich jedoch nur als solche der allgemeinen Handlungsfreiheit[706].
Was den räumlichen Anwendungsbereich der Garantie der Fortbewegungsfreiheit, also Art. 2 Abs. 2 Satz 2 GG anbelangt, läßt sich somit als einzige klar definierte räumliche Grenze der Geltungsbereich des Grundgesetzes ansehen[707]. Jeder engere Bereich macht, wie bereits gezeigt, die Bestimmung des Schutzbereichs zu einer Frage nicht vorherberechenbarer Einzelfallwertungen[708].

Soweit außerdem der Bayerische Verwaltungsgerichtshof auf eine neuere Entscheidung des *Bundesverfassungsgerichts*[709] hinweist, scheint die zitierte Formulierung doch eher für einen Eingriff in den Schutzbereich des Art. 2 Abs. 2 Satz 2 GG zu sprechen.
Problematisch könnte zwar zunächst die Interpretation der "tatsächlichen und rechtlichen" Zugänglichkeit sein. Abzulehnen ist jedoch diejenige Auslegung, die mit einem verfassungsmäßigen Gesetz den Schutzbereich des Art. 2 Abs. 2 Satz 2 GG bestimmen will. Eine derartige Systematik kennt das Grundgesetz nur beim Art. 14 Abs. 1 Satz 2 GG. Eine ähnliche Bestimmung enthält aber Art. 2 Abs. 2 Satz 2 GG nicht. Deshalb bedeutet eine tatsächliche und rechtliche Zugänglichkeit hier, daß selbstverständlich kein verfassungsmäßiges Gesetz vorliegen darf, welches den Art. 2 Abs. 2 Satz 2 GG gem. Art. 2 Abs. 2 Satz 3, 104 GG zulässigerweise einschränkt; denn die rechtlichen Hindernisse sind ja gerade zu prüfen[710].
Daher scheint von besonderer Bedeutung zu sein, wie die Formulierung des Bundesverfassungsgerichts zu verstehen ist, wonach "*jemand durch die öffentliche Gewalt gegen seinen Willen daran gehindert*" werden muß, einen bestimmten Ort aufzusuchen oder sich dort aufzuhalten. Diese Ausführungen könnten den Schluß zulassen, daß Art. 2 Abs. 2 S. 2 GG nur dann zur Anwendung kommt, wenn bei der Freiheitsbeschränkung unmittelbarer Zwang angewendet wird.

cc) *Beschränkung auf "unmittelbaren Zwang"?*

Bereits der Wortlaut "Freiheit der Person" läßt deutlich werden, daß es bei dem Schutzbereich des Art. 2 Abs. 2 Satz 2 GG vorrangig um physisch wirkende Ein-

---

706 So auch Tiemann, NVwZ 1987, 10, 12; a. A. wohl Kappeler, 2001, S. 146
707 So auch Tiemann, NVwZ 1987, 10, 13
708 So auch Tiemann, NVwZ 1987, 10, 13
709 BVerfGE 94, 166, 198 m.w.N.; so wohl nun auch Schulze-Fielitz, in: Dreier, 1996, Art. 2 II, Rdnr. 60
710 Ähnlich auch Jarass, in: Jarass/Pieroth, 5. Aufl. 2000, Art. 2, Rdnr. 74 m.w.N.

schränkungen der Bewegungsfreiheit geht. Daher wird zu Recht die Auffassung[711] vertreten, daß der Schutz des Grundrechts erst dann gewährt wird, wenn die Person als solche an der Fortbewegung gehindert wird. Dies zeigt der unlösbare, systematische Zusammenhang mit Art. 104 GG, der den Schutz in verfahrensmäßiger Hinsicht gewährt und dabei auf das Festhalten (Absatz 1 Satz 2), das Ergreifen (Absatz 2 Satz 3) bzw. die Festnahme (Absatz 3 Satz 1) abstellt[712]. Nach dieser Auslegung schützt Art. 2 Abs. 2 Satz 2 GG also nicht eine "allgemeine Bewegungsfreiheit", sondern greift erst gegenüber Beeinträchtigungen ein, die der Anwendung unmittelbaren Zwangs gleichkommen[713]. Dies bedeutet aber nicht, daß der Schutzbereich des Art. 2 Abs. 2 Satz 2 GG erst dann tangiert wird, wenn tatsächlich unmittelbarer Zwang angewendet wird.

Gegen eine solche Annahme spricht insbesondere das Sozialhilfe-Urteil[714] des Bundesverfassungsgerichts. In dieser Entscheidung erklärte das Gericht die Absätze 2 und 3 des § 76 BSHG (in der damaligen Fassung) für nichtig, die im Rahmen der "Hilfe für Gefährdete" die Möglichkeit vorsahen, Gefährdete, d. h. Personen, "die aus Mangel an innerer Festigkeit ein geordnetes Leben in Gemeinschaft nicht führen können", anzuweisen, sich in geeignete Anstalten zu begeben, von wo aus sie vorübergehend auch in geeigneten Familien untergebracht werden konnten[715]. Das *Bundesverfassungsgericht*[716] erklärte dazu: "Die Anweisung an den Gefährdeten, sich in einer geeigneten Anstalt aufzuhalten, ist ein Eingriff in das Grundrecht der Freiheit der Person nach Art. 2 Abs. 2 Satz 2 GG. Dabei ist es unerheblich, wie die Unterbringung erfolgt. Auch die *zwangsweise* Unterbringung in einem *offenen* [Kursivschrift durch den Verfasser] Heim oder in einer Familie ist ein Eingriff in die Freiheit der Person".

Mit diesen Ausführungen und der neueren Entscheidung des Bundesverfassungsgerichts[717] kann der Schutzbereich des Art. 2 Abs. 2 Satz 2 GG nunmehr erschlossen werden. Gebote und Verbote zur körperlichen Bewegungsfreiheit stellen dann eine Freiheitsbeschränkung dar, wenn bei ihrer Nichterfüllung mit sofortigem unmittelbarem Zwang gerechnet werden muß. Daher wird man auch in dieser Untersuchung

---

711 Vgl. nur Burgi, 1993, S. 218; Grabitz, in: HdbStR VI, 1989, § 130, Rdnr. 5; ähnlich auch Jarass, in: Jarass/Pieroth, 5. Aufl. 2000, Art. 2, Rdnrn. 74, 76

712 Vgl. nur Grabitz, in: HdbStR VI, 1989, § 130, Rdnr. 5

713 Ähnlich auch Burgi, 1993, S. 218 m.w.N. und auch Kunig, in: von Münch/Kunig, 5. Aufl. 2000, Art. 2, Rdnr. 76

714 BVerfGE 22, 180 ff.

715 Tiemann, NVwZ 1987, 10, 12

716 BVerfGE 22, 180, 218 f.

717 BVerfGE 94, 166, 198

zu dem Ergebnis kommen müssen, daß Platzverweise dann einen Eingriff in Art. 2 Abs. 2 Satz 2 GG darstellen, wenn unmittelbarer Zwang angedroht worden ist[718]. Wird nämlich eine Person dennoch in dem besagten Gebiet angetroffen, so hat sie diesen Bereich unverzüglich zu verlassen. Andernfalls wendet die Polizei zur Durchsetzung der Aufenthaltsverbote unmittelbaren Zwang an. Die betroffenen Personen sind sich dessen bewußt und meiden daher grundsätzlich die Verbotszone. In diesen Fällen ist daher die psychische Zwangswirkung mit der einer physischen vergleichbar. Dieses Ergebnis wird man auch annehmen müssen, wenn Zwangsgeld angedroht worden ist; denn bei Uneinbringlichkeit droht bekanntlich Ersatzzwangshaft.

dd) *Zwischenergebnis*

Mit den vorherigen Ausführungen schützt das Grundrecht des Art. 2 Abs. 2 Satz 2 GG auch vor Freiheitsbeschränkung, wodurch jemand durch die öffentliche Gewalt gegen seinen Willen daran gehindert wird, einen Ort oder Raum aufzusuchen oder sich dort aufzuhalten, der ihm an sich (tatsächlich und rechtlich) zugänglich ist. Platzverweise stellen dann eine Freiheitsbeschränkung dar, wenn bei Nichterfüllung mit sofortigem unmittelbarem Zwang gerechnet werden muß. Das ist regelmäßig der Fall, wenn Zwangsgeld oder unmittelbarer Zwang angedroht worden ist.

Mit Erschließung des positiven Schutzbereiches schützt Art. 2 Abs. 2 Satz 2 GG negativ auch, an dem Ort zu bleiben, an dem man sich befindet, und jeden Ort zu meiden, den man meiden will (negative Bewegungsfreiheit)[719].

2. **Schrankenbereich**

Die Unverletzlichkeit der Freiheit der Person stellt einen Verfassungsgrundsatz dar, der eine Durchbrechung nur dann gestattet, wenn das Grundgesetz dazu ausdrücklich ermächtigt. Gemäß Art. 2 Abs. 2 Satz 3 GG darf in diese Rechte nur auf Grund eines Gesetzes eingriffen werden. Dieser Grundsatz wird ergänzt durch Art. 104

718 Der Anwendungsbereich von Art. 2 Abs. 2 Satz 2 GG droht ansonsten auszuufern und die Vorschrift ihren spezifischen Schutzzweck zu verfehlen, wenn auch solche Einschränkungen der Bewegungsfreiheit, die mit dem Habeas-Corpus-Recht nicht mehr das Entfernteste zu tun haben - beispielsweise die Schulpflicht, das Nachsitzen eines Schülers, die polizeiliche Vorladung und die Ableistung des Wehrdienstes -, am Maßstab dieser Norm zu messen wären.

719 Vgl. dazu auch Murswiek, in: Sachs, 2. Aufl. 1999, Art. 2, Rdnr. 230; Pieroth/Schlink, 15. Aufl. 1999, Rdnr. 414

Abs. 1 Satz 1 GG, wonach Freiheitsbeschränkungen nur aufgrund förmlichen Gesetzes, also nicht aufgrund Rechtsverordnung, Satzung oder Gewohnheitsrechts, und nur unter Beachtung der im förmlichen Gesetz vorgeschriebenen Formen ergehen dürfen.
Die Polizeigesetze der Länder und des Bundes erfüllen regelmäßig diese Anforderungen, wonach demnach Eingriffe in die Freiheit der Person auf diese Gesetze gestützt werden können.

3. Richtervorbehalt, Art. 104 Abs. 2 bis 4 GG

Zu prüfen ist ferner, ob Platzverweise unter Umständen dem Richtervorbehalt gem. Art. 104 Abs. 2 bis 4 GG unterliegen können.
Aus Art. 104 Abs. 2 Satz 1 GG ergibt sich zwingend, daß über die Zulässigkeit und Fortdauer einer Freiheitsentziehung nur der Richter zu entscheiden hat. Darüber hinaus schreibt Art. 104 Abs. 2 Satz 2 GG bindend vor, daß bei jeder nicht auf richterlicher Anordnung beruhenden Freiheitsentziehung unverzüglich eine richterliche Entscheidung herbeizuführen ist.
Art. 104 Abs. 2 GG verlangt demnach eine richterliche Entscheidung lediglich bei Freiheitsentziehungen. Die Freiheitsentziehung steht begrifflich der Freiheitsbeschränkung gegenüber. Freiheitsbeschränkung ist jede Beeinträchtigung der Bewegungsfreiheit, die nicht den Intensitätsgrad einer Freiheitsentziehung erreicht. Dies bedeutet, daß derartige Eingriffe nicht dem Richtervorbehalt unterliegen. Es gilt daher zu klären, wann der Intensitätsgrad einer Freiheitsentziehung erreicht wird.

Nach herrschender Auffassung in der Rechtsprechung[720] und Literatur[721] bedeutet Freiheitsentziehung das Festhalten (durch Anordnung und/oder Vollzug) an eng umgrenztem Ort; also jede Art von Arrest, Gewahrsam, Haft, Freiheitsstrafe und Unterbringung. Entscheidend sind Zweckrichtung des Zugriffs und Dauer des Entzugs[722].

---

720 BVerwGE 62, 325, 327 f.; BGHZ 82, 261, 266 ff.

721 Azzola, in: AK-GG, 2. Aufl. 1989, Art. 104, Rdnr. 21; Dürig, in: Maunz/Dürig, Stand: 10/99, Art. 104, Rdnr. 6

722 BGHZ 82, 261, 266 ff.; BVerwGE 62, 325, 327 f.

Mit dieser Begriffsdefinition wird überwiegend die Auffassung[723] vertreten, daß es sich bei Platzverweisen grundsätzlich nicht um Freiheitsentziehungen, sondern nur um Freiheitsbeschränkungen handele, auch soweit sie zwangsweise durchgesetzt würden. Eine Freiheitsentziehung wird aber dann angenommen, wenn die Zwangsanwendung über den mit dem Platzverweis verfolgten Zweck hinausgehe[724].

Für diese Auffassung, der zu folgen ist, spricht, daß der mit dem Eingriff verfolgte Zweck in den Vordergrund zu stellen ist. Platzverweise dienen dazu, die Freiheit der Person zu beschränken und nicht zu entziehen. Der betroffenen Person verbleibt genügend Freiheit sich zu bewegen. Auch die Anwendung unmittelbaren Zwanges zur Durchsetzung eines Platzverweises ist nicht als Freiheitsentziehung zu werten, da damit lediglich die Freiheitsbeschränkung durchgesetzt werden soll.

Demgegenüber liegt beispielsweise eine Freiheitsentziehung vor, wenn eine Person zwangsweise über eine zulässige Verbotszone hinaus verbracht wird. Damit schließt sich der Kreis mit der bereits zuvor erörterten Frage, inwieweit ein Verbringungsgewahrsam zulässig sein kann[725].

Als Zwischenergebnis kann nunmehr festgehalten werden, daß es sich bei den polizeirechtlichen Platzverweisen regelmäßig um Freiheitsbeschränkungen handelt, wenn für den Fall der Nichterfüllung unmittelbarer Zwang oder Zwangsgeld angedroht worden ist. Im übrigen liegt bei klassischen Platzverweisen lediglich ein Eingriff in die allgemeine Handlungsfreiheit gem. Art. 2 Abs. 1 GG vor. Damit unterliegen Platzverweise regelmäßig nicht dem Richtervorbehalt gemäß Art. 104 Abs. 2 bis 4 GG[726].

---

723 Pieroth/Schlink, 15. Aufl. 1999, Rdnr. 418 m.w.N.; siehe auch BVerwGE 62, 325, 327 f.; BVerwGE 82, 243, 245; BGHZ 82, 261, 266 ff.; BayObLG, DVBl. 1983, 1069, 1069 m.w.N.; Richter/Schuppert/Bumke, 4. Aufl. 2001, Art. 2, S. 93 f.

724 Ähnlich Pieroth/Schlink, 15. Aufl. 1999, Rdnr. 418

725 Vgl. dazu auch die Ausführungen zum Verbringungsgewahrsam im 2. Kapitel unter C. II. 4.

726 Als weitere Schranke kommt aber vor allem auch die Verhältnismäßigkeitsprüfung in Betracht, vgl. dazu die Ausführungen im 3. Kapitel unter B. V.

III. Verhältnis von Art. 11 Abs. 1 GG und Art. 2 Abs. 2 Satz 2 GG

1. Lösung von Grundrechtskonkurrenzen

Wie sich aus den vorherigen Ausführungen zu den positiven und negativen Schutzbereichen der Art. 2 Abs. 2 Satz 2 und Art. 11 Abs. 1 GG ergibt, kann es zu Überschneidungen kommen: Platzverweise können sowohl in Art. 2 Abs. 2 Satz 2 GG als auch in Art. 11 Abs. 1 GG (qualifizierte Platzverweise) eingreifen. Umgekehrt greifen Ingewahrsamnahmen regelmäßig in das Grundrecht der Freizügigkeit und das Grundrecht der Freiheit der Person in Form einer Freiheitsentziehung ein. Wie diese Grundrechtskonkurrenz, gerade mit Blick auf die Grundrechtsschranken, zu lösen ist, soll an dieser Stelle geklärt werden.

Nach einer zum Teil[727] von der Literatur vertretenen Auffassung seien Grundrechtseingriffe sowohl in Art. 2 Abs. 2 Satz 2 GG als auch in Art. 11 Abs. 1 GG allein anhand des spezielleren Art. 11 Abs. 2 GG zu messen.

Demgegenüber wird jedoch zu Recht die Auffassung vertreten, daß Eingriffe in unterschiedlich einschränkbare (schrankendivergente) Freiheitsrechte bewirken, daß den einzelnen gleichfalls sämtliche Grundrechtsgarantien schützen; der Staat dagegen zu Eingriffen nur befugt ist, wenn und soweit das am wenigsten einschränkbare Grundrecht dies gestattet[728]. Eine echte Gesetzeskonkurrenz, d. h. Verdrängung der Schranken- und Gewährleistungsbestimmungen eines Grundrechts durch ein anderes, ist im Grundgesetz regelmäßig unzulässig[729].

2. Verhältnis von Freizügigkeit und Freiheitsbeschränkungen

Mit diesem Ergebnis läßt sich das Konkurrenzverhältnis von Eingriffen in das Grundrecht der Freizügigkeit gem. Art. 11 Abs. 1 GG und in das Grundrecht der Freiheit der Person gem. Art. 2 Abs. 2 Satz 2 GG in Form von *Freiheitsbeschränkungen* auflösen. Die Schranken des Art. 11 Abs. 2 GG stellen höhere Anforderungen als die der Art. 2 Abs. 2 Satz 2, Art. 104 Abs. 1 GG (Freiheitsbeschränkung).

---

727 AE PolG, 1979, § 19, Rdnr. 3; ähnlich aber auch König, 1981, zu Art. 7 Abs. 4 BayLStGB, S. 30

728 Berg, 1968, S. 168; ähnlich wohl auch Merten, S. 60

729 Berg, 1968, S. 168

Qualifizierte Platzverweise müssen sich mithin ausschließlich am Schrankenvorbehalt des Art. 11 Abs. 2 GG messen lassen können[730].

3. Verhältnis von Freizügigkeit und Freiheitsentziehungen

Schwierige Probleme bereitet jedoch das Konkurrenzverhältnis von Art. 11 Abs. 1 GG zu Art. 2 Abs. 2 Satz 2 GG bei *Freiheitsentziehungen.* Dies wird besonders deutlich, wenn beispielsweise ein Unterbindungsgewahrsam anläßlich der Abwehr schwerwiegender Ordnungswidrigkeiten verfügt wird. Wird auch hierbei ein Eingriff sowohl in Art. 11 Abs. 1 GG als auch in Art. 2 Abs. 2 Satz 2 GG angenommen, läßt der Schrankenvorbehalt des Art. 11 Abs. 2 GG indes nur Beschränkungen der Freizügigkeit zur Verhinderung drohender Straftaten von erheblicher Bedeutung zu[731].

Eine Klärung dieses Widerspruchs ist nur möglich, wenn man Freiheitsentziehungen im Verhältnis zu Freizügigkeitsbeschränkungen als den schwerwiegenderen Eingriff versteht und daher Eingriffe ausschließlich anhand der Schrankenvorbehalte der Art. 2 Abs. 2 Satz 2 i. V. mit Art. 104 Abs. 2 bis 4 GG (Freiheitsentziehung) mißt. Für diese Sicht spricht insbesondere der Richtervorbehalt in Art. 104 Abs. 2 bis 4 GG. Daher sind bei Eingriffen in die Freiheit der Person (z. B. beim Durchsetzungs- oder Unterbindungsgewahrsam) ausschließlich[732] die Schrankenvorbehalte der Art. 2 Abs. 2 Satz 2, Art. 104 Abs. 2 bis 4 GG zu beachten[733].

---

730 Diese Auffassung vertritt im Ergebnis offensichtlich auch die überwiegende Meinung in der Literatur, jedoch mit der hier abgelehnten Begründung, daß Art. 11 GG bei jedem Ortswechsel als lex specialis im Verhältnis zu Art. 2 Abs. 2 Satz 2 GG erachtet wird: vgl. nur Dürig, in: Maunz/Dürig, Stand: 10/99, Art. 11, Rdnr. 23; ähnlich auch Schulze-Fielitz, in: Dreier, 1996, Art. 11, Rdnr. 76 m.w.N.

731 Vgl. dazu die Ausführungen im 3. Kapitel unter A. I. 2. c)

732 Die Verhältnismäßigkeitsprüfung als weitere Schranke gegenüber Beschränkungen des Art. 2 Abs. 2 Satz 2 GG bleibt davon selbstverständlich unberührt, vgl. dazu die Ausführungen im 3. Kapitel unter B. V.

733 Diese Auffassung vertritt im Ergebnis offensichtlich auch die überwiegende Meinung in der Literatur, jedoch mit der hier abgelehnten Begründung, daß Art. 2 Abs. 2 Satz 2 GG als lex specialis im Verhältnis zu Art. 11 GG erachtet wird: vgl. nur Pieroth, JuS 1985, 81, 87; Dürig, in: Maunz/Dürig, Stand: 10/99, Art. 11, Rdnr. 23; Randelzhofer, in: BK-GG, Stand: 12/99, Art. 11, Rdnr. 143; Pernice, in: Dreier, 1996, Art. 11, Rdnr. 14; Murswiek, in: Sachs, 2. Aufl. 1999, Art. 2, Rdnr. 249; Krüger, in: Sachs, 2. Aufl. 1999, Art. 11, Rdnr. 31; Jarass, in: Jarass/Pieroth, 5. Aufl. 2000, Art. 11, Rdnr. 1; BayVerfGH, NVwZ 1991, 664, 668; unklar Kunig, in: von Münch/Kunig, 5. Aufl. 2000, Art. 2, Rdnr. 74;

IV. Das Grundrecht der Versammlungsfreiheit, Art. 8 Abs. 1 GG

Problematisch ist des weiteren, inwieweit sich der Anwendungsbereich des Art. 8 Abs. 1 GG auf polizeirechtliche Platzverweise auswirkt.

1. Schutzbereich

Gemäß Art. 8 Abs. 1 GG haben alle Deutschen das Recht, sich ohne Anmeldung oder Erlaubnis friedlich und ohne Waffen zu versammeln.

Nach dem bereits[734] zitierten Brokdorf-Beschluß des Bundesverfassungsgerichts[735] schützt Art. 8 Abs. 1 GG "Versammlungen und Aufzüge - im Unterschied zu bloßen Ansammlungen oder Volksbelustigungen - als Ausdruck gemeinschaftlicher, auf Kommunikation angelegter Entfaltung. Dieser Schutz ist nicht auf Veranstaltungen beschränkt, auf denen argumentiert und gestritten wird, sondern umfaßt vielfältige Formen gemeinsamen Verhaltens bis hin zu nichtverbalen Ausdrucksformen. Es gehören auch solche mit Demonstrationscharakter dazu, bei denen die Versammlungsfreiheit zum Zwecke plakativer oder aufseherregender Meinungskundgabe in Anspruch genommen wird. [...] Als Abwehrrecht, das auch und vor allem andersdenkenden Minderheiten zugute kommt, gewährleistet Art. 8 GG den Grundrechtsträgern das Selbstbestimmungsrecht über Ort, Zeitpunkt, Art und Inhalt der Veranstaltung und untersagt zugleich staatlichen Zwang, an einer öffentlichen Versammlung teilzunehmen oder ihr fernzubleiben."

Der Schutz des Art. 8 Abs. 1 GG endet jedoch dort, wo es nicht um die - wenn auch kritische - Teilnahme an der Versammlung, sondern um deren Verhinderung geht[736]. Wer also eine Versammlung in der Absicht aufsucht, sie durch seine Einwirkung zu verhindern, kann sich nicht auf das Grundrecht aus Art. 8 Abs. 1 GG

---

734 Vgl. dazu die vorherigen Ausführungen zur Abgrenzung einer Versammlung von einer Ansammlung im 2. Kapitel unter A. I. 1. b)

735 BVerfGE 69, 315, 343 = BVerfG, NJW 1985, 2395, 2396

736 BVerfGE 84, 203, 209

berufen[737]. Dies bedeutet aber nicht, daß in derartigen Fällen regelmäßig das Versammlungsgesetz keine Anwendung findet[738].

2. Schrankenbereich

Nach Art. 8 Abs. 2 GG kann das Grundrecht der Versammlungsfreiheit für Versammlungen unter freiem Himmel durch Gesetz oder auf Grund eines Gesetzes beschränkt werden.
Der Gesetzgeber hat mit dem Versammlungsgesetz (VersammlG) detailliert vorgegeben, unter welchen Voraussetzungen in das Grundrecht der Versammlungsfreiheit eingegriffen werden darf. Maßgebliche Vorschrift für diese Untersuchung ist § 15 VersammlG.

a) *Eingriffsvoraussetzungen gem. § 15 VersammlG*

Nach § 15 Abs. 2 VersammlG kann eine Versammlung aufgelöst werden, wenn die Voraussetzungen nach § 15 Abs. 1 VersammlG vorliegen. Er sieht vor, daß die zuständige Behörde die Versammlung verbieten oder von bestimmten Auflagen abhängig machen kann, wenn nach den zur Zeit des Erlasses der Verfügung erkennbaren Umständen die öffentliche Sicherheit oder Ordnung bei Durchführung der Versammlung unmittelbar gefährdet ist.

Zunächst ist darauf hinzuweisen, daß der Anwendungsbereich dieser Norm nicht nur auf "Deutsche" und "friedliche" Versammlungen beschränkt ist, wie es Art. 8 Abs. 1 GG zunächst vorgibt. Der Anwendungsbereich des Versammlungsgesetzes ist weiter. Dies ergibt sich aus § 1 Abs. 1 VersammlG. Danach hat "jedermann" das Recht, öffentliche Versammlungen und Aufzüge zu veranstalten und an solchen Veranstaltungen teilzunehmen.
Bereits aus dem eindeutigen Wortlaut dieser Norm ergibt sich, daß dieses Recht auch den in Deutschland lebenden Ausländern zusteht. Der Grundrechtsschutz der sich versammelnden Ausländer ergibt sich aus Art. 5 GG (Meinungsfreiheit) i. V. mit Art. 2 Abs. 1 GG (Allgemeines Persönlichkeitsrecht).

---

737 Nach der hier vertretenen Auffassung zu den Grundrechtskonkurrenzen (vgl. 3. Kapitel unter A. III. 1.) bleibt davon der Schutz durch andere Grundrechte unberührt. Deshalb kann den Ausführungen von Braun (a.a.O., 2000, S. 96 f. und 146 ff.) nicht gefolgt werden, wonach Art. 8 Abs. 1 GG den Anwendungsbereich von Art. 11 Abs. 1 GG generell (insbesondere nach einer Auflösungs- bzw. Verbotsverfügung oder bei Nichtanwendung des Art. 8 Abs. 1 GG bereits auf Schutzbereichsebene) verdrängt.

738 So aber wohl Ridder/Breitbach/Rühl/Steinmeier, 1992, § 12 a, Rdnr. 43

Daß sich das Versammlungsgesetz auch auf unfriedliche Versammlungen erstreckt[739], ergibt sich ebenfalls aus dem unterschiedlichen Wortlaut des § 1 Abs. 1 VersammlG zu Art. 8 Abs. 1 GG. Das Versammlungsgesetz wiederholt in § 1 Abs. 1 ausdrücklich nicht die "Unfriedlichkeit". Auch eine systematische Auslegung des § 1 VersammlG bestätigt dieses Ergebnis. Gemäß § 1 Abs. 2 VersammlG wird dieses Recht nämlich nur unter besonderen Voraussetzungen entzogen. Gewalttätigkeiten reichen dafür nicht aus. Zudem will das Versammlungsgesetz gerade unfriedliche Versammlungen regeln (vgl. nur § 15 VersammlG).

Die behördliche Eingriffsbefugnis wird in § 15 Abs. 1 VersammlG durch die Voraussetzungen einer "unmittelbaren Gefährdung" der öffentlichen Sicherheit oder Ordnung begrenzt. Durch das Erfordernis der Unmittelbarkeit werden die Eingriffsvoraussetzungen stärker als im allgemeinen Polizeirecht eingeengt[740]. Erforderlich ist im konkreten Fall jeweils eine Gefahrenprognose, die auf erkennbaren Umständen beruhen muß, also auf Tatsachen, Sachverhalten und sonstigen Einzelheiten; bloßer Verdacht oder Vermutungen reichen nicht aus[741]. Schließlich sind die Tatbestandsvoraussetzungen dieser Norm stets im Lichte der grundlegenden Bedeutung dieses Grundrechts im freiheitlichen demokratischen Staat auszulegen[742].

Wird daher im Einzelfall eine Straftat (z. B. bei dem Zeigen der Reichskriegsflagge gem. § 130 StGB) verneint und lediglich eine Ordnungswidrigkeit (z. B. gem. § 118 OWiG[743]) angenommen, so reicht dies allein für eine Auflösung der Versammlung gem. § 15 Abs. 2 i. V. m. § 15 Abs. 1 VersammlG nicht aus. Das Bundesverfassungsgericht hat bereits in seinem "Brockdorf-Beschluß"[744] ausdrücklich darauf hingewiesen, daß eine bloße Gefährdung der öffentlichen Ordnung im allgemeinen für das Verbot oder die Auflösung einer öffentlichen Versammlung oder Aufzuges nicht genügt[745]. Dieses Ergebnis leitet das Bundesverfassungsgericht aus der

---

739 Vgl. nur Geis, Die Polizei 1993, 293, 296; so im Ergebnis auch Deger, NVwZ 1999, 265

740 BVerfGE 69, 315 = BVerfG, NJW 1985, 2395, 2398; vgl. auch die vorherigen Ausführungen zur unmittelbaren Gefahr im 2. Kapitel unter A. I. 5. b) dd)

741 BVerfGE 69, 315 = BVerfG, NJW 1985, 2395, 2398

742 BVerfGE 69, 315 = BVerfG, NJW 1985, 2395, 2397

743 Vgl. dazu die Stellungnahme zu § 118 OWiG im 2. Kapitel unter A. I. 3. b) bb) (1) (b)

744 BVerfGE 69, 315 = BVerfG, NJW 1985, 2395, 2398; vgl. auch BVerfG, Beschluß vom 24.03.2001, Az. 1 BvQ 13/01, http://www.bverfg.de, Rdnr. 28 = NJW 2001, 2069; BVerfG, Beschluß vom 07.04.2001, Az. BvQ 17/01, NJW 2001, 2072; BVerfG, Beschluß vom 12.04.2001, Az. 1 BvQ 19/01, NJW 2001, 2075

745 Zur zeitlichen Verschiebung einer Versammlung wegen Gefährdung der öffentlichen Ordnung als Auflage vgl. BVerfG, NJW 2001, 1409, 1410 f.

besonderen Bedeutung des Grundrechts der Versammlungsfreiheit in einem demokratischen Staat ab.

b) *"Polizeifestigkeit" des Versammlungsgesetzes?*

Mit dem Versammlungsgesetz hat der Bund von seiner konkurrierenden Gesetzgebungsbefugnis gem. Art. 74 Nr. 3 GG Gebrauch gemacht. Soweit das Versammlungsgesetz abschließende Eingriffsbefugnisse geregelt hat, sind die Länder gem. Art. 72 Abs. 1 GG nicht zur Gesetzgebung befugt. Das Versammlungsgesetz ist insoweit gegenüber dem Landesrecht "polizeifest"[746].

Dies bedeutet, daß im Anwendungsbereich des Versammlungsgesetzes Platzverweise grundsätzlich nicht verfügt werden dürfen, bevor die Versammlung nicht auf der Grundlage des § 15 VersammlG verboten (Abs. 1) oder aufgelöst worden ist (Abs. 2).

In Rechtsprechung und Literatur besteht aber im Grundsatz Einigkeit darüber, daß das Versammlungsgesetz keine abschließende Regelung für die Verhütung und Unterbindung aller Gefahren für die öffentliche Sicherheit und Ordnung enthält, die im Zusammenhang mit Versammlungen auftreten können, und daß insoweit auch das der allgemeinen Gefahrenabwehr dienende Polizeirecht des Landes angewendet werden kann und muß[747].
Das gilt unbestritten etwa dann, wenn es sich um Anordnungen aus bauordnungs-, feuersicherheits- oder seuchenrechtlichen Gründen handelt, die mit der Ausübung des Grundrechts der Versammlungsfreiheit in keinem inneren Zusammenhang stehen und es nur als Nebenfolge betreffen[748].

aa) *Anwendungsbereich des Versammlungsgesetzes im Vorfeld von Demonstrationen?*

Ferner ist problematisch, ob das Versammlungsrecht auch im Vorfeld von Demonstrationen eine Sperrwirkung für das Polizeirecht ausstrahlt.

---

746 BayVerfGH, NVwZ 1991, 664, 666 m.w.N.
747 BayVerfGH, NVwZ 1991, 664, 666 m.w.N.; BVerwGE 64, 55, 58
748 BayVerfGH, NVwZ 1991, 664, 666 m.w.N.

Ein Teil der Literatur[749] und Rechtsprechung[750] verneint dies grundsätzlich mit der Begründung, da das Versammlungsgesetz über die Gefahrenabwehr im Vorfeld von Versammlungen keine Regelungen enthalte. Dies gelte etwa für polizeiliche Befugnisse während der Vorbereitung von Versammlungen und gegenüber anreisenden Versammlungsteilnehmern, also z. B. Anhalten, Identitätsfeststellung, Durchsuchung, Sicherstellung von Gegenständen und Platzverweise. Auch in diesem Bereich könne die Polizei Maßnahmen auf Grund des allgemeinen Polizeirechts treffen. Der Bayerische Verfassungsgerichtshof[751] räumt aber selbst ein, daß die Abgrenzung der Anwendungsbereiche des bundesrechtlichen Versammlungsgesetzes und des Landespolizeirechts im Einzelfall schwierige Fragen aufwerfen mag, die letztlich von den Gerichten zu entscheiden seien.

Da diese Ausführungen diesbezüglich keine Rechtssicherheit geschaffen haben, geht der Verwaltungsgerichtshof Baden-Württemberg[752] noch einen Schritt weiter und legt eine klare Abgrenzung zwischen Versammlungs- und Polizeirecht fest: Das Regelungswerk des Versammlungsgesetzes erfasse nach ihm eine Zusammenkunft nicht schon quasi vor der "Haustür", sondern erst, wenn sie zugleich der im Versammlungsgesetz vorgesehenen Ordnungsgewalt eines Versammlungsleiters unterliege. Außerhalb der Versammlung, wo der Schutz des Art. 8 Abs. 1 GG nicht bestehe, seien Maßnahmen nach den Vorschriften der Polizeigesetze möglich.

Demgegenüber führt Deger[753] in seiner Besprechung zu dem Urteil des Verwaltungsgerichtshofs Baden-Württemberg zu Recht aus, daß die Aussage des Gerichts unvollständig ist. Für diese Erkenntnis spricht auch ein Urteil des Bundesverfassungsgerichts[754]. Danach beschränkt sich nämlich der Schutz der Versammlungsfreiheit gem. Art. 8 Abs. 1 GG "nicht allein auf die Teilnahme an einer bestehenden Versammlung, sondern umfaßt auch den gesamten Vorgang des Sich-Versammelns. Dazu zählt namentlich der Zugang zu einer bevorstehenden oder sich bildenden Versammlung. Andernfalls liefe die Versammlungsfreiheit Gefahr, durch staatliche Maßnahmen im Vorfeld der Grundrechtsausübung ausgehöhlt zu werden."

---

749 Vgl. nur Ridder/Breitbach/Rühl/Steinmeier, 1992, § 12 a, Rdnrn. 41, 28 f.; Mayer, JA 1998, 345, 346

750 Vgl. nur BayVerfGH, NVwZ 1991, 664, 666 m.w.N.

751 BayVerfGH, NVwZ 1991, 664, 666

752 VGH Baden-Württemberg, NVwZ 1998, 761, 763/764

753 Deger, NVwZ 1999, 265, 267; ebenso Braun, 2000, S. 97 f.

754 BVerfGE 84, 203, 209

Das Versammlungsgesetz ist demnach im Vorfeld von Demonstrationen also auch dann anwendbar, wenn polizeiliche Maßnahmen den Vorgang des Sich-Versammelns wesentlich erschweren[755]. Platzverweise im Vorfeld einer Versammlung, die sich beispielsweise auch auf den Versammlungsort erstrecken, können somit nicht auf die Eingriffsgrundlagen der Polizeigesetze gestützt werden.

Führen beispielsweise Personen auf dem Weg zu einer Versammlung Waffen mit sich oder sind sie gewalttätig, so ist trotz der darin deutlich werdenden, von den Betreffenden ausgehenden Gefahren die Anordnung eines Platzverweises für den Bereich des Versammlungsortes auf der Grundlage der polizeirechtlichen Bestimmungen erst dann gerechtfertigt, wenn sie zuvor gem. §§ 18 Abs. 3, 13 Abs. 2 VersammlG von der Versammlung ausgeschlossen worden sind und sich nicht freiwillig von der Versammlung fern halten werden[756].

Umgekehrt ist die Anwendung allein der Vorschriften des Gefahrenabwehrrechts als Grundlage präventivpolizeilicher Maßnahmen gegen Versammlungsteilnehmer nach einem Urteil des OVG Nordrhein-Westfalen[757] zu Recht durch das Versammlungsgesetz nicht ausgeschlossen, wenn diese Maßnahmen die Teilnahme an der Versammlung weder zeitlich beschränken noch unmöglich machen.

bb) *Platzverweise im Anwendungsbereich des Versammlungsgesetzes mit dem Argumentum a maiore ad minus?*

Fraglich ist, ob Platzverweise im Anwendungsbereich des Versammlungsgesetzes generell unzulässig sind oder ob Ausnahmen denkbar und gegebenenfalls sogar verfassungsrechtlich geboten sind.

Nach Auffassung des Bundesverwaltungsgericht[758] kann das allgemeine Gefahrenabwehrrecht ergänzend gegenüber Personen Anwendung finden, wenn die Unterbindung einer Versammlung durch Auflösung nach § 15 Abs. 1 VersammlG in den Fällen nicht in Betracht kommt, in denen die Unterbindung der Versammlung zur Abwehr der zu bekämpfenden Gefahr nicht erforderlich oder unverhältnismäßig und

755 So wie hier Geis, Die Polizei 1993, 293, 294; ungenau daher Brenneisen, Kriminalistik 1999, 483, 484

756 a. A. Ridder/Breitbach/Rühl/Steinmeier, 1992, § 12 a, Rdnr. 43

757 OVG Nordrhein-Westfalen, DVBl. 1982, 653, 654; so wohl im Ergebnis auch Brenneisen, Kriminalistik 1999, 483, 486 f.

758 BVerwG, NVwZ 1988, 250, 250; so bereits schon BVerwGE 64, 55, 58 zur Sicherstellung eines Transparentes mit beleidigendem Inhalt.

deswegen übermäßig belastend ist. In diesen Fällen muß die Behörde im Rahmen der ihr zur Gefahrenabwehr zustehenden Befugnisse ein - gegenüber der Unterbindung der Veranstaltung - milderes und angesichts der konkreten Sachlage angemessenes Mittel zur Abwehr der von der Veranstaltung ausgehenden unmittelbaren Gefahren i. S. von § 15 VersammlG einsetzen und kann hierbei gegebenenfalls auch von den ihr landesrechtlich zustehenden Befugnissen Gebrauch machen[759].

Dies bedeutet, daß die Polizei im Anwendungsbereich des § 15 VersammlG nicht die gesamte Versammlung auflösen darf, wenn die unmittelbare Gefahr auch dadurch abgewendet werden kann, indem z. B. einzelnen Störern der Aufenthalt im Bereich des Veranstaltungsraumes verboten wird. Platzverweise werden in diesen Fällen dann auf § 15 Abs. 1 VersammlG i. V. mit den einschlägigen Ermächtigungsgrundlagen für Platzverweise gestützt. Da aber das Versammlungsrecht weiterhin anwendbar ist, muß als gesteigerte Gefahrenlage zumindest eine unmittelbare Gefahr für die öffentliche Sicherheit bei der Anwendung der polizeirechtlichen Ermächtigungsgrundlagen vorliegen[760].

Dieser Argumentation könnte entgegengehalten werden, daß das Versammlungsgesetz mit § 18 Abs. 3 abschließend geregelt hat, daß die Polizei Teilnehmer, welche die Ordnung gröblich stören, von der Versammlung ausschließen kann. Das Gesetz scheint hiernach eine klare Rechtsfolge vorgegeben zu haben. Würden demnach einzelne Teilnehmer von der Versammlung ausgeschlossen, so hätten diese sich gem. §§ 18 Abs. 3 und Abs. 1 i. V. m. § 13 Abs. 2 VersammlG unverzüglich zu entfernen. Bei Nichtbeachtung könnte dieses Gebot als Ordnungswidrigkeit gem. § 29 Abs. 1 Nr. 5 VersammlG geahndet werden und schließlich das Platzverweisverfahren nach den Polizeigesetzen zur Anwendung kommen.

Bei genauerer Betrachtung schließen sich diese Argumente jedoch nicht gegeneinander aus. Entscheidend ist vielmehr, welche Rechtsfolge im Einzelfall verhältnismäßig ist.
So hat der Verwaltungsgerichtshof Mannheim[761] zu Recht entschieden, daß § 15 Abs. 2 i. V. mit § 15 Abs. 1 VersammlG auch die Polizei ermächtigt, die Demonstranten bei einer Blockadeaktion von einem bestimmten Versammlungsort zu verweisen (Auflage in Form eines Platzverweises): § 15 Abs. 2 VersammlG "ermächtigt nicht allein, wie es der Wortlaut auf den ersten Blick nahelegen mag,

---

759 BVerwG, NVwZ 1988, 250, 250
760 Siehe dazu die Ausführungen im 2. Kapitel unter A. I. 5. b) dd)
761 VGH Mannheim, NVwZ 1989, 163, 163

zur Auflösung einer Versammlung. Die Auflösung ist regelmäßig nur das letzte, äußerste Mittel zur Abwehr der von einer Versammlung ausgehenden Gefahren; wäre die Auflösung zur Abwehr der zu bekämpfenden Gefahren nicht erforderlich oder unverhältnismäßig, so muß die zuständige Behörde im Rahmen der ihr zum Zwecke der Gefahrenabwehr zustehenden Befugnisse ein milderes und angesichts der konkreten Sachlage angemessenes Mittel einsetzen. [...] Als solches kommt zum einen die Auflösung eines Teils einer einheitlichen Versammlung in Betracht, sofern nur von diesem Teil eine unmittelbare Gefahr für die öffentliche Sicherheit und Ordnung ausgeht, die anders als durch eine Teilauflösung nicht wirksam zu bekämpfen ist. Zum anderen darf die Behörde beispielsweise von dem Mittel einer räumlichen Beschränkung der Versammlung auch nachträglich Gebrauch machen, wie sich aus der in § 15 Abs. 2 VersammlG in Bezug genommenen Befugnis nach § 15 Abs. 1 VersammlG, die Versammlung von bestimmten Auflagen abhängig zu machen, ergibt.
Die beiden genannten Eingriffsmittel unterscheiden sich im wesentlichen dadurch, daß die Teilauflösung für die von ihr betroffenen Versammlungsteilnehmer die gesetzliche Entfernungspflicht (§ 18 I i. V. mit § 13 II VersammlG) zur Folge hat, während die räumlich beschränkende Verfügung (nur) die Meidung des bestimmten Versammlungsortes gebietet und die Fortsetzung der Versammlung an einem anderen Ort nicht hindert."[762]

cc) *Repressive Platzverweise im Anwendungsbereich des Versammlungsgesetzes?*

Ob es sich bei einer Personengruppe, die im Verdacht steht, eine Straftat begangen zu haben, um eine Versammlung im Sinne des Versammlungsgesetzes handelt oder nicht, kann zunächst dahinstehen, wenn die Polizei zunächst lediglich die Personalien gem. § 163 b Abs. 1 StPO feststellen will, um eine Strafanzeige gegen diese Personen zu fertigen[763].
Im Anwendungsbereich des Versammlungsgesetzes kann direkt auf Eingriffsgrundlagen der Strafprozeßordnung zurückgegriffen werden, wenn Personen im Verdacht stehen, eine Straftat begangen zu haben[764]. Werden beispielsweise Personalien eines Verdächtigen gem. § 163 b Abs. 1 StPO aufgenommen, so kann

---

762 Etwas mißlich und undifferenzierend daher Braun, 2000, S. 27 f., der Platzverweise im Zuge von Demonstrationsauflösungen als "eine Art Vollstreckungsmittel" bezeichnet und keine geringeren Eingriffe als z. B. die Auflösung nach dem Versammlungsgesetz seien (a.a.O., S. 98).
763 Unklar insoweit Kaatz, in: info-Recht 7/99, S. 5
764 Vgl. nur Dietel/Gintzel/Kniesel, 12. Aufl. 2000, § 13 VersammlG, Rdnr. 4

gegenüber einem diese Amtshandlung störenden weiteren Demonstranten ein Platzverweis auf der Grundlage des § 164 StPO ausgesprochen werden.

Begehen also Demonstrationsteilnehmer im Rahmen einer Demonstration Straftaten, kann sofort ihre Identität gemäß § 163 b Abs. 1 StPO festgestellt werden, ohne daß hier die Eingriffsinstrumentarien des Versammlungsgesetzes beachtet werden müssen.
Das Verwaltungsgericht Hannover[765] hat im Zusammenhang mit einer Kurdendemonstration, bei der Flugblätter der verbotenen PKK und verbotene PKK-Fahnen gezeigt wurden, zwar die Einschließung gem. § 163 b Abs. 1 StPO zur Feststellung der Identität zwecks Verfolgung einer Straftat nach § 20 Abs. 1 Nr. 5 Vereinsgesetz für rechtens befunden. Das weitere Festhalten dieser Personen war nach Auffassung des Gerichts aber weder durch die Strafprozeßordnung noch durch das Niedersächsische Polizeigesetz gedeckt: Die unmittelbar bevorstehende Begehung einer Straftat hätte auf andere, weniger einschneidende Weise verhindert werden können, z. B. durch Sicherstellung der verwendeten Kennzeichen. Aus den gleichen Gründen konnte auch ein Unterbindungsgewahrsam[766] nicht zum Tragen kommen.

Als Zwischenergebnis kann daher festgehalten werden, daß im Anwendungsbereich des Versammlungsgesetzes direkt auf Eingriffsgrundlagen der Strafprozeßordnung zurückgegriffen werden kann, ohne daß die Versammlung zuvor aufgelöst oder aber der Teilnehmer von der Versammlung ausgeschlossen worden sein muß. Dabei ist aber stets der Grundsatz der Verhältnismäßigkeit zu beachten.

c) *Verhältnismäßigkeit*

Nach der Rechtsprechung des Bundesverfassungsgerichts[767] hat die grundrechtlich geschützte Versammlungsfreiheit nur dann zurückzutreten, wenn eine Güterabwägung unter Berücksichtigung der Bedeutung des Freiheitsrechts ergibt, daß dies zum Schutz anderer gleichwertiger Rechtsgüter notwendig ist.

Bei dieser Abwägung setzen Verbot oder Auflösung einer Versammlung als ultima ratio voraus, daß das mildere Mittel der Auflagenerteilung erschöpft ist. Dazu gehört neben der rechtzeitigen Klarstellung der Rechtslage, daß beiderseits Provo-

---

765 VG Hannover, NdsRpfl. 1999, 275, 275
766 Vgl. nur § 18 Abs. 1 Nr. 2 a NGefAG
767 BVerfGE 69, 315 = BVerfG, NJW 1985, 2395, 2398

kationen und Aggressionsanreize unterbleiben, daß die Veranstalter auf die Teilnehmer mit dem Ziel friedlichen Verhaltens und der Isolierung von Gewalttätern einwirken, daß sich die Staatsmacht - gegebenenfalls unter Bildung polizeifester Räume - besonnen zurückhält und übermäßige Reaktionen vermeidet und daß insbesondere eine rechtzeitige Kontaktaufnahme erfolgt, bei der beide Seiten sich kennenlernen, Informationen austauschen und möglicherweise zu einer vertrauensvollen Kooperation finden, welche die Bewältigung auch unvorhergesehener Konfliktsituationen erleichtert[768]. Je ernsthafter sich die staatlichen Behörden auf diese Weise für die friedliche Durchführung von Demonstrationen einsetzen, desto eher werden andererseits nach dem Scheitern ihrer Bemühungen spätere Verbote oder Auflösungen einer verwaltungsgerichtlichen Nachprüfung standhalten[769].

Je mehr auf der anderen Seite die Veranstalter anläßlich der Anmeldung einer Demonstration zu einseitigen vertrauensbildenden Maßnahmen oder sogar zu einer demonstrationsfreundlichen Kooperation bereit sind, desto höher rückt die Schwelle für behördliches Eingreifen wegen Gefährdung der öffentlichen Sicherheit und Ordnung[770].

d) *Rechtsfolgen einer ausgeschlossenen Person bzw. einer aufgelösten Versammlung*

Gemäß §§ 18 Abs. 1, 13 Abs. 2 VersammlG haben sich alle Teilnehmer sofort zu entfernen, sobald eine Versammlung für aufgelöst erklärt worden ist.

Dieses Entfernungsgebot kann aber erst mit unmittelbarem Zwang durchgesetzt werden, sofern zuvor ein Platzverweis verfügt worden ist[771]. Die Auflösungsverfügung ist keine Grundlage für die Anwendung polizeilicher Zwangsmittel. Für den Einsatz unmittelbaren Zwanges ist zuvor ein Platzverweis nach allgemeinem Polizeirecht erforderlich; erst dieser und nicht schon die Auflösungsverfügung stellt die Grundverfügung dar, die mit Verwaltungszwang durchgesetzt werden kann[772]. Zur Durchsetzung des Platzverweises können schließlich Ingewahrsamnahmen auf der Grundlage der polizeirechtlichen Bestimmungen[773] in Betracht kommen.

---

768 BVerfGE 69, 315 = BVerfG, NJW 1985, 2395, 2398 f.
769 BVerfGE 69, 315 = BVerfG, NJW 1985, 2395, 2399
770 BVerfGE 69, 315 = BVerfG, NJW 1985, 2395, 2399
771 Insofern mißverständlich Kaatz, in info-Recht 7/99, S. 14
772 So auch Kniesel, in: HdbPR, 2. Aufl. 1996, Rdnr. H 450
773 Vgl. dazu die Ausführungen im 2. Kapitel unter C. II.

Dies gilt gem. §§ 18 Abs. 1 und 3, 13 Abs. 2 VersammlG entsprechend für Teilnehmer, die von der Versammlung ausgeschlossen worden sind.
Stören einzelne Teilnehmer einer Versammlung selbst die Ordnung gröblich, d. h. eine als besonders schwer empfundene Störung, durch die der ordnungsgemäße Ablauf der Versammlung in Frage gestellt wird, kann die Polizei sie nach § 18 Abs. 3 VersammlG ausschließen. Dies gilt gem. § 19 Abs. 4 VersammlG auch für Aufzüge. Aufgrund von § 18 Abs. 1 i. V. m. § 13 Abs. 2 VersammlG haben sich auch die ausgeschlossenen Teilnehmer sofort von der Versammlung zu entfernen[774]. Bei Nichtbeachtung dieses Entfernungsgebotes durch einzelne Teilnehmer muß ihnen gegenüber zunächst ebenfalls ein Platzverweis ausgesprochen werden, bevor dieser mit unmittelbarem Zwang durchgesetzt werden darf.

V. Platzverweise in/aus Wohnungen, Art. 13 GG

Im Einzelfall kann es notwendig sein, Platzverweise in/aus Wohnungen zu erteilen. Fraglich ist, ob die polizeilichen Eingriffsgrundlagen den Anforderungen des Art. 13 GG genügen.

1. Schutzbereich

Art. 13 Abs. 1 GG schützt mit der Wohnung umfassend den räumlichen Bereich der Privatsphäre und erstreckt diesen auf jeden nicht allgemein zugänglichen, privaten Raum, der Menschen als Aufenthaltsstätte dient[775]. Dazu gehören auch Nebenräume wie Keller, Speicher, Garagen, Treppenhäuser, Gartenhäuschen, Betriebs- und Geschäftsräume[776]. Der verfassungsrechtliche Schutz der Wohnung hängt nicht allein davon ab, ob der Raum tatsächlich und kontinuierlich privat genutzt wird. Schutzzweck des Grundrechts auf Unverletzlichkeit der Wohnung ist die Sicherung des Rechts des einzelnen auf private Lebensgestaltung in gesicherten Räumen, in denen er soll tun und lassen können, was und wie es ihm beliebt, und in denen er von staatlicher Einmischung in Ruhe gelassen sei soll[777]. Das Grundrecht schützt damit vor jeder Art staatlichen Zugriffs auf die Wohnung, der darin private Lebensgestaltung beeinträchtigen kann[778].

---

774 Dietel/Gintzel/Kniesel, 12. Aufl. 2000, § 11 VersammlG, Rdnr. 11
775 Vgl. Herdegen, in: BK-GG, Stand: 12/99, Art. 13 GG, Rdnrn. 26
776 Vgl. Herdegen, in: BK-GG, Stand: 12/99, Art. 13 GG, Rdnrn. 26, 30 ff.
777 SächsVerfGH, LKV 1996, 273, 290
778 SächsVerfGH, LKV 1996, 273, 290

2. Schrankenbereich

Gemäß Art. 13 Abs. 7 GG dürfen Eingriffe und Beschränkungen im übrigen nur zur Abwehr einer gemeinen Gefahr oder einer Lebensgefahr für einzelne Personen, auf Grund eines Gesetzes auch zur Verhütung dringender Gefahren für die öffentliche Sicherheit und Ordnung, insbesondere zur Behebung der Raumnot, zur Bekämpfung von Seuchengefahr oder zum Schutze gefährdeter Jugendlicher vorgenommen werden.

Wie die Begriffsdefinitionen zur gemeinen und dringenden Gefahr bereits gezeigt haben[779], gehen die Gefahren, an die die polizeirechtlichen Eingriffsbefugnisse für Platzverweise koppeln, weit über diesen Rahmen hinaus. Die polizeilichen Ermächtigungsgrundlagen für Platzverweise werden daher von dem Gesetzesvorbehalt in Art. 13 Abs. 7 GG nicht gedeckt, weil auf die Tatbestandsvoraussetzungen einer gemeinen bzw. dringenden Gefahr in/aus Wohnungen verzichtet worden ist.

Dies bedeutet aber nicht, daß Platzverweise in/aus Wohnungen gänzlich unzulässig sind; dafür bedarf es lediglich einer verfassungskonformen[780] Auslegung der Ermächtigungsgrundlagen im Lichte des Art. 13 Abs. 7 GG, soweit Eingriffe in dieses Grundrecht auf Notsituationen beschränkt werden.

Etwas mißlich sind daher die gesetzlichen Bestimmungen in Niedersachsen und Bremen. Während die Anforderungen des Art. 13 Abs. 7 GG zum Teil mit in die Eingriffsgrundlage für klassische Platzverweise aufgenommen worden sind (vgl. § 17 Abs. 1 Satz 2 NGefAG), werden gem. § 17 Abs. 2 Satz 1 a. E. NGefAG, § 21 Abs. 2 Satz 2 a. E. SächsPolG bzw. § 14 Abs. 2 Satz 1 BremPolG[781] qualifizierte Platzverweise in/aus Wohnungen ausdrücklich ausgeschlossen. Es ist im Einzelfall jedoch durchaus denkbar, daß auch qualifizierte Platzverweise in/aus Wohnungen notwendig sind (z. B. im Falle einer Katastrophe oder bei Gefahren, die von einem Grundstück selbst ausgehen[782], aber auch in den Fällen der sog. häuslichen[783]

---

779 Vgl. dazu die Ausführungen im 2. Kapitel unter A. I. 5. b) ee)

780 Vgl. daher die Ausführungen im 2. Kapitel unter A. I. 5. b) ee)

781 Gesetz zur Änderung des Bremischen Polizeigesetzes vom 4. September 2001 in der Fassung der Bekanntmachung vom 12. September 2001, BremGbl. S. 270

782 Vgl. dazu z. B. VG Berlin, Beschluß vom 19.05.1988, Az. VG 1 A 104.88

783 Manchmal auch als "Hausverweis" bezeichnet, vgl. nur Belz/Mußmann, 6. Aufl. 2001, § 3, Rdnr. 10 c

Gewalt[784]). Nach diesen Vorschriften können aber qualifizierte Platzverweise in/aus Wohnungen ausdrücklich nicht verfügt werden[785].

VI. **Vereinbarkeit mit der jeweiligen Landesverfassung, Art. 142 GG**

Polizeirecht als Landesrecht muß sich schließlich auch am Maßstab der jeweiligen Landesverfassung messen lassen. Das Oberverwaltungsgericht Bremen hat sich beispielsweise in seinem Urteil vom 24.03.1998[786] mit Art. 18 der Bremischen Landesverfassung auseinandersetzen müssen.

Art. 18 BremLV bestimmt, daß das Recht auf Freizügigkeit und auf Auswanderung ins Ausland jedem Bewohner der Freien Hansestadt Bremen zusteht. Die Vorschriften, nach der jeder Bewohner der Freien Hansestadt Bremen sich innerhalb des Landes Bremen frei bewegen kann, gilt gem. Art. 142 GG fort[787].

Zunächst ist festzuhalten, daß die Freizügigkeit nach dieser Vorschrift jedem Bewohner Bremens zusteht. Aufgrund des eindeutigen Wortlautes gewährt diese Vorschrift die Freizügigkeit mithin auch für Ausländer.

Problematisch ist, daß diese Gewährleistung nicht unter Gesetzesvorbehalt steht. Aber nach einer historischen Auslegung durch das Oberverwaltungsgericht Bremen[788] stand das landesverfassungsrechtliche Freizügigkeitsrecht von Anfang an unter der immanenten Schranke der Gefährdung wichtiger Gemeinschaftsgüter. Daher erfasse die landesverfassungsrechtliche Schranke jedenfalls den Schutz derjenigen Gemeinschaftsgüter, die in Art. 11 Abs. 2 GG genannt werden.

---

784 In Baden-Württemberg ist ein Jahr lang in sechsundachtzig Städten erprobt worden, ob es sinnvoll ist, gewalttätigen Männern die "Rote Karte" zu zeigen und ihnen zeitweise den Zugang zur eigenen Wohnung zu verbieten. Der einjährige Modellversuch zur häuslichen Gewalt habe sich nach Ansicht der Baden-Württembergischen Landesregierung bewährt. In den meisten Fällen wurde den gewalttätigen Männern ein Wohnungsverbot bis zu zwei Wochen erteilt. Künftig sollen im ganzen Land häusliche Gewalttäter vor die Tür gesetzt werden, wenn sie weder Einsicht noch Friedfertigkeit zeigen (siehe FAZ, 22.11.2001, S. 12).

785 Zur neuen Standardmaßnahme "Wohnungsverweisung und Rückkehrverbot zum Schutz vor häuslicher Gewalt" in Bremen gem. § 14 a BremPolG siehe die Anmerkungen zum Formulierungsvorschlag "Platzverweis" im 5. Kapitel unter D.).

786 OVG Bremen, NVwZ 1999, 314, 316

787 OVG Bremen, NVwZ 1999, 314, 316 m.w.N.

788 OVG Bremen, NVwZ 1999, 314, 316

Soweit weitere landesverfassungsrechtliche Grundrechte die Bundesgrundrechte erweitern, sind diese selbstverständlich in den jeweiligen Ländern zusätzlich zu beachten. Auf eine Darstellung der in Betracht kommenden landesverfassungsrechtlichen Normen kann hier allerdings nicht mehr eingegangen werden.

B. Vereinbarkeit mit sonstigen Verfassungsgrundsätzen

I. Gesetzgebungszuständigkeit gemäß Art. 73 Nr. 3, 1. Alt. GG beim Bund?

Umstritten ist auch, ob der Landesgesetzgeber überhaupt eine Kompetenz zu Regelungen betreffend die Freizügigkeit besitzt. Die Anwendung des Landespolizeirechts könnte mit Art. 73 Nr. 3, 1. Alt. GG unvereinbar sein, der dem Bund die ausschließliche Kompetenz zur Regelung der Freizügigkeit zuweist.

Zum Teil[789] wird die Auffassung vertreten, daß der Landesgesetzgeber im Bereich der Freizügigkeit keine Regelungen treffen könne. Zur Begründung wird auf den eindeutigen Wortlaut des Art. 73 Nr. 3, 1. Alt. GG verwiesen, wonach die ausschließliche Gesetzgebungszuständigkeit für Regelungen der Freizügigkeit beim Bund liegt.

Zutreffend sieht aber die überwiegende Auffassung in der Literatur[790] und Rechtsprechung[791] in Art. 73 Nr. 3, 1. Alt. GG nicht eine abschließende Regelung. Die

---

789 Pernice, in: Dreier, 1996, Art. 11, Rdnr. 22 m.w.N.; Kutscha, in: Bündnis 90/DIE GRÜNEN, 03/96, S. 40; Kutscha, LKV 2000, 134, 136

790 Randelzhofer, in: BK-GG, Stand: 12/99, Art. 11 GG, Rdnr. 142; Hailbronner, in: HdbStR VI, 1989, § 131, Rdnr. 46 f. ; Kunig, Jura 1990, 306, 311; Kunig, in: von Münch/Kunig, 5. Aufl. 2000, Art. 11, Rdnrn. 21; Pieroth/Schlink, 15. Aufl. 1999, Rdnr. 803; Schmidt-Bleibtreu/Klein, 9. Aufl. 1999, Art. 11, Rdnr. 6; Denninger, in: HessStVwR, 2. Aufl. 1986, S. 225; Drews/Wacke/Vogel/Martens, 9. Aufl. 1986, S. 278; Meixner, 8. Aufl. 1998, § 31, Rdnr. 11 und § 10, Rdnr. 6; Alberts, NVwZ 1997, 45, 47; Riegel, Die Polizei 1998, 211, 211; vgl. bereits ders., BayVBl. 1980, 577, 579; Knemeyer, NVwZ 1990, 138, 140; Blankenagel, DÖV 1989, 689, 697; Mußmann, 2. Aufl. 1989, S. 69; Reichert/Ruder/Fröhler, 5. Aufl. 1997, Rdnr. 199; Ziekow, 1997, S. 561; Robrecht, SächsVBl. 1999, 232, 236; Braun, 2000, S. 80 f.; Kappeler, 2001, S. 175; Cremer, NVwZ 2001, 1218, 1223; jeweils mit weiteren Nachweisen.

791 BayVerfGH, NVwZ 1991, 664, 666; VG Sigmaringen, NVwZ-RR 1995, 327, 329; VG Köln, Beschluß vom 15.03.1995, Az. 20 L 2625/94, S. 11; OVG Bremen, NVwZ 1999, 314, 316; VG Leipzig, Beschluß vom 04.12.2000, Az. 3 K 1737/00 = NVwZ 2001, 1317, 1318

Verhütung von strafbaren Handlungen ist typische Funktion des traditionellen[792] Gefahrenabwehrrechts (Polizei- und Ordnungsrecht), das eine der wesentlichen Materien der Ländergesetzgebung ist. Die ausschließliche Gesetzgebungskompetenz des Bundes gem. Art. 73 Nr. 3, 1. Alt. GG betrifft die Bewegungsfreiheit im Bundesgebiet. Demgegenüber beziehen sich präventivpolizeiliche Maßnahmen auf einen bestimmten Ort innerhalb des Landes.

Dem steht auch nicht die Auffassung[793] entgegen, wonach erst nach ausdrücklicher Ermächtigung in einem Bundesgesetz gem. Art. 71 GG Raum für ein Tätigwerden des Landesgesetzgebers vorhanden sei. Dabei wird übersehen, daß Freizügigkeitsbeschränkungen gem. Art. 11 Abs. 2 GG unter bestimmten Voraussetzungen auch durch Landesrecht erfolgen können. Dieser Gesetzesvorbehalt bezieht sich teilweise auf Gegenstände der Landesgesetzgebung. Dies betrifft etwa den Katastrophenschutz (außerhalb des Verteidigungsfalles) sowie Schutzvorkehrungen bei besonders schweren Unglücksfällen. Aber auch der Kriminalvorbehalt gehört dazu. Nach Wortlaut und Entstehungsgeschichte[794] handelt es sich dabei um einen umfassenden Präventionsvorbehalt. Die Verhütung von strafbaren Handlungen ist typische Funktion des Polizeirechts, welches eine der wesentlichen Materien der Landesgesetzgebung ist. Aus diesem Grund ist in dem Präventionsvorbehalt auch eine Ermächtigung an den Landesgesetzgeber zu sehen.

Abschließend ist daher festzuhalten, daß Art. 73 Nr. 3, 1. Alt. GG einer landesrechtlichen Freizügigkeitsbeschränkung nicht entgegensteht.

II. Das Zitiergebot des Art. 19 Abs. 1 Satz 2 GG

Wenn man mit den vorherigen Ausführungen eine Kompetenz des Landesgesetzgebers auch für Eingriffe in das Grundrecht der Freizügigkeit bejaht, taucht für die meisten Polizeigesetze[795] das Problem auf, daß Art. 11 GG nicht zitiert wird. Dies könnte einen Verstoß gegen das Zitiergebot gem. Art. 19 Abs. 1 Satz 2 GG bedeuten und somit zur Verfassungswidrigkeit des Polizeigesetzes führen.

---

792 Vgl. nur BVerfGE 8, 143, 150

793 Vgl. insbes. Waechter, NdsVBl. 1996, 197, 199, der seine Auffassung aus der Entstehungsgeschichte des Art. 73 Nr. 3 GG ableitet; Hecker, MzW 1998, Heft 38, S. 65; Hecker, NVwZ 1999, 261, 262

794 Vgl. dazu Waechter selbst, NdsVBl. 1996, 197, 198

795 Vgl. z. B. § 7 PolG NW, § 8 POG Rhpf.

Nach Art. 19 Abs. 1 Satz 2 GG muß jedes Gesetz, das ein Grundrecht selbst einschränkt oder aufgrund dessen ein Grundrecht eingeschränkt werden kann, den betreffenden Grundrechtsartikel nennen.

Dieses grundrechtliche Zitiergebot beinhaltet eine Art Warn- und Verantwortungsfunktion an den Gesetzgeber, damit gewährleistet ist, daß nur wirklich gewollte Eingriffe stattfinden; auch soll sich der Gesetzgeber über die Auswirkungen seiner Regelungen für die betroffenen Grundrechte Rechenschaft geben[796]. Damit wird zugleich erkennbar, wo dieses Zitiergebot nicht gilt[797]:

Nach der Rechtssprechung des Bundesverfassungsgerichts[798] gilt Art. 19 Abs. 1 Satz 2 GG nicht für Gesetze, die zwar nach dem Inkrafttreten des Grundgesetzes erlassen worden sind, jedoch ältere Grundrechtsbeschränkungen "unverändert oder mit geringeren Abweichungen wiederholen. Art. 19 Abs. 1 Satz 2 GG soll lediglich verhindern, daß neue, dem bisherigen Recht fremde Möglichkeiten des Eingriffs in Grundrechte geschaffen werden, ohne daß der Gesetzgeber sich darüber Rechenschaft legt und dies ausdrücklich zu erkennen gibt."

Mit diesen Erkenntnissen wird zum Teil[799] die Auffassung vertreten, daß es sich bei qualifizierten Platzverweisen nicht um "neuartige" Eingriffe handele und es deswegen nicht für diese dem bisherigen Recht nicht fremden Maßnahmen des Zitierens bedürfe.

Demgegenüber steht der überwiegende Teil des Schrifttums[800] auf dem Standpunkt, daß Polizeigesetze, die in Form von qualifizierten Platzverweisen Eingriffe in das Grundrecht der Freizügigkeit ermöglichen, den Art. 11 GG zitieren müßten. Dies wird überwiegend damit begründet, daß es sich bei den neueren qualifizierten Platzverweisen um einen schwerwiegenden Eingriff handele.

---

796 BVerfGE 64, 72, 79

797 Vgl. zur Zusammenfassung der Ausnahmen von Art. 19 Abs. 1 Satz 2 GG BVerwGE 43, 48, 54 m.w.N.

798 BVerfGE 5, 13, 16; BVerfGE 15, 288, 293; BVerfGE 35, 185, 188 f.; BVerfGE 61, 82, 113

799 Vgl. nur Hailbronner, in: HdbStR VI, 1989, § 131, Rdnr. 48

800 Alberts, Die Polizei 1991, 70, 71; Denninger, in: HessStVwR, 2. Aufl. 1986, S. 225; Lisken, in: Bündnis 90/DIE GRÜNEN, 03/96, S. 53; Riegel, BayVBl. 1980, 577, 579 unter Hinweis auf § 9 AE PolG; Kutscha, LKV 2000, 134, 136; in diese Richtung wohl auch Braun, 2000, S. 107, und Roos, 2. Aufl. 2000, § 13, Rdnr. 6; Cremer, NVwZ 2001, 1218, 1219

Dieser Ansicht ist zu folgen. Für sie spricht, daß es sich bei den qualifizierten im Verhältnis zu den klassischen Platzverweisen um völlig neuartige Eingriffe handelt. Letztere sind zwar - wie die Entstehungsgeschichte der klassischen Platzverweise gezeigt hat - auch schon vorkonstitutionell praktiziert worden. Dabei handelte es sich aber lediglich um vorübergehende Maßnahmen anläßlich unvorhersehbarer Ereignisse (z. B. Evakuierungen zu Zwecken der Gefahrenabwehr oder zur Entschärfung von Explosivgegenständen etc.). Derartige Maßnahmen sind, soweit sie unter Umständen auch in Art. 11 Abs. 1 GG eingegriffen haben, auch vorkonstitutionell getroffen worden, wofür das Zitiergebot nicht gilt. Qualifizierte Platzverweise, die nach den Erkenntnissen dieser Untersuchung zur Zeit bis zu 12 Monaten praktiziert werden, hat es vorkonstitutionell jedoch noch nicht gegeben. Da sie zudem einen erheblichen Eingriff in das Grundrecht der Freizügigkeit beinhalten, ist es gerade auch vom Sinn und Zweck des Zitiergebotes erforderlich, daß Art. 11 GG in den Polizeigesetzen zitiert wird.

Im Ergebnis ist festzuhalten, daß Polizeigesetze, die Art. 11 GG nicht zitieren, obwohl sie zu Eingriffen in das Grundrecht der Freizügigkeit ermächtigen, gegen das Zitiergebot gem. Art. 19 Abs. 1 Satz 2 GG verstoßen und damit verfassungswidrig sind.

III. Verstoß gegen die Wesentlichkeitstheorie?

Qualifizierte Platzverweise, die wegen fehlender spezialgesetzlicher Ermächtigungsgrundlage auf die polizeiliche Generalklausel gestützt werden, könnten rechtswidrig sein, weil ein derartiger Rückgriff für einen so schwerwiegenden Eingriff nicht ausreichend ist. Daher ist zu prüfen, ob qualifizierte Platzverweise generell nur auf spezielle Eingriffsgrundlagen gestützt werden können.

1. Begriffsbestimmung

Die "Wesentlichkeitstheorie" des Bundesverfassungsgerichts[801] verpflichtet den Gesetzgeber, die wesentlichen staatlichen Entscheidungen selbst zu treffen und nicht der Verwaltung zu überlassen. In einem Beschluß aus dem Jahre 1978 hat der Zweite Senat des Bundesverfassungsgerichts die Forderung aufgestellt, "*daß der Gesetzgeber die wesentlichen Grundentscheidungen trifft, die den Freiheits- und*

---

801 Vgl. nur BVerfGE 40, 237, 249; BVerfGE 41, 251, 259 f.; BVerfGE 47, 46, 78 ff.; BVerfGE 47, 194, 201; BVerfGE 49, 89, 126; BVerfGE 57, 295, 320 f.; BVerfGE 58, 257, 268; BVerfGE 88, 103, 116

Gleichheitsbereich der Bürger betreffen"[802]. Dieser Vorbehalt des parlamentarischen Gesetzgebers resultiert vor allem aus den Besonderheiten des parlamentarischen Verfahrens. Dieses gewährleistet, daß entscheidungserhebliche Gesichtspunkte erkannt und berücksichtigt werden und daß ein gerechter Ausgleich zwischen divergierenden Interessen gefunden wird[803]. Dadurch wird frühzeitig die Aufmerksamkeit der Betroffenen und der parlamentarischen Opposition geweckt.

Die Volksvertretung ist unmittelbar vom Volk gewählt und repräsentiert alle relevanten politischen, weltanschaulichen und gesellschaftlichen Gruppen[804]. Durch die Verpflichtung des Gesetzgebers, die wesentlichen und grundlegenden Entscheidungen bereits im Gesetz selbst festzulegen und nicht dem Ermessen der Verwaltung zu überlassen[805], werden Ziele, Inhalte und Formen des Staatshandelns für alle möglicherweise Betroffenen in rechtstaatlicher Weise vorhersehbar. Aufgrund dieser demokratischen und rechtsstaatlichen Legitimation erlangt die gesetzliche Entscheidung Verbindlichkeit und Legitimität gegenüber allen am Rechtsleben Beteiligten[806]. All das trägt dazu bei, daß die für die Entscheidung relevanten Gesichtspunkte umfassend berücksichtigt werden könnnen. Hinzu kommt ein spezifisches Beratungs- und Abstimmungsverfahren, in dem ein gerechter Ausgleich der divergierenden Interessen erreicht werden kann[807].

Daher wird von einem Teil der Literatur[808] und Rechtsprechung[809] die Auffassung vertreten, qualifizierte Platzverweise bedürfen einer speziellen Eingriffsbefugnis, da es sich hierbei um einen wesentlichen Grundrechtseingriff handele.

---

802 BVerfGE 48, 210, 221; unklar und widersprüchlich sind dagegen die Ausführungen des gleichen Zweiten Senats des Bundesverfassungsgerichts in einem Urteil vom 18.12.1984, BVerfGE 68, 1, 109: "Das Grundgesetz kennt weder einen Totalvorbehalt des Gesetzes noch eine Kompetenzregel, die besagte, daß alle objektiv wesentlichen Entscheidungen vom Gesetzgeber zu treffen wären."

803 Eberle, DÖV 1984, 485, 489

804 Wehr, JuS 1997, 231, 422

805 BVerfGE 33, 125, 158; BVerfGE 34, 165, 192 f.

806 Hill, DVBl. 1985, 88, 89 m.w.N.

807 Eberle, DÖV 1984, 485, 490

808 Ule/Rasch, 1965, §§ 15-17 PrPVG, Rdnr. 103 ff.; Alberts, Die Polizei 1991, 70, 71 f.; Alberts, NVwZ 1997, 45, 48; Brenneisen, Kriminalistik 1999, 483, 484; Roggan/Sürig, KJ 1999, 307, 311 f.; Berner/Köhler, 16. Aufl. 2000, Art. 16, Rdnr. 1; in diese Richtung wohl auch Belz/Mußmann, 6. Aufl. 2001, § 3, Rdnr. 10 e, und Kappeler, 2001, S. 165 ff.; Cremer, NVwZ 2001, 1218, 1222: nur bei längerfristigen Aufenthaltsverboten gegenüber Drogen*abhängigen*, weil dadurch gravierend in deren Lebensumstände eingegriffen wird.

809 VG Bremen, Urteil vom 11.06.1997, Az. 2 A 149/96, S. 12 f.

Die überwiegende Literatur[810] und Rechtsprechung[811] setzt sich dagegen mit dieser Problematik überhaupt nicht auseinander, sondern argumentiert allein mit der allgemeinen Bedeutung der Generalklausel als Auffangtatbestand.

Bevor abschließend zu diesen Meinungen Stellung genommen werden kann, soll anhand anerkannter Fallgruppen[812] untersucht werden, inwieweit qualifizierte Platzverweise der Wesentlichkeitsrechtsprechung des Bundesverfassungsgerichts unterfallen könnten.

2. Anerkannte Fallgruppen

Wenn der parlamentarische Gesetzgeber alle wesentlichen staatlichen Entscheidungen selbst treffen muß, so stellt sich die Frage, welche Angelegenheiten in diesem Sinne wesentlich sind. Im folgenden sollen daher qualifizierte Platzverweise im Lichte einiger vom Bundesverfassungsgericht anerkannter Fallgruppen[813] zur Wesentlichkeitstheorie untersucht werden.

a) *Grundrechtsrelevanz und Intensität der Maßnahme*

Eine anerkannte Fallgruppe ist die Grundrechtsrelevanz und Intensität einer staatlichen Maßnahme. Je intensiver eine Regelung die Grundrechte berührt, desto eher muß sie in der Form eines Parlamentsvorbehalts erfolgen[814].

So fordert zu Recht eine weit verbreitete Auffassung[815], daß gerade wegen des mit einem qualifizierten Platzverweis verbundenen besonderen wesentlichen Eingriffs in die Grundrechte der betroffenen Person eine spezielle Ermächtigungsgrundlage erforderlich ist. Für diese Auffassung spricht, daß qualifizierte Platzverweise sowohl in Art. 11 Abs. 1 GG als auch in Art. 2 Abs. 2 Satz 2 GG über einen

---

810 Riedinger, VBlBW 2000, 332, 333; Braun, 2000, S. 82, tendiert aber später für eine Standard-Maßnahme "Platzverweis" auch für Baden-Württemberg aus Gründen der Rechtssicherheit, a.a.O., S. 108 f.

811 Vgl. nur VG Köln, Beschluß vom 15.03.1995, Az. 20 L 2625/94, S. 9; OVG Bremen, NVwZ 1999, 314, 315

812 Vgl. dazu insbes. Erbguth, AöR 1995, 327 ff.; Kloepfer, JZ 1984, 685, 689 ff.; Eberle, DÖV 1984, 485, 487 ff.

813 Vgl. dazu insbes. Erbguth, AöR 1995, 327 ff.

814 BVerfGE 48, 210, 222; BVerfGE 49, 89, 127; BVerfGE 58, 257, 278

815 Ule/Rasch, 1965, §§ 15-17 PrPVG, Rdnr. 105; Alberts/Merten/Rogosch, 1996, §§ 11 ff. HambSOG, Rdnr. 2; Alberts, Die Polizei 1991, 70, 71 f.; VG Bremen, Urteil vom 11.06.1997, Az. 2 A 149/96, S. 12 f.

längeren Zeitraum eingreifen[816]. Ergänzend kommt hinzu, daß fast alle Länder sogar den klassischen Platzverweis spezialgesetzlich geregelt haben. Dadurch wird deutlich, daß die Gesetzgeber sogar einen "vorübergehenden" Eingriff für so wesentlich gehalten haben, daß dieser einer speziellen Ermächtigungsgrundlage bedurfte. Dann muß aber ein qualifizierter Platzverweis erst recht spezialgesetzlich geregelt werden.

Da mithin qualifizierte Platzverweise nicht nur vorübergehend in ein Grundrecht, sondern sogar in mehrere Grundrechte längerfristig eingreifen, sind sie von besonderer Intensität gekennzeichnet. Damit sind qualifizierte Platzverweise von besonderer Grundrechtsrelevanz und bedürfen allein schon nach dieser Fallgruppe einer spezialgesetzlichen Ermächtigungsgrundlage.

b) *Bedeutung für die Allgemeinheit*

Der Wesentlichkeitsmaßstab wird vom Bundesverfassungsgericht[817] auch aus dem Umstand abgeleitet, wie bedeutend die Regelung für die Allgemeinheit und das öffentliche Interesse ist. Hier ist der Gesetzgeber verpflichtet, die Schranken der widerstreitenden Freiheitsgarantien jedenfalls soweit selbst zu bestimmen, wie sie für die Ausübung der Freiheitsrechte wesentlich sind[818].

Dieser Standpunkt wird ebenfalls zu Recht teilweise in der Literatur[819] und Rechtsprechung[820] für qualifizierte Platzverweise vertreten. Bei der Frage der Zulässigkeit von qualifizierten Platzverweisen handelt es sich um eine gesellschaftspolitisch umstrittene[821] Grundentscheidung, die der parlamentarische Gesetzgeber selbst treffen muß und nicht an die Verwaltung oder die Gerichte delegieren darf.

Qualifizierte Platzverweise strahlen zudem regelmäßig weittragende Folgen für die Allgemeinheit aus. Bislang sind qualifizierte Platzverweise zwar hauptsächlich in bezug auf offene Drogenszenen angewendet worden. Wie diese Untersuchung aber gezeigt hat, haben die Behörden auch schon qualifizierte Platzverweise gegenüber gewalttätigen Hooligans ausgesprochen. Es bleibt abzuwarten, ab wann auch

816 Vgl. dazu die Ausführungen zu Art. 11 Abs. 1 GG und Art. 2 Abs. 2 Satz 2 GG
817 BVerfGE 33, 125, 158; BVerfGE 49, 89, 127
818 BVerfGE 56, 54, 81; BVerfGE 83, 130, 142
819 Vgl. nur Alberts, NVwZ 1997, 45, 48; Kappeler, 2001, S. 167 f. m.w.N.; ähnlich wohl auch Kese, 1991, S. 149 f.
820 In diese Richtung wohl VG Bremen, Urteil vom 11.06.1997, Az. 2 A 149/96, S. 13
821 Vgl. nur die Ausführungen in der Einleitung im 1. Kapitel unter A. I.

qualifizierte Platzverweise gegenüber Ladendiebe verfügt werden[822]. Es muß hier nicht näher ausgeführt werden, wie viele Bürger dann auch von qualifizierten Platzverweisen erfaßt werden könnten.

Daher gehört die Frage der Zulässigkeit und Begrenzung qualifizierter Platzverweise zu denjenigen Aufgaben, die für das Gemeinwesen von so weitreichender und grundsätzlicher Bedeutung sind, daß sie der Entscheidungsprärogative des Parlaments unterliegen und durch den Gesetzgeber geregelt werden müssen.

3. Stellungnahme und Zwischenergebnis

Die vorherigen Ausführungen haben gezeigt, daß Eingriffe in Form von qualifizierten Platzverweisen so wesentlich[823] sind, daß der Gesetzgeber darüber selbst und ausdrücklich entscheiden muß, ob und unter welchen Voraussetzungen er diese Eingriffe zulassen will.

Gegen dieses Ergebnis spricht auch nicht die zum Teil[824] in der Rechtsprechung vertretene Auffassung, wonach für derartige Eingriffe auf die polizeiliche Generalklausel als Auffangtatbestand zurückgegriffen werden könne. Dabei verkennt diese Meinung jedoch, daß die Problematik des Rückgriffs und die der Wesentlichkeitstheorie unterschiedlich beurteilt werden müssen. Unbestritten besitzt die polizeiliche Generalklausel in Einzelfällen durchaus auch heute noch eine Art Auffangfunktion bei neu auftretenden Gefahrenlagen. Diese Auffangfunktion beschränkt sich allerdings auf Notsituationen[825]. Dies gilt erst recht, wenn ein Sachverhalt bereits tendenziell spezialgesetzlich in Form von klassischen Platzverweisen

---

822 Dies scheint auch nach der Untersuchung von Braun, 2000, S. 153, nicht ausgeschlossen zu sein.

823 Mit den gleichen Argumenten kann daher aus heutiger Sicht ein Hausverbot für prügelnde Ehepartner nicht mehr auf die Generalklausel der Polizeigesetze gestützt werden (a. A. wohl offensichtlich das Baden-Württembergische Innenminsterium, FAZ vom 22.01.2001, S. 12; zur neuen Standardmaßnahme "Wohnungsverweisung und Rückkehrverbot zum Schutz vor häuslicher Gewalt" in Bremen gem. § 14 a BremPolG siehe die Anmerkungen zum Formulierungsvorschlag "Platzverweis" im 5. Kapitel unter D.).

824 Vgl. nur VG Köln, Beschluß vom 15.03.1995, Az. 20 L 2625/94, S. 9; OVG Bremen, NVwZ 1999, 314, 315

825 Ähnlich auch Kese, 1991, S. 143: Nach ihm kommt der Ordnungsklausel insbesondere die Funktion zu, "erste, vorläufige Grundlage zu sein für die punktuelle Abwehr neu auftretender, vom Gesetzgeber noch nicht erfaßter Störungen des Soziallebens und Wegbereiter zu sein für eine spätere dauerhafte spezialgesetzliche Regelung".

geregelt worden ist[826]. Mit den neuen qualifizierten Platzverweisen soll aber überwiegend ein gesellschaftliches Problem mit Mitteln des Polizeirechts längerfristig gelöst werden. Von einer typischen Notsituation kann mithin keine Rede sein.

Abschließend kann daher festgehalten werden, daß für qualifizierte Platzverweise eine spezialgesetzliche Eingriffsgrundlage verfassungsrechtlich geboten ist[827]. Umgekehrt bedeutet dies, daß qualifizierte Platzverweise, die lediglich auf die polizeiliche Generalklausel gestützt werden können, regelmäßig wegen fehlender Ermächtigungsgrundlage unzulässig und damit rechtswidrig sind.

IV. Verstoß gegen den Bestimmtheitsgrundsatz?

Aber selbst wenn für qualifizierte Platzverweise eine spezialgesetzliche Ermächtigungsgrundlage geschaffen worden ist[828] oder aber die polizeiliche Generalklausel für ausreichend erachtet wird, bedeutet dies noch nicht, daß diese Ermächtigungsgrundlage auch dem verfassungsrechtlich verankerten Bestimmtheitsgrundsatz genügt. Die derzeit vorhandenen Ermächtigungsgrundlagen für qualifizierte Platzverweise könnten nämlich gegen den Bestimmtheitsgrundsatz verstoßen, weil sie zeitlich und räumlich unbegrenzte Rechtsfolgen zulassen. Es gilt daher zu klären, welchen Umfang die Regelungspflicht des Gesetzgebers bei wesentlichen Entscheidungen einnimmt.

1. Begriffsbestimmung

Obwohl das Bestimmtheitsgebot nicht ausdrücklich im Grundgesetz erwähnt wird, ist allgemein[829] anerkannt, daß das Grundgesetz die Berechenbarkeit allen staatlichen Handelns gebietet. Als dogmatische Grundlage des Bestimmtheitsgebotes wird zumeist[830] das Rechtsstaatsprinzip gem. Art. 20 Abs. 2 Satz 2 und Abs. 3 GG genannt.

---

826 Vgl. dazu auch die vorherigen Ausführungen zum Rückgriff auf die polizeiliche Generalklausel im 2. Kapitel unter B. II.

827 Wie z. B. § 17 Abs. 2 NGefAG, wobei damit noch nicht entschieden worden ist, daß diese verfassungsgemäß ist.

828 Vgl. z. B. § 17 Abs. 2 NGefAG

829 Vgl. nur Papier/Möller, AöR 1997, 177, 178 ff. m.w.N.; Kunig, 1986, S. 396 ff.

830 Vgl. nur Papier/Möller, AöR 1997, 177, 178 ff. m.w.N.; Kunig, 1986, S. 397 m.w.N.

Das Bundesverfassungsgericht[831] hat wiederholt betont, daß alle Gesetze, insbesondere Rechtsgrundlagen für belastende Verwaltungsakte, klar und bestimmt sein müssen. Der Bürger kann nur dann staatliche Belastungen vorhersehen und sein Verhalten darauf einrichten, wenn dem Gesetz mit einer gewissen Sicherheit entnommen werden kann, welche Sachverhalte welche Eingriffsbefugnisse mit welchen Rechtsfolgen auslösen.

In der Literatur[832] wird daher zum Teil die Auffassung vertreten, die polizeirechtlichen Generalklauseln genügen nicht diesen Bestimmtheitsanforderungen für qualifizierte Platzverweise, da sich der parlamentarische Gesetzgeber nicht durch offene Normen oder durch verdeckte Delegationen in Form von Generalklauseln und unbestimmten Rechtsbegriffen der ihm verfassungsrechtlich zukommenden Regelungsaufgabe verwehren dürfe.

Demgegenüber wird in der Rechtsprechung[833] und Literatur[834] die Auffassung vertreten, die Einschränkung der tatbestandlichen Voraussetzungen der polizeirechtlichen Generalklauseln ergebe sich unmittelbar aus der Verfassung. Würde man diese Einschränkung berücksichtigen, sei eine hinreichend bestimmte Ermächtigungsgrundlage für einen Grundrechtseingriff für qualifizierte Platzverweise gegeben.

Auch diese Problematik soll zunächst anhand anerkannter Fallgruppen[835] der Rechtsprechung des Bundesverfassungsgerichts untersucht werden, bevor abschließend zu diesen Meinungen Stellung genommen werden kann.

---

831 BVerfGE 8, 274, 325 f.; BVerfGE 13, 153, 160 f.; BVerfGE 17, 306, 314; BVerfGE 45, 400, 420; BVerfGE 56, 1, 12; BVerfGE 59, 104, 114; BVerfGE 62, 169, 183

832 Lisken, NVwZ 1998, 22, 25; Habermehl, 2. Aufl. 1993, Rdnr. 523; vgl. auch Erbguth, AöR 1995, 327, 340 m.w.N., der ein "Gebot verstärkter Regelungsdichte" aus dem Verbot expliziter Delegation der Parlamentsentscheidung ableitet; Kappeler, 2001, S. 167, allerdings zur Wesentlichkeitstheorie.

833 OVG Bremen, NVwZ 1999, 314, 316 unter Hinweis auf BVerwGE 47, 31, 32, LS 3.

834 Gusy, 4. Aufl. 2000, Rdnr. 256

835 Vgl. dazu insbes. Papier/Möller, AöR 1997, 177 ff.

2. Anerkannte Fallgruppen

a) *Eigenart des zu regelnden Sachverhaltes*

Die Anforderungen an das Bestimmtheitsgebot sind zunächst abhängig von der Eigenart[836] des zu regelnden Sachverhaltes.

Als durch ständige Rechtsprechung[837] und einem Teil der Literatur[838] gesicherte Erkenntnis darf dabei gelten, daß dem Gesetzgeber nicht generell die Verwendung sogenannter unbestimmter Rechtsbegriffe verboten ist, insbesondere wenn die geregelte Materie - wie im Polizeirecht - besonders schnellen oder gänzlich unvorhersehbaren Änderungen unterliegt. Dem Bestimmtheitserfordernis genügt es dann noch, wenn die Auslegung der Norm mit herkömmlichen juristischen Methoden bewältigt werden kann[839].

Es wird auch hier nicht bezweifelt, daß die Verwendung unbestimmter Rechtsbegriffe und Generalklauseln nicht von vornherein wegen Verstoßes gegen den Bestimmtheitsgrundsatz unzulässig ist. Sicherlich ist es richtig, daß eine Konkretisierung des von der polizeirechtlichen Generalklausel tatbestandlich umfaßten Sachverhaltes überhaupt nicht möglich ist, um grundsätzlich alle erdenklichen Gefahrenbereiche abzudecken. Daher sind unbestimmte Rechtsbegriffe in polizeirechtlichen Generalklauseln gerade notwendig, um auch neue Gefahren abwehren zu können.

Dies zeigt, daß die Frage, welche Bestimmtheitsanforderungen an das Gesetz zu stellen sind, nicht einheitliche beantwortet werden kann. Deshalb hat der zweite Senat des Bundesverfassungsgerichts in einem Beschluß aus dem Jahre 1978[840] zur Reichweite der Bestimmtheitsanforderungen zu Recht folgendes ausgeführt: "Das Ausmaß der erforderlichen Bestimmtheit einer gesetzlichen Ermächtigung läßt sich nicht allgemein festlegen, sondern hängt von der Eigenart des geregelten Sachverhaltes ab, insbesondere von dem Ausmaß, in dem Grundrechte betroffen werden, und von der Art und der Intensität des Verhaltens, zu dem die Verwaltung ermäch-

---

836 Das Bundesverfassungsgericht hat bereits in einem Beschluß aus dem Jahre 1976, BVerfGE 41, 251, 265, festgestellt, daß ein hoher Grad an Bestimmtheit in bestimmten Bereichen "weder möglich noch nötig sei".

837 Vgl. nur BVerfGE 8, 274, 326; BVerfGE 41, 314, 319 f.; BVerfGE 90, 1, 16 f.

838 Vgl. nur Hill, DVBl. 1985, 88, 90; Papier/Möller, AöR 1997, 177, 185 ff. m.w.N.

839 Vgl. nur BVerfGE 78, 205, 212 ff.

840 BVerfGE 48, 210, 221 f.; BVerfGE 56, 1, 13

tigt wird." Je schwerwiegender die Auswirkungen sind, desto höhere Anforderungen werden an die Bestimmtheit der Ermächtigung zu stellen sein[841]. Insoweit berührt sich das Bestimmtheitsgebot mit dem Verfassungsgrundsatz des Vorbehalts des Gesetzes, der fordert, daß der Gesetzgeber die entsprechenden Grundlagen des zu regelnden Rechtsbereichs, die den Freiheits- und Gleichheitsbereich des Bürgers wesentlich betreffen, selbst festlegt und dies nicht dem Handeln der Verwaltung überläßt[842].

Mit diesen Ausführungen wird deutlich, daß sich das Bestimmtheitsgebot kaum noch von der Wesentlichkeitstheorie trennen läßt. Die Wesentlichkeitstheorie verlangt selbst auch schon inhaltlich bestimmte Gesetze, weil nur so gewährleistet wird, daß die Legislative wirklich selbst die "wesentlichen" Entscheidungen fällt[843]. Verwendet die Legislative lediglich unbestimmte Rechtsbegriffe, so überläßt sie die Entscheidung in der Sache der Exekutive bzw. Judikative.

Die Frage, welche Bestimmtheitsanforderungen an Ermächtigungsgrundlagen für qualifizierte Platzverweise zu stellen sind, ist mithin im Einzelfall auch von der "Wesentlichkeit" einer Materie abhängig. Die nunmehr zu untersuchenden Fallgruppen überschneiden sich daher zum Teil auch mit denen der Wesentlichkeitstheorie.

b) *Grundrechtsrelevanz und Intensität der Maßnahme*

Ein entscheidender Gesichtspunkt für die Konkretisierung des Bestimmtheitsgebotes ist die Grundrechtsrelevanz und Intensität der Maßnahme. Je intensiver die zu überprüfende Norm in Grundrechte eingreift (oder auf ihrer Grundlage eingegriffen werden kann), desto detaillierter und bestimmter muß die gesetzliche Regelung ausfallen[844]. Die Intensität des Grundrechtsbezugs ist also nicht nur dafür maßgeblich, ob überhaupt ein bestimmter Gegenstand gesetzlich geregelt sein muß, sondern auch dafür, wie weit diese Regelung im einzelnen zu gehen hat[845].

---

841 BVerfGE 56, 1, 13
842 BVerfGE 56, 1, 13
843 Ähnlich auch Papier/Möller, AöR 1997, 177, 179 f.
844 BVerfGE, 83, 130, 145; BVerfGE 86, 288, 311; ähnlich wohl auch Kunig, 1986, S. 398 m.w.N.
845 So auch SächsVerfGH, LKV 1996, 273, 285, unter Hinweis auf BVerfGE 83, 130, 152 m.w.N.

Die besondere Grundrechtsrelevanz und Intensität von qualifizierten Platzverweisen ist bereits zuvor zur Wesentlichkeitstheorie herausgearbeitet worden[846]. Daher sind an die Ermächtigungsgrundlagen für qualifizierte Platzverweise auch entsprechend hohe Bestimmtheitsanforderungen zu stellen.

Die polizeirechtlichen Generalklauseln der Länder enthalten demgegenüber lediglich eine abstrakte Umschreibung der zulässigen Rechtsfolgen, die auf die "notwendigen Maßnahmen" beschränkt werden. Die Rechtsfolge im Rahmen der Generalklausel wird also bei qualifizierten Platzverweisen von der jeweils zuständigen Behörde festgelegt. Da zudem qualifizierte Platzverweise in der Sache inhaltlich, zeitlich und örtlich begrenzt werden können, entsprechen auch die neueren qualifizierten Ermächtigungsgrundlagen nicht den Bestimmtheitsanforderungen.

c) *Uneinheitliche Rechtsanwendung*

Ein weiteres Indiz für einen Verstoß gegen den Bestimmtheitsgrundsatz ist die uneinheitliche Rechtsanwendung einer Norm bei gleichen Sachverhalten[847]. Wie bereits zuvor herausgearbeitet worden ist, kann der Gesetzgeber zwar unbestimmte Rechtsbegriffe verwenden, wenn diese mit herkömmlichen juristischen Methoden bewältigt werden können. Die Bestimmtheit einer Norm kann sich demnach also durch die Rechtsanwendung seitens der Behörden und vor allem durch die Gerichte entwickeln[848]. Erfüllt die Rechtsprechung diese Aufgabe aber nicht, was sich darin zeigen kann, daß Entscheidungen der Gerichte unprognostizierbar bleiben oder werden, verstößt sie selber gegen das Bestimmtheitsgebot[849].

Daher wird die Auffassung[850] vertreten, daß die Begriffe der polizeirechtlichen Generalklausel im Verlaufe der Jahrzehnte durch eine umfangreiche Rechtsprechung eine solche Interpretation erfahren hätten, daß ihre Konturen hinreichend deutlich seien, um sie behördlicherseits anzuwenden sowie diese Anwendung gerichtlich kontrollierbar zu machen.
Diese Argumentation vermag aber lediglich für diejenigen Fälle zu überzeugen, für die der Anwendungsbereich der polizeilichen Generalklausel gedacht ist. Das sind

---

846 Vgl. dazu die Ausführungen im 3. Kapitel unter B. III. 2. a)
847 Vgl. nur BVerfGE 92, 1, 18 f.
848 Vgl. nur BVerfGE 49, 89, 137; ähnlich auch Papier/Möller, AöR 1997, 177, 189 f.
849 Papier/Möller, AöR 1997, 177, 192 ff.; vgl. auch BVerfGE 90, 145, 191, zu § 31 a BtMG ("geringe Menge")
850 von Mutius, Jura 1986, 649, 650 m.w.N.

aber nur typische Notsituationen und Eingriffe, die sich auf einen vorübergehenden Zeitraum beschränken[851].

Bei qualifizierten Platzverweisen handelt es sich jedoch um völlig andere Eingriffe, denen sogar regelmäßig eine umfangreiche Vorbereitung vorausgeht. Dennoch hat diese Untersuchung gezeigt, daß die Behörden und Gerichte zu sehr unterschiedlichen Beurteilungen der Rechtslage gekommen sind. Qualifizierte Platzverweise sind mittlerweile in einem Zeitraum von bis zu 12 Monaten und einer räumlichen Ausdehnung von bis zu einer gesamten Stadt bei nahezu gleichgelagerten Fällen für rechtmäßig oder rechtswidrig gehalten worden. Entgegen Kappeler[852] lassen sich die Auslegungsprobleme der Ermächtigungsgrundlagen für qualifizierte Platzverweise mithin nicht mit Hilfe des Übermaßverbotes und herkömmlicher juristischer Methoden bewältigen. Das Grundrecht der Freiheit der Person gem. Art. 2 Abs. 2 Satz 2 GG, das Grundrecht der Freizügigkeit gem. Art. 11 Abs. 1 GG und der Verhältnismäßigkeitsgrundsatz[853] sind von den Gerichten trotz ihrer bundesweiten Geltung unterschiedlich ausgelegt worden[854]. Mit diesen Erkenntnissen sind die Grundrechtsträger über die Voraussetzungen und Grenzen eines qualifizierten Platzverweises im unklaren.

Da mithin die Rechtsprechung eine notwendige Begrenzung nicht erreicht hat, genügen auch die Ermächtigungsgrundlagen für qualifizierte Platzverweise allein schon nach dieser Fallgruppe nicht den verfassungsrechtlich gebotenen Bestimmtheitsanforderungen.

d) *Bedeutung für die Allgemeinheit*

Um die Anforderungen des Bestimmtheitsgebotes im Einzelfall festzustellen, muß die zu regelnde Materie schließlich im Lichte der Bedeutung für die Allgemeinheit betrachtet werden. Besondere Anforderungen an die Bestimmtheit einer Norm bestehen insbesondere dann, wenn miteinander konkurrierende Grundrechte aufeinandertreffen und deren jeweilige Grenzen fließend und nur schwer auszumachen sind[855]. Auch insoweit ist der Gesetzgeber verpflichtet, die Schranken der wider-

---

[851] Ähnlich auch Dicke, JuS 1980, 592, 595
[852] Kappeler, 2001, S. 181 f.
[853] Vgl. zum Verhältnismäßigkeitsgrundsatz insbesondere die Ausführungen im 3. Kapitel unter B. V.
[854] So wie hier offensichtlich auch Cremer, NVwZ 2001, 1218, 1218
[855] SächsVerfGH, LKV 1996, 273, 285

streitenden Freiheitsgarantien so weit selbst zu bestimmen, wie sie für die Ausübung der Freiheit wesentlich sind.

So wird zu Recht in der Literatur[856] die Auffassung vertreten, daß das Ausmaß für qualifizierte Platzverweise gerade auch wegen der besonderen Bedeutung für die Allgemeinheit von dem Gesetzgeber selbst festzulegen ist. Bei der Regelung der Freizügigkeit handelt es sich um eine zentrale Frage des Zusammenlebens. Die Herausarbeitung maßgeblicher Kriterien für staatliche Eingriffe in dieses besondere Grundrecht darf daher im Einzelfall nicht der Verwaltung überlassen werden.

3. Abschließende Stellungnahme und Zwischenergebnis

Gerade die Bestimmtheitsanforderungen an ein Gesetz sollen zur Gewährung von Rechtssicherheit beitragen. Die betroffene Person soll erkennen und vorhersehen können, in welchen Fällen sie unter welchen Voraussetzungen mit welchen staatlichen Maßnahmen rechnen muß. Gerade bei besonders intensiven Grundrechtseingriffen muß der Gesetzgeber der Exekutive und Judikative eindeutige Kriterien vorgeben, an dem die Rechtmäßigkeit des Eingriffs gemessen werden kann. Die vorherigen Ausführungen haben aber gezeigt, daß sämtliche augenblicklich vorhandenen Ermächtigungsgrundlagen für qualifizierte Platzverweise diese Voraussetzungen nicht erfüllen.

Dies ergibt sich zunächst daraus, daß Normadressaten überhaupt nicht vorhersehen können, für welchen Zeitraum und für welche Örtlichkeiten ein qualifizierter Platzverweis durch die zuständige Behörde festgelegt werden kann.

Des weiteren genügen selbst die neuerdings geschaffenen spezialgesetzlichen Ermächtigungsgrundlagen für qualifizierte Platzverweise nicht den Anforderungen des Bestimmtheitsgrundsatzes, weil sie Einschränkungen des Grundrechts auf Freizügigkeit zur Abwehr jeder beliebigen drohenden Straftat zulassen. Der Gesetzgeber hätte genau vorgeben müssen, welche Straftaten konkret verhütet werden dürfen. Das sind nach dieser Untersuchung aber nur solche, die nicht der Bagatellkriminalität zuzuordnen sind. Notwendig ist daher auch eine Begrenzung in den spezialgesetzlichen Ermächtigungsgrundlagen. Möglich wäre beispielsweise die

---

856 Vgl. nur Alberts/Merten/Rogosch, 1996, §§ 11 ff. HambSOG, Rdnr. 2, S. 136; Denninger, in: Bündnis 90/DIE GRÜNEN, 03/96, S. 36; Kniesel, in: Bündnis 90/DIE GRÜNEN, 03/96, S. 37; Stephan, in: Bündnis 90/DIE GRÜNEN, 03/96, S. 52

Verwendung eines unbestimmten Rechtsbegriffs, der die Eingriffe auf "Straftaten von erheblicher Bedeutung"[857] beschränkt.

Schließlich sind auch die Anforderungen für eine Gefahrenverdachtslage, wie sie die neueren Eingriffsgrundlagen fordern, nicht klar genug erkennbar. So wird auch in der Literatur[858] zu Recht die Auffassung vertreten, daß es für so weitgehende Eingriffe nicht auf eine wertende "Annahme" ankommen darf, sondern konkrete, verifizierbare Tatsachen vorliegen müssen. Entscheidet sich der Gesetzgeber dafür, die Schwelle für polizeiliches Eingriffshandeln dergestalt abzusenken, daß er Eingriffe in die Freizügigkeit - abgesehen von dem bisherigen Ergebnis[859] - im Vorfeld einer konkreten Gefahrensituation zuläßt, so muß der im Hinblick auf den hohen Rang des Grundrechts auf Freizügigkeit auch dafür Sorge tragen, daß die tatbestandliche Fassung der Befugnisnorm den Sicherheitsbehörden keine Blankoermächtigung erteilt[860].

Abschließend kann festgehalten werden, daß vage Ermächtigungsgrundlagen - so wie sie für qualifizierte Platzverweise derzeit vorhanden sind -, die es dem Ermessen der Exekutive überlassen, die Grenzen der Freiheit zu bestimmen, nicht mit dem verfassungsrechtlich verankerten Bestimmtheitsgrundsatz vereinbar sind.

V. Verhältnismäßigkeit

Bei dem Platzverweis ist - wie bei jeder anderen polizeilichen Maßnahme auch - der Grundsatz der Verhältnismäßigkeit zu beachten. Der Grundsatz der Verhältnismäßigkeit, der Verfassungsrang besitzt[861], gebietet nicht Verhältnismäßigkeit, sondern verbietet Unverhältnismäßigkeit[862].

---

857 Vgl. z. B. § 36 I SächsPolG und SächsVerfGH, LKV 1996, 273, 283, zur Vereinbarkeit dieses Rechtsbegriffs mit dem Bestimmtheitheitsgrundsatz.

858 Lisken, in: Bündnis 90/DIE GRÜNEN, 03/96, S. 46; ders., POLIZEI-heute 1996, 138, 140

859 Nach dem Ergebnis der bisherigen Untersuchung verlangt Art. 11 Abs. 2 GG mit seinem Präventionsvorbehalt mindestens eine konkrete Gefahr, die es abzuwenden gilt, vgl. dazu die Ausführungen im 3. Kapitel unter A. I. 2. d).

860 Ähnlich SächsVerfGH, LKV 1996, 273, 283, zu Eingriffen im Vorfeld von konkreten Gefahren in das informationelle Selbstbestimmungsrecht.

861 Der Grundsatz der Verhältnismäßigkeit wird aus dem Rechtsstaatsprinzip gem. Art. 20 III GG und aus dem Wesen der Grundrechte selbst abgeleitet; vgl. nur BVerfGE 19, 342, 348 f.; BVerfGE 80, 103, 106 f.

862 Vgl. nur BVerfGE 7, 377, 378, LS 6. a) "... der Grundrechtsschutz beschränkt sich auf die Abwehr in sich verfassungswidriger, weil etwa übermäßig belastender und nicht zumutbarer Auflagen."

Generell und für den Einzelfall ist bei polizeilichen Maßnahmen zu differenzierten zwischen dem Zweck des Gesetzes, der Geeignetheit, der Erforderlichkeit und der Angemessenheit der Maßnahme[863]. Diese Aufgliederung soll eine Einstellung auf individuelle Umstände ermöglichen und damit der Einzelfallgerechtigkeit dienen[864].

Im folgenden soll untersucht werden, ob polizeirechtliche Platzverweise[865], insbesondere in ihren qualifizierten Ausprägungen gegenüber Angehörigen der offenen Drogenszene, mit dem Grundsatz der Verhältnismäßigkeit vereinbar sind.

1. **Gesetzeszweck**

Die Polizeigesetze dienen der Abwehr von Gefahren für die öffentliche Sicherheit (und Ordnung). Deshalb hält Rachor[866] es im Zusammenhang mit der offenen Drogenszene für fraglich, ob es von den Zwecken des Polizeirechts gedeckt sei, Straftaten an bestimmten Orten mit qualifizierten Platzverweisen zu unterbinden. Nach ihm stelle sich die Frage auch deshalb, weil Verdrängung aus bestimmten Bereichen "zu Lasten" solcher Quartiere gehe, in denen der Verdrängungsdruck weniger groß sei.

Demgegenüber wird jedoch zu Recht die Auffassung[867] vertreten, daß qualifizierte Platzverweise im Zusammenhang mit offenen Drogenszenen das polizeiliche Ziel verfolgen, diese aufzulösen und die damit verbundenen negativen Begleiterscheinungen zu bekämpfen. Diese Ziele dienen der Gefahrenabwehr und sind damit mit denen der Polizeigesetze vereinbar. Diesem Ergebnis stehen auch nicht die Befürchtungen von Rachor entgegen, da sich diese erst bei der Frage der Geeignetheit qualifizierter Platzverweise im Zusammenhang mit der offenen Drogenszene stellen.

---

863 Vgl. dazu BVerfGE 72, 9, 23; vgl. auch § 2 ME PolG; § 4 NGefAG, § 3 BremPolG

864 Ähnlich auch König, BayVBl. 1988, 171, 171

865 Dies gilt sowohl für Platzverweise aufgrund einer gesetzlichen Ermächtigungsgrundlage als auch für die Ermächtigungsgrundlagen selbst; vgl. nur die Hinweise in den Fußnoten im 2. Kapitel unter A. I. 2. und 8. c) dd)

866 Rachor, in: HdbPR, 2. Aufl. 1996, Rdnr. F 60 a

867 Latzel/Lustina, Die Polizei 1995, 131, 135; Braun, 2000, S. 158; Kappeler, 2001, S. 183

2. Geeignetheit

Die Geeignetheit polizeirechtlicher Platzverweise - und damit auch von anderen Mitteln des Polizeirechts - ist dann gegeben, wenn mit ihrer Hilfe der gewünschte Erfolg, das angestrebte Ziel der Maßnahme, gefördert werden kann (Zwecktauglichkeit)[868]. Eine verfassungsrechtliche Beanstandung ist nur möglich, wenn das eingesetzte Mittel "objektiv ungeeignet" oder "schlechthin ungeeignet" ist[869].

Ein Teil[870] der Literatur hält es für zweifelhaft, daß qualifizierte Platzverweise ein geeignetes Mittel darstellen, um gegen die offene Drogenszene vorzugehen. Dies wird überwiegend damit begründet, daß diese Maßnahme lediglich zu einer Verlagerung der Drogenszene führen werde.

Demgegenüber wird in der Literatur[871] und Rechtsprechung[872] der Standpunkt vertreten, daß qualifizierte Platzverweise im Zusammenhang mit der offenen Drogenszene geeignet seien, da sie den angestrebten Zweck zumindest fördern würden. Mit diesen Maßnahmen würde der Drogenhandel zumindest erschwert werden.

Der letztgenannten Ansicht ist zu folgen. Für sie spricht, daß bei der Frage nach der Eignung eines qualifizierten Platzverweises nicht verlangt werden kann, daß mit diesem Verfahren die offene Drogenszene abgeschafft oder gar das Drogenproblem gelöst wird. Tatsächlich und rechtlich genügt es, wenn durch die qualifizierten Platzverweise ein Beitrag zur Bekämpfung der von den offenen Drogenszenen ausgehenden Gefahren geleistet wird[873].

---

868 BVerfGE 33, 171, 187; BVerfGE 63, 88, 115

869 BVerfGE 81, 156, 192

870 Rachor, in: HdbPR, 2. Aufl. 1996, Rdnr. F 60 a; Lesting, KJ 1997, 214, 220; Volkmann, NVwZ 2000, 361, 364 f. m.w.N.

871 Latzel/Lustina, Die Polizei 1995, 131, 135 f.; Deger, VBlBW 1996, 90, 93; so wohl auch Haseloff-Grupp, VBlBW 1997, 161, 162; Hoeft, 1999, S. 109 f.; Riedinger, VBlBW 2000, 332, 333; Braun, 2000, S. 159 f.; Würtenberger, in: Achterberg/-Püttner/Würtenberger, 2. Aufl. 2000, S. 437 f.; Kappeler, 2001, S. 186 und S. 202 f.; Cremer, NVwZ 2001, 1218, 1219

872 VG Sigmaringen, NVwZ-RR 1995, 327, 328 f.; VGH München, NVwZ 2000, 454 ff.

873 Vgl. BVerfGE 67, 157, 175, wonach die abstrakte Möglichkeit zur Erreichung des Zwecks des Gesetzes ausreicht.

Dies wird man jedenfalls dann annehmen können, wenn mit den qualifizierten Platzverweisen primär der Zweck verfolgt, eine Verfestigung der Drogenszene an stark frequentierten Punkten entgegenzuwirken und zu erreichen, daß bestimmte Anlaufpunkte, die unter den Dealern und Konsumenten bekannt sind, unpopulär werden. Zu diesen stark frequentierten Bereichen gehören insbesondere Innenstadtbereiche, Bahnhofsvorplätze, Parkanlagen, Schulen, Jugendzentren und Kindergärten. Wenn mit qualifizierten Platzverweisen die offene Drogenszene auch nur lediglich von diesen Orten verdrängt wird, so wird damit erreicht, daß der Einstieg in die Drogenszene für Kinder und Jugendliche erheblich erschwert wird. Gerade Angehörige der offenen Drogenszene halten sich regelmäßig an stark frequentierten Örtlichkeiten auf, wodurch sie sehr schnell mit Drogenabhängigen, aber auch mit Drogendealern, in Kontakt treten können. Die Gefahr für Erstkonsumenten ist an diesen Stellen besonders hoch einzuschätzen und würde mit einer Verdrängung deutlich gesenkt werden.

Soweit es sich um weniger stark frequentierte Bereiche handelt, kommt es auf den Einzelfall an. So wird spätestens ein qualifizierter Platzverweis im Außenbezirk ungeeignet werden, wenn sich die betroffenen Drogendealer regelmäßig lediglich ein paar Straßen weiterbegeben, um dort ihren Geschäften nachzugehen. Dann hat sich nämlich gezeigt, daß mit diesen Maßnahmen auch nicht die Logistik der Drogendealer erschwert werden kann.

Unabhängig von der Lage der Örtlichkeit ist der Fall zu betrachten, wo Utensilien, insbesondere benutzte Spritzen, der Drogenabhängigen zurückgelassen werden. Dies wird neben den zuvor genannten besonders stark frequentierten Bereichen auch auf Kinderspielplätzen besonders deutlich. Qualifizierte Platzverweise werden bei so gelagerten Fällen regelmäßig eine Gefahr zumindest für die Gesundheit spielender Kinder abwehren.

Ein vergleichbares Problem zeigt sich im übrigen auch bei Platzverweisen in/aus Wohnungen über den Zeitraum einer Nacht, um die Begehung unmittelbar bevorstehender Straftaten einer alkoholisierten Person (z. B. befürchtete Körperverletzungen anläßlich eines Familienstreits) zu verhindern. Ein derartiger Platzverweis wird auch nicht dadurch als ungeeignet angesehen werden können, weil mit ihm nicht verhindert werden kann, daß sich die Person in den nächsten Wochen wieder betrinkt und in diesem Zustand weitere Gewalttätigkeiten begeht.

Im Ergebnis ist daher festzuhalten, daß eine Maßnahme erst dann als ungeeignet angesehen werden kann, wenn sie unter jedem Gesichtspunkt das polizeiliche Ziel nicht erreichen kann. Daher sind qualifizierte Platzverweise jedenfalls dann als geeignet anzusehen, wenn damit beispielsweise die offene Drogenszene von stark frequentierten Bereichen verdrängt werden soll.

3. Erforderlichkeit

a) *Begriffsbestimmung*

Platzverweise müssen - wie andere Maßnahmen auch - erforderlich sein. Dies bedeutet, daß die Polizei- und Ordnungsbehörden von mehreren möglichen und geeigneten Maßnahmen diejenige Maßnahme zu treffen haben, die den einzelnen und die Allgemeinheit am wenigsten beeinträchtigt (Grundsatz des geringsten Eingriffs)[874]. Gerade beim qualifizierten Platzverweis stellt sich die Frage, ob dieser dem Grundsatz des geringsten Eingriffs entspricht.

Wie die vorherigen Ausführungen bereits gezeigt haben, greifen qualifizierte Platzverweise in das Grundrecht der Freizügigkeit gem. Art. 11 Abs. 1 GG ein. Der Schrankenvorbehalt im Art. 11 Abs. 2 GG fordert verfassungsrechtlich besondere Anforderungen an den Grundsatz der Erforderlichkeit einer Maßnahme, da dort verfassungsrechtlich vorgeben wird, daß Einschränkungen der Freizügigkeit "erforderlich" sein müssen.
Daher muß eine Aufforderung, ein gefahrträchtiges Verhalten zunächst zu unterlassen, grundsätzlich einem qualifizierten Platzverweis vorausgegangen sein. Ebenso indiziert grundsätzlich erst die Erfolglosigkeit klassischer Platzverweise und deren Durchsetzung die Erforderlichkeit eines qualifizierten Platzverweises[875]. Anders kann dies jedoch bei Platzverweisen der Fall sein, wenn eine Gefahr sofort abgewehrt werden muß und die Erfahrungen gezeigt haben, daß eine Unterlassungsaufforderung gegenüber einer amtsbekannten Person regelmäßig nicht erfolgsversprechend ist. Nur in diesen Fällen wird ein sofort verfügter Platzverweis erforderlich sein, da eine Unterlassungsverfügung keine zur Gefahrenabwehr geeignete Maßnahme darstellen würde.

Im folgenden soll untersucht werden, inwieweit qualifizierte Platzverweise im Zusammenhang mit der offenen Drogenszene als erforderliche Maßnahme angese-

---

[874] BVerfGE 81, 156, 192 f.; vgl. auch § 4 Abs. 1 NGefAG; § 3 Abs. 1 BremPolG
[875] Vgl. nur Hoeft, 1999, S. 110 f. und Kappeler, 2001, S. 189, S. 203

hen werden können. Bei dieser Untersuchung bietet es sich an, die Erforderlichkeit nach der räumlichen und zeitlichen Dimension getrennt zu betrachten.

b) *Zur räumlichen Dimension*

Völlig ungeklärt scheint zu sein, wo die Grenze der Erforderlichkeit im Zusammenhang mit der offenen Drogenszene verläuft.

So hat das Oberwaltungsgericht Bremen[876] die räumliche Ausdehnung des Verbotsgebietes auch auf die Nebenstraßen des Antreffortes akzeptiert, weil eine Beschränkung auf den Antreffort ein Ausweichen der Drogenszene auf die Nebenstraße zur Folge hätte.

Der Verwaltungsgerichtshof München[877] hält ein Aufenthaltsverbot, das sich auf allen öffentlichen Straßen, Wegen und Plätzen in den Bereichen der näheren Umgebung des Hauptbahnhofs einschließlich des Alten Botanischen Gartens, der Gebiete und die Bereiche der U-Bahnhöfe Universität und Giselastraße einschließlich Leopoldpark, der Münchner Freiheit mit angrenzendem nördlichen Bereich des Ostbahnhofs und des Orleansplatzes einschließlich der Orleanstraße und der Postwiese bezog, wie folgt für erforderlich: "Dem Ast. ist es unbenommen die näher umschriebenen und gekennzeichneten Bereiche aufzusuchen und sich dort auch aufzuhalten soweit ein Aufenthalt dort notwendig ist, z. B. weil er auf ein öffentliches Verkehrsmittel warten muß oder er ein bestimmtes Geschäft aufsuchen will. Das derartige Verrichtungen des täglichen Lebens hiervon nicht betroffen sind, tritt der Anordnung klar zu Tage. [...] Mit dem Aufenthaltsverbot wird hinreichend deutlich, daß der bloße Aufenthalt im Sinne des "Herumlungerns" um die Drogenszene zu beobachten und mögliche Kundschaft auszumachen und Geschäfte anzubahnen untersagt wird."

Nach Auffassung des Oberverwaltungsgerichts Niedersachsen[878] sei sogar die örtliche Ausdehnung eines qualifizierten Platzverweises auf ein gesamtes Stadtgebiet als erforderlich anzusehen; denn das "Aufenthaltsverbot" könne als Einzelmaßnahme nicht isoliert betrachtet werden, sondern müsse als Bestandteil eines Gesamtkonzepts gesehen werden, daß der Bekämpfung der offenen Drogenszene

876 OVG Bremen, NVwZ 1999, 314, 317
877 VGH München, NVwZ 2000, 454, 456 f.
878 OVG Niedersachsen, Beschluß vom 15.10.1998, Az. 13 M 4144/98, S. 3; ähnlich auch VGH Baden-Württemberg, DVBl. 1998, 97, 98, und VG Leipzig, Beschluß vom 04.12.2000, Az. 3 K 1737/00, zitiert nach: Walter, NJ 2001, 388, 389

in der betreffenden Stadt insgesamt diene. Es könne davon ausgegangen werden, daß die "Szene" auf andere Bereiche ausweiche, die sich dann durchaus im gesamten Stadtgebiet befinden könnten.

Demgegenüber hat jedoch das Verwaltungsgericht Karlsruhe[879] zu Recht in einem obiter dictum ein lediglich zeitlich befristetes Aufenthaltsverbot für den gesamten westlichen Innenstadtbereich - einer nach überschlägiger Schätzung über eineinhalb Quadratkilometer großen Fläche - aus folgenden Gründen für nicht erforderlich gehalten: "Ein solches umfassendes Aufenthaltsverbot dürfte jedoch unverhältnismäßig sein. Denn der Verbotsbereich umfaßt, worauf der Antragsteller zurecht abstellt, den größten Teil des Innenstadtbereiches von Karlsruhe, in dem sich ein Großteil der gesellschaftlichen und politischen Veranstaltungen des Großraumes Karlsruhe abspielt und wo sich die zentralen Umsteigestellen für den öffentlichen Nahverkehr, die Filialen der Großbanken, wichtige Behörden und Gerichte - darunter die Amtsgebäude des beschließenden Gerichts - sowie eine Vielzahl von Arzt- und Rechtsanwaltspraxen befinden. Andererseits enthalten die vorgelegten Akten keine hinreichenden Anhaltspunkte dafür, daß sich in Karlsruhe eine offene Drogenszene flächendeckend in der gesamten Verbotszone etabliert hätte. Nach alledem dürfte das von der Antragsgegnerin verfügte Aufenthaltsverbot und die zu seiner Durchsetzung verfügten Maßnahmen der Verwaltungsvollstreckung außer Verhältnis zu dem damit verfolgten Zweck der Bekämpfung des illegalen Drogenhandelns sein."

Dem Oberverwaltungsgericht Bremen[880] ist nach der allgemeinen Lebenserfahrung zwar zuzustimmen, daß die Einbeziehung der - unmittelbaren - Nebenstraßen des Antreffortes in aller Regel durchaus notwendig und damit auch erforderlich ist. Nicht nachvollziehbar sind jedoch die Ausführungen des Oberverwaltungsgerichts Niedersachsen[881], wonach zur Bekämpfung der offenen Drogenszene der räumliche Bereich auf die gesamte Stadt ausgedehnt werden müsse, da dies Bestandteil eines Gesamtkonzeptes zur Bekämpfung der offenen Drogenszene sei.

---

879 VG Karlsruhe, Beschluß vom 20.09.1995, Az. 12 K 2756/95, Ziffer 2.2.; so auch VG Stuttgart, Beschluß vom 07.04.1997, Az. 1 K 4554/96, S. 5, allerdings ohne Begründung; zweifelnd bei ähnlich gelagerten Fällen VG Gelsenkirchen, Beschluß vom 02.11.1994, Az. 16 L 1860/94, S. 5; VG Gelsenkirchen, Beschluß vom 11.06.1996, Az. 16 L 1172/96, S. 5 und Riedinger, VBlBW 2000, 332, 334

880 OVG Bremen, NVwZ 1999, 314, 317

881 OVG Niedersachsen, Beschluß vom 15.10.1998, Az. 13 M 4144/98, S. 3; ähnlich auch VG Gelsenkirchen, Beschluß vom 13.12.1993, Az. 16 L 2281/93, S. 3, VG Gelsenkirchen, Beschluß vom 20.12.1993, Az. 16 L 2282/93, S. 3 f.; VG Leipzip, NVwZ 2001, 1317

Dies könnte zum einen dazu führen, daß für den Fall, daß sich sämtliche umliegenden Kommunen auch für dieses "Gesamtkonzept" entscheiden würden[882], sich die betroffene Person faktisch sich nur noch in ihrem Gemeindebezirk aufhalten dürfte.

Zum anderen bedarf es für eine derartige Ausdehnung des räumlichen Bereichs konkrete Tatsachen, daß überall dort in der Vergangenheit und auch in der Zukunft Verstöße gegen das Betäubungsmittelgesetz begangen worden sind bzw. begangen werden. Dies würde aber bedeuten, daß sich die offene Drogenszene bereits auf das gesamte Stadtgebiet erstreckt hat. Dann aber würde vieles dafür sprechen, daß Platzverweise keine geeigneten Maßnahmen sind, das Drogenproblem zu beseitigen oder zumindest zu minimieren.

Deshalb helfen auch die Argumente des Verwaltungsgerichtshofs München[883] nicht, wonach es der betroffenen Person unbenommen sei, die näher umschriebenen und gekennzeichneten Bereiche aufzusuchen und sich dort auch aufzuhalten, soweit ein Aufenthalt dort notwendig sei. Der Verwaltungsgerichtshof München macht mit dieser Begründung einen zweiten Schritt vor dem ersten. Wenn die räumliche Ausdehnung des Aufenthaltsverbotes gar nicht erforderlich gewesen ist, so kommt es im nächsten Schritt nicht mehr darauf an, ob es der Person ausnahmsweise gestattet ist, sich dort unter bestimmten Voraussetzungen dennoch aufhalten zu dürfen.

Schließlich spricht gegen die Auffassung des Oberverwaltungsgerichts Niedersachsen[884] auch, daß die Kommunen jederzeit das "Gesamtkonzept" ändern könnten und plötzlich gegen Ladendiebstähle präventivpolizeilich vorgehen wollen. Bei jedem Rückfalltäter könnte die Gefahr bestehen, daß der Ladendieb in der betroffenen Stadt irgendwo erneut einen Ladendiebstahl begehen wird ...

Im Ergebnis ist daher festzuhalten, daß sich Platzverweise nur auf den eigentlichen Gefahrenort erstrecken dürfen. Dies wird grundsätzlich nur der Antreffort der betroffenen Personen mit den unmittelbar angrenzenden Nebenstraßen sein. Eine Ausdehnung des Platzverweise auch auf andere Bereiche oder gar auf eine gesamte Stadt ist nicht erforderlich und daher unverhältnismäßig.

---

882 Vgl. dazu auch Vahle, DVP, 2000, 374, 374
883 VGH München, NVwZ 2000, 454, 456 f.
884 OVG Niedersachsen, Beschluß vom 15.10.1998, Az. 13 M 4144/98, S. 3

c) *Zur zeitlichen Dimension*

Besonders problematisch ist zu bestimmen, wann qualifizierte Platzverweise in zeitlicher Hinsicht noch erforderlich sind.

Das Verwaltungsgericht Stuttgart[885] bestätigtige beispielsweise ein Aufenthaltsverbot für den gesamten Zeitraum des "Cannstatter Volksfestes" (21.09. bis 07.10.), weil die polizeilichen Erfahrungen der vorherigen Jahre gezeigt hätten, daß sich die betroffene Person mit hoher Wahrscheinlichkeit an gewaltätigen Auseinandersetzungen im Bereich des Cannstatter Volksfestes beteiligen und dabei Straftaten begehen werde.

Nach einer Entscheidung des Oberverwaltungsgerichts Niedersachsen[886] sei die wirksame Bekämpfung der Drogenszene mit einem 6-monatigen Betretungs- und Aufenthaltsverbot nicht zu beanstanden, nachdem die betroffene Person durch ihr Verhalten nachgewiesen habe, daß sie nachhaltig an Kontakten mit der sog. "Drogenszene" interessiert sei.

Auch das Oberverwaltungsgericht Bremen[887] akzeptierte die Begründung der beklagten Stadt für die zeitliche Dauer des Aufenthaltsverbotes von sechs Monaten, wonach sich diese Maßnahme nur gegen die in besonderer Weise an der Bildung und Aufrechterhaltung der offenen Drogenszene Beteiligten richte; gegenüber diesem Personenkreis sei mit Rücksicht auf die Verfestigung der Fehlentwicklung in den betreffenden Teilen des Gemeindegebietes aber ein längerfristiges Tätigwerden geboten. Nach Auffassung des Oberverwaltungsgerichts Bremen[888] "verpflichtet die beträchtliche Dauer des Aufenthaltsverbots die Beklagte allerdings dazu, im Falle der wiederholten Anordnung sorgfältig zu prüfen, ob ein neuerliches Tätigwerden wirklich unabweisbar ist. Ein schematisches Vorgehen hielte einer rechtlichen Überprüfung nicht stand."

Der Verwaltungsgerichtshof München[889] hat in dem Beschluß vom 18.02.1999 auch die zeitliche Befristung des Aufenthaltsverbotes auf 12 Monate für verhältnismäßig gehalten: "Auch die zeitliche Befristung auf die Dauer von zwölf Monaten begegnet

---

885 VG Stuttgart, Beschluß vom 27.09.1996, Az. 1 K 3884/96
886 OVG Niedersachsen, Beschluß vom 15.10.1998, Az. 13 M 4144/98, S. 3
887 OVG Bremen, NVwZ 1999, 314, 317; so nun auch OVG Münster, Beschluß vom 06.09.2000, Az. 5 B 1201/00, NVwZ 2001, 459, 460
888 OVG Bremen, NVwZ 1999, 314, 317
889 VGH München, NVwZ 2000, 454, 456 f.

keinen Bedenken. Das Verhalten des Antragstellers hat in der Vergangenheit eindeutig gezeigt, daß er in den Handel mit Drogen verstrickt ist. Eine zeitliche Befristung auf drei bzw. sechs Monate erschien aus Sicht der Behörde zu Recht wenig sinnvoll und Erfolg versprechend, weil er sich ohne Beschränkung innerhalb eines kürzeren zeitlichen Rahmens unbehelligt von einem Drogenumschlagsplatz zum anderen bewegen könnte und ein Aufenthaltsverbot damit "leer" liefe."

Diese Beispiele zeigen, daß sich für die zeitliche Begrenzung qualifizierter Platzverweise im Zusammenhang mit den offenen Drogenszene kaum Anhaltspunkte finden lassen. Die Rechtsprechung kommt bei wesentlich gleich gelagerten Fällen zu sehr unterschiedlichen Ergebnissen. Wie bereits zuvor zur Wesentlichkeitstheorie und zum Bestimmtheitsgrundsatz ausgeführt worden ist, bedarf es daher zwingend einer zeitlichen Begrenzung durch den jeweiligen Gesetzgeber.

Anders verhält es sich bei ereignisabhängigen Platzverweisen. So hat das Verwaltungsgericht Stuttgart[890] ein Aufenthaltsverbot zu Recht für den gesamten Zeitraum des "Cannstatter Volksfestes" (21.09. bis 07.10.) bestätigt. Auch die Chaos-Tage und vergleichbare Veranstaltungen sind grundsätzlich vorhersehbare Ereignisse, die nur einen überschaubaren Zeitraum (wenige Tage) andauern. Um hierbei Ausschreitungen durch Randalierer zu verhindern, genügt es, gegenüber Störern einen qualifizierten Platzverweis für genau diesen Zeitraum zu erlassen. Darüber hinaus verfügte Aufenthaltsverbote würden nicht erforderlich und damit unverhältnismäßig sein.

Nach der Rechtsprechung des Bundesverfassungsgerichts[891] setzt jede gesetzliche Beschränkung einer grundrechtlich garantierten Freiheit eine zwingende Notwendigkeit zum Schutz anderer Rechtsgüter voraus. Oder anders ausgedrückt: Beschränkungen des Grundrechtsgebrauchs setzen den Nachweis der Beeinträchtigungen von Rechten anderer bzw. sonstiger geschützter Rechtsgüter voraus. Es müßte sich also durch Rechtstatsachen belegen lassen, daß die zeitliche Dimension eines Aufenthaltsverbotes jeweils notwendig ist, um die Gefahr für andere effektiv abwehren zu können. Dies dürfte bei qualifizierten Platzverweisen mit einer zeitlichen Dimension von bis zu 12 Monaten kaum möglich sein.

---

890 VG Stuttgart, Beschluß vom 27.09.1996, Az. 1 K 3884/96
891 Vgl. nur BVerfGE 17, 108, 117

Auch die Begründung des Verwaltungsgerichtshofs München[892] überzeugt nicht, wonach eine zeitliche Befristung auf drei bzw. sechs Monate wenig sinnvoll und Erfolg versprechend sei, weil die betroffene Person sich ohne Beschränkung innerhalb eines kürzeren zeitlichen Rahmens unbehelligt von einem Drogenumschlagsplatz zum anderen bewegen könnte und ein Aufenthaltsverbot damit "leer" liefe. Diese Auffassung vermischt die zeitliche mit der räumlichen Dimension. Soweit die konkrete Gefahr besteht, daß die betroffene Person auch an anderen Stellen mit Rauschgift handeln werde, so sind diese Bereiche konkret mit in das Aufenthaltsverbot aufzunehmen. Dafür werden aber nur sehr selten Tatsachen vorliegen. Die Ausführungen der Behörde waren deshalb ermessensfehlerhaft und der qualifizierte Platzverweis hätte daher vom Verwaltungsgerichtshof München aufgehoben werden müssen.

Im Ergebnis bleibt festzuhalten, daß eine zeitliche Dimension für Platzverweise nur ereignisabhängig festgelegt werden kann. Im übrigen fehlt es für zeitliche Befristungen an verfassungsrechtlich gebotenen Kriterien. Solange die Gesetzgeber dem nicht abgeholfen haben, ist jede zeitliche Grenze für qualifizierte Platzverweise im Zusammenhang mit den offenen Drogenszenen willkürlich und damit ermessensfehlerhaft.

4. **Angemessenheit**

Aber selbst wenn man qualifizierte Platzverweise für geeignet und erforderlich hielte, die Gefahr zu beseitigen, so bleibt zu prüfen, ob solche Eingriffe auch angemessen sind. Angemessen ist ein Platzverweis - und damit auch jede andere polizeiliche Maßnahme -, wenn er nicht zu einem Nachteil führt, der zu dem erstrebten Erfolg erkennbar außer Verhältnis steht (Verhältnismäßigkeit im engeren Sinn)[893].

a) *Die Interessen der betroffenen Bürger (Adressaten)*

Platzverweise greifen regelmäßig in das Grundrecht der Freiheit der Person gem. Art. 2 Abs. 2 Satz 2 GG ein. In ihrer qualifizierten Ausprägung wird zudem der Schutzbereich des Grundrechts der Freizügigkeit gem. Art. 11 Abs. 1 GG nachhaltig berührt.

---

892 VGH München, NVwZ 2000, 454, 456 f.

893 BVerfGE 81, 156, 194; vgl. hierzu insbes. auch BVerfGE 16, 194, 201 f. ("Liquorentnahme"); vgl. auch § 4 Abs. 2 NGefAG; § 3 Abs. 2 BremPolG

b) *Die Interessen der übrigen Bürger*

Demgegenüber haben die übrigen Bürger einen Anspruch auf Gefahrenabwehr. Dies gilt im besonderen Maße, wenn es um Schutzgüter für die Allgemeinheit (wie bei der Volksgesundheit) und um Personen geht (insbes. bei Kindern und Jugendlichen), die sich selbst noch nicht ausreichend schützen können. Der Grundrechtsschutz der übrigen Bürger ergibt sich im Zusammenhang mit der offenen Drogenszene insbesondere aus Art. 2 Abs. 2 Satz 1 GG, wonach jeder das Recht auf Leben und körperliche Unversehrtheit hat. Soweit Geschäftsleute betroffen sind, ergibt sich der Grundrechtsschutz aus Art. 14 Abs. 1 Satz 1 GG (Anliegergebrauch, geschäftliche Zugänglichkeit) und Art. 12 Abs. 1 GG (Gewinnchancen).

c) *Auflösung dieser verfassungsrechtlichen Spannungslage*

Bei dieser verfassungsrechtlichen Spannungslage stellt sich die Frage, wie diese aufzulösen ist. Das Bundesverfassungsgericht[894] und ein Teil in der Literatur[895] wendet in vergleichbaren Fällen zu Recht die sog. praktische Konkordanz an. Die Freiheitsrechte des einzelnen und die kollidierenden Gemeinwohlbelange sind nach Möglichkeit zu einem vernünftigen und gerechten Ausgleich zu bringen, bei dem die zu wahrenden Belange einander sachgerecht zuzuordnen sind. Läßt sich ein Ausgleich nicht erreichen, so ist unter Berücksichtigung der falltypischen Gestaltung und der besonderen Umstände des Einzelfalles zu entscheiden, welches Interesse zurückzutreten hat[896]. Dabei ist von Bedeutung, welches Verfassungsgut im Einzelfall das stärkere Gewicht hat[897].

aa) *Zu den qualifizierten Ermächtigungsgrundlagen*

Die Ausführungen zur Wesentlichkeitstheorie und zum Bestimmtheitsgebot haben bereits gezeigt, daß zum Ausgleich von verfassungsrechtlich schutzwürdigen Interessen, die einander widerstreiten, primär der Gesetzgeber berufen ist.

Geprüft werden soll daher an dieser Stelle darüber hinaus, inwieweit die neueren qualifizierten Ermächtigungsgrundlagen dem Grundsatz der Verhältnismäßigkeit entsprechen. Dies könnte deshalb fraglich sein, weil danach auch Aufenthalts-

---

894 BVerfGE 35, 202, 225; BVerfGE 39, 1, 43

895 Vgl. nur Pieroth/Schlink, 15. Aufl. 1999, Rdnr. 321, 762 m.w.N.; Faber, in: AK-GG, Art. 28, Rdn. 40 m.w.N.

896 BVerfGE 35, 202, 225

897 BVerfGE 28, 243, 261

verbote im Vorfeld konkreter Gefahren möglich sind, soweit sie zur Verhinderung von Straftaten verfügt werden.

Zwar sind sog. Vorfeldbefugnisse der Polizei zur vorbeugenden Verbrechensbekämpfung[898] nach neueren kriminalistischen Erkenntnissen in der Auseinandersetzung mit der organisierten Kriminalität unverzichtbar[899]. Auf dem Gebiet der Gefahrenabwehr bemessen sich aber Maß und Reichweite zulässiger Eingriffe in Abhängigkeit vom jeweiligen Gefährdungsgrad und der Schwere des Grundrechtseingriffs[900]: "Je konkreter, das heißt, je klarer und gegenwärtiger die Gefährdung der Rechtsordnung bzw. die Wahrscheinlichkeit eines Schadenseintritts ist, desto mehr oder weiterreichende Eingriffsbefugnisse stehen der Polizei und den anderen zur Gefahrenabwehr zuständigen Behörden zu; je nachhaltiger und tiefer in die Freiheitsrechte des einzelnen eingegriffen wird, desto höher sind die Anforderungen an den jeweiligen Eingriff."

Die Regelungen der neueren qualifizierten Platzverweise greifen nachhaltig in das Grundrecht der Freizügigkeit ein. Dies wird besonders deutlich, wenn Personen aus dem Milieu der offenen Drogenszene mittlerweile der Aufenthalt in ganzen Städten bis zu 12 Monaten verboten wird. Unabhängig davon könnten diese neueren Ermächtigungsgrundlagen aber auch für umfangreiche Aufenthaltsverbote im Zusammenhang mit Bagatelldelikten herangezogen werden. Ausgehend von dieser Möglichkeit bedarf es also einer Abwägung zwischen den Gefahren, die von Bagatelldelikten ausgehen, mit den Freiheitsverlusten der betroffenen Personen bei qualifizierten Platzverweisen.

Der Sächsische Verfassungsgerichtshof[901] hat zu Recht zu Eingriffen im Vorfeld von konkreten Gefahren ausgeführt, daß der Schutz vor Bagatelldelikten nur insoweit in den Anwendungsbereich polizeilicher Vorfeldbefugnisse aufgenommen werden dürfe, als durch ihre Gefährdung nicht nur Individualinteressen berührt werden, sondern *wegen der Begehungsweise zugleich das Gemeinwesen besonders bedroht* wird. Ein generelles staatliches Tätigkeitwerden im Vorfeld konkreter

---

898 Zum Begriff der vorbeugenden Verbrechensbekämpfung vgl. Ahlers, 1998, S. 135 f. m.w.N.

899 Siehe dazu Kniesel, ZRP 1987, 377, 379; Kniesel, ZRP 1989, 329 ff.; Kniesel, NVwZ 1990, 743, 743; Ahlers, 1998, S. 134 f.; Braun, 2000, S. 135 f.

900 Ähnlich SächsVerfGH, LKV 1996, 273, 282, zu Eingriffen in die informationelle Selbstbestimmung.

901 SächsVerfGH, LKV 1996, 273, 282, zu Eingriffen im Vorfeld von konkreten Gefahren in das informationelle Selbstbestimmungsrecht.

Gefahrensituationen zum Schutz vor Bagatelldelikten rechtfertige sich weder aus der objektivrechtlichen Pflicht der Staatsorgane zum Schutz der von der Rechtsordnung gesicherten Individualgüter noch aus dem allgemeinen Sicherheitsbedürfnis der Bevölkerung.

Werden zu den Bagatelldelikten beispielsweise auch Ladendiebstähle und Sachbeschädigungen gezählt, wird es schwerlich möglich sein, durch sie zugleich eine besondere Bedrohung für das Gemeinwesen zu begründen.

Da die neueren Vorschriften für qualifizierte Platzverweise aber auch zur vorbeugenden Abwehr von Bagatelldelikten herangezogen werden können, verstoßen sie zusätzlich[902] gegen den Grundsatz der Verhältnismäßigkeit und sind daher verfassungswidrig[903].

bb) *Zu den qualifizierten Platzverweisen in Form von Allgemeinverfügungen*

Zum Teil ist von den Behörden versucht worden, dem Grundsatz der Verhältnismäßigkeit dadurch zu entsprechen, indem bestimmte Verhaltensweisen von den Aufenthaltsverboten in Form von Allgemeinverfügungen ausgenommen worden sind.

So hat der Verwaltungsgerichtshof Baden-Württemberg[904] beispielsweise folgende Allgemeinverfügung gem. § 35 Satz 2 VwVfG wegen Unverhältnismäßigkeit aufgehoben: alle Personen, die sich in einem - in einer Anlage - näher bezeichneten Bereich aufhalten und offensichtlich der Drogenszene zuzurechnen sind oder zu ihr Kontakt suchen, haben den Antreffort zu verlassen und für die Dauer von drei

---

902 Die vorherigen Ausführungen haben insbesondere bereits ergeben, daß der Präventionsvorbehalt gem. Art. 11 Abs. 2 GG mindestens eine konkrete Gefahr fordert, die es abzuwenden gilt (vgl. dazu die Ausführungen im 3. Kapitel unter A. I. 2. d)), insoweit wäre schon allein aus diesen Gründen eine Vorfeldbefugnis für qualifizierte Platzverweise nicht möglich; davon bleiben jedoch eventuelle Vorfeldbefugnisse für klassische Platzverweise unberührt, soweit Ermächtigungsgrundlagen de lege ferenda die hier herausgearbeiteten Verfassungsvorgaben berücksichtigen.

903 Dies gilt auch unter der Berücksichtigung, daß den Gesetzgebern unter Umständen eine gewisse Einschätzungsprärogative eingeräumt werden muß. Mit den vorherigen Ausführungen unter B. III. und IV. wird diese in bezug auf qualifizierte Platzverweise jedoch erheblich eingeengt. Speziell zur Frage der Einschätzungsprärogative des Gesetzgebers siehe hierzu auch die allgemeinen Ausführungen von Schlaich, 3. Aufl. 1994, Rdnrn. 496 ff.

904 VGH Baden-Württemberg, NVwZ-RR 1997, 225 f.; vgl. dazu auch Braun, 2000, S. 125 f.

Monaten nicht mehr zu betreten, sofern kein berechtigtes Interesse an einem Aufenthalt in einem der genannten Bereiche nachgewiesen ist. Dieses Betretungs- und Aufenthaltsverbot würde der Vielgestaltigkeit der Lebenssachverhalte nicht in dem aus den Grundsätzen der Verhältnismäßigkeit und der sachgerechten Ermessensausübung gebotenen Umfang Rechnung tragen. Das Aufenthaltsverbot habe nämlich unabhängig davon, zu welchem Zweck der Betroffene die inkriminierten Bereiche aufsucht oder aufsuchen will, gegolten. Es habe demnach mit anderen Worten auch Personen erfaßt, die zwar der Drogenszene offensichtlich zuzurechnen seien, sich aber aus anderen Gründen, etwa zum Zwecke des Einkaufs oder des Besuchs eines Konzerts auf den im einzelnen näher bezeichneten aufgeführten Straßen und Plätzen aufhalten. Ebenso würden von der Allgemeinverfügung zur Drogenszene gehörende Personen erfaßt, die in den genannten Straßen wohnen oder arbeiten und sich demnach dem Aufenthalt dort nicht entziehen können.

Dieser Ansicht ist zuzustimmen. Der Grundsatz der Verhältnismäßigkeit erfordert, auf die berechtigten Interessen der Betroffenen Rücksicht zu nehmen. Daher dürfen den Betroffenen auch im Rahmen eines Aufenthaltsverbotes Geschäfte des täglichen Lebens, wie etwa das Einkaufen, soziale Kontakte zu Freunden, Bekannten und Verwandten, die an den genannten Straßen und Plätzen wohnen, sowie die Teilnahme am kulturellen Leben, nicht verwehrt werden. Aufenthaltsverbote im Zusammenhang mit offenen Drogenszenen dienen der Abwehr von Gefahren, die von dieser Szene ausgehen. Hält sich die betroffene Person jedoch ausschließlich zu anderen Zwecken an diesen Örtlichkeiten auf, so würde ein uneingeschränktes Aufenthaltsverbot über den Zweck der Gefahrenabwehr hinausgehen und daher unverhältnismäßig sein.

Allerdings ist dem Verwaltungsgerichtshof Baden-Württemberg[905] nicht zu folgen, soweit er die Auffassung vertritt, daß mit Allgemeinverfügungen aufgrund der Vielgestaltigkeit der Fallgestaltungen der offenen Drogenszene nicht in geeigneter Weise begegnet werden könne. Daher dürfe es den Vorgaben der Polizeigesetze insgesamt wohl eher entsprechen, wenn der Polizeivollzugsdienst an polizeibekannten Drogenumschlagsplätzen aufgrund eigener Zuständigkeiten Identitätsfeststellungen trifft, möglicherweise aufgrund eigener Eilzuständigkeit Platzverweise ausspricht und die allgemeine Ordnungsbehörde auf der Grundlage polizeilicher Antreffberichte so weitgehende Regelungen wie Aufenthaltsverbote nach

---

905 VGH Baden-Württemberg, NVwZ-RR 1997, 225 f.; so wohl auch VG Stuttgart, NVwZ-RR 1998, 103, 104; Hufeld, VBlBW 1999, 130, 130; Kappeler, 2001, S. 190 ff. und S. 203

konkreter Prüfung im Einzelfall, bei der anhand der Akten auch die individuelle Vorgeschichte des Betroffenen, wie etwa Verurteilung wegen Betäubungsmitteldelikten berücksichtigt werden können, selbst treffe.

Für diese Auffassung mögen zwar pragmatische Gesichtspunkte sprechen. Rechtlich unzulässig sind Allgemeinverfügungen im Zusammenhang mit der offenen Drogenszene jedoch nicht. Problematisch und schwierig dürften aber die verfassungsrechtlich gebotenen Formulierungen sein. Dazu gehört nicht nur, daß die Allgemeinverfügung nicht sämtlichen Aufenthalt verbieten darf, sondern zusätzlich auch differenzieren muß, in welchem Maß die Betroffenen die öffentliche Sicherheit konkret gefährden. Dabei wird sicherlich zwischen denjenigen zu unterscheiden sein, die Cannabisprodukte in geringen Mengen nur zum Eigenkonsum erwerben und wegen einer Entscheidung des Bundesverfassungsgerichts[906] strafrechtlich praktisch nicht mehr belangt werden, und denjenigen, die durch Drogenverkauf andere gefährden.

cc) *Zu den Einzelfällen*

Auch im Einzelfall muß geprüft werden, wo die Grenze der Unangemessenheit für Platzverweise verläuft. Die Literatur und Rechtsprechung kommen teilweise zu sehr unterschiedlichen Ergebnissen.

Die Erfinder[907] der Broken-Windows-Theorie vertreten die Auffassung, daß eine einzelne Maßnahme im Gesamtkonzept unangemessen sein dürfe, wenn nur das Gesamtkonzept[908] als solches angemessen sei: "Einen einzelnen Betrunkenen oder einen einzelnen Landstreicher zu verhaften, der keiner erkennbaren Person geschadet hat, scheint ungerecht zu sein, und ist es auch in gewisser Weise. Aber nichts gegen eine Anzahl von Betrunkenen oder hundert Landstreichern zu unternehmen, kann eine ganze Gemeinde zerstören. Eine Regel, die im Einzelfall angebracht scheint, macht keinen Sinn, wenn sie verallgemeinert oder auf alle Fälle angewendet wird. Es macht deshalb keinen Sinn, weil hier der Zusammenhang zwischen einem unbedachten zerbrochenen Fenster und den tausend folgenden außer acht gelassen wird."[909]

---

906 BVerfGE 90, 145 ff.
907 Wilson/Kelling, KrimJournal 1996, 121, 131
908 Ähnlich vermutlich auch OVG Niedersachsen, Beschluß vom 15.10.1998, Az. 13 M 4144/98, S. 3, vgl. dazu bereits die Ausführungen im 3. Kapitel unter B. V. 3. b)
909 Wilson/Kelling, KrimJournal 1996, 121, 131

Ein weiterer Teil der Literatur[910] betrachtet das Interesse der Allgemeinheit am Schutz der bedrohten Grundrechte als wesentlich höher im Verhältnis zum Anspruch des Betroffenen an der Wahrung seiner Grundrechte auf Freiheit der Person und Freizügigkeit. Begründet wird dies insbesondere damit, daß den Betroffenen die Freiheit nur zur Verhinderung der Begehung von schwerwiegenden Straftaten und der Abwehr von Gefahren für die Gesundheit und das Leben einzelner genommen werde. Außerdem würde ihnen gegebenenfalls beim Nachweis gewichtiger Gründe eine Ausnahmegenehmigung zum Betreten des vom Aufenthaltsverbot umfaßten Bereichs erteilt werden.

Die Rechtsprechung erachtet teilweise ein drei-[911] bzw. sechsmonatiges[912] Betretungs- und Aufenthaltsverbot zur wirksamen Bekämpfung der offenen Drogenszene für angemessen, sofern die betroffene Person dort nicht ihren Wohnbereich bzw. Lebensmittelpunkt habe und sie aus besonderem Anlaß in begründeten nachgewiesenen Fällen eine Ausnahmegenehmigung beantragen könne[913].
Das Oberverwaltungsgericht Bremen[914] verlangt ergänzend, daß das Aufenthaltsverbot nur gegen solche Personen angeordnet werden könne, die in besonderer Weise an der Bildung und Aufrechterhaltung der offenen Drogenszene beteiligt seien. Hierzu können nach Auffassung des Oberverwaltungsgerichts Bremen insbesondere Rauschgifthändler zählen, aber auch Personen, die auf andere Weise in das Rauschgiftvertriebssystem eingebunden seien. Das Oberverwaltungsgericht Bremen kommt dabei zum Ergebnis, daß ein sechsmonatiges Aufenthaltsverbot jedenfalls dann zulässig sei, wenn mehrfache Verurteilungen wegen Handels mit Heroin und weitere relevante Auffälligkeiten (Drogenbesitz, Vermittlungstätigkeit) gegeben seien.

---

910 Latzel/Lustina, Die Polizei 1995, 131, 137; ähnlich auch Alberts, NVwZ 1997, 45, 48

911 VG Gelsenkirchen, Beschluß vom 13.12.1993, Az. 16 L 2281/93, S. 4 f.; VG Stuttgart, Beschluß vom 08.01.1998, Az. 1 K 7033/97, S. 5; VG Stuttgart, Beschluß vom 07.12.1998, Az. 1 K 5287/98, S. 5, selbst beim Fehlen einer "Härtefallklausel"; VG Leipzip, NVwZ 2001, 1317, 1319, für eine gesamte Stadt.

912 OVG Niedersachsen, Beschluß vom 15.10.1998, Az. 13 M 4144/98; OVG Bremen, NVwZ 1999, 314, 317; OVG Niedersachsen, NVwZ 2000, 454, 454; VG Arnsberg, Beschluß vom 04.04.2000, Az. 3 L 326/00, S. 4 ff.

913 So nun auch ausdrücklich § 14 Abs. 2 Satz 1 a. E. und Satz 3 a. E. BremPolG in der Fassung der Bekanntmachung vom 12. September 2001, BremGbl. S. 270. Ähnlich § 21 Abs. 2 Satz 3 SächsPolG, wonach bereits auf Tatbestandsebene die Wahrnehmung berechtigter Interessen vom Aufenthaltsverbot ausgeklammert wird.

914 OVG Bremen, NVwZ 1999, 314, 317; so nun auch OVG Münster, Beschluß vom 06.09.2000, Az. 5 B 1201/00, NVwZ 2001, 459, 460

Nach einer Entscheidung des Verwaltungsgerichtshofs München[915] verstoße sogar ein Aufenthaltsverbot für bestimmte Stadtgebiete für die Dauer von 12 Monaten weder in zeitlicher noch in räumlicher Hinsicht gegen den Grundsatz der Verhältnismäßigkeit, sofern allgemeine Verrichtungen des täglichen Lebens wie Warten auf ein öffentliches Verkehrsmittel oder Aufsuchen eines bestimmten Geschäftes davon nicht betroffen seien.

Demgegenüber wird teilweise der Standpunkt[916] vertreten, daß Aufenthaltsverbote im Zusammenhang mit der offenen Drogenszene zu einer Verbannung der betroffenen Personen führen würde, wodurch ein unangemessen schwerer Eingriff in das Grundrecht auf Freizügigkeit bewirkt würde.
Hecker[917] hält zumindest ein sechsmonatiges Aufenthaltsverbot vor allem bei erstmaliger Aussprache für äußerst fragwürdig. Dies würde insbesondere für Aufenthaltsverbote gegenüber Drogenabhängigen gelten, da eine klare Trennung zwischen Drogenabhängigkeit und (Mit-) Beteiligung am Handel nur sehr bedingt möglich sei. Hier sei deshalb auch bei der Länge von Aufenthaltsverboten, vor allem bei erstmaliger Aussprache, ein zurückhaltender Umgang geboten.

Der Auffassung von Wilson/Kelling[918], wonach eine einzelne Maßnahme im Gesamtkonzept unverhältnismäßig sein dürfe, ist mit dem deutschen Recht nicht vereinbar. Das verfassungsrechtliche Gebot der Verhältnismäßigkeit findet gleichsam für Rechtsnormen und Verwaltungsakte Anwendung. Sind die Tatbestandsmerkmale für einen Platzverweis erfüllt, muß auf der Rechtsfolgenseite eine ermessensgerechte Entscheidung gefunden werden. Dazu gehört auch, daß die Maßnahme im Einzelfall angemessen ist.

Im Rahmen der Ermessensentscheidung ist daher eine einzelfallbezogene Beurteilung erforderlich, die sicherstellt, daß qualifizierte Platzverweise bei reinen Bagatelldelikten unterbleiben. Die Unangemessenheit ergibt sich in derartigen Fällen, wie die Ausführungen zu Art. 11 Abs. 2 GG bereits gezeigt haben, aus den Verfassungsvorgaben schon selbst. Daher sind qualifizierte Platzverweise gegenüber Personen zur Verhinderung beispielsweise von Ordnungswidrigkeiten, Ladendiebstählen, Sachbeschädigungen oder Erwerb von Cannabisprodukte in geringen Mengen nur zum Eigenkonsum regelmäßig unangemessen und damit unzulässig. So

---

915 VGH München, NVwZ 2000, 454 ff.
916 Lisken, in: Bündnis 90/DIE GRÜNEN, 03/96, S. 54; weitere kritische Anmerkungen zum Verdrängungseffekt auch bei Lesting, KJ 1997, 214, 220
917 Hecker, NVwZ 1999, 261, 262
918 Wilson/Kelling, KrimJournal 1996, 121, 131

hat das Verwaltungsgericht Stuttgart[919] daher zu Recht ein dreimonatiges Aufenthaltsverbotes für insgesamt 30 Bereiche der Stuttgarter Innenstadt aufgehoben, weil die betroffene Person an einem polizeilich bekannten Drogenumschlagsplatz angetroffen worden war und bei einer Durchsuchung lediglich ca. zwei Gramm Haschisch in einer Pillendose bei ihr gefunden wurden.

Anders könnte jedoch die Beurteilung der Angemessenheit bei qualifizierten Platzverweisen zur Verhinderung schwerwiegender Straftaten ausfallen. So kann im Einzelfall ein dreimonatiges Aufenthaltsverbot zur Verhinderung weiterer schwerwiegender Drogendelikte an dem Antreffort angemessen sein. Daß es dabei aber nicht geblieben ist, zeigt die Praxis:

Nach dem Konzept von Heeger/Wien[920] hat die Bekämpfung der offenen Drogenszene mit vereinzelten Platzverweisen begonnen. Danach sind Aufenthaltsverbote für begrenzte Bereiche der Innenstadt ausgesprochen worden. Bedingt durch den Verdrängungseffekt haben die Aufenthaltsverbote auch den erweiterten Innenstadtbereich, d. h. auch die angrenzenden Wohngebiete und Parkanlagen als "potentielle Rückzugsgebiete der Szene" erfaßt. Mittlerweile sind angeblich Aufenthaltsverbote von bis zu 12 Monaten und von bis zu einer Stadt notwendig, um die offene Drogenszene wirksam bekämpfen zu können. Es bleibt abzuwarten, bis insbesondere die zeitliche Grenze von den Polizei- und Ordnungsbehörden weiter erhöht wird.

Diese Entwicklung zeigt vielmehr, daß qualifizierte Platzverweise sehr schnell zu einer faktischen Verbannung führen können. Werden derartige Aufenthaltsverbote auch in der Zukunft weiter praktiziert, so würde die Gefahr bestehen, daß die betroffenen Personen in anderen Städten mit Drogen dealen, bis sie dort ebenfalls von umfangreichen Aufenthaltsverboten erfaßt werden. Dies kann sich fortziehen, bis den betroffenen Personen faktisch kaum noch Raum bleibt, wo sie sich unbekümmert aufhalten können.

Bei dieser Diskussion wird außerdem völlig außer acht[921] gelassen, daß die meisten Drogendealer selbst drogensüchtig sind. Sie verkaufen Rauschgift, um selbst ihren Rauschgiftbedarf abdecken zu können. Es sind mithin oftmals kranke Menschen, die sehr gut mit Alkoholikern verglichen werden können. Die Drogensucht wird

---

919 VG Stuttgart, NVwZ-RR 1996, 390, 391; a. A. VG Gelsenkirchen, Beschluß vom 13.12.1993, Az. 16 L 2979/93, S. 5 und VG Gelsenkirchen, Beschluß vom 21.02.1994, Az. 16 L 140/94, S. 4

920 Heeger/Wien, Die Polizei 1994, 190 ff.

921 Vgl. nur Braun, 2000, S. 144, insbes. Fn. 599

dazu führen, daß die betroffenen Personen auch in anderen Städten versuchen werden, Rauschgift zu verkaufen. Geholfen werden kann diesen Menschen ausschließlich mit einer Therapie.

Diese Erkenntnis widerspricht schließlich dem Sinn und Zweck des Grundrechts auf Freizügigkeit, das gerade auch Gesundheit als Voraussetzung für die Ausübung dieses Freiheitsrechtes ausschließen will[922]. Der Schrankenvorbehalt des Art. 11 Abs. 2 GG ist bekanntlich eng auszulegen, so daß längerfristige Aufenthaltsverbote aufgrund einer verfassungsgemäßen Ermächtigungsgrundlage[923] nur als ultima ratio verfügt werden dürfen. Qualifizierte Platzverweise gegenüber drogenabhängigen Drogendealern, die über drei Monate hinausgehen, sind jedenfalls aus den zuvor genannten Gründen unzumutbar[924].

Im Ergebnis ist festzuhalten, daß die Praxis allein nicht in der Lage ist, qualifizierte Platzverweise angemessen zu begrenzen. Dies zeigt erneut, daß die Gesetzgeber insgesamt gefordert sind, qualifizierte Platzverweise neu zu regeln. Das verfassungsrechtliche Verbot der Unangemessenheit verlangt mithin zusätzlich eine zeitliche (für max. 3 Monate[925]) und örtliche Begrenzung (nur für stark frequentierte Bereiche[926] oder für max. wenige Hektar) in den Ermächtigungsgrundlagen[927] für qualifizierte Platzverweise, um eine uferlose Anwendung zu vermeiden.

---

922 Vgl. nur Kühne, 2. Aufl. 1998, S. 210

923 Vgl. den neuen Formulierungsvorschlag im 5. Kapitel unter D.

924 Die Betrachtung der Zumutbarkeit stellt die subjektive Seite der Angemessenheit dar. Ein objektiv angemessener Eingriff kann im Einzelfall so belastend wirken, daß diese Belastung für den einzelnen unzumutbar ist, vgl. nur BVerfGE 77, 1, 44: "Verhältnismäßigkeit und Zumutbarkeit".

925 So neuerdings auch in § 21 Abs. 2 SächsPolG; § 36 Abs. 2 Satz 2 SOG LSA: nicht mehr als vier Tage bei Platzverweisen zur Verhinderung einer Straftat von erheblicher Bedeutung bzw. im Falle einer Straftat nach dem Betäubungsmittelgesetz nicht mehr als 14 Tage wird allerdings m. E. den praktischen Bedürfnissen (vgl. nur die Dauer von Kirmes- und Fußballveranstaltungen) nicht gerecht; a. A. Braun, 2000, S. 161, Fn. 678: nach ihm wäre eine absolute zeitliche Obergrenze willkürlich und würde den eigentlichen zeitbegrenzenden Zusammenhang von Gefahrenabwehr und Aussperrung verdecken.

926 Zu den stark frequentierten Bereichen gehören insbesondere Innenstadtbereiche, Bahnhofsvorplätze, Parkanlagen, Schulen, Jugendzentren und Kindergärten.

927 Vgl. den neuen Formulierungsvorschlag im 5. Kapitel unter D.

4. Kapitel: Rechtsschutz- und Verfahrensprobleme

A. Rechtsschutz gegen Platzverweise

I. §§ 23 ff. EGGVG

1. Rechtsweg, § 23 Abs. 1 EGGVG

Soweit polizeiliche Maßnahmen nach der Schwerpunkttheorie auf dem Gebiet der Strafrechtspflege getroffen worden sind, kommt der Anwendungsbereich der §§ 23 ff. EGGVG zum Zuge. Im Verhältnis zu § 40 Abs. 1 Satz 1 VwGO handelt es sich bei den §§ 23 ff. EGGVG um eine abdrängende Sonderzuweisung.

§ 23 Abs. 1 EGGVG weist Entscheidungen über Anordnungen, Verfügungen oder sonstige Maßnahmen, die von Justizbehörden zur Regelung einzelner Angelegenheiten u. a. auf dem Gebiet der Strafrechtspflege getroffen werden, den ordentlichen Gerichten zu.

Der Begriff der Justizbehörden i. S. von § 23 Abs. 1 EGGVG ist dabei nicht im organisatorischen, sondern im funktionellen Sinne zu verstehen[928]. Justizbehörden sind demnach auch Polizeiorgane, soweit sie Aufgaben der Justizverwaltung erfüllen und insbesondere im Rahmen der Aufklärung und Verfolgung begangener Straftaten tätig werden[929].

Ist mithin die Polizei überwiegend strafverfolgend tätig geworden, richtet sich die gerichtliche Kontrolle dieser polizeilichen Maßnahmen nach der besonderen Rechtswegregelung des § 23 Abs. 1 EGGVG durch die ordentlichen Gerichte.

2. Rechtsschutz, § 25 Abs. 1 EGGVG

Bei überwiegend strafprozessualen Maßnahmen der Polizei, die nicht der Nachprüfung durch richterliche Entscheidung gem. § 98 Abs. 2 Satz 2 StPO unterfallen, richtet sich der Rechtsschutz nach § 25 Abs. 1 EGGVG mit dem Antrag auf gerichtliche Entscheidung durch das Oberlandesgericht.

---

928 Vgl. nur BVerwGE 47, 255, 259; BVerwGE 69, 192, 195 von Mutius, in: JK 1997, VwGO, § 40 I, Nr. 15

929 BVerwGE 47, 255, 264

Einer der Hauptanwendungsfälle dieser Norm sind repressivpolizeiliche Platzverweise gem. § 164 StPO, weil diese Norm der Polizei eine originäre Kompetenz einräumt und daher nicht unter dem Vorbehalt des Richters steht.

Soweit also ein Platzverweis durch die Polizei auf dem Gebiet der Strafrechtspflege ausgesprochen worden ist, ist eine gerichtliche Entscheidung beim zuständigen Oberlandesgericht zu beantragen.

II. **Widerspruch, § 68 VwGO**

Gegen einen polizeirechtlichen Platzverweis steht der betroffenen Person der Widerspruch gem. § 68 VwGO zur Verfügung. Der Widerspruch ist von dem Beschwerten innerhalb der Widerspruchsfrist von einem Monat gem. § 70 VwGO einzulegen. Auf den Widerspruch hat die Widerpruchsbehörde die Recht- und Zweckmäßigkeit des Platzverweises nachzuprüfen. Lehnt die Widerspruchsbehörde die Aufhebung des Platzverweises ab, so kann die betroffene Person gegen den ablehnenden Widerspruchsbescheid Anfechtungsklage beim zuständigen Verwaltungsgericht erheben. Der Widerspruch ist grundsätzlich Voraussetzung für einen verwaltungsgerichtlichen Rechtsstreit.

III. **Vorläufiger Rechtsschutz**

Sollte unter Umständen eine reguläre gerichtliche Entscheidung zu spät kommen, kann die betroffene Person vorläufigen Rechtsschutz in Anspruch nehmen. Als solcher steht einerseits das Verfahren auf (Wieder-) Herstellung der aufschiebenden Wirkung eines Widerspruchs gem. § 80 Abs. 5 VwGO und andererseits das Verfahren zum Erlaß der einstweiligen Anordnung gem. § 123 Abs. 1 VwGO zur Verfügung.

1. **§ 80 Abs. 5 VwGO**

Die unaufschiebbaren Anordnungen und Maßnahmen der Polizeivollzugsbeamten werden trotz Rechtsbehelfseinlegung nicht in ihrem Vollzug gehemmt (§ 80 Abs. 2 Nr. 2 VwGO). Dies gilt auch in den Fällen, in denen die sofortige Vollziehung im öffentlichen Interesse oder im überwiegenden Interesse eines Beteiligten von der Behörde, die den Verwaltungsakt erlassen oder über den Widerspruch zu entscheiden hat, besonders angeordnet wurde (§ 80 Abs. 2 Nr. 4 VwGO).

In derartigen Fällen ist ein Antrag auf Wiederherstellung der aufschiebenden Wirkung gem. § 80 Abs. 5 VwGO notwendig. Ist der Antrag nach summarischer Prüfung begründet, so ordnet das Gericht im Falle des § 80 Abs. 2 Nr. 2 VwGO die aufschiebende Wirkung an bzw. im Falle des § 80 Abs. 2 Nr. 4 wird die aufschiebende Wirkung wiederhergestellt.

2. § 123 Abs. 1 VwGO

Der Antrag auf Erlaß einer einstweiligen Anordnung ist gem. § 123 Abs. 1 VwGO statthaft, wenn entweder die vorläufige Sicherung des Streitgegenstandes (Sicherungsanordnung) oder die vorläufige Regelung eines Rechtsverhältnisses (Regelungsanordnung) begehrt wird, und ein Verwaltungsakt noch nicht erlassen worden ist.
Dieses Eilrechtsschutzverfahren kommt im Zusammenhang mit Platzverweisen nur in Betracht, wenn sich aus dem den Polizei- und Ordnungsbehörden eingeräumten Ermessen ergibt, daß der betroffene Bürger einen Rechtsanspruch auf polizeiliches Einschreiten hat und durch das Unterlassen der Behörde in seinen Rechten verletzt wird.

IV. Anfechtungsklage, § 42 Abs. 1 VwGO

Gegen einen ablehnenden Widerspruchsbescheid auf Aufhebung einer Platzverweisverfügung ist gem. § 42 Abs. 1 VwGO die Anfechtungsklage statthaft. Diese muß gem. § 74 Abs. 1 Satz 1 VwGO innerhalb eines Monats nach Zustellung des Widerspruchsbescheides bei dem zuständigen Verwaltungsgericht erhoben werden.

V. Verpflichtungsklage, § 42 Abs. 1 VwGO

Eine Verpflichtungsklage gem. § 42 Abs. 1 VwGO kommt als Rechtsbehelf in Anlehnung an § 123 Abs. 1 VwGO dann in Betracht, wenn ein Bürger durch das Unterlassen der Polizei- bzw. Ordnungsbehörde in seinen Rechten verletzt wird. Vor Klageerhebung ist ein Antrag auf Erlaß eines polizeilichen Platzverweises bei der zuständigen Behörde notwendig.

VI. Untätigkeitsklage, § 75 VwGO

Ist über einen Widerspruch oder über einen Antrag auf polizeiliches Einschreiten ohne zureichenden Grund in angemessener Frist sachlich nicht entschieden worden, so kommt gem. § 75 VwGO eine Untätigkeitsklage in Betracht. Diese Klage kann allerdings nicht vor Ablauf von drei Monaten seit der Einlegung des Widerspruchs oder seit dem Antrag auf polizeiliches Einschreiten erhoben werden, außer wenn wegen besonderer Umstände des Falles eine kürzere Frist geboten ist (§ 75 Satz 2 VwGO).

VII. Fortsetzungsfeststellungsklage, § 113 Abs. 1 Satz 4 VwGO analog

Besonders bedeutsam für die Wahrung der Rechtsstaatlichkeit vollzugspolizeilichen Handelns ist im Zusammenhang mit polizeirechtlichen Platzverweise der Rechtsbehelf der sog. Fortsetzungsfestellungklage gem. § 113 Abs. 1 Satz 4 VwGO analog. Mit diesem Rechtsbehelf hat eine betroffene Person die Möglichkeit, die Rechtmäßigkeit bzw. die Rechtswidrigkeit eines bereits vor Klageerhebung erledigten polizeilichen Verwaltungsaktes feststellen zu lassen.

1. Anwendungsbereich

Platzverweise werden sich häufig durch Zeitablauf erledigt haben. Mit der Erledigung verliert der Verwaltungsakt seine Wirksamkeit (§ 43 Abs. 2 VwVfG). Ein Aufhebungsbegehren ist dann mangels fortdauernder Beschwer nicht mehr möglich, und eine Anfechtungsklage würde vom Verwaltungsgericht als unzulässig abgewiesen werden.

Als richtige Klageart kommt deshalb nur eine Fortsetzungsfeststellungsklage gem. § 113 Abs. 1 Satz 4 VwGO in Betracht. § 113 Abs. 1 Satz 4 VwGO regelt allerdings unmittelbar nur die Konstellation, daß sich der angefochtene Verwaltungsakt nach Erhebung der Anfechtungsklage erledigt hat. Dies trifft erfahrungsgemäß allenfalls auf qualifizierte Platzverweise von mindestens drei Monaten zu. Aus Gründen effektiven Rechtsschutzes gem. Art. 19 Abs. 4 GG kann die Klagemöglichkeit jedoch nicht davon abhängen, zu welchem - oft zufälligen - Zeitpunkt die Erledigung eintritt. Deshalb findet § 113 Abs. 1 Satz 4 VwGO nach einhelliger Ansicht bei Erledigung des Verwaltungsaktes vor Klageerhebung, wie es bei klassischen Platzverweisen regelmäßig der Fall sein wird, analoge Anwendung[930].

Die Fortsetzungsfeststellungsklage ist ferner dann die richtige Klageart, wenn bei der Durchsetzung eines polizeirechtlichen Platzverweises ein Zwangsmittel, wie z.

---

930 Vgl. nur BVerwGE 26, 161, 164; Kopp/Schenke, VwGO, 12. Aufl. 2000, § 113, Rdnr. 95 m.w.N.

B. der unmittelbare Zwang, angewendet worden ist. Es sollte daran festgehalten werden, daß es sich bei der Anwendung von Zwangsmitteln um Verwaltungsakte handelt[931] und damit dem Anwendungsbereich des § 113 Abs. 1 Satz 4 VwGO (analog) unterfallen. Ansonsten würde eine Rechtsschutzlücke entstehen; denn die allgemeine Feststellungsklage gem. § 43 VwGO kann nur bestehende, nicht aber erledigte - und somit nicht mehr bestehende - Rechtsverhältnisse zum Gegenstand haben[932].

2. Berechtigtes Interesse

Die Zulässigkeit der Fortsetzungsfeststellungsklage setzt voraus, daß der Kläger trotz der Erledigung ein berechtigtes Interesse an der gerichtlichen Feststellung der Rechtswidrigkeit des Verwaltungsaktes hat. Speziell für die Fortsetzungsfeststellungsklage sind von der Rechtsprechung bestimmte Fallgruppen konkretisiert worden, auf die für die Bestimmung des berechtigten Feststellungsinteresses primär abzustellen ist:

a) *Wiederholungsgefahr*

Ein Feststellungsinteresse ist danach insbesondere unter dem Gesichtspunkt der Wiederholungsgefahr anerkannt. Voraussetzung dafür ist die hinreichend bestimmte Gefahr, daß unter im wesentlichen unveränderten tatsächlichen und rechtlichen Umständen ein gleichartiger Verwaltungsakt ergehen wird[933]. Der Wunsch nach Klärung abstrakter Rechtsfragen genügt nicht, erforderlich ist vielmehr eine "wohlfundierte Besorgnis" der Wiederholung[934].

Dies wird sich im Einzelfall nur daraus ergeben, inwieweit die Behörde bei Bedarf auch in Zukunft entsprechend verfahren will und die betroffene Person auch in Zukunft sich entsprechend verhalten will.

So hat das Verwaltungsgericht Bremen[935] eine Wiederholungsgefahr für die Erteilung eines Platzverweises im Zusammenhang mit einer Ersatzveranstaltung in

---

931 Vgl. nur BVerwGE 26, 161, 164, zur Anwendung unmittelbaren Zwanges; Götz, JuS 1985, 869, 869 m.w.N.

932 So auch Götz, JuS 1985, 869, 869, Fn. 7

933 BVerwG, NVwZ 1990, 360, 361; OVG Lüneburg, NVwZ 1988, 638; OVG Münster, DVBl. 1981, 653

934 BVerwGE 42, 318, 320

935 VG Bremen, Urteil vom 18.05.1998, Az. 4 (2) A 132/96, S. 8 f.

Bremen aufgrund eines Verbots der Chaos-Tage in Hannover im Jahre 1996 wie folgt abgelehnt: "Die Wiederholung derartiger Vorgänge mit ähnlichen Reaktionen der Polizei in Bremen, d. h. der Erteilung von Platzverweisen an Personen, die ihrem äußeren Erscheinungsbild nach verdächtigt werden, an bereits stattfindenden oder bevorstehenden Ausschreitungen teilnehmen zu wollen, ist zwar für die Zukunft nicht auszuschließen. Konkrete Anhaltspunkte für eine unter gleichartigen Bedingungen wie am Abend des 3.8.1996 dem Kläger gegenüber erteilte Platzverweisung vermag das Gericht jedoch nicht festzustellen."

Dieser Argumentation kann zumindest aus heutiger Sicht nicht gefolgt werden. In den vergangenen Jahren sind nahezu regelmäßig Chaos-Tage auch in Bremen durchgeführt worden. Eine Wiederholung der gleichartigen Bedingungen, wie sie in dem vom Verwaltungsgericht Bremen zu entscheidenden Fall vorgelegen haben, ist daher sehr wahrscheinlich[936].

Im Ergebnis ist daher festzuhalten, daß Platzverweise im Zusammenhang mit regelmäßig wiederkehrenden Großveranstaltungen auch nach Erledigung mit der Fortsetzungsfeststellungsklage gem. § 113 Abs. 1 Satz 4 VwGO (analog) überprüft werden könnnen. Das berechtigte Feststellungsinteresse ergibt sich aus der Wiederholungsgefahr.

b) *Vorbereitung eines Amtshaftungsprozesses*

Das Feststellungsinteresse kann sich auch im Hinblick auf die Vorbereitung eines nicht offensichtlich aussichtslosen[937] Amtshaftungsprozesses ergeben. Offensichtlich aussichtslos ist ein Amtshaftungsprozeß dann, wenn ohne eine ins einzelne gehende Prüfung erkennbar ist, daß der behauptete zivilrechtliche Anspruch unter keinem rechtlichen Gesichtspunkt besteht[938].

Zusätzlich ist nach der neueren Rechtsprechung des Bundesverwaltungsgerichts[939] zu berücksichtigen, daß eine Fortsetzungsfeststellungsklage zu einem solchen Zweck nur dann in Betracht kommt, wenn die Erledigung des angefochtenen Verwaltungsaktes nach Erhebung der Anfechtungsklage eingetreten ist. Das wird allenfalls bei qualifizierten Platzverweisen von mindestens drei Monaten der Fall

---

936 Anders z. B. bei Platzverweisen anläßlich eines Besuches des Präsidenten der Vereinigten Staaten von Amerika, vgl. VG Berlin, Urteil vom 15.11.1989, Az. VG 1 A 507.87

937 Vgl. dazu BVerwG, NVwZ 1992, 1092; BVerwG, NJW 1988, 926

938 BVerwG, NVwZ 1992, 1092, 1092

939 BVerwGE 81, 226, 226

sein. Bei darunter liegenden Zeiträumen und erst recht bei klassischen Platzverweisen kommt diese Fallgruppe damit regelmäßig nicht zur Anwendung.

c) *Rehabilitationsinteresse*

aa) *Herabsetzung des Ansehens in der Öffentlichkeit*

Das Feststellungsbegehren kann aber auch auf ein berechtigtes Rehabilitationsinteresse gestützt werden.

Das Interesse an einer Rehabilitation ist nach einer erledigten polizeirechtlichen Maßnahme dann als berechtigt anzuerkennen, wenn mit ihr ein Eingriff in grundrechtlich geschützte Rechtspositionen verbunden und sie geeignet war, das Ansehen des Betroffenen in der Öffentlichkeit herabzusetzen[940]. Es muß im Einzelfall ein berechtigtes Schutzbedürfnis gegenüber abträglichen Nachwirkungen eines Verwaltungshandelns vorhanden sein, denen durch eine gerichtliche Sachentscheidung wirksam begegnet werden kann[941]. Das Interesse, in einer erledigten Streitsache nachträglich eine Bestätigung der eigenen Rechtsansicht zu bekommen, das beeinträchtigte Rechtsgefühl und der Wunsch nach Genugtuung reichen dagegen allein nicht aus[942].

Der Bayerische Verwaltungsgerichtshof hat in einem Beschluß vom 10.08.1998[943] im Zusammenhang mit einer Identitätsfeststellung und einem (angeblich) ausgesprochenen Betretungsverbotes hierzu folgendes ausgeführt: "Die Identitätsüberprüfung und das sogenannte Betretungsverbot - vorausgesetzt ein solches wurde ihr gegenüber ausgesprochen - haben für die Klägerin keine diskriminierende Wirkung. Die Maßnahmen der Polizei sind im Zusammenhang mit der erhöhten Sicherheitsbereitschaft zu sehen, die aufgrund der stattfindenden Demonstrationen und der angekündigten sogenannten "Chaos-Tage" veranlaßt waren. Die Überprüfung der Klägerin erfolgte auch nicht allein deshalb, weil man sie von ihrem äußeren Erscheinungsbild der "Punk-Szene" zuordnete, sondern im Rahmen der Überprüfung einer Gruppe von mehreren Personen, wobei zwei bis drei Personen in der Gruppe nach den Angaben der in der mündlichen Verhandlung vom 25.02.1997 vor dem Verwaltungsgericht vernommenen Polizeibeamten eindeutig der sogenannten

---

940 VGH Mannheim, NVwZ 1998, 761, 762
941 VGH Mannheim, NVwZ 1998, 761, 762
942 VGH Mannheim, NVwZ 1990, 378, 378
943 Bayerischer Verwaltungsgerichtshof, Beschluß vom 10.08.1998, Az. 24 B 97.2827, S. 9

"Punker-Szene" zuzuordnen gewesen sind. Wenn sich die Klägerin - sei es zufällig oder absichtlich - innerhalb eines derartigen Personenkreises bewegt, so hat eine Identitätsüberprüfung ihrer Person und ein ihr gegenüber ausgesprochenes Betretungsverbot keine diskriminierende Wirkung, weil sicherheitsrechtliche Aspekte für die überprüfenden Beamten tragender Gesichtspunkt für diese Maßnahme waren. Stellt sich nachträglich heraus, daß die Gefahrensituation nur anscheinend vorherrschte, so kommt den Maßnahmen der Polizei dennoch kein diskriminierender Charakter zu."

Diesen Ausführungen des Bayerischen Verwaltungsgerichtshofes kann nicht gefolgt werden. Der 24. Senat vermischt mit seiner ablehnenden Begründung die Anforderungen für eine konkrete Gefahr (hier Gefahrenverdachtslage) und die Erfordernisse zur Geltungmachung eines sogenannten Rehablitierungsinteresses. Im Zeitpunkt des Einschreitens der Polizei fand auf dem Münchner Odeonsplatz die Kundgebung "Das Kreuz bleibt - gestern - heute - morgen" statt. Zeitgleich waren in München die "Chaos-Tage" angekündigt. Ferner handelte es sich um das zweite "Wiesen-Wochende". Aufgrund dieser Einsatzlage waren sicherlich keine großen Anforderungen an eine Gefahrenverdachtslage für Identitätsfeststellungen zu stellen. Inwieweit auch eine konkrete Gefahr für ein Betretungsverbot begründet werden konnte, kann dem Beschluß nicht entnommen werden, da das Gericht darauf nicht mehr eingegangen ist. Jedenfalls sind die Erfordernisse für die Annahme einer Gefahrenverdachtslage strikt von der Frage nach dem Rehabilitierungsinteresse zu trennen. In diesem konkreten Fall ist die Klägerin mindestens 40 Minuten zum Zwecke der Identitätsfeststellung festgehalten und anschließend ist ihr gegenüber - was streitig war - ein Betretungsverbot zur Mittagszeit bis zum übernächsten Tag, 08.00 Uhr, ausgesprochen worden. Die räumliche Dimension des Betretungsverbotes erstreckte sich angeblich auf den Odeonsplatz, Innenstadt und das Oktoberfest.
Die vorherigen Ausführungen zu den Grundrechten haben gezeigt, daß die Klägerin mit diesen behaupteten Verfügungen in ihren Grundrechten aus Art. 2 Abs. 2 Satz 2, Art. 104 Abs. 2 bis 3 GG, Art. 11 Abs. 1 GG verletzt worden sein könnte. Dennoch hat der Bayerische Verwaltungsgerichtshof aus nicht nachvollziehbaren Gründen ein Rehabilitierungsinteresse abgelehnt.

bb) *Tiefgreifende Grundrechtseingriffe*

Für das vorherige Ergebnis spricht auch die neuere Rechtsprechung des Bundesverfassungsgerichts[944], wonach ein Rehabilitierungsinteresse regelmäßig vorliegt in Fällen tiefgreifender Grundrechtseingriffe, in denen die direkte Belastung durch den angegriffenen Hoheitsakt sich nach dem typischen Verfahrensablauf auf eine Zeitspanne beschränkt, in welcher der Betroffene die gerichtliche Entscheidung in der von der Prozeßordnung gegebenen Instanz kaum erlangen kann.
Für diese Erkenntnis spricht insbesondere die in Art. 19 Abs. 4 GG verbürgte effektive Rechtsschutzgarantie. Die betroffene Person muß in derartigen Fällen die Gelegenheit erhalten, die Berechtigung des schwerwiegenden - wenn auch tatsächlich nicht mehr fortwirkenden - Grundrechtseingriff gerichtlich klären lassen zu können[945].

Tiefgreifende Grundrechtseingriffe kommen vor allem bei Anordnungen in Betracht, die das Grundgesetz - wie in den Fällen des Art. 13 Abs. 2 und Art. 104 Abs. 2 Satz 3 - vorbeugend dem Richter vorbehalten hat[946]. Zu der Fallgruppe tiefgreifender Grundrechtseingriffe, die ihrer Natur nach häufig vor möglicher gerichtlicher Überprüfung schon wieder beendet sind, gehören auch qualifizierte Platzverweise[947]. Deshalb hätte der Bayerische Verwaltungsgerichtshof[948] in dem zuvor beschriebenen Fall ein Rechtsschutzinteresse bejahen müssen. Die Klägerin ist ca. 40 Minuten gegen ihren Willen festgehalten worden, was eine Freiheitsentziehung gemäß Art. 104 Abs. 2 bis 3 GG darstellt. Zudem greift der ihr gegenüber angeblich ausgesprochene qualifizierte Platzverweis massiv in das Grundrecht auf Freizügigkeit gemäß Art. 11 Abs. 2 GG ein.

Im Ergebnis kann mit diesen Ausführungen festgehalten werden, daß bei qualifizierten Platzverweisen regelmäßig ein Rehabilitierungsinteresse besteht. Aufgrund des relativ kurzfristigen Eingriffs in Art. 2 Abs. 2 Satz 2 GG i. V. mit Art. 104 Abs. 1 GG wird das Rehabilitierungsinteresse bei klassischen Platzverweisen in bezug auf diese Fallgruppe dagegen regelmäßig verneint werden müssen.

---

944 BVerfGE 96, 27, 38 ff., unter Aufgabe der früheren Rechtsprechung; BVerfG, NJW 1999, 3773, zum Durchsetzungsgewahrsam

945 BVerfGE 8, 274, 326; BVerfGE 96, 27, 39

946 BVerfGE 96, 27, 40

947 Qualifizierte Platzverweise liegen nach dieser Untersuchung vor, soweit der Zeitraum von 12 Stunden oder der Verbotsbereich von einem Hektar überschritten wird.

948 Bayerischer Verwaltungsgerichtshof, Beschluß vom 10.08.1998, Az. 24 B 97.2827, S. 10

3. Widerpruchsverfahrens

Bei Fortsetzungsfeststellungsklagen im Falle einer Erledigung vor Klageerhebung gem. § 113 Abs. 1 Satz 4 VwGO analog entfällt das Vorverfahren, wenn sich der Verwaltungsakt innerhalb der Widerspruchsfrist erledigt hat[949].

4. Klagefrist

Das Bundesverwaltungsgericht[950] hat bislang die Frage offengelassen, inwieweit für die Fortsetzungsfeststellungsklage bei Erledigung vor Ablauf der Widerspruchsfrist die Klagefrist des § 74 VwGO läuft. Nach Auffassung des Gerichts spricht aber manches dafür, die Fristvorschriften in § 74 Abs. 1 Satz 2 VwGO und - falls keine Rechtsbehelfsbelehrung erfolgt ist - in § 58 Abs. 2 VwGO entsprechend anzuwenden[951]. Dies ist auch sachgerecht, da eine zunächst unzulässige Anfechtungs- oder Verpflichtungsklage nicht durch Erledigung des Verwaltungsaktes nachträglich zu einer zulässigen Fortsetzungsfeststellungsklage werden darf. Zudem überzeugt es nicht, wenn man der betroffenen Person bei erledigten Verwaltungsakten die Möglichkeit zur gerichtlichen Feststellung der Rechtswidrigkeit unbegrenzt eröffenete, während ihr bei nicht erledigten Verwaltungsakten nach Ablauf der Klagefrist der §§ 74, 58 VwGO unbestrittenermaßen keine Möglichkeit zur Feststellung der Rechtswidrigkeit (im Rahmen einer Anfechtungsklage) mehr zusteht[952].

Da diese Monatsfrist bereits ab Bekanntgabe des Verwaltungsaktes zu laufen beginnt, wird diese Frist oftmals nicht eingehalten. Das ist jedoch unschädlich, da

---

949 Vgl. nur BVerwGE 26, 161, 161; a. A. Kopp/Schenke, VwGO, 12. Aufl. 2000, § 113, Rdnr. 127 m.w.N.

950 BVerwGE 26, 161, 168

951 BVerwGE 26, 161, 168

952 Kopp/Schenke, 12. Aufl. 2000, § 113 VwGO, Rdnr. 128; a. A. BVerwG, DVBl. 1999, 1660, 1661: "Die Klage auf Feststellung der Rechtswidrigkeit eines vor Eintritt der Bestandskraft unwirksam gewordenen VA ist nicht an die für eine Anfechtungsklage vorgesehene Frist des § 74 Abs. 1 VwGO oder - im Falle unzureichender Rechtsmittelbelehrung - des § 58 Abs. 2 VwGO gebunden." Das Bundesverwaltungsgericht führt aber weiter aus, daß die Verwaltung vor einer Klage noch Jahre nach Erledigung des Verwaltungsaktes hinreihend durch das Erfordernis eines berechtigten Interesses an der begehrten Feststellung sowie durch das Institut der Verwirkung geschützt wird, BVerwG a.a.O. Verwirkung wird aber ohne Vorliegen besonderer Umstände regelmäßig nach Ablauf der Jahresfrist gem. § 58 Abs. 2 VwGO eintreten, vgl. dazu auch Kopp/Schenke, 12. Aufl. 2000, § 74 VwGO, Rdnr. 20; zu BVerwG a.a.O. vgl. ferner Wehr, DVBl. 2001, 785 ff. Da daher das Bundesverwaltungsgericht grundsätzlich auch zu dem hier hergeleiteten Ergebnis kommen wird, bedarf es keiner Stellungnahme.

die Monatsfrist nur bei Vorliegen einer ordnungsgemäßen Rechtsbehelfsbelehrung zum Zuge kommt. Das bedeutet, daß in dieser auch für den Fall der Erledigung auf die Möglichkeit der Fortsetzungsfeststellungsklage gem. § 113 Abs. 1 Satz 4 VwGO (analog) hingewiesen worden sein muß. Da dies aber regelmäßig nicht der Fall sein wird, gilt die Jahresfrist gem. § 58 Abs. 2 VwGO.

B. Rechtsschutz gegen Ingewahrsamnahmen

Auch bei dem Rechtsschutz gegen Ingewahrsamnahmen sind die Maßnahmen zu unterscheiden, die zum Zwecke der Gefahrenabwehr ergangen sind, von denen, die die Vollzugspolizei zum Zwecke der Strafverfolgung aufgrund der Strafprozeßordnung getroffen hat. Bei den Ingewahrsamnahmen zum Zwecke der Gefahrenabwehr handelt es sich um Verwaltungsakte, die grundsätzlich durch Widerspruch und Anfechtungsklage angegriffen werden können.

In den Fällen aber, die verfassungsrechtlich dem Richtervorbehalt unterliegen, wie eben bei der Ingewahrsamnahme, haben eine Reihe von Polizeigesetzen den Amtsrichter für zuständig erklärt[953]. Zwar handelt es sich um eine öffentlichrechtliche Angelegenheit, aber nach § 40 Abs. 1 Satz 2 VwGO ist die Zuweisung an die Amtsgerichte zulässig. Diese Regelung ist auch zweckmäßig, da die Amtsgerichte im allgemeinen ortsnäher und schneller zu erreichen sind als die Verwaltungsgerichte[954]. Dabei entscheidet der Richter nicht, ob die polizeiliche Maßnahme rechtmäßig war, sondern darüber, ob jetzt und für die Zukunft eine Fortdauer bzw. Durchführung der Maßnahme gerechtfertigt ist[955]. Das von diesen Vorschriften geforderte berechtigte Interesse an der Feststellung der Rechtswidrigkeit der Ingewahrsamnahme ist identisch mit dem berechtigten Interesse i. S. des § 113 Abs. 1 Satz 4 VwGO[956]. Insoweit kann auf die Ausführungen dazu verwiesen werden. Wo keine ausdrückliche Zuweisung an das Amtsgericht vorgenommen worden ist, bleiben gemäß § 40 Abs. 1 VwGO die Verwaltungsgerichte zuständig.

Die Zuständigkeit der Amtsgerichte besteht aber nur solange wie die Ingewahrsamnahme aufrechterhalten bleibt. Die Zuständigkeit des Amtsrichters entfällt, wenn der Verwahrte entlassen wird. Dann hat der Betroffene die Möglichkeit, gemäß §

---

953 Vgl. z. B. § 14 Abs. 1 ME PolG
954 Vgl. nur Rasch, DVBl. 1980, 1017, 1022 m.w.N.
955 Merten/Merten, ZRP 1991, 213, 216
956 Vgl. KG Berlin, NVwZ 2000, 468 ff.

113 Abs. 1 Satz 4 VwGO analog die Fortsetzungsfeststellungsklage vor dem Verwaltungsgericht zu erheben[957].
Im Einzelfall hat der Gesetzgeber aber auch eine Zuständigkeit der Amtsgerichte für nachträgliche Entscheidungen über die Rechtmäßigkeit bzw. Rechtswidrigkeit der Ingewahrsamnahme normiert[958].

C. Rechtsschutz gegen Sondernutzungssatzungen und Gefahrenabwehrverordnungen

Von besonderer Bedeutung sind auch die Rechtsschutzmöglichkeiten gegen Sondernutzungssatzungen und Gefahrenabwehrverordnungen.

I. Inzidentkontrolle

Bei der inzidenten Normenkontrolle muß die betroffene Person nicht unmittelbar gegen die Sondernutzungssatzung oder Gefahrenabwehrverordnung selbst vorgehen, sondern sie kann sich zunächst gegen eine Maßnahme (Verwaltungsakt), die aufgrund der Sondernutzungssatzung oder Gefahrenabwehrverordnung erlassen wurde, wie üblich mit den herkömmlichen Rechtsbehelfen wenden.

Bei Gesetzen im materiellen Sinn wie Satzungen und Verordnungen, die nicht in einem förmlichen Gesetzgebungsverfahren verabschiedet worden sind, ist von jedem mit der Sache befaßten Gericht über ihre Gültigkeit zu befinden. Es stellt - anders bei formellen Gesetzen (Art. 100 GG) - selbst die Ungültigkeit fest und entscheidet in diesem Falle so, als ob die Norm nicht vorhanden wäre[959]. Allerdings erwächst die Feststellung der Nichtigkeit durch das Fachgericht nicht in Rechtskraft, da die Wirksamkeit der Norm nicht selbst Streitgegenstand des gerichtlichen Verfahrens ist. Sie entfaltet mithin lediglich Wirkung "inter partes", was zur Folge hat, daß die Rechtsnorm in Kraft bleibt[960]. Um die Nichtigkeitserklärung eines Gerichts zu bewirken, bedarf es eines sog. Normenkontrollverfahrens.

---

957 Vgl. dazu z. B. VG Bremen, Urteil vom 29.06.1989, Az. 4 (2) A 121/96
958 Vgl. z. B. § 19 Abs. 2 NGefAG; § 18 Abs. 2 BayPAG
959 Maunz, in: Maunz/Dürig, Stand: 10/99, Art. 100, Rdnr. 10; OLG Saarbrücken, NJW 1998, 251, 251
960 Bindzus/Lange, JuS 1998, 696, 697

II. Normenkontrollverfahren, § 47 VwGO

Nach § 47 Abs. 1 Nr. 2 VwGO i. V. mit den Ausführungsgesetzen der Länder entscheidet das Oberverwaltungsgericht im Rahmen seiner Gerichtsbarkeit auf Antrag über die Gültigkeit von Satzungen und Rechtsverordnungen, sofern das Landesrecht dies bestimmt[961].

Antragsbefugnis liegt aber nur vor, wenn der Antragsteller geltend machen kann, durch die Rechtsvorschriften oder deren Anwendung in seinen Rechten verletzt zu sein oder in absehbarer Zeit verletzt zu werden (§ 47 Abs. 2 Satz 1 VwGO). Hat sich z. B. jemand in der Vergangenheit mehrmals in der Innenstadt niedergelassen und hat er vor, dies wieder zu tun, so wird es in naher Zukunft möglich erscheinen, daß er durch ein Niederlassungsverbot betroffen und in seinen Rechten verletzt wird.

Der Antragsteller muß des weiteren die Antragsfrist von zwei Jahren gem. § 47 Abs. 2 Satz 1 VwGO eingehalten haben.

Kommt das Gericht zu der Überzeugung, daß die Rechtsvorschrift ungültig ist, so erklärt es sie für nichtig (§ 47 Abs. 6 VwGO).

D. Rechtsschutz gegen Bußgeldbescheide

Sondernutzungssatzungen und Gefahrenabwehrverordnungen enthalten regelmäßig Normen, die die zuständigen Behörden zu Bußgeldbescheiden ermächtigen. Gegen einen solchen Bußgeldbescheid kann die betroffene Person innerhalb von zwei Wochen nach Zustellung Einspruch einlegen (§ 67 Abs. 1 Satz 1 OWiG). Die zuständige Verwaltungsbehörde prüft dann, ob der Einspruch zulässig und begründet ist (§ 69 Abs. 1, Abs. 2 OWiG). Entscheidet sich die Behörde dafür, den Bescheid aufrechtzuerhalten, übersendet sie die Akten an die Staatsanwaltschaft (§ 69 Abs. 3, Abs. 4 Satz 1 OWiG). Hält auch sie den Bußgeldbescheid für rechtmäßig, so legt sie die Akten dem Richter beim Amtsgericht vor (§ 69 Abs. 4 Satz 2 OWiG). Dort wird die betroffene Person entweder freigesprochen oder eine Geldbuße gegen sie festgesetzt (§ 72 Abs. 2 Satz 1 OwiG).

---

961 Vgl. z. B. § 7 AGVwGO Niedersachsen; Art. 7 Abs. 1 AGVwGO Bremen

5. Kapitel: Ergebnis dieser Untersuchung, eigene Lösungsvorschläge und abschließende Bemerkungen

A. Ergebnis dieser Untersuchung

Diese Untersuchung schließt mit dem Ergebnis ab, das mangels einer verfassungsgerechten Rechtsgrundlage der qualifizierte Platzverweis keinerlei Stütze im geltenden System sämtlicher Eingriffsbefugnisse findet.
Qualifizierte Platzverweise greifen regelmäßig in das Grundrecht der Freizügigkeit gem. Art. 11 Abs. 1 GG ein. Der Präventionsvorbehalt des Art. 11 Abs. 2 GG verlangt, daß Eingriffe in das Grundrecht der Freizügigkeit zur Abwehr einer gegenwärtigen Gefahr der Begehung einer Straftat von erheblicher Bedeutung erforderlich sind[962]. Der verfassungsrechtlich verankerte Grundsatz der Verhältnismäßigkeit beschränkt Eingriffe in das Grundrecht der Freizügigkeit zusätzlich auf lediglich stark frequentierte Bereiche[963] bzw. auf max. wenige Hektar und für einen Zeitraum von bis zu drei Monaten. Eine Verdrängung von randständigen Personen von den innerstädtischen Straßenszenen durch qualifizierte Platzverweise verstößt daher gegen geltendes Verfassungsrecht.

Will man rechtspolitisch weiterhin an Ermächtigungsgrundlagen[964] für qualifizierte Platzverweise festhalten, so sollten die Gesetzgeber zunächst klare Abgrenzungskriterien vom klassischen zum qualifizierten Platzverweis festlegen[965].
Ermächtigungsgrundlagen für qualifizierte Platzverweise dürfen ferner lediglich Eingriffe in das Grundrecht der Freizügigkeit zulassen, wenn diese zur Abwehr einer gegenwärtigen Gefahr der Begehung einer Straftat von erheblicher Bedeutung erforderlich sind[966]. Schließlich sind qualifizierte Platzverweise zeitlich und örtlich auf Maximalwerte zu begrenzen[967]. Nur so wird eine uferlose Anwendung dieser Ermächtigungsnormen vermieden. Anderenfalls würde der Eindruck entstehen, daß

---

962 Die allgemeine Tendenz, qualifizierte Platzverweise schon im Bereich der Vorsorge zu ermöglichen, stößt nach dieser Untersuchung an verfassungsrechtliche Grenzen.

963 Zu den stark frequentierten Bereichen gehören insbesondere Innenstadtbereiche, Bahnhofsvorplätze, Parkanlagen, Schulen, Jugendzentren, Kindergärten und Kinderspielplätze.

964 Vgl. dazu den Formulierungsvorschlag im 5. Kapitel unter D.

965 Z. B. max. 12 Stunden und 1 Hektar für klassische Platzverweise; vgl. dazu die Ausführungen im 2. Kapitel unter A. I. 6. a) und b)

966 Vgl. dazu die Ausführungen im 3. Kapitel unter A. I. 2. c)

967 Z. B. max. 3 Monate, wie es der Sächsische Gesetzgeber in § 21 Abs. 2 Satz 1 SächsPolG vorgegeben hat, und nur für stark frequentierte Bereiche bzw. für wenige Hektar; vgl. dazu auch die Ausführungen im 3. Kapitel unter B. V. 4. c) cc) und B. V. 3. b) und c).

die Polizei- und Ordnungsbehörden dazu mißbraucht würden, unerwünschte Personen systematisch auszugrenzen.

Von diesem Ergebnis bleiben jedoch klassische Platzverweise unberührt. Besonders problematisch sind in diesem Zusammenhang aber Grenzfälle zwischen der öffentlichen Sicherheit und Ordnung. Die Ausführungen zu § 118 OWiG haben gezeigt, daß nur besonders schwerwiegende Störungen der öffentlichen Ordnung darunter subsumiert werden können[968]. Oftmals werden aber gerade in den Innenstädten nicht unwesentliche Bereiche von Störern übermäßig in Anspruch genommen. Sie meinen, daß ihr Verhalten noch zum Gemeingebrauch der Straße gehöre und sie deshalb einen Anspruch auf Aufenthalt an diesen Örtlichkeiten hätten. Andere Personen können erfahrungsgemäß diese Bereiche aber nicht nutzen, weil sie regelmäßig von diesen Störern "belagert" werden. Es stellt sich daher die Frage, ob die Gemeinden die Möglichkeit haben, bestimmte übermäßige Verhaltensweisen in ihrem Gemeindegebiet von vornherein zu verbieten. Daher soll im folgenden Abschnitt ein Lösungsversuch mit gemeindlichen Rechtssetzungsbefugnissen angeregt werden.

Wenn der Verfasser mit den folgenden Formulierungsvorschlägen ein bestimmtes Verhalten unterbinden will, so soll damit ausdrücklich nicht das Ziel verfolgt werden, den Aufenthalt bestimmter Personen im innerstädtischen Bereich möglichst generell zu unterbinden. Die verbotenen Verhaltsweisen beziehen sich auf alle Bürger einer Kommune, unabhängig ob sie einer Problemgruppe angehören oder nicht. Demzufolge kann auch der Bürger B. von diesen Regelungen erfaßt werden, wenn er alkoholisiert mit seinen Kumpels nach einem Fußball-Europapokalspiel einen Zug durch die Gemeinde macht.

B. Lösungsversuch mit gemeindlichen Satzungen

I. Vorbemerkungen

Bislang sind zwar die Versuche, erhebliche Belästigungen der Allgemeinheit mittels sog. Sondernutzungssatzungen zu unterbinden, nahezu ausnahmslos gescheitert.

---

968 Entgegen Kappeler, 2001, S. 212 ff., fällt abweichendes Verhalten unterhalb der Strafbarkeitsschwelle nicht nur unter die sogenannten "Ordnungsstörungen", die nach objektiven Maßstäben unstreitig die Schwelle zu einer konkreten Gefahr für die öffentliche Sicherheit und/oder Ordnung nicht überschreiten: vgl. dazu die Ausführungen im 2. Kapitel unter A. I. 3. b) bb) bis dd).

Eine Regelungsmöglichkeit wird aber nach der hier vertretenen Auffassung nicht ausgeschlossen. Vielmehr bedarf es entsprechender Formulierungen, um tatsächlich nur solche Verhaltensweisen zu erfassen, die im konkreten Fall auch Sondernutzungen wären.

Soweit erhebliche Belästigungen im Einzelfall die Grenze zur Persönlichkeitssphäre (körperliche Unversehrtheit, Ehre, Freiheit u. a.) überschreiten, ist Bindzus/Lange[969] zuzustimmen, daß der Schutz dieser Rechtsgüter schon durch einschlägige Strafgesetze (§§ 223 ff., 239, 240, 185 StGB u. a.) ausreichend garantiert wird. Wie aber die Ausführungen insbesondere zu § 118 OWiG gezeigt haben, werden bestimmte Verhaltensweisen unterhalb dieser Grenze auch nicht von § 118 OWiG erfaßt[970]. Aber selbst wenn bestimmte Verhaltensweisen auch von § 118 OWiG erfaßt werden sollten, stellt die Subsidiaritätsklausel des § 118 Abs. 2 OWiG jedoch klar, daß spezielle Vorschriften, z. B. des Landesrechts vorgehen.

Nach dieser Untersuchung bleibt als eventueller Regelungstatbestand zunächst nur noch eine Sondernutzungssatzung übrig, die das erheblich belästigende Verhalten unter Umständen als nicht genehmigungsfähige Sondernutzung mit Geldbuße bedroht.

Diese juristische Konstruktion setzt sich entgegen Bindzus/Lange[971] und Kappeler[972] auch nicht in Widerspruch zur Entscheidung des Bundesgesetzgebers von 1974, z. B. den Straftatbestand der Bettelei (§ 361 Nr. 4 StGB a. F.) abzuschaffen, weil "von den Bettlern keine ernsthaften Gefahren für die Sicherheit der Allgemeinheit ausgingen"[973]. Der Bundesgesetzgeber von 1974 entschied sich vor allem für eine Streichung dieses Tatbestandes aufgrund der mangelnden Praktikabilität einer Feststellung der Sicherheitsgefährdung, solange noch keine Straftaten begangen worden sind[974]. Eine Vorschrift in diesem Sinne erschien aus der Sicht eines vom Rechtsgüterschutz bestimmten *Strafrechts* zu Recht zu unscharf und zu weitgehend, da sie auch harmlose und lästige Verhaltensweisen erfaßte[975]. Zum einen entkriminalisierte diese Entscheidung also lediglich das sog. "stille" Betteln, zum anderen haben sich in den letzten fast 30 Jahren neuere, agressivere Formen des

969 Bindzus/Lange, JuS 1996, 482, 486
970 Vgl. dazu die vorherigen Ausführungen im 2. Kapitel unter A. I. 3. b) bb) (1)
971 Bindzus/Lange, JuS 1996, 482, 486
972 Kappeler, 2001, S. 121 und 137 f.
973 a. A. wohl Kese, 1991, S. 22 ff., insbes. 59 ff.
974 Vgl. dazu Kappeler, 2001, S. 85 m.w.N.
975 Vgl. dazu Kappeler, 2001, S. 85 m.w.N.

Bettelns entwickelt. Schließlich bezog sich diese Gesetzesaufhebung ausschließlich auf den Bereich der Strafrechtspflege, während die neueren Sondernutzungssatzungen die Benutzung des öffentlichen Raumes regeln[976]. Darüber hinaus trägt die Publizierung von Sondernutzungssatzungen auch zur Voraussehbarkeit und Berechenbarkeit staatlichen Handelns bei.

Schlußendlich verbleibt den Gemeinden ein gewisser Ermessensspielraum zur Einführung von Verhaltensverboten unter Berücksichtigung besonderer lokaler Umstände. Gegen den Erlaß einer derartigen Sondernutzungssatzung bestehen insbesondere dann keine Bedenken, wenn örtliche Besonderheiten die Annahme einer Sondernutzung nachhaltig stützen.

II. Sondernutzungssatzung

Satzung der Stadt ... über Sondernutzungen an öffentlichen Verkehrsflächen (Sondernutzungssatzung)

Aufgrund des § ... in der zur Zeit geltenden Fassung hat der Rat der Stadt ... für das Gebiet der Stadt ... folgende Sondernutzungssatzung erlassen:

1. **§§ 1 ff. ...**

2. **§ 4 (Sondernutzungen)**

(1) Der Gemeingebrauch der öffentlichen Straßen ist jedermann im Rahmen der Widmung und der Straßenverkehrsvorschriften innerhalb der verkehrsüblichen Grenzen gestattet. Die Benutzung der Straßen über den Gemeingebrauch hinaus ist Sondernutzung, die der Erlaubnis der Stadt ... bedarf.

(2) Nachfolgende Sondernutzungen werden nicht genehmigt:

1. ff. ...

4. das Betteln durch Bedrängen, Festhalten, Berühren oder gezieltes körpernahes Ansprechen anderer Personen (aggressive Bettelei).

---

976 Dies verkennt m. E. Kappeler, 2001, S. 90 f., in ihren Ausführungen.

5. das Niederlassen von Personen, soweit dadurch andere an der Ausübung ihres Gemeingebrauchs gehindert, gefährdet oder mehr, als nach den Umständen unvermeidbar, behindert oder belästigt werden. Kriterien dafür sind insbesondere der Widmungszweck, die Breite der Straße bzw. die Größe des Platzes, Anzahl der sich niederlassenden Personen, Sitzen oder Liegen auf dem Boden, starker Fußgängerverkehr, übermäßiger Aufenthalt bzw. Alkohol- oder Drogenkonsum, das Einrichten auf der Straße durch Ausbreiten der mitgeführten Gegenstände, das Errichten eines Lebensmittelpunktes oder das Provozieren durch Bepöbeln und Bespucken von Passanten sowie öffentliches Urinieren.

3. § 4 (Ordnungswidrigkeiten)

(1) Ordnungswidrig handelt, wer vorsätzlich oder fahrlässig den Verboten des § 4 Abs. 2 Nr. 1 bis ... dieser Satzung zuwiderhandelt.

(2) Die Ordnungswidrigkeit kann nach § ... mit einer Geldbuße bis zu 10.000,-- DM geahndet werden.

(3) Die Bestimmungen des Landesstraßengesetzes bleiben unberührt.

C. Lösungsversuch mit Gefahrenabwehrverordnungen

I. Vorbemerkungen

Da sich der vorherige Formulierungsvorschlag ausschließlich auf Verhaltensweisen bezieht, die auch im Einzelfall die öffentliche Sicherheit konkret gefährden würden, kann dieses Verbot auch in Form einer Gefahrenabwehrverordnung erlassen werden[977].

---

977 Bei den hier vorgestellten Formulierungsvorschlägen kann es zu Überschneidungen zwischen dem Anwendungsbereich der Sondernutzungssatzung und dem der Gefahrenabwehrverordnung kommen. Regelungen für die Benutzung einer öffentlichen Sache durch die Allgemeinheit und zugleich für die Abwehr von Gefahren für die öffentliche Sicherheit (und Ordnung) schließen sich nicht gegenseitig aus (in diese Richtung wohl auch VGH Bad.-Württ., ESVGH 36, 293, 295). Liegt im Regelungsbereich der Sondernutzungssatzung eine unzulässige Sondernutzung vor, so findet die Sondernutzungssatzung als Spezialgesetz grundsätzlich vorrangig Anwendung. Die Gefahrenabwehrverordnung regelt demzufolge solche Bereiche, die örtlich bzw. rechtlich nicht von der Sondernutzungssatzung erfaßt werden. Im übrigen ist die Anwendungskonkurrenz nach dem Grundsatz des Vorranges des Gesetzes gem. Art. 20 Abs. 3 GG zu
(Fortsetzung...)

II. Gefahrenabwehrverordnung

Gefahrenabwehrverordnung zur Aufrechterhaltung der öffentlichen Sicherheit auf und an öffentlichen Straßen und in öffentlichen Anlagen in ...
(Straßen- und Anlagen-Gefahrenabwehrverordnung - SuAGVO)

Aufgrund der §§ ... in der zur Zeit geltenden Fassung hat der Rat der Stadt ... für das Gebiet der Stadt ... folgende Verordnung erlassen:

1. **§§ 1 ff. ...**

2. **§ 4 (Mißbräuchliche Formen der Bettelei)**

Die Bettelei in Begleitung von Kindern oder durch Kinder ist untersagt. Ferner ist die Bettelei untersagt, soweit Personen bedrängt, festgehalten, berührt oder gezielt körpernah angesprochen werden (aggressive Bettelei).

3. **§ 5 (Mißbräuchliche Formen des Niederlassens)**

Das Niederlassen von Personen auf Straßen und in Anlagen ist untersagt, soweit dadurch andere Personen geschädigt, gefährdet oder mehr, als nach den Umständen unvermeidbar, behindert oder belästigt werden. Kriterien dafür sind insbesondere der Widmungszweck, die Breite der Straße bzw. die Größe des Platzes, Anzahl der sich niederlassenden Personen, Sitzen oder Liegen auf dem Boden, starker Fußgängerverkehr, übermäßiger Aufenthalt bzw. Alkohol- oder Drogenkonsum, das Einrichten auf der Straße durch Ausbreiten der mitgeführten Gegenstände, das Errichten eines Lebensmittelpunktes oder das Provozieren durch Bepöbeln und Bespucken von Passanten sowie öffentliches Urinieren.

4. **§ 6 (Ordnungswidrigkeiten)**

Ordnungswidrig nach § ... handelt, wer vorsätzlich oder fahrlässig gegen eine Vorschrift über

1. ff. ...,

---

977 (...Fortsetzung)
lösen.

4. mißbräuchliche Formen der Bettelei gemäß § 4,
5. mißbräuchliche Formen des Niederlassens gemäß § 5

dieser Verordnung zuwiderhandelt. Die Ordnungswidrigkeit kann nach § ... mit einer Geldbuße bis zu 10.000,-- DM geahndet werden.

D. Formulierungsvorschlag für die Standardmaßnahme "Platzverweis"

Der nun folgende Formulierungsversuch hält an der Unterscheidung zwischen klassischen (Abs. 1) und qualifizierten (Abs. 2) Platzverweisen fest. Dabei sind die in dieser Untersuchung herausgearbeiteten verfassungsrechtlichen Anforderungen in den Normtext aufgenommen worden:

Platzverweis

1. Die Verwaltungsbehörden und die Polizei können zur Abwehr einer Gefahr jede Person von einem Ort verweisen oder ihr vorübergehend das Betreten eines Ortes verbieten. Betrifft eine Maßnahme nach Satz 1 eine Wohnung, so ist diese Maßnahme gegen den erkennbaren oder mutmaßlichen Willen der berechtigten Person nur zur Abwehr einer gegenwärtigen erheblichen Gefahr zulässig. Platzverweise nach Satz 1 und 2 sollen 12 Stunden bzw. 1 Hektar nicht überschreiten (klassischer Platzverweis). Der Platzverweis kann ferner gegen eine Person angeordnet werden, die den Einsatz der Feuerwehr oder von Hilfs- und Rettungsdiensten behindert.

2. Zur Abwehr einer gegenwärtigen Gefahr der Begehung einer Straftat von erheblicher Bedeutung[978] kann eine[979] Person über den Anwendungsbereich

---

[978] Vgl. z. B. § 3 Nr. 4 SOG LSA: "Straftaten von erheblicher Bedeutung sind insbesondere Verbrechen sowie die in § 138 des Strafgesetzbuches (Nichtanzeige geplanter Straftaten) genannten Vergehen, Vergehen nach § 129 des Strafgesetzbuches (Bildung krimineller Vereinigungen) und gewerbs- oder bandenmäßig begangene Vergehen nach
a) den §§ 243 (Besonders schwerer Fall des Diebstahls), 244 (Diebstahl mit Waffen; Bandendiebstahl; Wohnungseinbruchsdiebstahl), 253 (Erpressung), 260 (Gewerbsmäßige Hehlerei; Bandenhehlerei), 263 a (Computerbetrug), 265 b (Kreditbetrug), 266 (Untreue), 283 (Bankrott), 283 a (Besonders schwerer Fall des Bankrotts), 291 (Wucher) oder nach dem 29. Abschnitt (Straftaten gegen die Umwelt) des Strafgesetzbuches.
b) § 53 Abs. 1 Satz 1 Nrn. 1 oder 2 des Waffengesetzes,
c) § 29 Abs. 3 Satz 2 Nr. 1 des Betäubungsmittelgesetzes,
d) § 92 a Abs. 1 und 3 des Ausländergesetzes.

(Fortsetzung...)

des Absatzes 1 hinaus von einem stark frequentierten örtlichen Bereich verwiesen oder ihr für bestimmte Zeit das Betreten eines stark frequentierten örtlichen Bereiches verboten[980] werden (qualifizierter Platzverweis)[981]. Zum

---

[978](...Fortsetzung)
Andere als die in Satz 1 aufgeführten Vergehen sind Straftaten von erheblicher Bedeutung, wenn sie ihnen auf Grund des betroffenen Rechtsgutes, ihrer Begehungsweise oder ihrer Dauer in ihrer Bedeutung gleichkommen."

[979] Anders als beim klassischen Platzverweis nach Abs. 1, bei dem lediglich eine konkrete Gefahr vorliegen muß und der außer gegen die Verantwortlichen auch gegen andere Personen angeordnet werden kann, ist der qualifizierte Platzverweis von sehr engeren Voraussetzungen abhängig.

[980] Das Interesse der betroffenen Person, bestimmte Orte innerhalb des Verbotsbezirks aufzusuchen, können im Einzelfall Ausnahmen von dem qualifizierten Platzverweis gebieten. Als solche Ausnahmen kommen z. B. Besuche von Ärzten oder Rechtsanwälten im Verbotsbereich in Betracht. Weist die betroffene Person bereits vor Erlaß der Ordnungsverfügung auf die Erforderlichkeit bestimmter Ausnahmen hin, muß die Behörde dieses Vorbringen bereits in der Ordnungsverfügung berücksichtigen. Werden nachträglich Ausnahmetatbestände geltend gemacht, ist die Behörde gegebenenfalls zur Erteilung einer Ausnahmegestattung verpflichtet. Es ist allerdings grundsätzlich Aufgabe der betroffenen Person, derartige Ausnahmetatbestände substanziiert und glaubhaft gegenüber der Ordnungsbehörde geltend zu machen.

[981] Diese Befugnis läßt mit diesen engen Voraussetzungen auch einen Eingriff in das Grundrecht auf Unverletzlichkeit der Wohnung (Art. 13 Abs. 7 GG, entsprechende Vorschriften in den Landesverfassungen) zu. Deshalb ist ein qualifizierter Platzverweis auch im Zusammenhang mit der sog. "Häuslichen Gewalt" denkbar. Da es sich bei einer Wohnung aber regelmäßig nicht um einen "stark frequentierten Bereich" handeln wird, bedarf es jeweils einer ergänzenden Formulierung: "oder ihrer Wohnung und des unmittelbar angrenzenden Bereichs". Daß der qualifizierte Platzverweis in diesem Falle lediglich bis zu einer richterlichen Entscheidung verfügt werden darf, ergibt sich bereits aus Satz 3 dieses Formulierungsvorschlages.
Denkbar - aber mit diesem Untersuchungsergebnis nicht notwendig - wäre auch die Schaffung einer neuen Standardmaßnahme "Wohnungsverweisung und Rückkehrverbot zum Schutz vor häuslicher Gewalt", wie sie der Bremische Gesetzgeber (vgl. insbes. LT-Drs. 15/863 vom 23.10.2001 zu LT-Drs. 15/857) mit § 14 a BremPolG in das Bremische Polizeigesetz eingefügt hat:
"(1) Der Polizeivollzugsdienst darf eine Person (betroffene Person) zur Abwehr einer von ihr ausgehenden gegenwärtigen Gefahr für Leib, Leben oder Freiheit einer anderen Person aus einer Wohnung, in der die gefährdete Person wohnt, sowie aus deren unmittelbarer Umgebung verweisen und ihr die Rückkehr in diesen Bereich untersagen. Die Maßnahmen nach Satz 1 können auf Wohn- und Nebenräume beschränkt werden. Der räumliche Bereich, auf den sich Wohnungsverweisung und Rückkehrverbot beziehen, ist nach dem Erfordernis eines wirkungsvollen Schutzes der gefährdeten Person zu bestimmen und genau zu bezeichnen. Die Möglichkeit ergänzender Maßnahmen, insbesondere nach § 14, bleibt unberührt.
(2) Der betroffenen Person ist Gelegenheit zu geben, dringend benötigte Gegenstände des persönlichen Bedarfs mitzunehmen.
(3) Die betroffene Person ist verpflichtet, dem Polizeivollzugsdienst unverzüglich eine Anschrift oder eine zustellungsbevollmächtigte Person zu benennen.

(Fortsetzung...)

örtlichen Bereich im Sinne des Satzes 1 gehören insbesondere Innenstadtbereiche, Bahnhofsvorplätze, Parkanlagen, Schulen, Jugendzentren, Kindergärten und Kinderspielplätze. Qualifizierte Platzverweise nach Satz 1 sind zeitlich und örtlich auf den zur Verhütung der Straftat erforderlichen Umfang zu beschränken und dürfen drei Monate[982] nicht überschreiten[983]. Eine Verlängerung um nicht mehr als einen Monat ist einmalig zulässig, soweit die Voraussetzungen des Satzes 1 weiterhin vorliegen[984].

E. Abschließende Bemerkungen

Die Untersuchung hat ergeben, daß die bislang praktizierten qualifizierten Platzverweise gegen geltendes Verfassungsrecht verstoßen. Für dieses Ergebnis ist die hier herausgearbeitete Unterscheidung zwischen klassischen und qualifizierten Platzverweisen von erheblicher Bedeutung[985].

Klassische Platzverweise können unabhängig von diesem Untersuchungsergebnis einen Beitrag zur Bekämpfung gefährlicher und störender offener Szenen vor allem im Drogenbereich leisten.

---

981 (...Fortsetzung)
(4) Wohnungsverweisung, Rückkehrverbot und ergänzende Maßnahmen nach § 14 enden außer in den Fällen des Satzes 2 mit Ablauf des zehnten Tages nach ihrer Anordnung, soweit nicht der Polizeivollzugsdienst im Einzelfall eine kürzere Geltungsdauer festlegt. Stellt die gefährdete Person während der in Satz 1 bestimmten Dauer der Maßnahmen nach Absatz 1 einen Antrag auf zivilrechtlichen Schutz vor Gewalt oder Nachstellungen mit dem Ziel des Erlasses einer einstweiligen Anordnung, enden die Maßnahmen mit dem Tag der gerichtlichen Entscheidung, spätestens jedoch mit Ablauf des zehnten Tages nach dem Ende der nach Satz 1 bestimmten Dauer.
(5) Das Gericht teilt dem Polizeivollzugsdienst auf Anfrage mit, ob und zu welchem Zeitpunkt ein Antrag nach Absatz 4 Satz 2 gestellt worden ist."

982 Eine weitere Einschränkung könnte wie folgt vorgenommen werden: "bzw. sollen 20 Hektar"

983 Dies bedeutet aber nicht, daß der Verbotszeitraum generell maximal ausgeschöpft werden kann und muß. Im jeweiligen Einzelfall ist zu prüfen, ob auch eine kürzere Geltungsdauer der Verbotsverfügung zunächst geeignet und damit erforderlich ist, vgl. dazu auch Riedinger, VBlBW 2000, 332, 334.

984 Der Gesetzestext schließt es nach dem bisherigen Formulierungsvorschlag nicht aus, daß nach Ablauf der drei Monate - beim weiteren Vorliegen der Voraussetzungen - ein erneuter qualifizierter Platzverweis ausgesprochen wird. Verfassungsrechtlich geboten ist aber eine absolute Höchstgrenze.

985 Klassische Platzverweise: max. ein Hektar (vgl. dazu die Ausführungen im 2. Kapitel unter A. I. 6. a) aa) (1)) bzw. max. 12 Stunden (vgl. dazu die Ausführungen im 2. Kapitel unter A. I. 6. b) aa) (1)).

Sinnvoll und rechtlich notwendig ist aber, daß Störungen und Straftaten in der Öffentlichkeit nur durch eine ausreichende Polizeipräsenz vor Ort rechtzeitig erkannt werden können[986]. Die Polizeitaktik sollte dabei berücksichtigen, daß die Untersuchung von Wilson/Kelling[987] ergeben hat, daß patrouillierende Polizisten eine gesteigerte Arbeitsmoral zeigten, mit ihrem Job zufriedener waren und ein besseres Verhältnis zu den in ihrem Revier lebenden Bewohnern hatten als jene Polizisten, die Streife fuhren. Durch den vermehrten Einsatz von Fußstreifen werden die Beamten für den Bürger besser sichtbar und ansprechbar[988]. Parallel dazu sollten Sondernutzungssatzungen bzw. Polizeiverordnungen erlassen werden, um für alle Beteiligten klarere Rechtsverhältnisse zu schaffen.

Die verfassungsrechtliche Betrachtung des polizeirechtlichen Platzverweises hat des weiteren ergeben, daß es nicht nur taktisch sinnvoll ist, klassische Platzverweise bereits im Frühstadium "vor Ort" zu verfügen, sondern dies sogar rechtlich geboten ist. Qualifizierte Platzverweise kommen mangels verfassungsgemäßer Eingriffsbefugnisse zur Zeit nicht in Betracht.

Fraglich ist jedoch, ob dies in der Praxis tatsächlich durchführbar ist. Die Aufgaben der Repression haben zugenommen, so daß der ursprüngliche Präventionsauftrag des Polizeivollzugsdienstes immer weiter zurückgedrängt wird und faktisch überwiegend zu einer "Repressionsverwaltungsaufgabe" geworden ist. Verbleibende Zeiträume sind knapp. Es bietet sich daher an, Schwerpunkte zu bilden, um Gefahren für die öffentliche Sicherheit (und Ordnung) frühzeitig abwehren zu können.

Um aber überhaupt Schwerpunkte erkennen zu können, sollten regelmäßig begleitend sog. Präventionsräte[989] gebildet werden. Sie umfassen etwa die Kooperation der Polizei mit Stadtteilinitiativen, benachbarter oder übergeordneter Behörden und die Einrichtung von Kontaktbereichsbeamten, die als vertrauensvolle Ansprech-

---

986 Die Innenministerin des Bundesstaates Massachusetts in den Vereinigten Staaten von Amerika, Frau Kathleen O'Toole, umschreibt das Ziel ihrer Arbeit zutreffend kurz und bündig: "Am wichtigsten ist Prävention, Prävention und nochmals Prävention"; vgl. FAZ vom 19.12.1997.

987 Wilson/Kelling, KrimJournal 1996, 121, 122

988 Vgl. dazu Hoeft, 1999, S. 66 f.; Kappeler, 2001, S. 31 m.w.N. und S. 35 m.w.N.

989 Manchmal auch "Community policing" genannt und wird zumeist übersetzt mit gemeinwesen- oder stadtteilbezogener Polizeiarbeit, vgl. dazu Volkmann, NVwZ 1999, 225, 232 m.w.N., Hecker, KJ 1997, 395, 409 m.w.N.; Steinert, Neue Kriminalpolitik, Heft 4, 28, 31; Kolb, NJ 2000, 570, 574; Kappeler, 2001, S. 24 ff. und insbes. 29 ff.; zu den Erfolgen in Boston und Chicago vgl. Feltes, Kriminalistik 2001, 85, 86; zur Bürgerbeteiligung in Form von Freiwilligenprogrammen siehe Kappeler, 2001, S. 39 ff.

partner für den Bürger in den Stadtteilen oder aber auch für Schul- und Jugendgruppenleitern zur Verfügung stehen. So kann beispielsweise auch die Bildung von sog. "offenen Szenen" sehr früh erkannt und mit klassischen Platzverweisen bekämpft werden.

6. Kapitel: Thesen

I. Zum 1. Kapitel

1. Bei dem polizeirechtlichen Platzverweis ist zunächst zwischen dem klassischen und dem qualifizierten Platzverweis zu unterscheiden[990]:

a) Der klassische Platzverweis bezieht sich auf diejenigen Verfügungen, durch die jemand vorübergehend von einem eng umgrenzten Ort verwiesen wird und/oder zum anderen darauf, daß jemandem vorübergehend das Betreten eines eng umgrenzten Ortes verboten wird.

b) Bei den qualifizierten Platzverweisen wird den betroffenen Personen verboten, sich längerfristig (nach bestehenden gesetzlichen Regelungen bis zu 12 Monaten) in einem größeren Bereich (nach bestehenden gesetzlichen Regelungen bis zu einer ganzen Stadt) aufzuhalten.

2. Mit der herkömmlichen Polizeirechtsdogmatik wird zunächst davon ausgegangen, daß klassische sowie qualifizierte Platzverweise grundsätzlich nur zur Abwehr einer konkreten Gefahr möglich sind.

II. Zum 2. Kapitel

1. Bei der Frage nach der richtigen Ermächtigungsgrundlage für den polizeilichen Platzverweis ist insbesondere zwischen dem zivilrechtlichen, dem strafprozessualen, solchem im Anwendungsbereich des Versammlungsgesetzes und schließlich solchem nach den Polizeigesetzen der Länder zu unterscheiden. Diese Differenzierung ist von besonderer Bedeutung für die Zulässigkeit des Rechtsweges aus der Perspektive des betroffenen Bürgers und für die Prüfung der unterschiedlichen Eingriffsvoraussetzungen aus staatlicher Sicht.

a) Der zivilrechtliche Platzverweis durch die Polizei zum Schutz privater Rechte ist nur möglich, wenn gerichtlicher Schutz nicht rechtzeitig zu er-

---

990 Vgl. dazu die Ausführungen im 1. Kapitel unter B. IV.

langen ist und wenn ohne polizeiliche Hilfe die Verwirklichung des Rechts vereitelt oder wesentlich erschwert würde[991].

b) Der strafprozessuale Platzverweis ist unter den Voraussetzungen des § 164 StPO zulässig, soweit es sich um eine Maßnahme des Strafverfahrensrechts handelt. Dies entscheidet sich nach dem Schwergewicht polizeilicher Maßnahmen (sog. Schwerpunkt- bzw. Schwergewichtstheorie). Dabei wird auf den Gesamteindruck der polizeilichen Aktion abgestellt und entschieden, ob das Schwergewicht der polizeilichen Tätigkeit nach ihrer objektiven Zweckrichtung auf dem Gebiet der Strafverfolgung oder auf dem Gebiet der präventiven Gefahrenabwehr liegt[992].

c) Im Anwendungsbereich des Versammlungsgesetzes ergeben sich die Eingriffsvoraussetzungen für den polizeilichen Platzverweis aus dem Versammlungsgesetz.
Eine Versammlung im Sinne des Versammlungsgesetzes ist eine Mehrheit von natürlichen Personen, die an einem gemeinsamen Ort zu einem gemeinsamen, verbindenden Zweck zusammenkommen, um unter Einwirkung auf die Öffentlichkeit in einer öffentlichen Angelegenheit eine Diskussion zu führen und/oder eine kollektive Aussage mit politischem Bezug zu artikulieren. Eine Versammlung im Sinne des Versammlungsgesetzes setzt daher eine auf Kommunikation angelegte Auseinandersetzung mit den vielfältigen Auffassungen der Gesellschaft bzw. der Politik voraus[993].

2. Die Beauftragung der Polizei zum Erlaß einer Mehrzahl gleichartiger Einzelverfügungen im Namen der beauftragenden Ordnungsbehörde (Mandat) führt zu einer Verschiebung der gesetzlich festgelegten Zuständigkeitsordnung. Mangels einer gesetzlichen Ermächtigungsgrundlage für die Erteilung eines Mandates sind die Ordnungsbehörden daher nicht befugt, die Polizei mit Blankoverfügungen über Platzverweise auszustatten[994].

3. Zu den Elementen der öffentlichen Sicherheit zählt auch die Unverletzlichkeit der Rechtsordnung als kollektives Rechtsgut.

---

[991] Vgl. dazu die Ausführungen im 1. Kapitel unter B. I.
[992] Vgl. dazu die Ausführungen im 2. Kapitel unter A. I. 1. a) cc) (3)
[993] Vgl. dazu die Ausführungen im 2. Kapitel unter A. I. 1. b) bb) (2)
[994] Vgl. dazu die Ausführungen im 2. Kapitel unter A. I. 2. a)

a) § 118 Abs. 1 OWiG erfaßt nur wirklich grobe Verstöße gegen die anerkannten Regeln von Sitte, Anstand und Ordnung[995].

aa) Von aggressiven Verhaltensweisen zunächst abgesehen wird daher die "stille" Bettelei[996] und das "stille" Niederlassen bzw. Lagern im öffentlichen Raum regelmäßig nicht von § 118 Abs. 1 OWiG erfaßt. Die Lästigkeitsgrenze wird aber überschritten, wenn Passanten angepöbelt oder in aggressiver Weise körperlich belästigt oder zur Hergabe von Geld genötigt werden oder wenn die Benutzung öffentlicher Anlagen oder Einrichtungen erheblich erschwert wird.

bb) Das Zeigen der Reichskriegsflagge als neues Symbol der Neo-Nazi-Szene kann im Einzelfall eine grob ungehörige Handlung i. S. von § 118 Abs. 1 OWiG darstellen; denn diese Handlung kann u. U. als geeignet angesehen werden, die Allgemeinheit zu belästigen und die öffentliche Ordnung zu beeinträchtigen.

cc) Das Skandieren von "Nazi-Parolen" wie "Ruhm und Ehre der Waffen-SS" stellt regelmäßig eine grob ungehörige Handlung i. S. von § 118 Abs. 1 OWiG dar; denn dadurch werden die Gräueltaten der "Waffen-SS" mit ihren Massenmorden in nicht mehr hinzunehmender Weise bagatellisiert.

b) Das "stille" Niederlassen von Personen in Fußgängerzonen zum erheblichen Alkoholgenuß stellt für sich allein regelmäßig keine erlaubnispflichtige Sondernutzung nach den Straßengesetzen dar.
Kein Gemeingebrauch, sondern Sondernutzung liegt jedoch vor, wenn der Gemeingebrauch anderer unzumutbar beeinträchtigt wird. Bei dieser Beurteilung kommt es auf alle Umstände des Einzelfalles an, so u. a. auf die Breite der Straße, die Anzahl der Personen, die sich niederlassen und in welcher Weise dies geschieht, die Frage nach der Ortsüblichkeit und in welcher Menge dabei Alkohol getrunken wird, etc.[997]

c) Eine Behinderung des Fußgängerverkehrs etwa an einzelnen Engstellen oder Zugängen kann je nach den örtlichen Verhältnissen ausnahmsweise auch ein

---

995 Vgl. dazu die Ausführungen im 2. Kapitel unter A. I. 3. b) bb) (1) (b)
996 Vgl. hierzu auch die Ausführungen im 2. Kapitel unter A. I. 3. b) cc) (1)
997 Vgl. dazu die Ausführungen im 2. Kapitel unter A. I. 3. b) bb) (2)

Verbot des Bettelns oder des Niederlassens gem. § 1 Abs. 2 StVO begründen[998].

d) Den Gemeinden ist es verwehrt, in einer Satzung ein Verhalten, das Gemeingebrauch darstellt, als Sondernutzung zu definieren, weil die Straßengesetze eine derartige Ermächtigung nicht enthalten[999].

aa) Das sog. "stille" Betteln stellt keine Benutzung der Straße über den Gemeingebrauch hinaus dar und kann daher nicht mittels einer Sondernutzungssatzung untersagt werden[1000].
Demgegenüber gehört das sog. "aggressive" Betteln nicht mehr zum kommunikativen Gemeingebrauch und kann daher in Sondernutzungssatzungen geregelt werden.

bb) Das "stille" Niederlassen zum Alkoholgenuß auf gewidmeten öffentlichen Straßen außerhalb genehmigter Außenschankflächen stellt keine Benutzung der Straße über den Gemeingebrauch hinaus dar und kann daher nicht mittels einer Sondernutzungssatzung untersagt werden[1001].
Demgegenüber endet die Gemeinverträglichkeit bei einer zu erwartenden unzumutbaren Rechtsbeeinträchtigung anderer Straßenbenutzer. Dies ist der Fall, wenn durch das Niederlassen der Gemeingebrauch anderer unzumutbar beeinträchtigt wird ("aggressives" Niederlassen). Derartige Sondernutzungen können mittels straßenrechtliche Satzungen geregelt werden[1002].

e) Gefahrenabwehrverordnungen sind nur zulässig zur Abwehr abstrakter Gefahren, d. h. sie müssen Situationen regeln, die nach der Lebenserfahrung typischerweise gefährlich sind, also im (hypothetischen) Einzelfall regelmäßig zu konkreten Gefahren zu führen pflegen[1003].

aa) Das "stille" Betteln kann nicht mittels einer Gefahrenabwehrverordnung verboten werden, da es weder die öffentliche Sicherheit noch die öffentliche Ordnung konkret gefährdet[1004].

---

998 Vgl. dazu die Ausführungen im 2. Kapitel unter A. I. 3. b) bb) (3)
999 Vgl. dazu die Ausführungen im 2. Kapitel unter A. I. 3. b) cc)
1000 Vgl. dazu die Ausführungen im 2. Kapitel unter A. I. 3. b) cc) (1)
1001 Vgl. dazu die Ausführungen im 2. Kapitel unter A. I. 3. b) cc) (2)
1002 Vgl. dazu den Formulierungsvorschlag im 5. Kapitel unter B. II. 2.
1003 Vgl. dazu die Ausführungen im 2. Kapitel unter A. I. 3. b) dd)
1004 Vgl. dazu die Ausführungen im 2. Kapitel unter A. I. 3. b) dd) (1)

Da aber das "aggressive" Betteln regelmäßig eine Gefahr für die öffentliche Sicherheit (und Ordnung) darstellt, kann es in einer Gefahrenabwehrverordnung geregelt werden[1005].

bb) Das "stille" Niederlassen - auch zum Zwecke des Alkoholgenusses - stellt keine Gefahr für die öffentliche Sicherheit (oder Ordnung) dar und kann daher nicht mit einer Gefahrenabwehrverordnung untersagt werden[1006]. Demgegenüber wird durch das "aggressive" Niederlassen regelmäßig die öffentliche Sicherheit (und Ordnung) konkret gefährdet, so daß dieses Verhalten in einer Gefahrenabwehrverordnung geregelt werden kann[1007].

f) Allgemeinverfügungen, die lediglich Angehörigen der offenen Drogenszene verbieten, Ansammlungen zu bilden oder an solchen bestehenden Ansammlungen teilzunehmen, sind wegen Verstoßes gegen den Bestimmtheitsgrundsatz rechtswidrig[1008].

4. Bloße Belästigungen erfüllen noch nicht die Voraussetzungen für das Vorliegen einer konkreten Gefahr. Bleibt es bei einer Beeinträchtigung unterhalb der Bagatellschwelle, so darf auch nicht die Broken-Windows-Theorie herangezogen werden, da ansonsten der Gefahrenbegriff auf diese Weise von einem tatsächlichen Sachverhalt losgelöst und mehr oder weniger von der Gesellschaftspolitik gesteuert werden würde[1009].

5. Bei den Gefahrenarten ist weiterhin zwischen der Anscheinsgefahr und dem Gefahrenverdacht zu unterscheiden:

a) Stellt sich ex post heraus, daß tatsächlich keine Gefahr vorgelegen hat, obwohl die Behörde aufgrund der objektiven Tatsachen davon ausgegangen ist, wird von einer Anscheinsgefahr gesprochen, die alle polizeirechtlichen Maßnahmen bis zum Erkennen, daß tatsächlich keine Gefahr vorliegt, zuläßt[1010].

1005 Vgl. dazu den Formulierungsvorschlag im 5. Kapitel unter C. II. 2.
1006 Vgl. dazu die Ausführungen im 2. Kapitel unter A. I. 3. b) dd) (2)
1007 Vgl. dazu den Formulierungsvorschlag im 5. Kapitel unter C. II. 3.
1008 Vgl. dazu die Ausführungen im 2. Kapitel unter A. I. 3. b) ee) (2)
1009 Vgl. dazu die Ausführungen im 2. Kapitel unter A. I. 5. a) aa)
1010 Vgl. dazu die Ausführungen im 2. Kapitel unter A. I. 5. b) bb)

b) Beim Verdacht einer Gefahr hält die Polizei- bzw. Ordnungsbehörde aufgrund objektiver Umstände das Vorhandensein einer Gefahr zwar für möglich, ist sich dessen aber nicht sicher. Dementsprechend sind die Abwehrmaßnahmen vorrangig auf die Klärung der Gefahrensituation zu richten und danach zu bemessen. Gestattet sind grundsätzlich nur sog. Gefahrenerforschungseingriffe (z. B. Befragungen, Identitätsfeststellungen, Durchsuchungen, Sicherstellungen) zur Aufklärung des Sachverhalts[1011].
Die neueren Ermächtigungsgrundlagen für qualifizierte Platzverweise fordern lediglich eine Gefahrenverdachtslage[1012]. Tatbestandlich sind demnach qualifizierte Platzverweise schon im Vorfeld konkreter Gefahren möglich[1013].

6. Platzverweise innerhalb von Versammlungen dürfen vor einer Auflösung der Versammlung im Rahmen der Verhältnismäßigkeit mit dem Argumentum a maiore ad minus nur erteilt werden, wenn eine unmittelbare Gefahr i. S. des § 15 VersammlG vorliegt[1014].

7. Platzverweise in/aus Wohnungen sind nur zulässig zur Abwehr einer gemeinen Gefahr oder einer Lebensgefahr für einzelne Personen, auf Grund eines Gesetzes auch zur Verhütung dringender Gefahren für die öffentliche Sicherheit und Ordnung[1015], soweit dies gesetzlich nicht ausdrücklich ausgeschlossen worden ist.

8. Bei der räumlichen Dimension polizeirechtlicher Platzverweise ist wie folgt zu differenzieren:

a) Klassische Platzverweise gestatten nur ein Verweisen von einem eng begrenzten Ort. Das kann eine Straße, eine Straßenseite, ein Straßenteil, ein Grundstück, ein Gebäude, ein Gebäudeteil, bestimmte Räume innerhalb eines Gebäudes, ein Zug, ein Flugzeug, ein Omnibus u. ä. sein. Erfaßt werden auch Geschäfte, Plätze wie ein Bahnhofsvorplatz, U-Bahn-Stationen oder Einkaufspassagen.

1011 Vgl. dazu die Ausführungen im 2. Kapitel unter A. I. 5. b) cc) (1)
1012 Vgl. dazu die Ausführungen im 2. Kapitel unter A. I. 5. b) cc) (2)
1013 Zur verfassungsrechtlich gebotenen Einschränkung vgl. jedoch die Ausführungen im 3. Kapitel unter A. I. 2. d)
1014 Vgl. dazu die Ausführungen im 2. Kapitel unter A. I. 5. b) dd)
1015 Vgl. dazu die Ausführungen im 2. Kapitel unter A. I. 5. b) ee) und im 3. Kapitel unter A. V. 2.

Damit die räumliche Reichweite dieser Vorschriften exakt erfaßt werden kann, ist der "Ort" im Sinne der klassischen Platzverweise auf max. 10000 qm (= ein Hektar) zu begrenzen. Sobald der Platzverweis einen größeren Bereich umfassen soll, kann er nicht mehr auf die Vorschriften für klassische Platzverweise gestützt werden[1016].

b) Demgegenüber ermöglichen die qualifizierten Ermächtigungsgrundlagen umfangreichere Platzverweise. Örtlicher Bereich im Sinne dieser Vorschriften ist ein Ort oder ein Gebiet innerhalb einer Gemeinde oder auch ein gesamtes Gemeindegebiet[1017]. Der Grundsatz der Verhältnismäßigkeit gebietet jedoch eine verfassungsgerechte Einschränkung auf max. wenige Hektar bzw. auf stark frequentierte Bereiche[1018].

9. Auch bei Betrachtung der zeitlichen Dimension ist zwischen dem klassischen und dem qualifizierten Platzverweis zu unterscheiden:

a) Mit einer noch zulässigen Wortsinnauslegung läßt sich "vorübergehend" mit "kurzfristig" vergleichen, so daß die klassischen Ermächtigungsgrundlagen zu Platzverweisen von nur wenigen Stunden ermächtigen.
In Abgrenzung zu den qualifizierten Platzverweisen ist für klassische Platzverweise eine zulässige Höchstgrenze von 12 Stunden festzulegen. Diese Grenze ist sachgerecht, da die für klassische Platzverweise typischen polizeirechtlichen Gefahren in diesem Zeitraum abgewehrt werden können[1019].

b) Qualifizierte Ermächtigungsgrundlagen enthalten grundsätzlich nur den allgemeinen Hinweis, daß einer Person für eine "bestimmte Zeit" verboten werden kann, einen Bereich zu betreten oder sich dort aufzuhalten[1020]. Der Grundsatz der Verhältnismäßigkeit gebietet es jedoch, qualifizierte Platzverweise auf eine noch zulässige Höchstfrist von max. drei Monaten zu beschränken[1021].

1016 Vgl. dazu die Ausführungen im 2. Kapitel unter A. I. 6. a) aa) (1)
1017 Vgl. dazu die Ausführungen im 2. Kapitel unter A. I. 6. a) aa) (2)
1018 Vgl. dazu die Ausführungen im 3. Kapitel unter B. V. 3. und 4.
1019 Vgl. dazu die Ausführungen im 2. Kapitel unter A. I. 6. b) aa) (1)
1020 Vgl. dazu die Ausführungen im 2. Kapitel unter A. I. 6. b) aa) (2)
1021 Vgl. dazu die Ausführungen im 3. Kapitel unter B. V. 3. und 4.

10. Ergibt eine Auslegung der Ermächtigungsgrundlage, daß schlicht auf die Abwehr einer Gefahr abgestellt wird, so sind die allgemeinen Vorschriften über die Adressatenregelung anzuwenden[1022].
Wird demgegenüber der Adressatenkreis in der Spezialbefugnis vorgegeben, sind die allgemeinen Adressatenregelungen nicht anwendbar.

11. Der Platzverweis kann an Personen gerichtet werden, die durch ihr Verhalten keine konkrete Gefahr verursachen, aber durch ihre Gegenwart die zu bekämpfende Gefahr verstärken[1023].

12. Besteht hinsichtlich der konkreten Gefahrenlage kein Zweifel, ist aber offen, wer der verursachende Verantwortliche ist, so kommt auch ein sog. Störererforschungseingriff in Betracht. Der Platzverweis ist dann gegen den Verdachtsstörer zu richten und soll die Verursachungsanteile klären[1024].

13. Bei den polizeirechtlichen Ermächtigungsgrundlagen handelt es sich um sog. Koppelungsvorschriften mit intendiertem Ermessen: Die Auslegung der Tatbestandsmerkmale in Verbindung mit den gesetzgeberischen Vorgaben (Gefahrenabwehr) wirken sich bereits so auf die Ausübung des Ermessens aus, daß faktisch kaum noch Entschließungsermessen übrig bleibt. Den Polizei- und Ordnungsbehörden wird daher kaum noch Entschließungsermessen eingeräumt[1025].

14. Soweit die spezialgesetzlichen Ermächtigungsgrundlagen ausdrücklich dazu ermächtigen, Platzverweise auch gegen Personen anzuordnen, die den Einsatz der Feuerwehr oder von Hilfs- und Rettungsdienstes behindern, muß das Vorliegen einer konkreten Gefahr im einzelnen Fall nicht nachgewiesen werden[1026].

15. Spezialgesetzliche Ermächtigungen aufgrund besonderer Gesetze gehen im Anwendungsbereich des speziellen Gesetzes der polizeilichen Generalklausel generell vor. Ergibt eine Norminterpretation eindeutig, daß diese

---

1022 Vgl. dazu die Ausführungen im 2. Kapitel unter A. I. 7. a)
1023 Vgl. dazu die Ausführungen im 2. Kapitel unter A. I. 7. b)
1024 Vgl. dazu die Ausführungen im 2. Kapitel unter A. I. 7. c)
1025 Vgl. dazu die Ausführungen im 2. Kapitel unter A. I. 8. b) aa)
1026 Vgl. dazu die Ausführungen im 2. Kapitel unter A. II.

Regelungen nicht abschließend sind, darf auf die polizeiliche Generalklausel zurückgegriffen werden[1027].

16. Soweit in den Polizeigesetzen der klassische Platzverweis als Standardmaßnahme abschließend geregelt worden ist, verbietet sich grundsätzlich ein Rückgriff auf die polizeirechtliche Generalklausel aus systematischen und historischen Gründen[1028]. Es ist zwar völlig unbestritten, daß die polizeirechtliche Generalklausel auch heute noch in bestimmten Einzelfällen eine wichtige Auffangfunktion besitzt. Für die Bekämpfung der offenen Drogenszene als neuere Gefahrenlage ist jedoch ein Rückgriff auf die polizeiliche Generalklausel spätestens aus heutiger Sicht ausgeschlossen, da sich die offene Drogenszene mittlerweile langfristig entwickelt und dauerhaft etabliert hat.

17. Der polizeirechtliche Platzverweis als nicht vertretbare Unterlassungspflicht ist lediglich mit den Zwangsmitteln des Zwangsgeldes oder des unmittelbaren Zwangs durchsetzbar. Das Zwangsgeld bezieht sich in der Regel auf das "Aufenthalts- / Betretungs- bzw. Durchquerungsverbot", der unmittelbare Zwang auf den "Platzverweis"[1029].

18. Die Androhung eines Zwangsmittels kann nur mit dem Grundverwaltungsakt verbunden werden, wenn der zu vollstreckende Verwaltungsakt unanfechtbar geworden ist oder wenn die aufschiebende Wirkung eines dagegen eingelegten Rechtsbehelfs entfällt[1030].

19. Zwangsgeld kann insbesondere im Zusammenhang mit seiner Beitreibung und der Anordnung bzw. Vollstreckung von Ersatzzwangshaft ein geeignetes Mittel zur Durchsetzung eines klassischen oder qualifizierten Platzverweises sein[1031].

a) Zwangsgeld ist dem unmittelbaren Zwang grundsätzlich vorzuziehen, was im Falle eines längerfristigen Platzverweises auch hinsichtlich der Effektivität geboten erscheint, da das Zwangsgeldverfahren auf eine dauerhafte Einwirkung auf den Pflichtigen abzielt, während der unmittelbare Zwang immer nur

---

1027 Vgl. dazu die Ausführungen im 2. Kapitel unter B. I. 1.
1028 Vgl. dazu die Ausführungen im 2. Kapitel unter B. II. 2. bis. 4.
1029 Vgl. dazu die Ausführungen im 2. Kapitel unter C. I. 2. a)
1030 Vgl. dazu die Ausführungen im 2. Kapitel unter C. I. 3. b)
1031 Vgl. dazu die Ausführungen im 2. Kapitel unter C. I. 6. a) aa)

kurzfristig die Durchsetzung des Aufenthaltsverbotes gewährleisten kann. Zwangsgeld entfällt jedoch bei unaufschiebbaren Maßnahmen der Polizei[1032].

b) Zwangsgeld ist grundsätzlich auch bei klassischen Platzverweisen vorzuziehen, wenn der Platzverweis zugleich mit einem Aufenthaltsverbot kombiniert wird. Dies gilt insbesondere dann, wenn die Platzverweise zunächst freiwillig befolgt werden, kurze Zeit später jedoch der alte Aufenthaltsort wieder eingenommen wird[1033].

c) Bei der Androhung von Zwangsgeld ist darauf hinzuweisen, daß das zuständige Amtsgericht auf Antrag der jeweils zuständigen Behörde Ersatzzwangshaft anordnen kann, wenn das Zwangsgeld uneinbringlich ist. Erfolgt dieser Hinweis nicht, kann Ersatzzwangshaft nicht beantragt werden[1034].

d) Eine Zwangsgeldandrohung "für jeden Fall der Zuwiderhandlung" ist mit dem Sinn und Zweck des Zwangsgeldes nicht vereinbar[1035]. Mit einer summarischen Erfassung von Zwangsgeldern verliert das Zwangsgeld seinen Charakter als Beugemittel und bekommt statt dessen Strafcharakter.

e) Mit der Festsetzung eines Zwangsgeldes kann ferner zugleich ein weiteres Zwangsgeld angedroht werden. Durch diese Zwangsgeldandrohung soll die Wirkung der Zwangsgeldfestsetzung verstärkt und der betroffenen Person klar gemacht werden, daß sie mit weiteren Zwangsmitteln zu rechnen habe, sofern sie einem Aufenthaltsverbot nicht Folge leistet[1036].

f) Ist ein festgesetztes Zwangsgeld uneinbringlich und ist bei dessen Androhung auf die Möglichkeit der Haftanordnung hingewiesen worden, kann Ersatzzwangshaft angeordnet werden[1037].

g) Ein Zwangsgeld kann grundsätzlich auch dann festgesetzt und beigetrieben werden, wenn sich der Platzverweis durch Zeitablauf erledigt hat[1038]. Dies gilt auch für die Androhung und Verhängung einer Ersatzzwangshaft. Ledig-

---

1032 Vgl. dazu die Ausführungen im 2. Kapitel unter C. I. 6. a) aa) und ee) (5)
1033 Vgl. dazu die Ausführungen im 2. Kapitel unter C. I. 6. a) aa)
1034 Vgl. dazu die Ausführungen im 2. Kapitel unter C. I. 6. a) bb) (1)
1035 Vgl. dazu die Ausführungen im 2. Kapitel unter C. I. 6. a) bb) (2)
1036 Vgl. dazu die Ausführungen im 2. Kapitel unter C. I. 6. a) cc)
1037 Vgl. dazu die Ausführungen im 2. Kapitel unter C. I. 6. a) ee)
1038 Vgl. dazu die Ausführungen im 2. Kapitel unter C. I. 6. a) ff)

lich in besonderen Härtefällen kann der Grundsatz der Verhältnismäßigkeit es gebieten, von einer Ersatzzwangshaft abzusehen. Ausnahmsweise können aber gesetzliche Vorschriften zur Anwendung kommen, die vorrangig die Einstellung des Vollzugs vorschreiben, wenn weitere Verstöße gegen eine Duldungs- oder Unterlassungspflicht nicht zu erwarten sind.

20. Die Polizei kann unmittelbaren Zwang grundsätzlich erst dann anwenden, wenn andere Zwangsmittel nicht in Betracht kommen oder keinen Erfolg versprechen oder unzweckmäßig sind[1039].

21. Die Anwendung unmittelbaren Zwangs rechtfertigt nur ein Transportieren der betroffenen Person aus dem räumlichen Bereich des verfügten Platzverweises[1040]. Eine Rückkehr der betroffenen Person zum Verbotsbereich kann damit nicht ausgeschlossen werden, so daß als letzte Möglichkeit unter Umständen nur eine Ingewahrsamnahme verbleibt, um die konkrete Gefahr abzuwehren.

22. Gewahrsam setzt nicht zwangsläufig ein Einsperren in einem Arrestraum voraus. Es genügt, daß der Betroffene an einem bestimmten Ort für eine bestimmte Zeit festgehalten und an einer Fortbewegung tatsächlich und objektiv gehindert wird (z. B. das Festhalten in den regulären Diensträumen der Flughafenwache oder des Polizeipräsidiums, in einem Polizeifahrzeug oder Krankenhaus)[1041].

23. Der Durchsetzungsgewahrsam ist nicht als Vollstreckungsmaßnahme in Form von unmittelbarem Zwang zu qualifizieren, sondern gerade wegen des damit verbundenen besonders schwerwiegenden Eingriffs als selbständige Maßnahme (Grundverfügung) anzusehen[1042].

a) Der Durchsetzungsgewahrsam kommt generell nur in Betracht, wenn anderenfalls eine Störung für bedeutsame Rechtsgüter (Bestand des Staates, Leben, Gesundheit, Freiheit oder nicht unwesentliche Vermögenswerte) droht (erhebliche Gefahr)[1043]. Nur in solchen Fällen können diese gewichti-

---

1039 Vgl. dazu die Ausführungen im 2. Kapitel unter C. I. 6. b)
1040 Vgl. dazu die Ausführungen im 2. Kapitel unter C. I. 6. b)
1041 Vgl. dazu die Ausführungen im 2. Kapitel unter C. II. 1.
1042 Vgl. dazu die Ausführungen im 2. Kapitel unter C. II. 2.
1043 Vgl. dazu die Ausführungen im 2. Kapitel unter C. II. 2.

gen Gründe des Gemeinwohls auch bei strenger Beachtung des Grundsatzes der Verhältnismäßigkeit eine Freiheitsentziehung zulassen.

b) Der Durchsetzungsgewahrsam darf bei klassischen Platzverweisen nur so lange dauern wie der klassische Platzverweis zulässig wäre[1044]. Dies ergibt sich aus der engen Verknüpfung des Durchsetzungsgewahrsams mit dem klassischen Platzverweis. Dies gilt auch, soweit in den Polizeigesetzen Ingewahrsamnahmen bis zu zwei Wochen möglich sind.

24. Als Prognosekriterien für das Vorliegen einer unmittelbaren Gefahr als Voraussetzung für den Unterbindungsgewahrsam können insbesondere die legislatorischen Entscheidungshilfen des Bayerischen Gesetzgebers in Art. 17 Abs. 1 Nr. 2 Buchstabe a bis c BayPAG herangezogen werden[1045].

25. Ein Unterbindungsgewahrsam zur Verhinderung von Ordnungswidrigkeiten ist ebenfalls nur zur Abwehr einer erheblichen Gefahr zulässig[1046].

a) Der Verstoß gegen eine Gefahrenabwehrverordnung bzw. gegen eine Sondernutzungssatzung stellt regelmäßig eine geringfügigige Ordnungswidrigkeit dar. Allein auf derartige Verstöße gestützte Unterbindungsingewahrsamnahmen sind daher rechtlich nicht zulässig[1047]. Dies gilt auch bei Verletzung des Entfernungsgebotes gem. § 29 Abs. 1 Nr. 2 VersammlG.

b) Demgegenüber liegt beim Skandieren von "Nazi-Parolen" regelmäßig eine Ordnungswidrigkeit von erheblicher Gefahr für die Allgemeinheit im Sinne des § 118 OWiG vor[1048].

26. Die Zulässigkeit des Verbringungsgewahrsams hängt von den jeweiligen Umständen des Einzelfalles ab[1049].

a) Der "Verbringungsgewahrsam" ist jedenfalls dann zulässig, wenn die betroffene Person zwangsweise von dem Verbotsort entfernt werden soll. Die An-

---

1044 Vgl. dazu die Ausführungen im 2. Kapitel unter C. II. 2. und im 2. Kapitel unter C. II. 6.

1045 Vgl. dazu die Ausführungen im 2. Kapitel unter C. II. 3. a)

1046 Vgl. dazu die Ausführungen im 2. Kapitel unter C. II. 3. c)

1047 Vgl. dazu die Ausführungen im 2. Kapitel unter C. II. 3. c)

1048 Vgl. dazu die Ausführungen im 2. Kapitel unter C. II. 3. c)

1049 Vgl. dazu die Ausführungen im 2. Kapitel unter C. II. 4.

wendung unmittelbaren Zwangs darf sich dabei aber nur auf das Verweisungsgebiet erstrecken, auf das sich der (zulässige) Platzverweis bezieht[1050].

b) Der Verbringungsgewahrsam ist im übrigen zulässig, wenn damit im Einzelfall tatsächlich ein geringerer Eingriff verbunden ist[1051]. Dies ergibt sich aus dem Grundsatz der Verhältnismäßigkeit, wonach diejenigen Maßnahmen zu treffen sind, die den Betroffenen am geringsten beeinträchtigen.

27. Der Schick- bzw. Rückführungsgewahrsam ist ebenfalls nur dann zulässig, wenn damit tatsächlich ein geringerer Eingriff im Verhältnis zum zulässigen Durchsetzungs- bzw. Unterbindungsgewahrsam verbunden ist[1052].

28. Ingewahrsamnahmen zur Verhütung von Ordnungswidrigkeiten sind mit der Europäischen Menschenrechtskonvention (MRK) vereinbar[1053]. Präventivpolizeilicher Gewahrsam kann auf Art. 5 I 2 lit. b EMRK gestützt werden. Danach ist eine Freiheitsentziehung u. a. zulässig, wenn durch sie die Erfüllung einer gesetzlich vorgeschriebenen Verpflichtung erzwungen werden soll.

III. Zum 3. Kapitel

1. Nach einer vom Bundesverfassungsgericht erarbeiteten Definition bedeutet Freizügigkeit "das Recht, an jedem Orte innerhalb des Bundesgebietes Aufenthalt und Wohnsitz zu nehmen"[1054].

a) Wohnsitz ist gegenüber Aufenthalt der speziellere Begriff. Wohnsitz wird von § 7 Abs. 1 BGB als ständige Niederlassung an einem Ort bestimmt. Die ständige Niederlassung wiederum wird verstanden als Aufenthaltsnahme mit dem Willen, nicht nur vorübergehend zu bleiben, sondern den Ort zum Mittel- oder Schwerpunkt der Lebensverhältnisse zu machen[1055].

[1050] Vgl. dazu die Ausführungen im 2. Kapitel unter C. II. 4. a)
[1051] Vgl. dazu die Ausführungen im 2. Kapitel unter C. II. 4. b)
[1052] Vgl. dazu die Ausführungen im 2. Kapitel unter C. II. 5.
[1053] Vgl. dazu die Ausführungen im 2. Kapitel unter C. II. 7.
[1054] Vgl. dazu die Ausführungen im 3. Kapitel unter A. I. 1. a)
[1055] Vgl. dazu die Ausführungen im 3. Kapitel unter A. I. 1. b)

b) Aufenthalt bedeutet vorübergehendes Verweilen[1056]. Die Abgrenzung von Art. 11 Abs. 1 GG zu der allgemeinen Bewegungsfreiheit des Art. 2 Abs. 2 Satz 2 GG (Freiheit der Person) bzw. Art. 2 Abs. 1 GG (allgemeine Handlungsfreiheit) ist wie folgt vorzunehmen:

aa) Beschränkungen der interterritorialen bzw. interkommunalen Freizügigkeit greifen regelmäßig in das Grundrecht der Freizügigkeit ein[1057].

bb) Beschränkungen der interlokalen Freizügigkeit greifen dann in das Grundrecht der Freizügigkeit ein, wenn sie die zeitliche Grenze von 12 Stunden oder die räumliche Grenze von einem Hektar überschreiten (qualifizierte Platzverweise)[1058].

2. Aus den abschließenden Vorbehalten in Art. 11 Abs. 2 GG ergibt sich, daß der Präventionsvorbehalt ("strafbaren Handlungen vorzubeugen") eng auszulegen ist[1059].

a) Ordnungswidrigkeiten oder gar Verstöße gegen die öffentliche Ordnung reichen für eine präventivrechtliche Einschränkung der Freizügigkeit nicht aus[1060].

b) Für den Präventionsvorbehalt ist es nicht (mehr) erforderlich, daß die betroffene Person bereits straffällig geworden sein muß[1061].

c) Ein polizeirechtlicher Eingriff in das Grundrecht der Freizügigkeit darf nur zur Abwehr einer gemeinen Gefahr oder einer Lebensgefahr für einzelne Personen, auf Grund eines Gesetzes auch zur Verhütung dringender Gefahren für die öffentliche Sicherheit und Ordnung vorgenommen werden[1062]. Der Begriff "strafbare Handlungen" ist daher mit Straftaten von erheblicher Bedeutung (Verbrechen, Gewerbs- und Bandenstraftaten, Gefährdung des Rechtsstaates, Landesverrat etc.) vergleichbar. Die neueren qualifizierten Ermächtigungsgrundlagen sind nicht mit Art. 11 Abs. 2 GG vereinbar, da sie

---

1056 Vgl. dazu die Ausführungen im 3. Kapitel unter A. I. 1. c)
1057 Vgl. dazu die Ausführungen im 3. Kapitel unter A. I. 1. c) cc)
1058 Vgl. dazu die Ausführungen im 3. Kapitel unter A. I. 1. c) ff)
1059 Vgl. dazu die Ausführungen im 3. Kapitel unter A. I. 2.
1060 Vgl. dazu die Ausführungen im 3. Kapitel unter A. I. 2. a)
1061 Vgl. dazu die Ausführungen im 3. Kapitel unter A. I. 2. b)
1062 Vgl. dazu die Ausführungen im 3. Kapitel unter A. I. 2. c)

Eingriffe in das Grundrecht auf Freizügigkeit auch bei Delikten der Bagatellkriminalität zulassen.

d) Art. 11 Abs. 2 GG mit seinem Präventionsvorbehalt fordert damit des weiteren mindestens eine konkrete Gefahr, die es abzuwenden gilt. Damit sind die qualifizierten Ermächtigungsgrundlagen nicht mit Art. 11 Abs. 2 GG vereinbar, da sie lediglich eine Gefahrenverdachtslage voraussetzen[1063].

e) Beschränkungen der Freizügigkeit sind grundsätzlich nicht auf der Grundlage der polizeirechtlichen Generalklausel zulässig[1064].

3. Die Freiheit der Person gem. Art. 2 Abs. 2 Satz 2 GG bezieht sich auf die körperliche Bewegungsfreiheit[1065].

a) Unstreitig wird daher ein Kernbereich von Art. 2 Abs. 2 Satz 2 GG geschützt, nämlich der Schutz vor willkürlicher Freiheitsentziehung[1066].

b) Art. 2 Abs. 2 Satz 1 GG schützt aber auch vor Freiheitsbeschränkungen[1067]. Platzverweise greifen in das Grundrecht der Freiheit der Person ein, wenn jemand unter Androhung von unmittelbarem Zwang oder von Zwangsgeldern durch die öffentliche Gewalt gegen seinen Willen daran gehindert wird, einen beliebigen Ort aufzusuchen und sich dort aufzuhalten[1068].

4. Aus Art. 104 Abs. 2 Satz 1 GG ergibt sich zwingend, daß über die Zulässigkeit und Fortdauer einer Freiheitsentziehung nur der Richter zu entscheiden hat.

a) Freiheitsentziehung bedeutet das Festhalten (durch Anordnung und/oder Vollzug) an eng umgrenztem Ort; also jede Art von Arrest, Gewahrsam, Haft, Freiheitsstrafe und Unterbringung[1069].

1063 Vgl. dazu die Ausführungen im 3. Kapitel unter A. I. 2. d)
1064 Vgl. dazu die Ausführungen im 3. Kapitel unter A. I. 2. e)
1065 Vgl. dazu die Ausführungen im 3. Kapitel unter A. II. 1. a)
1066 Vgl. dazu die Ausführungen im 3. Kapitel unter A. II. 1. b)
1067 Vgl. dazu die Ausführungen im 3. Kapitel unter A. II. 1. c) aa)
1068 Vgl. dazu die Ausführungen im 3. Kapitel unter A. II. 1. c) aa) bis dd)
1069 Vgl. dazu die Ausführungen im 3. Kapitel unter A. II. 3.

b) Bei Platzverweisen handelt es sich grundsätzlich nicht um Freiheitsentziehungen, sondern um Freiheitsbeschränkungen, auch soweit sie zwangsweise durchgesetzt werden[1070]. Platzverweise dienen dazu, die Freiheit der Person zu beschränken und nicht zu entziehen. Daher unterliegen Platzverweise regelmäßig nicht dem Richtervorbehalt gemäß Art. 104 Abs. 2 bis 4 GG.

5. Platzverweise können sowohl in Art. 2 Abs. 2 Satz 2 GG als auch in Art. 11 Abs. 1 GG (qualifizierte Platzverweise) eingreifen[1071]. Umgekehrt greifen Ingewahrsamnahmen regelmäßig in das Grundrecht der Freizügigkeit und das Grundrecht der Freiheit der Person in Form einer Freiheitsentziehung ein.

a) Qualifizierte Platzverweise müssen sich ausschließlich am Schrankenvorbehalt des Art. 11 Abs. 2 GG messen lassen können[1072].

b) Bei Eingriffen in die Freiheit der Person (z. B. beim Durchsetzungs- oder Unterbindungsgewahrsam) in Form von Freiheitsentziehungen sind ausschließlich die Schrankenvorbehalte der Art. 2 Abs. 2 Satz 2, Art. 104 Abs. 2 bis 4 GG zu beachten[1073].

6. Art. 8 Abs. 1 GG schützt Versammlungen und Aufzüge als Ausdruck gemeinschaftlicher, auf Kommunikation angelegter Entfaltung[1074].

a) Der Schutz des Art. 8 Abs. 1 GG endet jedoch dort, wo es nicht um die - wenn auch kritische - Teilnahme an der Versammlung, sondern um deren Verhinderung geht[1075]. Die Anwendung des Versammlungsgesetzes bleibt davon jedoch unberührt.

b) Der Anwendungsbereich des Versammlungsgesetzes ist des weiteren nicht nur auf "Deutsche" beschränkt[1076].

7. Die behördliche Eingriffsbefugnis gem. § 15 Abs. 1 VersammlG ist stets im Lichte der grundlegenden Bedeutung des Art. 8 Abs. 1 GG im freiheitlichen

---

1070 Vgl. dazu die Ausführungen im 3. Kapitel unter A. II. 3.
1071 Vgl. dazu die Ausführungen im 3. Kapitel unter A. III. 1.
1072 Vgl. dazu die Ausführungen im 3. Kapitel unter A. III. 2.
1073 Vgl. dazu die Ausführungen im 3. Kapitel unter A. III. 3.
1074 Vgl. dazu die Ausführungen im 3. Kapitel unter A. IV. 1.
1075 Vgl. dazu die Ausführungen im 3. Kapitel unter A. IV. 1. und 2. a)
1076 Vgl. dazu die Ausführungen im 3. Kapitel unter A. IV. 2. a)

demokratischen Staat auszulegen[1077]. Eine Ordnungswidrigkeit (z. B. gem. § 118 OWiG) allein wird daher für eine Auflösung der Versammlung gem. § 15 Abs. 2 i. V. m. § 15 Abs. 1 VersammlG regelmäßig nicht ausreichen.

8. Das Versammlungsgesetz ist gegenüber dem Landesrecht grundsätzlich "polizeifest". Dies bedeutet, daß im Anwendungsbereich des Versammlungsgesetzes Platzverweise grundsätzlich nicht verfügt werden dürfen, bevor die Versammlung nicht auf der Grundlage des § 15 VersammlG verboten (Abs. 1) oder aufgelöst worden ist (Abs. 2)[1078].

a) Das Polizeirecht des Landes kann und muß jedoch angewendet werden, wenn es sich um Anordnungen aus bauordnungs-, feuersicherheits- oder seuchenrechtlichen Gründen handelt, die mit der Ausübung des Grundrechts der Versammlungsfreiheit in keinem inneren Zusammenhang stehen und es nur als Nebenfolge betreffen[1079].

b) Das Versammlungsgesetz ist im Vorfeld von Demonstrationen dann anwendbar, wenn polizeiliche Maßnahmen den Vorgang des Sich-Versammelns wesentlich erschweren[1080]. Platzverweise im Vorfeld einer Versammlung, die sich beispielsweise auch auf den Versammlungsort erstrecken, können somit nicht auf die Eingriffsgrundlagen der Polizeigesetze gestützt werden.

c) Ausnahmsweise können Platzverweise im Anwendungsbereich des Versammlungsgesetzes verfassungsrechtlich geboten sein. Dies ist der Fall, wenn die Unterbindung einer Versammlung durch Auflösung nach § 15 Abs. 1 VersammlG in den Fällen nicht in Betracht kommt, in denen die Unterbindung der Versammlung zur Abwehr der zu bekämpfenden Gefahr nicht erforderlich oder unverhältnismäßig und deswegen übermäßig belastend ist[1081]. Je nach den Umständen des Einzelfalles sind folgende Fallkonstellationen in Betracht zu ziehen:

aa) Einzelne Teilnehmer können von der Versammlung ausgeschlossen werden, die sich danach gem. §§ 18 Abs. 3 und Abs. 1 i. V. m. § 13 Abs. 2 VersammlG unverzüglich zu entfernen haben. Bei Nichtbeachtung kann dieses

---

1077 Vgl. dazu die Ausführungen im 3. Kapitel unter A. IV. 2. a)
1078 Vgl. dazu die Ausführungen im 3. Kapitel unter A. IV. 2. b)
1079 Vgl. dazu die Ausführungen im 3. Kapitel unter A. IV. 2. b)
1080 Vgl. dazu die Ausführungen im 3. Kapitel unter A. IV. 2. b) aa)
1081 Vgl. dazu die Ausführungen im 3. Kapitel unter A. IV. 2. b) bb)

Gebot als Ordnungswidrigkeit gem. § 29 Abs. 1 Nr. 5 VersammlG geahndet werden und schließlich das Platzverweisverfahren nach den Polizeigesetzen zur Anwendung kommen[1082].

bb) Einzelnen Störern kann aber auch der Aufenthalt im Bereich des Veranstaltungsraumes verboten werden. Platzverweise werden in diesen Fällen dann auf § 15 Abs. 1 VersammlG i. V. mit den einschlägigen Ermächtigungsgrundlagen für Platzverweise gestützt. Da aber das Versammlungsrecht weiterhin anwendbar ist, muß als gesteigerte Gefahrenlage zumindest eine unmittelbare Gefahr für die öffentliche Sicherheit bei der Anwendung der polizeirechtlichen Ermächtigungsgrundlagen vorliegen[1083].

cc) Die Verfahrensweisen zu aa) und bb) schließen sich nicht aus. Entscheidend ist vielmehr, welche Rechtsfolge im Einzelfall verhältnismäßig ist[1084].

dd) Das Entfernungsgebot gem. §§ 18 Abs. 1 und 3, 13 Abs. 2 VersammlG kann aber erst mit unmittelbarem Zwang durchgesetzt werden, sofern zuvor ein Platzverweis verfügt worden ist[1085].

d) Im Anwendungsbereich des Versammlungsgesetzes kann direkt auf Eingriffsgrundlagen der Strafprozeßordnung zurückgegriffen werden, wenn Personen im Verdacht stehen, eine Straftat begangen zu haben[1086].

9. Art. 73 Nr. 3, 1. Alt. GG steht einer landesrechtlichen Freizügigkeitsbeschränkung nicht entgegen[1087]. Die Verhütung von strafbaren Handlungen ist typische Funktion des traditionellen Gefahrenabwehrrechts (Polizei- und Ordnungsrecht).

10. Polizeigesetze, die in Form von qualifizierten Platzverweisen Eingriffe in das Grundrecht der Freizügigkeit ermöglichen, müssen den Art. 11 GG zitieren[1088]. Polizeigesetze, die Art. 11 GG nicht zitieren, obwohl sie zu Eingriffen in das Grundrecht der Freizügigkeit ermächtigen, verstoßen gegen das

---

1082 Vgl. dazu die Ausführungen im 3. Kapitel unter A. IV. 2. b) bb)
1083 Vgl. dazu die Ausführungen im 3. Kapitel unter A. IV. 2. b) bb)
1084 Vgl. dazu die Ausführungen im 3. Kapitel unter A. IV. 2. b) bb)
1085 Vgl. dazu die Ausführungen im 3. Kapitel unter A. IV. 2. d)
1086 Vgl. dazu die Ausführungen im 3. Kapitel unter A. IV. 2. b) cc)
1087 Vgl. dazu die Ausführungen im 3. Kapitel unter B. I.
1088 Vgl. dazu die Ausführungen im 3. Kapitel unter B. II.

Zitiergebot gem. Art. 19 Abs. 1 Satz 2 GG und sind daher verfassungswidrig.

11. Für qualifizierte Platzverweise ist eine spezialgesetzliche Eingriffsgrundlage verfassungsrechtlich geboten[1089]. Umgekehrt bedeutet dies, daß qualifizierte Platzverweise, die lediglich auf die polizeiliche Generalklausel gestützt werden können, regelmäßig wegen fehlender Ermächtigungsgrundlage unzulässig und damit rechtswidrig sind.

a) Dies ergibt sich aus der Grundrechtsrelevanz und Intensität qualifizierter Platzverweise[1090].

b) Des weiteren fordert die Bedeutung qualifizierter Platzverweise für die Allgemeinheit und für das öffentliche Interesse eine spezialgesetzliche Ermächtigungsgrundlage[1091].

12. Vage Ermächtigungsgrundlagen - so wie sie für qualifizierte Platzverweise derzeit vorhanden sind -, die es dem Ermessen der Exekutive überlassen, die Grenzen der Freiheit zu bestimmen, sind nicht mit dem verfassungsrechtlich verankerten Bestimmtheitsgrundsatz vereinbar[1092].

a) Aufgrund der besonderen Grundrechtsrelevanz und Intensität von qualifizierten Platzverweisen sind an die Ermächtigungsgrundlagen für qualifizierte Platzverweise hohe Bestimmtheitsanforderungen zu stellen[1093].

aa) Die polizeirechtlichen Generalklauseln der Länder, soweit auf diese qualifizierte Platzverweise gestützt werden, genügen nicht diesen Anforderungen, da sie lediglich eine abstrakte Umschreibung der zulässigen Rechtsfolgen, die auf die "notwendigen Maßnahmen" beschränkt werden, enthalten[1094].

1089 Vgl. dazu die Ausführungen im 3. Kapitel unter B. III.
1090 Vgl. dazu die Ausführungen im 3. Kapitel unter B. III. 2. a)
1091 Vgl. dazu die Ausführungen im 3. Kapitel unter B. III. 2. b)
1092 Vgl. dazu die Ausführungen im 3. Kapitel unter B. IV.
1093 Vgl. dazu die Ausführungen im 3. Kapitel unter B. IV. 2. b)
1094 Vgl. dazu die Ausführungen im 3. Kapitel unter B. IV. 2. b)

bb) Da zudem qualifizierte Platzverweise in der Sache inhaltlich, zeitlich und örtlich begrenzt werden können, entsprechen auch die neueren qualifizierten Ermächtigungsgrundlagen nicht den Bestimmtheitsanforderungen[1095].

b) Die uneinheitliche Rechtsanwendung des Grundrechts auf Freizügigkeit gem. Art. 11 GG, des Grundrechts der Freiheit der Person gem. Art. 2 Abs. 2 Satz 2 GG und des Grundsatzes der Verhältnismäßigkeit durch die Gerichte führt dazu, daß die Rechtsprechung selber gegen das Bestimmtheitsgebot verstößt[1096].

c) Das Ausmaß für qualifizierte Platzverweise ist gerade auch wegen der besonderen Bedeutung für die Allgemeinheit von dem Gesetzgeber selbst festzulegen[1097].

13. Bei den klassischen sowie qualifizierten Platzverweisen ist - wie bei jeder anderen polizeilichen Maßnahme auch - der Grundsatz der Verhältnismäßigkeit zu beachten[1098].

a) Qualifizierte Platzverweise sind jedenfalls dann als geeignet anzusehen, wenn sie den angestrebten Zweck (Gefahrenabwehr) zumindest fördern[1099]. Dazu reicht beispielsweise die Verdrängung der offenen Drogenszene von stark frequentierten Bereichen.

b) Der Grundsatz der Erforderlichkeit fordert für die Ausdehnung des räumlichen Bereichs konkrete Tatsachen, daß überall dort in der Vergangenheit und auch in der Zukunft konkrete Gefahren für die öffentliche Sicherheit (z. B. Verstöße gegen das Betäubungsmittelgesetz) bzw. Ordnung bestanden haben bzw. bestehen werden[1100].

c) Ereignisabhängige Platzverweise dürfen sich maximal nur auf den Zeitraum der Veranstaltung erstrecken. Im übrigen fehlt es für zeitliche Befristungen überwiegend an verfassungsrechtlich gebotenen Kriterien. Solange die Gesetzgeber zumindest keinen Maximalwert vorgegeben haben, ist jede

---

1095 Vgl. dazu die Ausführungen im 3. Kapitel unter B. IV. 2. b)
1096 Vgl. dazu die Ausführungen im 3. Kapitel unter B. IV. 2. c)
1097 Vgl. dazu die Ausführungen im 3. Kapitel unter B. IV. 2. d)
1098 Vgl. dazu die Ausführungen im 3. Kapitel unter B. V.
1099 Vgl. dazu die Ausführungen im 3. Kapitel unter B. V. 2.
1100 Vgl. dazu die Ausführungen im 3. Kapitel unter B. V. 3. b)

zeitliche Grenze für qualifizierte Platzverweise (z. B. im Zusammenhang mit den offenen Drogenszenen) willkürlich und damit ermessensfehlerhaft[1101].

d) Platzverweise - und damit auch die polizeirechtlichen Ermächtigungsgrundlagen - sind angemessen, wenn sie nicht zu einem Nachteil führen, der zu dem erstrebten Erfolg erkennbar außer Verhältnis steht[1102].

aa) Da qualifizierte Platzverweise auch im Vorfeld konkreter Gefahren möglich sind, die lediglich dem Schutz vor Bagatelldelikten dienen können, verstoßen die neueren Ermächtigungsgrundlagen gegen den Grundsatz der Verhältnismäßigkeit und sind daher verfassungswidrig[1103]. Der Schutz vor Bagatelldelikten darf nur insoweit in den Anwendungsbereich polizeirechtlicher Vorfeldbefugnisse aufgenommen werden, als durch ihre Gefährdung nicht nur Individualinteressen berührt werden, sondern wegen der Begehungsweise zugleich das Gemeinwesen besonders bedroht wird.

bb) Der Grundsatz der Verhältnismäßigkeit fordert, auf die berechtigten Interessen der Betroffenen Rücksicht zu nehmen[1104]. Daher dürfen den Betroffenen auch im Rahmen eines Aufenthaltsverbotes Geschäfte des täglichen Lebens, wie etwa das Einkaufen, soziale Kontakte zu Freunden, Bekannten und Verwandten, die an den genannten Straßen und Plätzen wohnen, sowie die Teilnahme am kulturellen Leben, nicht verwehrt werden.

cc) Das verfassungsrechtliche Gebot der Verhältnismäßigkeit findet gleichsam für Rechtsnormen und Verwaltungsakte Anwendung[1105]. Sind die Tatbestandsmerkmale für einen Platzverweis erfüllt, muß auf der Rechtsfolgenseite eine ermessensgerechte Entscheidung gefunden werden.

(1) Dazu gehört auch, daß die Maßnahme im Einzelfall angemessen ist. Im Rahmen der Ermessensentscheidung ist daher eine einzelfallbezogene Beurteilung erforderlich, die sicherstellt, daß qualifizierte Platzverweise bei reinen Bagatelldelikten unterbleiben[1106].

1101 Vgl. dazu die Ausführungen im 3. Kapitel unter B. V. 3. c)
1102 Vgl. dazu die Ausführungen im 3. Kapitel unter B. V. 4.
1103 Vgl. dazu die Ausführungen im 3. Kapitel unter B. V. 4. c) aa)
1104 Vgl. dazu die Ausführungen im 3. Kapitel unter B. V. 4. c) bb)
1105 Vgl. dazu die Ausführungen im 3. Kapitel unter B. V. 4. c) cc)
1106 Vgl. dazu die Ausführungen im 3. Kapitel unter B. V. 4. c) cc)

(2) Anders fällt jedoch die Beurteilung der Angemessenheit bei qualifizierten Platzverweisen zur Verhinderung schwerwiegender Straftaten aus. In derartigen Fällen wird ein dreimonatiges Aufenthaltsverbot zur Verhinderung weiterer schwerwiegender Drogendelikte an dem Antreffort angemessen sein[1107].

Qualifizierte Platzverweise gegenüber drogenabhängigen Drogendealern, die über drei Monate hinausgehen, sind unzumutbar, da sie sehr schnell zu einer faktischen Verbannung führen können[1108].

dd) Verfassungsrechtlich ist für qualifizierte Platzverweise eine zeitliche (für max. 3 Monate) und örtliche Begrenzung (nur für stark frequentierte Bereiche oder für max. wenige Hektar) in den Ermächtigungsgrundlagen notwendig, um eine uferlose Anwendung zu vermeiden[1109].

IV. **Zum 4. Kapitel**

1. Bei strafprozessualen Platzverweisen gem. § 164 StPO ist eine gerichtliche Entscheidung beim zuständigen Oberlandesgericht gem. § 25 Abs. 1 EGGVG zu beantragen[1110].

2. Gegen einen polizeirechtlichen Platzverweis steht der betroffenen Person der Widerspruch gem. § 68 VwGO zur Verfügung[1111].

3. Die betroffene Person kann im Eilfall vorläufigen Rechtsschutz in Anspruch nehmen[1112]. Als solcher steht ihr einerseits das Verfahren auf (Wieder-) Herstellung der aufschiebenden Wirkung eines Widerspruchs gem. § 80 Abs. 5 VwGO und andererseits das Verfahren zum Erlaß der einstweiligen Anordnung gem. § 123 Abs. 1 VwGO zur Verfügung.

4. Gegen einen ablehnenden Widerspruchsbescheid auf Aufhebung einer Platzverweisverfügung ist gem. § 42 Abs. 1 VwGO die Anfechtungsklage statthaft[1113].

1107 Vgl. dazu die Ausführungen im 3. Kapitel unter B. V. 4. c) cc)
1108 Vgl. dazu die Ausführungen im 3. Kapitel unter B. V. 4. c) cc)
1109 Vgl. dazu die Ausführungen im 3. Kapitel unter B. V. 4. c) cc)
1110 Vgl. dazu die Ausführungen im 4. Kapitel unter A. I.
1111 Vgl. dazu die Ausführungen im 4. Kapitel unter A. II.
1112 Vgl. dazu die Ausführungen im 4. Kapitel unter A. III.
1113 Vgl. dazu die Ausführungen im 4. Kapitel unter A. IV.

5. Eine Verpflichtungsklage gem. § 42 Abs. 1 VwGO kommt als Rechtsbehelf in Anlehnung an § 123 Abs. 1 VwGO dann in Betracht, wenn ein Bürger durch das Unterlassen der Polizei- bzw. Ordnungsbehörde in seinen Rechten verletzt wird[1114].

6. Ist über einen Widerspruch oder über einen Antrag auf polizeiliches Einschreiten ohne zureichenden Grund in angemessener Frist sachlich nicht entschieden worden, so kommt gem. § 75 VwGO eine Untätigkeitsklage in Betracht[1115].

7. Mit dem Rechtsbehelf der sog. Fortsetzungsfestellungklage gem. § 113 Abs. 1 Satz 4 VwGO analog hat eine betroffene Person die Möglichkeit, die Rechtmäßigkeit bzw. die Rechtswidrigkeit eines bereits vor Klageerhebung erledigten polizeilichen Verwaltungsaktes feststellen zu lassen[1116].

a) Die Fortsetzungsfeststellungsklage ist ferner dann die richtige Klageart, wenn bei der Durchsetzung eines polizeirechtlichen Platzverweises ein Zwangsmittel, wie z. B. der unmittelbare Zwang, angewendet worden ist[1117].

b) Die Zulässigkeit der Fortsetzungsfeststellungsklage setzt voraus, daß der Kläger trotz der Erledigung ein berechtigtes Interesse an der gerichtlichen Feststellung der Rechtswidrigkeit des Verwaltungsaktes hat[1118].

aa) Platzverweise im Zusammenhang mit regelmäßig wiederkehrenden Großveranstaltungen können auch nach Erledigung mit der Fortsetzungsfeststellungsklage gem. § 113 Abs. Satz 4 VwGO analog überprüft werden. Das berechtigte Feststellungsinteresse ergibt sich aus der Wiederholungsgefahr[1119].

bb) Das Feststellungsinteresse kann sich auch im Hinblick auf die Vorbereitung eines nicht offensichtlich aussichtslosen Amtshaftungsprozesses ergeben. Hierzu muß die Erledigung des angefochtenen Verwaltungsaktes jedoch nach

---

1114 Vgl. dazu die Ausführungen im 4. Kapitel unter A. V.
1115 Vgl. dazu die Ausführungen im 4. Kapitel unter A. VI.
1116 Vgl. dazu die Ausführungen im 4. Kapitel unter A. VII.
1117 Vgl. dazu die Ausführungen im 4. Kapitel unter A. VII. 1.
1118 Vgl. dazu die Ausführungen im 4. Kapitel unter A. VII. 2.
1119 Vgl. dazu die Ausführungen im 4. Kapitel unter A. VII. 2. a)

Erhebung der Anfechtungsklage eingetreten sein (§ 113 Abs. Satz 4 VwGO)[1120].

cc) Das Feststellungsbegehren kann ferner auf ein berechtigtes Rehabilitationsinteresse gestützt werden[1121].

(1) Das Interesse an einer Rehabilitation ist nach einer erledigten polizeirechtlichen Maßnahme dann als berechtigt anzuerkennen, wenn mit ihr ein Eingriff in grundrechtlich geschützte Rechtspositionen verbunden und sie geeignet war, das Ansehen des Betroffenen in der Öffentlichkeit herabzusetzen[1122].

(2) Ein Rehabilitationsinteresse liegt darüber hinaus regelmäßig vor in Fällen tiefgreifender Grundrechtseingriffe, in denen die direkte Belastung durch den angegriffenen Hoheitsakt sich nach dem typischen Verfahrensablauf auf eine Zeitspanne beschränkt, in welcher der Betroffene die gerichtliche Entscheidung in der von der Prozeßordnung gegebenen Instanz kaum erlangen kann[1123]. Zu dieser Fallgruppe gehören grundsätzlich auch qualifizierte Platzverweise.

(3) Aufgrund des relativ kurzfristigen Eingriffs in Art. 2 Abs. 2 Satz 2 GG i. V. mit Art. 104 Abs. 1 GG wird das Rehabilitationsinteresse bei klassischen Platzverweisen in bezug auf diese Fallgruppe dagegen regelmäßig verneint werden müssen[1124].

8. Bei den Ingewahrsamnahmen zum Zwecke der Gefahrenabwehr handelt es sich um Verwaltungsakte, die grundsätzlich durch Widerspruch und Anfechtungsklage angegriffen werden können[1125]. Eine Reihe von Polizeigesetzen haben jedoch den Amtsrichter für zuständig erklärt.

1120 Vgl. dazu die Ausführungen im 4. Kapitel unter A. VII. 2. b)
1121 Vgl. dazu die Ausführungen im 4. Kapitel unter A. VII. 2. c)
1122 Vgl. dazu die Ausführungen im 4. Kapitel unter A. VII. 2. b) aa)
1123 Vgl. dazu die Ausführungen im 4. Kapitel unter A. VII. 2. b) bb)
1124 Vgl. dazu die Ausführungen im 4. Kapitel unter A. VII. 2. b) bb)
1125 Vgl. dazu die Ausführungen im 4. Kapitel unter B.

9. Bei den Rechtsschutzmöglichkeiten gegen Sondernutzungssatzungen und Gefahrenabwehrverordnungen ist zwischen der Inzidentkontrolle und dem Normenkontrollverfahren gem. § 47 VwGO zu unterscheiden[1126]:

a) Bei der Inzidentkontrolle stellt das Prozeßgericht selbst die Ungültigkeit fest und entscheidet so, als ob die Norm nicht vorhanden wäre[1127].

b) Beim Normenkontrollverfahren entscheidet das Oberverwaltungsgericht im Rahmen seiner Gerichtsbarkeit auf Antrag über die Gültigkeit von Satzungen und Rechtsverordnungen, sofern das Landesrecht dies bestimmt[1128].

10. Gegen einen Bußgeldbescheid, der aufgrund einer Sondernutzungssatzung oder Gefahrenabwehrverordnung erlassen worden ist, kann die betroffene Person innerhalb von zwei Wochen nach Zustellung Einspruch einlegen (§ 67 Abs. 1 Satz 1 OWiG)[1129].

V. Zum 5. Kapitel

1. Diese Untersuchung schließt mit dem Ergebnis ab, daß mangels einer verfassungsgerechten Rechtsgrundlage der qualifizierte Platzverweis derzeit keinerlei Stütze im geltenden System sämtlicher Eingriffsbefugnisse findet[1130].

a) Qualifizierte Platzverwiese greifen regelmäßig in das Grundrecht der Freizügigkeit gem. Art. 11 Abs. 1 GG ein. Der Präventionsvorbehalt des Art. 11 Abs. 2 GG verlangt, daß Eingriffe in das Grundrecht der Freizügigkeit zur Abwehr einer gegenwärtigen Gefahr der Begehung einer Straftat von erheblicher Bedeutung erforderlich sind.

b) Der verfassungsrechtlich verankerte Grundsatz der Verhältnismäßigkeit beschränkt Eingriffe in das Grundrecht der Freizügigkeit zusätzlich auf lediglich stark frequentierte Bereiche bzw. auf max. wenige Hektar und für einen Zeitraum von bis zu drei Monaten.

1126 Vgl. dazu die Ausführungen im 4. Kapitel unter C.
1127 Vgl. dazu die Ausführungen im 4. Kapitel unter C. I.
1128 Vgl. dazu die Ausführungen im 4. Kapitel unter C. II.
1129 Vgl. dazu die Ausführungen im 4. Kapitel unter D.
1130 Vgl. dazu die Ausführungen im 5. Kapitel unter A.

2. Will man rechtspolitisch weiterhin an Ermächtigungsgrundlagen[1131] für qualifizierte Platzverweise festhalten, so sind die Gesetzgeber verfassungsrechtlich gefordert, qualifizierte Platzverweise lediglich zu Eingriffen in das Grundrecht der Freizügigkeit zuzulassen, wenn diese zur Abwehr einer gegenwärtigen Gefahr der Begehung einer Straftat von erheblicher Bedeutung erforderlich sind. Dabei sind qualifizierte Platzverweise zeitlich und örtlich auf Maximalwerte zu begrenzen[1132].

3. Nach dem Ergebnis dieser Untersuchung ist es von erheblicher Bedeutung, an der Unterscheidung zwischen klassischen und qualifizierten Platzverweisen festzuhalten, wobei den Gesetzgebern nur noch ein geringfügiger Regelungsbereich für qualifizierte Platzverweise verbleibt[1133].

4. Klassische Platzverweise können einen Beitrag zur Bekämpfung gefährlicher und störender offener Szenen vor allem im Drogenbereich leisten[1134].

5. Exzessive Verhaltensweisen im Gemeindegebiet können mit Sondernutzungssatzungen und Gefahrenabwehrverordnungen untersagt werden[1135]. Die Publizierung von Sondernutzungssatzungen und Gefahrenabwehrverordnungen trägt zudem zur Voraussehbarkeit und Berechenbarkeit staatlichen Handelns bei.

6. Damit die Bildung von sog. "offenen Szenen" sehr früh erkannt und mit klassischen Platzverweisen bekämpft werden kann, sollten regelmäßig begleitend sog. Präventionsräte gebildet werden[1136].

1131 Vgl. den Formulierungsvorschlag im 5. Kapitel unter D.
1132 Vgl. dazu die Ausführungen im 5. Kapitel unter A.
1133 Vgl. dazu den Formulierungsvorschlag im 5. Kapitel unter D.
1134 Vgl. dazu die Ausführungen im 5. Kapitel unter E.
1135 Vgl. dazu die Ausführungen im 5. Kapitel unter B. und C.
1136 Vgl. dazu die Ausführungen im 5. Kapitel unter E.

Literaturverzeichnis

Achterberg, Norbert, **Püttner**, Günter, **Würtenberger**, Thomas (Hrsg.), Besonderes Verwaltungsrecht, Band 2, Kommunal- Haushalts-, Abgaben-, Ordnungs-, Sozial- und Dienstrecht, Heidelberg 2000, (zitiert: Bearbeiter, in: Achterberg/Püttner/Würtenberger, 2. Aufl. 2000)

Ahlers, Henrik, Grenzbereich zwischen Gefahrenabwehr und Strafverfolgung, Diss. 1997, Universität Marburg, Frankfurt am Main, Berlin, Bern, New York, Paris, Wien 1998 (zitiert: Ahlers, 1998)

Alberts, Hans Werner, Das neue Bremische Polizeigesetz, NVwZ 1983, 585

Alberts, Hans Werner, Die Polizeifestigkeit der Versammlungsfreiheit - zugleich eine Anmerkung zum sog. "Hamburger Kessel"-Urteil, VR 1987, 298

Alberts, Hans Werner, Die polizeiliche Räumung von Häusern, Die Polizei 1991, 70

Alberts, Hans Werner, Freizügigkeit als polizeiliches Problem, NVwZ 1997, 45

Alberts, Hans Werner, Staatsfreiheit von Versammlungen, zu VG Bremen, NVwZ 1989, 895; NVwZ 1989, 839

Alberts, Hans Werner, **Merten**, Karlheinz, **Rogosch**, Konrad, Gesetz zum Schutz der öffentlichen Sicherheit und Ordnung (SOG) Hamburg: mit Erläuterungen, Stuttgart, München, Hannover, Berlin, Weimar, Dresden 1996 (zitiert: Alberts/Merten/Rogosch, 1996)

Alberts, Marion, Faktische Grundrechtsbeeinträchtigungen als Schutzbereichsproblem, DVBl. 1996, 233

Alternativentwurf einheitlicher Polizeigesetze des Bundes und der Länder, Vorgelegt vom "Arbeitskreis Polizeirecht", Denninger, Erhard (Mitarb.), Neuwied - Darmstadt 1979 (zitiert: AE PolG, 1979)

Alternativkommentar zum Grundgesetz für die Bundesrepublik Deutschland, Wassermann, Rudolf (Hrsg.), 2 Bände, 2. Aufl., Darmstadt 1989 (zitiert: Bearbeiter, in: AK-GG, 2. Aufl. 1989)

Altschaffel, Thomas, Polizei- und Ordnungsrecht für Nordrhein-Westfalen, 1996 (zitiert: Altschaffel, 1996)

von Arnim, Hans Herbert, Zur "Wesentlichkeitstheorie" des Bundesverfassungsgerichts: Einige Anmerkungen zum Parlamentsvorbehalt, DVBl. 1987, 1241

Bäumler, Helmut, Verfassungsrechtliche Prüfung des Sächsischen Polizeigesetzes, NVwZ 1996, 765

Baer, Susanne, Zum "Recht auf Heimat" - Art. 11 GG und Umsiedlungen zugunsten des Braunkohletagebaus, NVwZ 1997, 27

Belz, Reiner, Polizeigesetz des Freistaates Sachsen mit Erläuterungen und ergänzenden Vorschriften, 3. Aufl., Dresden 1999 (zitiert: Belz, 3. Aufl. 1999)

Belz, Reiner, **Mußmann**, Eike, Polizeigesetz für Baden-Württemberg mit Erläuterungen und ergänzenden Vorschriften, 6. Aufl., Stuttgart, München, Hannover, Berlin, Weimar, Dresden 2001 (zitiert: Belz/Mußmann, 6. Aufl. 2001)

Berg, Günter, **Hein**, Karl-Ernst, Allgemeines Polizei- und Ordnungsrecht für Berlin: Kommentar für Ausbildung und Praxis, 4. Aufl., Hilden/Rhld. 1988 (zitiert: Berg/Hein, 4. Aufl. 1988)

Berg, Günter, **Knape**, Michael, **Kiworr**, Ulrich, Allgemeines Polizei- und Ordnungsrecht für Berlin: Kommentar für Ausbildung und Praxis, 8. Aufl., Hilden 2000 (zitiert: Berg/Knape/Kiworr, 6. Aufl. 2000)

Berg, Wilfried, Konkurrenzen schrankendivergenter Freiheitsrechte im Grundrechtsabschnitt des Grundgesetztes, Diss., Köln 1968 (zitiert: Berg, 1968)

Bergmann, Michael, Polizeifestigkeit des Versammlungsgeschehens, Diss, Kiel, Aachen 1996 (zitiert: Bergmann, 1996)

Berner, Georg, **Köhler**, Michael, Polizeiaufgabengesetz, 15. Aufl., München 1998 (zitiert: Berner/Köhler, 15. Aufl. 1998)

Berner, Georg, **Köhler**, Michael, Polizeiaufgabengesetz, 16. Aufl., München 2000 (zitiert: Berner/Köhler, 16. Aufl. 2000)

Bethäuser, Franz, Dreierbeschlüsse im Asylrecht, NVwZ 1985, 97

Bettermann, Karl August, Grenzen der Grundrechte, Berlin 1968 (zitiert: Bettermann, 1968)

Bindzus, Dieter, **Lange**, Jérome, Alkoholgenuß als Sondernutzung? Die "Saarbrücker Bettelsatzung" macht weiter von sich reden - OLG Saarbrücken, NJW 1998, 251, in: JuS 1998, 696

Bindzus, Dieter, **Lange**, Jérome, Ist Betteln rechtswidrig? - Ein historischer Abriß mit Ausblick, JuS 1996, 482

Birk, Dieter, Polizeiliche Unterbindung der Anreise zur Demonstration, JuS 1982, 496

Blankenagel, Alexander, Verlängerung des polizeilichen Unterbindungsgewahrsams in Bayern, DÖV 1989, 689

Bleckmann, Albert, **Busse**, Bartold, Die Ausreisefreiheit der Deutschen, DVBl. 1977, 794

Böhrenz, Gunter, **Franke**, Jürgen, **Unger**, Christoph, Niedersächsisches Gefahrenabwehrgesetz, 5. Aufl., Hannover 1998 (zitiert: Böhrenz/Franke/Unger, 5. Aufl. 1998)

Bonner Kommentar zum Grundgesetz, Dolzer, Rudolf, Vogel, Klaus (Hrsg.), 11 Bände, Loseblatt, Stand: Dezember 1999, Heidelberg 1999 (zitiert: Bearbeiter, in: BK-GG, Stand: 12/99)

Borowski, Martin, Intendiertes Ermessen, DVBl. 2000, 149

Braczyk, Boris Alexander, Grundrechtstheorie, Diss., Berlin, Bielefeld 1996 (zitiert: Braczyk, 1996)

Braun, Stefan, Freizügigkeit und Platzverweis, Diss. 1999/2000, Juristische Fakultät der Albert-Ludwigs-Universität Freiburg, Baden-Baden 2000 (zitiert: Braun, 2000)

Brenneisen, Hartmut, Die Versammlungsfreiheit und ihre Grenzen: Gewahrsam, Aufenthaltsverbot und Meldeauflagen im Vorfeld von Versammlungen, Kriminalistik 1999, 483

Breuer, Rüdiger, Rechtsprobleme der Altlasten, NVwZ 1987, 751

Brodersen, Carsten, Anmerkung zu BayVerfGH, NVwZ 1991, 664: "Zulässigkeit des polizeilichen Unterbindungsgewahrsams", JuS 1992, 165

Brühl, Raimund, Einführung in das Polizei- und Ordnungsrecht der neuen Bundesländer, DtZ-Informationen 1993, 105

Bündnis 90/DIE GRÜNEN im Niedersächsischen Landtag, Vom Mißbrauch des Polizeirechts, Hannover, März 1996 (zitiert: Bearbeiter, in: Bündnis 90/DIE GRÜNEN, 03/96)

Burfeind, Thees, Polizeiliche Maßnahmen gegen gewalttätige Demonstranten, Diss. 1993, Universität Göttingen, Aachen 1995 (zitiert: Burfeind, 1995)

Burgi, Martin, Der praktische Fall: Öffentliches Recht: Die Polizei - Dein Freund und seine Helfer, JuS 1997, 1106

Burgi, Martin, Erholung in freier Natur: Erholungsuchende als Adressaten staatlichen Umweltschutzes vor dem Hintergrund von Gemeingebrauch, Betretungsrecht und Grundrecht, Diss., Berlin 1993 (zitiert: Burgi, 1993)

Burmeister, Joachim, Freiheitsgewährleistungen, in: ders (Hrsg.): Verfassungsstaatlichkeit, Festschrift für Klaus Stein zum 65. Geburtstag, München 1997, 835-873 (zitiert: Burmeister, in: FS Stein)

Buttgereit, S., Prüfungsklausur mit Lösung, Schwerpunkte: Versammlungsrecht und die Rechtsproblematik des Verbringungsgewahrsams, Kriminalistik 1992, 239

Chen, Ying-Chung, Das Verwaltungsverfahren der Polizeibehörde - Geltung des VwVfG, unter besonderer Berücksichtigung der Anhörung vor polizeilichen Verwaltungsakten, Diss., Regensburg 1996 (zitiert: Chen, 1996)

Christensen, Ralph, **Jeand'Heur**, Bernd, Übungsklausur Öffentliches Recht (für Fortgeschrittene) - Der große Wurf, Jura 1994, 327

Cornel, Heinz, Verkaufsschlager "Zero Tolerance", Neue Kriminalpolitik, 1997, Heft 4, 34

Cremer, Wolfram, Art. 80 Abs. 1 S. 2 GG und Parlamentsvorbehalt - Dogmatische Unstimmigkeiten in der Rechtsprechung des Bundesverfassungsgerichts, AöR 1997, 248

Cremer, Wolfram, Aufenthaltsverbote und offene Drogenszene: Gesetzesvorrang, Parlamentsvorbehalt und grundgesetzliche Kompetenzordnung, NVwZ 2001, 1218

Darnstädt, Thomas, Gefahrenabwehr und Gefahrenvorsorge: eine Untersuchung über Struktur und Bedeutung der Prognose-Tatbestände im Recht der öffentlichen Sicherheit und Ordnung, Diss., Frankfurt am Main 1983 (zitiert: Darnstädt, 1983)

Degenhard, Christoph, Forum: Öffentlichrechtliche Fragen der "Hausbesetzungen", JuS 1982, 330

Deger, Johannes, Polizeirechtliche Maßnahmen bei Versammlungen?, NVwZ 1999, 265

Deger, Johannes, Sind Chaos-Tage und Techno-Paraden Versammlungen?, NJW 1997, 923

Deger, Johannes, Platzverweise und Betretungsverbote gegen Mitglieder der Drogenszene und anderer offener Szenen, VBlBW 1996, 90

Deutelmoser, Anna, Angst vor den Folgen eines weiten Versammlungsbegriffs?, NVwZ 1999, 240

Deutsches Polizeiblatt (DPolBl), Schutz privater Rechte, 1997 (zitiert: Bearbeiter, in: DPolBl 4/1997)

Deutsches Polizeiblatt (DPolBl), Obdachlosigkeit, 1997 (zitiert: Bearbeiter, in: DPolBl 5/1997)

Dicke, Detlev Christian, Öffentliches Recht: Der Skate-Board-Fall, in: JuS 1980, 592

Dietel, Alfred, **Gintzel**, Kurt, **Kniesel**, Michael, Demonstrations- und Versammlungsfreiheit: Kommentar zum Gesetz über Versammlungen und Aufzüge vom 24. Juli 1953, 12. Aufl., Köln, Berlin, Bonn, München 2000 (zitiert: Dietel/Gintzel/Kniesel, 12. Aufl. 2000)

Dill, Ricara, Amtsermittlung und Gefahrenerforschungseingriffe, Diss., Stuttgart, Mannheim 1997 (zitiert: Dill, 1997)

Discher, Thomas, Mittelbarer Eingriff, Gesetzesvorbehalt, Verwaltungskompetenz: Die Jugendsekten-Entscheidungen - BVerwGE 82, 76; BVerwG, NJW 1991, 1770; 1992, 2496; BVerfG, NJW 1989, 3269, JuS 1993, 463

von Doemming, Klaus-Berto, **Füsslein**, Rudolf Werner, **Matz**, Werner, Entstehungsgeschichte der Artikel des Grundgesetzes, JöR 1951, 1

Dolderer, Michael, Verfassungsfragen der "Sicherheit durch Null-Toleranz", NVwZ 2001, 130

Dreier, Horst, Dimension der Grundrechte, 1993 (zitiert: Dreier, 1993)

Dreier, Horst (Hrsg.), Grundgesetz: Kommentar, Band 1, Artikel 1-19, Tübingen 1996 (zitiert: Bearbeiter, in: Dreier, 1996)

Dreier, Horst (Hrsg.), Grundgesetz: Kommentar, Band 2, Artikel 20-82, Tübingen 1998 (zitiert: Bearbeiter, in: Dreier, 1998)

Drews, Bill, **Wacke**, Gerhard, **Vogel**, Klaus, **Martens**, Wolfgang, Gefahrenabwehr: Allgemeines Polizeirecht (Ordnungsrecht) des Bundes und der Länder, 9.

Aufl., Köln, Berlin, Bonn, München 1986 (zitiert: Drews/Wacke/Vogel/Martens, 9. Aufl. 1986)

Eberle, Carl-Eugen, Gesetzesvorbehalt und Parlamentsvorbehalt - Erkenntnisse und Folgerungen aus der jüngeren Verfassungsrechtsprechung -, DÖV 1984, 485

Ebert, Frank, **Honnacker**, Heinz, Thüringer Gesetz über die Aufgaben und Befugnisse der Polizei: Polizeiaufgabengesetz- PAG; mit Erläuterungen und ergänzenden Vorschriften, Stuttgart, München, Hannover, Berlin, Weimar 1993 (zitiert: Ebert/Honnacker, 1993)

Einwag, Alfred, **Schoen**, Gerd-Dieter, Bundesgrenzschutzgesetz, Kommentar, München 1973 (zitiert: Einwag/Schoen, 1973)

Enders, Christoph, Der praktische Fall - Öffentliches Recht - Die störende Beflaggung, JuS 1997, 539

Engelhardt, Hanns, **App**, Michael, Verwaltungs-Vollstreckungsgesetz, Verwaltungszustellungsgesetz, Kommentar unter besonderer Berücksichtigung der landesrechtlichen Bestimmungen und der Regelungen in der Justizbeitreibungsordnung, 5. Aufl., München 2001 (zitiert: Engelhardt/App, 5. Aufl. 2001)

Erbguth, Wilfried, Die nordrhein-westfälische Braunkohlenplanung und der Parlamentsvorbehalt, VerwArch 1995, 327

Erichsen, Hans-Uwe, Grundrechtliche Schutzpflichten nach der Rechtsprechung des Bundesverfassungsgerichts, Jura 1997, 85

Erichsen, Hans-Uwe, Polizeiliche Standardmaßnahmen, Jura 1993, 45

Faber, Heiko, **Schneider**, Hans-Peter (Hrsg.), Niedersächsisches Staats- und Verwaltungsrecht (NdsStVwR), Frankfurt a. M. 1985 (zitiert: Bearbeiter, in: Faber/Schneider, 1985)

Fahl, Christian, Zur Fragwürdigkeit bußgeldbewehrter Einschränkungen der Stadtstreicherei durch Sondernutzungssatzungen, DÖV 1996, 955

Feltes, Thomas, Das "Zero-Toleranz-Konzept", Kriminologie 2001, 85

Finkelnburg, Klaus, **Jank**, Peter, Vorläufiger Rechtsschutz im Verwaltungsstreitverfahren, 4. Aufl., München 1998 (zitiert: Finkelnburg/Jank, 4. Aufl. 1989)

Fischer, Gerhard, **Hitz**, Fredi, **Laskowski**, Rainer, **Walter**, Bernd, Bundesgrenzschutzgesetz - BGSG, Zwangsanwendung nach Bundesrecht - VwVG, UZwG, mit Erläuterungen, 2. Aufl., Stuttgart, München, Hannover, Berlin, Weimar, Dresden 1996 (zitiert: Fischer/Hitz/Laskowski/Walter, 2. Aufl. 1996)

Franz, Fritz, Obdachlose sind Hilfsbedürftige und nicht Störer, DVBl. 1971, 249

Frings, Wolfgang, **Spahlholz**, Lothar, Das Recht der Gefahrenabwehr in Nordrhein-Westfalen, Hamburg 1996 (zitiert: Frings/Spahlholz, 1996)

Frotscher, Werner, Rechtsschutz gegen "Nicht-Verwaltungsakte", Jura 1980, 1

Fuchs, Joachim, Die Standardmaßnahme Gewahrsam im Polizeigesetz Baden-Württembergs (§ 28 PolG), Diss. 1996, Heidelberg 1997 (zitiert: Fuchs, 1997)

Gehlein, Markus, Videoüberwachung und Einsatz neuer Ermittlungsmethoden, NJW 1999, 104

Geis, Max-Emanuel, Polizeiliche Handlungsspielräume im Vorbereich und Verlauf von außergewöhnlichen Demonstrationslagen, Die Polizei 1993, 293

Göddeke, Dieter, Neues Polizeigesetz in Bremen, NVwZ 2001, 1232

Göhler, Erich, **Buddendiek**, Hans, Gesetz über Ordnungswidrigkeiten, 12. Aufl., München 1998 (zitiert: Göhler/Buddendiek, 12. Aufl. 1998)

Gössner, Rolf, **Ness**, Oliver, Polizei im Zwielicht: gerät der Apparat außer Kontrolle? / Rolf Gössner unter Mitarbeit von Oliver Ness und der Bundesarbeitsgemeinschaft Kritischer Polizistinnen und Polizisten, Frankfurt/Main, New York 1996 (zitiert: Gössner/Ness, 1996)

Götz, Volkmar, Allgemeines Polizei- und Ordnungsrecht, 12. Aufl., Göttingen 1995 (zitiert: Götz, 12. Aufl. 1995)

Götz, Volkmar, Anmerkung zu SächsVerfGH, LKV 1996, 273; JZ 1996, 969

Götz, Volkmar, Die Entwicklung des allgemeinen Polizei- und Ordnungsrechts (1981 bis 1983), in: NVwZ 1984, 211

Götz, Volkmar, Die Entwicklung des allgemeinen Polizei- und Ordnungsrechts (1990-1993), NVwZ 1994, 652

Götz, Volkmar, Die Entwicklung des allgemeinen Polizei- und Ordnungsrechts (1994-1997), NVwZ 1998, 679

Götz, Volkmar, Rechtsschutz gegen Maßnahmen der Polizei, JuS 1985, 869

Gornig, Gilbert-Hanno, **Jahn**, Ralf, Fälle zum Sicherheits- und Polizeirecht, München 1994 (zitiert: Gornig/Jahn, 1994)

Gramlich, Ludwig, Der Grundsatz allgemeiner Wahl und das Melderecht, DVBl. 1985, 425

Greifeld, Andreas, Obdachlose zwischen Polizei und Sozialhilfe - OVG Berlin, NJW 1980, 2484; JuS 1982, 819

Grote, Rainer, **Kraus**, Dieter, Fälle zu den Grundrechten, München 1997 (zitiert: Grote/Kraus, 1997)

Gusy, Christoph, Freiheitsentziehung und Grundgesetz, NJW 1992, 457

Gusy, Christoph, Polizeiarbeit zwischen Gefahrenabwehr und Strafverfolgung, StV 1993, 269

Gusy, Christoph, Polizeirecht, 4. Aufl., Tübingen 2000 (zitiert: Gusy, 4. Aufl. 2000)

Haase, Florian F., Neuere Überlegungen zum Problem der Ingewahrsamnahmen nach Massenveranstaltungen, NVwZ 2001, 164

Habermehl, Kai, Polizei- und Ordnungsrecht, 2. Aufl., Baden-Baden 1993 (zitiert: Habermehl, 2. Aufl. 1993)

Hallwas, Torsten, Das Vorgehen gegen Versammlungen unter Heranziehung des allgemeinen Polizei- und Ordnungsrechts, Diss., Universität Göttingen, Aachen 1995 (zitiert: Hallwas, 1995)

Hamann, Wolfram, Grundprobleme der Verantwortlichkeit im Polizei- und Ordnungsrecht, DVP 1988, 143

Handbuch des Polizeirechts (HdbPR), Lisken, Hans / Denninger, Erhard (Hrsg.), München 1992 (zitiert: Bearbeiter, in: HdbPR, 1992)

Handbuch des Polizeirechts (HdbPR), Lisken, Hans / Denninger, Erhard (Hrsg.), 2. Aufl., München 1996 (zitiert: Bearbeiter, in: HdbPR, 2. Aufl. 1996)

Handbuch des Staatsrechts der Bundesrepublik Deutschland (HdbStR), Isensee, Josef., Kirchhof, Paul (Hrsg.), 7 Bände, Heidelberg 1989 (zitiert: Bearbeiter, in: HdbStR VI, 1989)

Hans, Heinrich, Polizeiliche Maßnahmen gegen Stadtstreicher, Jura 1985, 431

Hansen-Dix, Frauke, Die Gefahr im Polizeirecht, im Ordnungsrecht und im Technischen Sicherheitsrecht, Köln 1982 (zitiert: Hansen-Dix, 1982)

Hantel, Peter, Das Grundrecht der Freiheit der Person nach Art. 2 II 2, 104 GG, JuS 1990, 865

Haseloff-Grupp, Heike, Bekämpfung der Drogenszene durch Platzverweise, VBlBW 1997, 161

Haurand, Günter, Allgemeines Polizei- und Ordnungsrecht in Nordrhein-Westfalen: Darstellung, 2. Aufl., Wiesbaden 1996 (zitiert: Haurand, 2. Aufl. 1996)

Hecker, Wolfgang, Aufenthaltsverbote im Recht der Gefahrenabwehr, NVwZ 1999, 261

Hecker, Wolfgang, Die Regelung des Aufenthalts von Personen im innerstädtischen Raum, Materialien zur Wohnungslosenhilfe, Heft 38, Darmstadt, August 1998 (zitiert: Hecker, MzW 1998, Heft 38)

Hecker, Wolfgang, Die Regelung des Aufenthalts von Personen im öffentlichen (innerstädtischen) Raum, Darmstadt 1997 (zitiert: Hecker, 1997)

Hecker, Wolfgang, Kein Ort. Nirgends?, Blätter der Wohlfahrtspflege-Deutsche Zeitschrift für Sozialarbeit 11+12 1997, 246

Hecker, Wolfgang, Platzverweise ohne Ermächtigungsgrundlage, JuS 1998, 575

Hecker, Wolfgang, Vorbild New York? Zur aktuellen Debatte über eine neue Sicherheits- und Kriminalpolitik, KJ 1997, 395

Heckmann, Dirk, **Klein**, Alexander, Der praktische Fall - Öffentliches Recht: Der polizeiliche Platzverweis, JuS 1995, 327

Heeger, Rainer, **Wien**, Andreas, Polizeiliche und ordnungsbehördliche Maßnahmen zur Reduzierung der offenen Drogenszene am Beispiel Dortmund, Die Polizei 1994, 190

Heesen, Dietrich, **Hönle**, Jürgen, **Semerak**, Arved, Gesetz über den Bundesgrenzschutz/BGSG: Kommentar für Praxis und Lehre, Hilden/Rhld. 1983 (zitiert: Heesen/Hönle/Semerak, 1983)

Heise, Gerd, **Riegel**, Reinhard, Musterentwurf eines einheitlichen Polizeigesetzes mit Begründung und Anmerkungen, 2. Aufl., Stuttgart - München - Hannover 1978 (zitiert: Heise/Riegel, 2. Aufl. 1978)

Hellerbrand, Christoph, Die Fortsetzungsfeststellungsklage, JA 1995, 153

Herrmann, Nikolaus, Verantwortlichkeit im allgemeinen Polizei- und Ordnungsrecht, DÖV 1987, 666

Herzog, Roman, Das Grundrecht auf Freiheit in der Europäischen Menschenrechtskonvention, AöR, Bd. 86, N.F. (1961), S. 194 ff.

Hesse, Konrad, Grundzüge des Verfassungsrechts der Bundesrepublik Deutschland, 19. Aufl., Heidelberg 1993 (zitiert: Hesse, 19. Aufl. 1993)

Hessisches Staats- und Verwaltungsrecht (HessStVwR), Meyer, Hans / Stolleis, Michael (Hrsg.), 2. Aufl., Frankfurt am Main 1986 (zitiert: Bearbeiter, in: HessStVwR, 2. Aufl. 1986)

Hetzer, Wolfgang, Artikel 11 des Grundgesetzes in seinen Auswirkungen auf polizeiliches Tätigwerden unter besonderer Berücksichtigung von Aufenthaltsverboten, ThürVBl. 1997, 241

Hetzer, Wolfgang, Gefahrenabwehr durch Verbannung?, Kriminalistik 1998, 133

Hetzer, Wolfgang, Zur Bedeutung des Grundrechts auf Freizügigkeit (Art. 11 GG) für polizeiliche Aufenthaltsverbote, JR 2000, 1

Hill, Hermann, Abschied von der öffentlichen Ordnung im Polizei- und Ordnungsrecht?, DVBl. 1985, 88

Hoeft, Stefan, Polizeiliche Maßnahmen gegen die offene Drogenszene, Diss. 1999, Universität Hamburg, Hamburg 1999 (zitiert: Hoeft, 1999)

Höllein, Hans-Joachim, Das Verbot rechtsextremistischer Veranstaltungen, NVwZ 1994, 635

Hoffmann-Riem, Wolfgang, **Koch**, Hans-Joachim (Hrsg.), Hamburgisches Staats- und Verwaltungsrecht (HambStVwR), Frankfurt a. M. 1988 (zitiert: Bearbeiter, in: Hoffmann-Riem/Koch, 1988)

Holoubek, Michael, Grundrechtsdogmatik, Habil., Wien 1997 (zitiert: Holoubek, 1997)

Holzkämper, Volker, Die Unterbindung aggressiven Bettelns als Rechtsproblem, NVwZ 1994, 146

Honnacker, Heinz, **Beinhofer**, Paul, **Samper**, Rudolf, Polizeiaufgabengesetz: PAG; Gesetz über die Aufgaben und Befugnisse der Bayerischen Staatlichen Polizei und Art. 6-11 LStVG; mit Erläuterungen, 17. Aufl., Stuttgart - München - Hannover - Berlin - Weimar - Dresden 1999 (zitiert: Honnacker/Beinhofer/Samper, 17. Aufl. 1999)

Horn, Thomas J., Das organisationsrechtliche Mandat, NVwZ 1986, 808

Hornmann, Gerhard, Hessisches Gesetz über die öffentliche Sicherheit und Ordnung, Kommentar, München 1997 (zitiert: Hornmann, 1997)

Hufeld, Ulrich, Der polizeirechtliche Platzverweis und das organisationsrechtliche Mandat, VBlBW 1999, 130

Hufen, Friedhelm, Verwaltungsprozeßrecht, München 1994, (zitiert: Hufen)

Info-Recht, Problemfelder bei Demonstrationen und sonstigen öffentlichen Veranstaltungen, Teil 1, Bildungsinstitut der Polizei Niedersachsen, Stand 7/99 (zitiert: Bearbeiter, in: info-Recht 7/99)

Info-Recht, Problemfelder bei Demonstrationen und sonstigen öffentlichen Veranstaltungen, Teil 2, Bildungsinstitut der Polizei Niedersachsen, Stand 8/99 (zitiert: Bearbeiter, in: info-Recht 8/99)

Info-Recht, Problemfelder bei Demonstrationen und sonstigen öffentlichen Veranstaltungen, Teil 3, Bildungsinstitut der Polizei Niedersachsen, Stand 2/00 (zitiert: Bearbeiter, in: info-Recht 2/00)

Ipsen, Jörn, Nds. Gefahrenabwehrrecht, Lehrbuch, Stuttgart u. a. 1995 (zitiert: Ipsen, 1995)

Ipsen, Jörn, Niedersächsisches Gefahrenabwehrrecht, Lehrbuch, 2. Aufl., Stuttgart, München, Hannover, Berlin, Weimar, Dresden 2001 (zitiert: Ipsen, 2. Aufl. 2001)

Jagusch, Heinrich, **Hentschel**, Peter, Straßenverkehrsrecht, 32. Aufl., München 1993 (zitiert: Jagusch/Hentschel, 32. Aufl. 1993)

Jarass, Hans D., **Pieroth**, Bodo, Grundgesetz für die Bundesrepublik Deutschland, Kommentar, 5. Aufl., München 2000 (zitiert: Bearbeiter, in: Jarass/Pieroth, 5. Aufl. 2000)

Jochum, Theo, **Rühle**, Dietrich G., Polizei- und Ordnungsrecht, 2. Aufl., Baden-Baden 2000 (zitiert: Jochum/Rühle, 2. Aufl. 2000)

Jura-Kartei (JK) auf CD-ROM, Edition 1997, Herausgegeben von Dagmar Coester-Waltjen, Hans-Uwe Erichsen, Klaus Geppert, Philip Kunig, Harro Otto, Klaus Schreiber, Berlin, New York 1997 (zitiert: Bearbeiter, in: JK 1997)

Kanein, Werner, **Renner**, Günter, Ausländerrecht: Ausländergesetz und Asylverfahrensgesetz mit Art. 16 a GG und materiellem Asylrecht sowie arbeits- und sozialrechtlichen Vorschriften; Kommentar, 7. Aufl., München 1999 (zitiert: Kanein/Renner, 7. Aufl. 1999)

Kanther, Wilhelm, Zur "Infrastruktur" von Versammlungen: vom Imbissstand bis zum Toilettenwagen, NVwZ 2001, 1239

Kappeler, Ann-Marie, Der Verbringungsgewahrsam im System vollzugspolizeilicher Eingriffsbefugnisse, DÖV 2000, 227

Kappeler, Ann-Marie, Öffentliche Sicherheit durch Ordnung: Konfliktlagen im öffentlichen Raum und ihre Bekämpfung durch aufenthaltsbeschränkende Maßnahmen (Platzverweis und Aufenthaltsverbot), Diss. 1999/2000, Rechtswissenschaftliche Fakultät der Universität Passau, Stuttgart, München, Hannover, Berlin, Weimar, Dresden 2001 (zitiert: Kappeler, 2001)

Karlsruher Kommentar, Boujong, Karlheinz (Hrsg.), Kommentar zum Gesetz über Ordnungswidrigkeiten, 2. Aufl., München 2000 (zitiert: Bearbeiter, in: KK-OWiG, 2. Aufl. 2000)

Karlsruher Kommentar, Pfeiffer, Gerd (Hrsg.), Kommentar zur Strafprozeßordnung und zum Gerichtsverfassungsgesetz mit Einführungsgesetz, 3. Aufl., München 1993 (zitiert: Bearbeiter, in: KK-StPO, 3. Aufl. 1993)

Karnop, Stefan, Recht der Gefahrenabwehr, Baden-Baden 1998 (zitiert: Karnop, 1998)

Katz, Alfred, Staatsrecht, Grundkurs im öffentlichen Recht, 13. Aufl., Heidelberg 1996 (zitiert: Katz, 13. Aufl. 1996)

Kay, Wolfgang, **Böcking**, Reinhold, Polizeirecht Nordrhein-Westfalen, München 1992 (zitiert: Kay/Böcking, 1992)

Keller, Rolf, **Griesbaum**, Rainer, Das Phänomen der vorbeugenden Bekämpfung von Straftaten, NStZ 1990, 416

Kese, Volkmar, Rechtssystematische und grundrechtsdogmatische Aspekte der Durchsetzung entkriminalisierter Verhaltensgebote durch die polizeirechtliche Ordnungsklausel, Diss. 1990, Universität Saarbrücken, Frankfurt am Main, Bern, New York, Paris 1991 (zitiert: Kese, 1991)

Kickartz, Peter, Ermittlungsmaßnahmen zur Gefahrerforschung und einstweilige polizeiliche Anordnung, Das Vorfeld der Polizeigefahr (Gefahrenabwehr), Gießen, 1984 (zitiert: Kickartz, 1984)

Kilian, Michael, **Meinel**, Anja, Der praktische Fall - Öffentliches Recht: Das gestörte Maisingen, JuS 1997, 440

Kirchhof, Paul, Verfassungsrechtlicher Schutz und internationaler Schutz der Menschenrechte: Konkurrenz oder Ergänzung? Landesbericht Deutschland für die IX. Konferenz der Europäischen Verfassungsgerichte, 10.-13. Mai 1993, Paris, EuGRZ 1994, 16

Kleinknecht, Theodor, **Meyer**, Karlheinz, **Meyer-Goßner**, Lutz, Strafprozeßordnung, Gerichtsverfassungsgesetz, Nebengesetze und ergänzende Bestimmungen, Kurz-Kommentar, 41. Aufl., München 1993 (zitiert: Kleinknecht/Meyer-Goßner, 41. Aufl. 1993)

Kloepfer, Michael, Der Vorbehalt des Gesetzes im Wandel, JZ 1984, 685

Knemeyer, Franz-Ludwig, Folgenbeseitigungsanspruch oder Anspruch auf polizeiliches Einschreiten - VGH Mannheim, NVwZ 1987, 1101, in: JuS 1988, 696

Knemeyer, Franz-Ludwig, Polizei- und Ordnungsrecht: Lehr- und Arbeitsbuch mit Anleitungen für die Klausur, 8. Aufl., München 2000, (zitiert: Knemeyer, 8. Aufl. 2000)

Knemeyer, Franz-Ludwig, Polizei- und Ordnungsrecht: Prüfe dein Wissen, 2. Aufl., München 1994, (zitiert: Knemeyer, PdW, 2. Aufl. 1994)

Knemeyer, Franz-Ludwig, Polizeigewahrsam und Richterentscheid - Zur Neufassung der gesetzlichen Regelung in Bayern, NVwZ 1990, 138

Kniesel, Michael, Die Versammlungs- und Demonstrationsfreiheit: Verfassungsrechtliche Grundlagen und versammlungsgesetzliche Konkretisierung, NJW 1992, 857

Kniesel, Michael, Neue Polizeigesetze contra StPO? Zum Regelungsstandort der vorbeugenden Bekämpfung von Straftaten und zur Verfassungsmäßigkeit polizeilicher Vorfeldaktivitäten, ZRP 1987, 377

Kniesel, Michael, Neufassung des Polizeirechts in Nordrhein-Westfalen, NVwZ 1990, 743

Kniesel, Michael, Polizeirechtliche Störerbestimmungen: Befugnisnormen oder Ermessensgrenzen?, DÖV 1997, 905

Kniesel, Michael, Versammlungs- und Demonstrationsfreiheit: Entwicklung des Versammlungsrechts seit 1996, NJW 2000, 2857

Kniesel, Michael, **Vahle**, Jürgen, **Clages**, Horst, VE ME PolG: Musterentwurf eines einheitlichen Polizeigesetzes in der Fassung des Vorentwurfs zur Änderung des ME PolG; Text und amtliche Begründung, Heidelberg 1990 (zitiert: Kniesel/-Vahle/Clages, 1990)

Kniesel, Michael, Vorbeugende Bekämpfung von Straftaten im neuen Polizeirecht - Gefahrenabwehr oder Strafverfolgung?, ZRP 1989, 329

Kodal, Kurt, **Krämer**, Helmut, Straßenrecht: systematische Darstellung des Rechts der öffentlichen Straßen, Wege und Plätze in der Bundesrepublik Deutschland, 6. Aul., München 1999 (zitiert: Bearbeiter, in: Kodal/Krämer, 6. Aufl. 1999)

Köbschall, Thomas, Der Verbringungsgewahrsam aus rechtlicher Sicht, Die Polizei 1997, 263

König, Hans-Günther, Ablehung und Versagung im Verwaltungsrecht, BayVBl. 1993, 268

König, Hans-Günther, Der Grundsatz vom Vorbehalt des Gesetzes und die Ergänzung des Normbestands für Eingriffsakte, BayVBl. 1988, 171

König, Hans-Günther, Bayerisches Sicherheitsrecht, Köln, Berlin, Bonn, München 1981 (zitiert: König, 1981)

Kohl, Wolfgang, Zulässigkeit ordnungsrechtlicher Maßnahmen gegen Obdachlose in den Städten - Unter besonderer Berücksichtigung von Alkoholverboten auf Grund straßenrechtlicher Sondernutzungssatzungen, NVwZ 1991, 620

Kokott, Juliane, Grundrechtsschutz im europäischen Gemeinschaftsrecht, AöR 1996, 599

Kolb, Angela, Das neue Polizeirecht in Sachsen-Anhalt, NJ 2000, 570

Kopp, Ferdinand O., **Ramsauer**, Ulrich, Verwaltungsverfahrensgesetz, Kommentar, 7. Aufl., München 2000, (zitiert: Kopp/Ramsauer, VwVfG, 7. Aufl. 2000)

Kopp, Ferdinand O., **Schenke**, Wolf-Rüdiger, Kommentar zur VwGO, 12. Aufl., München 2000, (zitiert: Kopp/Schenke, VwGO, 12. Aufl. 2000)

Kracht, Ernst, Die Bedeutung des Art. 104 GG in der öffentlichen Fürsorge, DVBl. 1950, 517

Kraft, Heinz, **Kay**, Wolfgang, **Böcking**, Reinhold, Eingriffsmaßnahmen der Polizei, 2. Aufl., Stuttgart, Dresden 1994 (zitiert: Kraft/Kay/Böcking, 2. Aufl. 1994)

Krebs, Thomas, Platzverweis: Städte im Kampf gegen Aussenseiter, Tübingen 2001 (zitiert: Krebs, 2001)

Krumrey, Stephen, Thüringer Ordnungsbehördengesetz, Kurzkommentar, 1996 (zitiert: Krumrey, 1996)

Kühne, Jörg-Detlef, Die Reichsverfassung der Paulskirche, Universität Bonn, Habil.-Schr. 1983; 2. Aufl., Neuwied, Kriftel, Berlin 1998 (zitiert: Kühne, 2. Aufl. 1998)

Kunig, Philip, Das Grundrecht auf Freizügigkeit, Jura 1990, 306

Kunig, Philip, Das Rechtsstaatsprinzip: Überlegungen zu seiner Bedeutung für das Verfassungsrecht der Bundesrepublik Deutschland, Universität Hamburg, Habil.-Schr. 1985, Tübingen 1986 (zitiert: Kunig, 1986)

Kunkel, Claudia, **Pausch**, Wolfgang, **Prillwitz**, Günther, Hessisches Gesetz über die öffentliche Sicherheit und Ordnung: Kommentar für die Praxis, Meinz-Kostheim 1991 (zitiert: Kunkel/Pausch/Prillwitz, 1991)

Kupfer, Hans-Wolfram, Das Recht der Ministerialpolizeiverordnungen in Bund und Ländern, Diss., Göttingen 1972 (zitiert: Kupfer, 1972)

Kutscha, Martin, "Schleierfahndung" und Aufenthaltsverbot, Neue Polizeibefugnisse in Berlin, Brandenburg und Sachsen, LKV 2000, 134

Latzel, Dieter, **Lustina**, Jürgen, Aufenthaltsverbot - Eine neue Standardmaßnahme neben der Platzverweisung?, Die Polizei 1995, 131

Leggereit, Rainer, Der Verbringungsgewahrsam - ein generell rechtswidriges Instrument der Vollzugspolizei?, NVwZ 1999, 263

Lesting, Wolfgang, Polizeirecht und offene Drogenszene, KJ 1997, 214

Lisken, Hans, "Verdachts- und ereignisunabhängige Personenkontrollen zur Bekämpfung der grenzüberschreitenden Kriminalität"?, NVwZ 1998, 22

Lisken, Hans, Das Aufenthaltverbot im novellierten Niedersächsischen Gefahrenabwehrgesetz, POLIZEI-heute 1996, 138

Lisken, Hans, Grundgesetz und neues Polizeirecht, ZRP 1980, 145

Lisken, Hans F., Innere Gefahren für den Rechtsstaat des Grundgesetzes, DRiZ 1992, 250

Maaß, Rainald, Der Verbringungsgewahrsam nach dem geltenden Polizeirecht, NVwZ 1985, 151

Mandelartz, Herbert, **Sauer**, Helmut, **Strube**, Bernhard, Polizeigesetz Saarland: Text und Kommentar, Lübeck 1990 (zitiert: Mandelartz/Sauer/Strube, 1990)

von Mangoldt, Hermann, Schriftlicher Bericht des Abgeordneten Dr. von Mangoldt über den Abschnitt I. Die Grundrechte, in: Parlamentarischer Rat, Band 3, Grundgesetz, Bonn 1948/49 (zitiert: von Mangoldt, 1948/49)

von Mangoldt, Hermann, **Klein**, Friedrich, **Starck**, Christian, Das Bonner Grundgesetz, Kommentar, Band 1: Präambel, Art. 1 bis 19, 4. Aufl., München 1999 (zitiert: Bearbeiter, in: von Mangoldt/Klein/Starck, 4. Aufl. 1999)

von Mangoldt, Hermann, **Klein**, Friedrich, **Starck**, Christian, Das Bonner Grundgesetz, Kommentar, Band 2: Art. 20 bis 78, 4. Aufl., München 2000 (zitiert: Bearbeiter, in: von Mangoldt/Klein/Starck, 4. Aufl. 2000)

Martini, Peter, Art. 3 Abs. 1 GG als Prinzip absoluter Rechtsgleichheit, Universität Passau, Diss. 1996, Köln 1997 (zitiert: Martini, 1997)

Maunz, Theodor, **Dürig**, Günter, Kommentar zum Grundgesetz, Band I (Art. 1 - 12 GG), Band II (Art. 12 a - 37 GG), Loseblatt, Stand: Oktober 1996, München 1996 (zitiert: Bearbeiter, in: Maunz/Dürig, Stand: 10/99)

Maurer, Hartmut, Allgemeines Verwaltungsrecht, 9. Aufl., München 1994, (zitiert: Maurer, 9. Aufl. 1994, 9. Aufl. 1994)

Mayer, Matthias, Vorfeldkontrollen bei Demonstrationen, JA 1998, 345

Meixner, Kurt, **Martell**, Jörg-Michael, Gesetz über die öffentliche Sicherheit und Ordnung des Landes Sachsen-Anhalt (SOG LSA): mit Erläuterungen und ergänzenden Vorschriften, Stuttgart, München, Hannover, Berlin, Weimar 1992 (zitiert: Meixner/Martell, 1992)

Meixner, Kurt, Hessisches Gesetz über die öffentliche Sicherheit und Ordnung (HSOG), 8. Aufl., Stuttgart, München, Hannover, Berlin, Weimar, Dresden 1998 (zitiert: Meixner, 8. Aufl. 1998)

Merten, Detlef (Hrsg.), Aktuelle Probleme des Polizeirechts: unter Berücks. d. Musterentwurfes e. einheitl. Polizeigesetzes d. Bundes u. d. Länder; Vorträge u.

Diskussionsbeitr. d. 5. Sonderseminars 1976 d. Hochsch. für Verwaltungswiss. Speyer, Berlin 1977 (zitiert: Bearbeiter, in: Merten, 1977)

Merten, Detlef, Der Inhalt des Freizügigkeitsrechts, Diss., Berlin 1970 (zitiert: Merten, 1970)

Merten, Karlheinz, **Merten**, Heike, Vorbeugende Verbrechensbekämpfung, ZRP 1991, 213

Meurers, Jochen, Gefahr im Verzug - Bürgerrechte auf dem Prüfstand, AKP 1997, 5

Michaelis, Lars Oliver, Der polizeiliche Platzverweis, Anmerkung zu Heckmann/Klein, JuS 1995, 327 ff.; JuS 1995, 1047

Moritz, Karl-Heinz, Vereinbarkeit des Vorführungsrechts der Staatsanwaltschaft mit Art. 104 GG?, NJW 1977, 796

Müller, Klaus, Polizeigesetz des Freistaates Sachsen: Kommentar; unter besonderer Berücksichtigung der Belange der Ortspolizeibehörden mit einer praktischen Anleitung zur Lösung polizeirechtlicher Fälle, Köln, Berlin, Bonn, München 1992, (zitiert: Müller, 1992)

Müller, Oswin, Der Abschied von der konkreten Gefahr als polizeirechtliche Eingriffsbefugnis, StV 1995, 602

von Münch, Ingo (Hrsg.), Besonderes Verwaltungsrecht, 10. Aufl., Berlin, New York 1995 (zitiert: Bearbeiter, in: von Münch, 10. Aufl. 1995)

von Münch, Ingo (Hrsg.), Grundgesetz-Kommentar, Bände II und III, 2. Aufl., München 1983 (zitiert: Bearbeiter, in: von Münch, 2. Aufl. 1983)

von Münch, Ingo, **Kunig**, Philip (Hrsg.), Grundgesetz-Kommentar, Band 1 (Präambel bis Art. 20), 5. Aufl., München 2000 (zitiert: Bearbeiter, in: von Münch/Kunig, 5. Aufl. 2000)

Mußmann, Eike, Der "Verbringungsgewahrsam", VBlBW 1986, 52

von Mutius, Albert, Der "Störer" im Polizei- und Ordnungsrecht, Jura 1983, 298

von Mutius, Albert, Die Generalklausel im Polizei- und Ordnungsrecht, in: Jura 1986, 649

Neumann, Hansgeorg, Verfassung der Freien Hansestadt Bremen, Stuttgart 1996 (zitiert: Neumann, 1996)

Ott, Sieghart, **Wächtler**, Hartmut, Gesetz über Versammlungen und Aufzüge (Versammlungsgesetz), 6. Aufl., Stuttgart - München - Hannover - Berlin - Weimar - Dresden 1996 (zitiert: Ott/Wächtler, 6. Aufl. 1996)

Palandt, Otto, Bürgerliches Gesetzbuch, Kommentar, 53. Aufl., München 1994 (zitiert: Palandt-Bearbeiter)

Papier, Hans-Jürgen, **Möller**, Johannes, Das Bestimmtheitsgebot und seine Durchsetzung, AöR 1997, 177

Peine, Franz-Joseph, Das Recht der Versammlungsfreiheit in der Rechtsprechung - Bestandsaufnahme, Änderungsvorschläge, NdsVBl. 2001, 153

Pieroth, Bodo, Das Grundrecht der Freizügigkeit (Art. 11 GG), JuS 1985, 81

Pieroth, Bodo, **Schlink**, Bernhard, Grundrechte, Staatsrecht II, 15. Aufl., Heidelberg 1999 (zitiert: Pieroth/Schlink, 15. Aufl. 1999)

Pietzcker, Jost, Der Anspruch auf ermessensfehlerfreie Entscheidung, JuS 1982, 106

Pietzcker, Jost, Polizeirechtliche Störerbestimmung nach Pflichtwidrigkeit und Risikosphäre, DVBl. 1984, 457

Pietzner, Rainer, **Ronellenfitsch**, Michael, Das Assessorexamen im Öffentlichen Recht, Widerspruchsverfahren und Verwaltungsprozeß, 9. Aufl., Düsseldorf 1996 (zitiert: Pietzner/Ronellenfitsch)

Prümm, Hans Paul, **Sigrist**, Hans, Allgemeines Sicherheits- und Ordnungsrecht, Neuwied, Kriftel, Berlin 1997 (zitiert: Prümm/Sigrist, 1997)

Prümm, Hans Paul, **Thieß**, Uwe, Allmeinges Polizei- und Ordnungsrecht: Fälle mit Lösungen; Grundbegriffe, Prüfungsschemata, Übungen; Neuwied, Kriftel, Berlin 1993 (zitiert: Prümm/Thieß, 1993)

Prümm, Hans Paul, **Stubenrauch**, Hubert, Polizeiverwaltungsgesetz von Rheinland-Pfalz, Kommentar, Wiesbaden 1986 (zitiert: Prümm/Stubenrauch, 1986)

Püttner, Günter, **Brühl**, Klaus, Öffentliches Recht: Tübinger Stocherkahnrennen, in: JuS 1988, 389

Rädler, Peter, Die Unverfügbarkeit der Menschenwürde in Deutschland und Frankreich - Die Urteile des französischen Conseil d'Etat zum "Zwergenweitwurf", DÖV 1997, 109

Rasch, E., Problem des polizeilichen Zwangs (Zwangsgeld, Ersatzvornahme, Rechtsschutz), in: DVBl. 1980, 1017

Rasch, Ernst, Polizei und Grundrechte, Zitiergebot - Freizügigkeit - polizeifeste Grundrechte, DVBl. 1987, 194

Rebmann, Kurt, **Roth**, Werner, **Herrmann**, Siegfried, Gesetz über Ordnungswidrigkeiten, Kommentar, Band 1, Stuttgart, Berlin, Köln, 3. Aufl. 1998, Stand: 3/99 (zitiert: Rebmann/Roth/Herrmann, 3/99)

Reichert, Bernd, **Ruder**, Karl-Heinz, **Fröhler**, Oliver, Besonderes Verwaltungsrecht für Baden-Württemberg: Polizeirecht, 5. Aufl., Baden-Baden 1997 (zitiert: Reichert/Ruder/Fröhler, 5. Aufl. 1997)

Reiff, Hermann, **Wöhrle**, Günter, **Wolf**, Heinz, **Stephan**, Ulrich, Polizeigesetz für Baden-Württemberg: Kommentar, 3. Aufl., Stuttgart, München, Hannover, Berlin, Weimar, Dresden 1984 (zitiert: Reiff/Wöhrle/Wolf/Stephan, 3. Aufl. 1984)

Reiff, Hermann, **Wöhrle**, Günter, **Wolf**, Heinz, **Stephan**, Ulrich, Polizeigesetz für Baden-Württemberg: Kommentar, 5. Aufl., Stuttgart, München, Hannover, Berlin, Weimar, Dresden 1999 (zitiert: Reiff/Wöhrle/Wolf/Stephan, 5. Aufl. 1999)

Richter, Ingo, **Schuppert**, Gunnar Folke, **Bumke**, Christian, Casebook Verfassungsrecht, 4. Aufl., München 2001 (zitiert: Richter/Schuppert/Bumke, 4. Aufl. 2001)

Ridder, Helmut, **Breitbach**, Michael, **Rühl**, Ulli, **Steinmeier**, Frank, Versammlungsrecht: Kommentar, Baden-Baden 1992 (zitiert: Ridder/Breitbach/Rühl/Steinmeier, 1992)

Riedinger, Gerhard, Aufenthaltsverbot in der offenen Drogenszene: Lösungsvorschlag zu VBlBW 2000, 292, VBlBW 2000, 332

Riegel, Reinhard, Bundesgrenzschutzneuregelungsgesetz: Kommentar, Köln, Berlin, Bonn, München 1996 (zitiert: Riegel, 1996)

Riegel, Reinhard, Das neue Polizeigesetz von Nordrhein-Westfalen, NJW 1980, 1435

Riegel, Reinhard, Die Bedeutung des Grundsatzes der Verhältnismäßigkeit und der Grundrechte für das Polizeirecht, BayVBl. 1980, 577

Riegel, Reinhard, Polizei- und Ordnungsrecht des Bundes und der Länder, Textsammlung mit Einführung und erläuternden Hinweisen, Loseblatt, Stand: Januar 1991, Köln, Berlin, Bonn, München 1991 (zitiert: Riegel, Stand: 1/91)

Riegel, Reinhard, Polizei- und Ordnungsrecht des Landes Bremen, Köln 1984 (zitiert: Riegel, 1984)

Riegel, Reinhard, Wesentliche Aspekte und Neuerungen im Polizeirecht der Länder, Die Polizei 1998, 211

Rieger, Annette, Die Abgrenzung doppelfunktionaler Maßnahmen der Polizei, Diss., Frankfurt am Main, Berlin, Bern, New York, Paris, Wien 1994 (zitiert: Rieger, 1994)

Riegler, Johannes-Jörg, Konflikte zwischen Grundgesetz und Länderverfassungen: zur Bedeutung der Grundrechte und Staatszielbestimmungen in den Verfassungen der neuen Länder, Diss., Würzburg 1996 (zitiert: Riegler, 1996)

Ritter, Werner, Das Erfordernis der genügenden Bestimmtheit: dargestellt am Beispiel des Polizeirechts, St. Gallen, Hochschule für Verwaltungswissenschaften, Diss., 1994 (zitiert: Ritter, 1994)

Robrecht, Michael P., Neuregelung des Aufenthaltsverbotes im Polizeigesetz des Freistaates Sachsen, SächsVBl. 1999, 232

Röthel, Anne, Grundrechte in der mobilen Gesellschaft, Diss. 1996, Berlin 1997 (zitiert: Röthel, 1997)

Roggan, Fredrik, Über das Verschwimmen von Grenzen zwischen Polizei- und Strafprozeßrecht - ein Beitrag zur rechtspolitischen Diskussion, Universität Bremen 1999 (zitiert: Roggan, 1999)

Roggan, Fredrik, Verfassungswidrige Befugniserweiterungen für die Polizei - die Entscheidung zum sächsischen Polizeigesetz, KJ 1997, 80

Roggan, Fredrik, **Sürig**, Jan, Aufenthaltsverbot für Drogenabhängige, KJ 1999, 307

Rommelfanger, Ulrich, **Rimmele**, Peter, Polizeigesetz des Freistaates Sachsen, Stuttgart, München, Hannover, Berlin, Weimar, Dresden 2000 (zitiert: Rommelfanger/Rimmele 2000)

Ronellenfitsch, Michael, Mobilität: Vom Grundbedürfnis zum Grundrecht?, DAR 1992, 321

Roos, Jürgen, Polizei- und Ordnungsgesetz Rheinland-Pfalz: POG, 2. Aufl., Stuttgart, München, Hannover, Berlin, Weimar, Dresden 2000 (zitiert: Roos, 2. Aufl. 2000)

Rozek, Jochen, "Der versagte Versammlungszutritt", JA 1996, 224

Rühle, Dietrich G., **Suhr**, Hans Jürgen, Polizei- und Ordnungsbehördengesetz Rheinland-Pfalz, Hilden 2000 (zitiert: Rühle/Suhr, 2000)

Rudolph, Inge, Das Zwangsgeld als Institut des Verwaltungszwanges, Göttingen, Univ., Diss. 1992, Frankfurt a. M. u. a. 1992 (zitiert: Rudolph, 1992)

Sachs, Michael (Hrsg.), Grundgesetz, Kommentar, 2. Aufl., München 1999 (zitiert: Bearbeiter, in: Sachs, 2. Aufl. 1999)

Saipa, Axel, Niedersächsisches Gefahrenabwehrgesetz (NGefAG), Kommentar, Stand: 3/98, Wiesbaden 1994 (zitiert: Saipa, 3/98)

Samper, Rudolf, Kommentar zum bayerischen Polizeiaufgabengestz - Gesetz über die Aufgaben und Befugnisse der Polizei in Bayern - PAG - und zum Zweiten Teil (Art. 6-11) des Landesstraf- und Verordnungsgesetzes (LStVG), 4. Aufl., München 1975 (zitiert: Samper, 1975)

Scheffler, Uwe, Zur Strafbarkeit von "Gaffern", NJW 1995, 232

Schenke, Wolf-Rüdiger, Delegation und Mandat im öffentlichen Recht, VerwArch 1977, 118

Schenke, Wolf-Rüdiger, Rechtsschutz gegen erledigtes Verwaltungshandeln, Jura 1980, 133

Schenke, Wolf-Rüdiger, Verfassungsrechtliche Probleme polizeirechtlichen Gewahrsams und polizeilicher Informationseingriffe, DVBl. 1996, 1393

Schenke, Wolf-Rüdiger, **Ruthig**, Josef, Rechtsscheinhaftung im Polizei- und Ordnungsrecht? Zur polizeilichen Verantwortlichkeit des sog. Anscheinsstörers, VerwArch 1996, 329

Schieffer, Martin, Die neue Freizügigkeitsverordnung/EG - Inhalt und Voraussetzungen des Aufenthaltsrechts nichterwerbstätiger Unionsbürger und ihrer Familienangehörigen im Bundesgebiet, NVwZ 1998, 31

Schink, Amtsermittlung und Gefahrerforschung - Polizeiliche Eingriffsbefugnisse bei Verdachtslagen, DVBl. 1989, 1182

Schipper, Dieter (Hrsg.), Polizeirecht in Schleswig-Holstein unter Berücksichtigung des allgemeinen Verwaltungsrechts und des Vollzugsrechts, Stuttgart, München, Hannover 1989 (zitiert: Bearbeiter, in: Schipper, 1989)

Schlaich, Klaus, Das Bundesverfassungsgericht - Stellung, Verfahren, Entscheidungen -, 3. Aufl., München 1994 (zitiert: Schlaich, 3. Aufl. 1994)

Schleithauer, Rudolf, Der Platzverweis zur Abwehr des Drogenmißbrauchs, VBlBW 1997, 447

Schloer, Bernhard, Der Adressat des polizeilichen Platzverweises, DÖV 1991, 955

Schloer, Bernhard, Der Obdachlose als Störer der öffentlichen Ordnung oder der öffentlichen Sicherheit?, DVBl. 1989, 739

Schmalz, Dieter, Grundrechte, Baden-Baden 1997 (zitiert: Schmalz, 1997)

Schmidbauer, Wilhelm, **Steiner**, Udo, **Roese**, Eberhard, Bayerisches Polizeiaufgabengesetz und Bayerisches Polizeiorganisationsgesetz, München 1999 (zitiert: Bearbeiter, in: Schmidbauer/Steiner/Roese, 1999)

Schmidt-Aßmann, Eberhard (Hrsg.), Besonderes Verwaltungsrecht, 11. Aufl., Berlin, New York 1999, (zitiert: Bearbeiter, in: Schmidt-Aßmann, 11. Aufl. 1999)

Schmidt-Bleibtreu, Bruno, **Klein**, Franz, Kommentar zum Grundgesetz, 9. Aufl., Berlin 1999 (zitiert: Schmit-Bleibtreu/Klein, 9. Aufl. 1999)

Schmidt-Jortzig, Edzard, Kommunalrecht, Stuttgart 1982, (zitiert: Schmidt-Jortzig)

Schmitt, Rudolf, Die Freizügigkeit unter besonderer Berücksichtigung des subjektiven öffentlichen Rechtes der Freizügigkeit, Kiel, Univ., Diss. 1937 (zitiert: Schmitt, 1937)

Schneider, Tobias, **Kensbock**, Karsten, Aktion saubere Stadt - Der Freier als Zweckveranlasser, VBlBW 1999, 168

Schnellenbach, Helmut, Verwaltungsvollstreckung und vorläufiger Rechtsschutz, in: JA 1994, 25

Schnur, Roman, Probleme um den Störerbegriff im Polizeirecht, DVBl. 1962, 1

Scholler, Heinrich, **Bross**, Siegfried, Besonderes Verwaltungsrecht und Verwaltungsprozeßrecht: mit e. Anleitung zur Fallbearb. für Studenten u. Referendare, 3. Aufl., Heidelberg 1984 (zitiert: Scholler/Bross, 3. Aufl. 1984)

Scholler, Heinrich, **Schloer**, B., Grundzüge des Polizei- und Ordnungsrechts in der Bundesrepublik Deutschland, 4. Aufl., Heidelberg 1993 (zitiert: Scholler/Schloer, 4. Aufl. 1993)

Scholz, Georg, **Decker**, Andreas Johannes, Bayerisches Sicherheits- und Polizeirecht: mit Zusammenfassungen, Aufbauschemata und 64 exemplarischen Fällen, 7. Aufl., München 1994 (zitiert: Scholz/Decker, 7. Aufl. 1994)

Schoreit, Gefahrenabwehr - vorbeugende Verbrechensbekämpfung - Legalitätsprinzip, DRiZ 1991, 320

Schulz, Guido, Freizügigkeit für Unionsbürger, Osnabrück, Univ., Diss. 1996, Frankfurt am Main, Berlin, Bern, Wien 1997 (zitiert: Schulz, 1997)

Schumann, Karl-Heinz, Grundriß des Polizei- und Ordnungsrechts: Eingriffsmaßnahmen u. ihre Vollstreckung, dargestellt nach dem Berliner ASOG, VwVG u. UZwG unter Berücks. d. ME PolG, Berlin, New York 1978 (zitiert: Schumann, 1978)

Schuppert, Gunnar Folke, Zur Nachprüfung gerichtlicher Entscheidungen durch das Bundesverfassungsgericht, AöR 1978, 43

Schwabe, Jürgen, Anmerkung zu OVG Nordrhein-Westfalen, Urteil vom 10.06.1981, Az. 4 A 2607/79, DVBl. 1982, 655

Schwan, Hartmut, Gründzüge des Polizei- und Ordnungsrechts in Thüringen (Teil II), ThürVBl. 2000, 29

Schwerdtfeger, Gunther, Öffentliches Recht in der Fallbearbeitung: Grundfallsystematik, Methodik, Fehlerquellen, 9. Aufl., München 1993 (zitiert: Schwerdtfeger)

Seetzen, Uwe, Der Prognosespielraum des Gesetzgebers, NJW 1975, 429

Seibert, Altlasten in der verwaltungsgerichtlichen Rechtsprechung, DVBl. 1992, 664

Seifert, Jürgen, Chaos-Tage: Modell Hannover, Aufenthaltsverbot als Instrument zur Durchsetzung von Versammlungsverboten?, KJ 1996, 356

Selmer, Peter, Verwaltungsvollstreckungsverfahren: Typologie und Einzelfragen des Vollstreckungsrechts des Bundes und der Länder bei der Durchführung ordnungs- und polizeilicher Maßnahmen, Berlin 1996 (zitiert: Selmer, 1996)

Soria, José Martínez, Verdachtsunabhängige Kontrollen durch den Bundesgrenzschutz, NVwZ 1999, 270

Spitta, Theodor, Kommentar zur Bremischen Verfassung von 1947, Bremen 1960 (zitiert: Spitta, 1960)

Staupe, Jürgen, Parlamentsvorbehalt und Delegationsbefugnis: zur "Wesentlichkeitstheorie" und zur Reichweite legislativer Regelungskompetenz, insbesondere im Schulrecht, Hamburg, Univ., Diss., 1985, Berlin 1986 (zitiert: Staupe, 1986)

Stein, Ekkehart, Staatsrecht, 14. Aufl., Tübingen 1993 (zitiert: Stein, 14. Aufl. 1993)

Stein, Ekkehart, **Frank**, Götz, Staatsrecht, 17. Aufl., Tübingen 2000 (zitiert: Stein/Frank, 17. Aufl. 2000)

Steiner, Udo (Hrsg.), Besonderes Verwaltungsrecht, 6. Aufl., Heildelberg 1999 (zitiert: Bearbeiter, in: Steiner, 6. Aufl. 1999)

Steinert, Heinz, Das große Aufräumen, oder: New York als Modell?, Neue Kriminalpolitik, 1997, Heft 4, 28

Stelkens, Ulrich, "Keinen Platz den Drogen"-Fall, Lehrstuhl für Öffentliches Recht der Universität des Saarlandes, http://www.uni-saarland.de, Saarland 1999 (zitiert: Stelkens, 1999)

Stelkens, Paul, **Bonk**, Heinz Joachim, **Sachs**, Michael, Verwaltungsverfahrensgesetz, Kommentar, 5. Aufl., München 1998 (zitiert: Bearbeiter, in: Stelkens/-Bonk/Sachs, 5. Aufl. 1998)

Stern, Klaus, Das Staatsrecht der Bundesrepublik Deutschland, Band III/2, Allgemeine Lehren der Grundrechte, München 1994 (zitiert: Bearbeiter, in: Stern, StaatsR III/2, 1994)

Stern, Klaus, Verwaltungsprozessuale Probleme in der öffentlich-rechtlichen Arbeit, 7. Aufl., München 1995 (zitiert: Stern)

Stober, Rolf, Kommunalrecht in der Bundesrepublik Deutschland, 2. Aufl., München 1992 (zitiert: Stober, 2. Aufl. 1992)

Suckow, Horst, **Hoge**, Andreas, Niedersächsisches Gefahrenabwehrgesetz, 12. Aufl., Köln 1999 (zitiert: Suckow/Hoge, 12. Aufl. 1999)

Sumiswald, Hans R., Allgmeines Polizei- und Ordnungsrecht, Diss., Bern, Stuttgart 1993 (zitiert: Sumiswald, 1993)

Tegtmeyer, Henning, Polizeigesetz Nordrhein-Westfalen, 8. Aufl., Stuttgart, München, Hannover, Berlin, Weimar, Dresden 1995 (zitiert: Tegtmeyer, 8. Aufl. 1995)

Tettinger, Peter J., Besonderes Verwaltungsrecht/1, 5. Aufl., Heidelberg 1998 (zitiert: Tettinger, 5. Aufl. 1998)

Tiemann, Axel, Der Schutzbereich des Art. 2 II 2 GG, NVwZ 1987, 10

Tröndle, Herbert, Strafgesetzbuch und Nebengesetze, 48. Aufl., München 1997 (zitiert: Tröndle, StGB, 48. Aufl. 1997)

Tschentscher, Axel, Versammlungsfreiheit und Eventkultur: Unterhaltungsveranstaltungen im Schutzbereich des Art. 8 I GG - Besprechung von BVerfG, NJW 2001, 2459: NVwZ 2001, 1243

Ule, Carl Hermann, **Rasch**, Ernst, Band III, erster Halbband, Allgemeines Polizei- und Ordnungsrecht, Köln, Berlin, Bonn, München 1965 (zitiert: Ule/Rasch, 1965)

Vahle, Jürgen, Anmerkung zu OVG Lüneburg, NVwZ 2000, 454: "Platzverweis für gesamtes Stadtgebiet", DVP 2000, 374

Vahle, Jürgen, Betretungsverbot gegenüber Asylbewerber - Anmerkung zu VGH Bad.-Württ., Beschl. vom 06.10.1997, Az. 1 S 2143/97, DVP 1998, 263

Vieweg, Klaus, Inline-Skating - Rechtstatsachen, Rechtslage und Reformbedarf, NZV 1998, 1

Volkmann, Uwe, Broken Windows, Zero Tolerance und das deutsche Ordnungsrecht, NVwZ 1999, 225

Volkmann, Uwe, Das "intendierte" Verwaltungsermessen, DÖV 1996, 282

Volkmann, Uwe, Die Rückeroberung der Allmende, NVwZ 2000, 361

Waechter, Kay, Die Schutzgüter des Polizeirechts, NVwZ 1997, 729

Waechter, Kay, Freizügigkeit und Aufenthaltsverbot, NdsVBl. 1996, 197

Waechter, Kay, Polizei- und Ordnungsrecht, Baden-Baden 2000 (zitiert: Waechter, 2000)

Waechter, Kay, Polizeiliches Ermessen zwischen Planungsermessen und Auswahlermessen, VerwArch 1997, 298

Wagner, Erwin, **Ruder**, Karl-Heinz, Sächsisches Landesrecht: Polizeirecht, Baden-Baden 1999 (zitiert: Wagner/Ruder, 1999)

Wagner, Heinz, Kommentar zum Polizeigesetz von Nordrhein-Westfalen und zum Musterentwurf eines einheitlichen Polizeigesetzes des Bundes und der Länder, Neuwied, Darmstadt 1987, (zitiert: Wagner, 1987)

Walker, Michael, Abstrakte und konkrete Gefahr, Entwicklung und Abgrenzung der polizeirechtlichen Gefahrenarten, Diss. 1994, Juristische Fakultät der Eberhard-Karls-Universität zu Tübingen, Tübingen 1994 (zitiert: Walker, 1994)

Walter, Susanne, Anmerkung zum Beschluß des VG Leipzig vom 04.12.2000, Az. 3 K 1737/00 (rechtskräftig), NJ, 2001, 388

Wassermann, Rudolf, Nicht das Urteil ist der Skandal, sondern der Aufruf zum Widerstand - Zum Kölner Behindertenurteil, NJW 1998, 730

Weber, Ulrich, Anmerkung zum dem Urteil des AG Heidenheim a. d. Brenz vom 22.07.1977 - 3 OWi 115/77, in: JZ 1978, 690

Wehr, Matthias, Abschied von der Fortsetzungsfeststellungsklage analog § 113 Abs. 1 Satz 4 VwGO, DVBl. 2001, 785

Wick, Manfred, Gefahrenabwehr - Vorbeugende Verbrechensbekämpfung - Legalitätsprinzip, DRiZ 1992, 217

Wilson, James W., **Kelling**, George L., Polizei und Nachbarschaftssicherheit: Zerbrochene Fenster, als deutsche Fundstelle: KrimJournal 1996, 121

Wöhrle, Günter, **Belz**, Reiner, **Lang**, Wolfgang, Polizeigesetz für Baden-Württemberg, mit Erl. u. erg. Vorschr., 4. Aufl., Stuttgart, München, Hannover 1985 (zitiert: Wöhrle/Belz/Lang, 4. Aufl. 1985)

Wolffgang, Hans-Michael, **Hendricks**, Michael, **Merz**, Matthias, Polizeirecht und allgemeines Ordnungsrecht Nordrhein-Westfalen, Münster 1998 (zitiert: Wolffgang/Hendricks/Merz, 1998)

Wohlfahrth, Jürgen, Die Inbesitznahme der Straße durch Randgruppen, BayVBl. 1997, 420

Wolter, Henner, Die Richtervorbehalte im Polizeirecht, DÖV 1997, 939

Würtenberger, Thomas, **Heckmann**, Dirk, **Riggert**, Rainer, Polizeirecht in Baden-Württemberg, 4. Aufl., Heidelberg 1999 (zitiert: Würtenberger/Heckmann/-Riggert, 4. Aufl. 1999)

Zeitler, Stefan, Transport von Demonstranten zu einer verbotenen Versammlung als Störung im Sinne des Polizeirechts, DÖV 1997, 371

Ziekow, Jan, Über Freizügigkeit und Aufenthalt: paradigmatische Überlegungen zum grundrechtlichen Freiheitsschutz in historischer und verfassungsrechtlicher Perspektive, Berlin, Freie Univ., Habil.-Schr. 1995/1996, Tübingen 1997 (zitiert: Ziekow, 1997)

FSC
www.fsc.org
MIX
Papier | Fördert gute Waldnutzung
FSC® C083411

Kolibri 360 GmbH
Ferdinand-Jühlke-Straße 7
99095 Erfurt, Deutschland
produktsicherheit@kolibri360.de

Druck:
CPI Druckdienstleistungen GmbH
im Auftrag der
Kolibri 360 GmbH
Ferdinand-Jühlke-Str. 7
99095 Erfurt